应用型系列法学教材

劳动合同法学

第二版

喻术红　张荣芳　编著

WUHAN UNIVERSITY PRESS
武汉大学出版社

图书在版编目(CIP)数据

劳动合同法学/喻术红,张荣芳编著.—2版.—武汉:武汉大学出版社,2015.12(2024.1重印)

应用型系列法学教材

ISBN 978-7-307-17421-4

Ⅰ.劳… Ⅱ.①喻… ②张… Ⅲ..劳动合同—合同法—法的理论—中国—高等学校—教材 Ⅳ.D922.521

中国版本图书馆CIP数据核字(2015)第307014号

责任编辑:胡　荣　　责任校对:汪欣怡　　版式设计:马　佳

出版发行:**武汉大学出版社** (430072 武昌 珞珈山)

(电子邮箱:cbs22@whu.edu.cn 网址:www.wdp.com.cn)

印刷:武汉邮科印务有限公司

开本:787×1092 1/16 印张:16.5 字数:391千字 插页:1

版次:2008年9月第1版 2015年12月第2版

2024年1月第2版第3次印刷

ISBN 978-7-307-17421-4 定价:45.00元

《劳动合同法学》（第二版）说明

《劳动合同法学》是编写在《劳动合同法》刚刚颁布之后，迄今为止，6年的时间过去了。在这6年内，我国劳动合同法律体系经历了一个逐步完善的过程，《劳动合同法实施条例》、《劳动合同法》（修正案），以及相关的法律、法规、规章大量出台，为劳动合同制度的完善和维护劳动者的合法权益起到了积极作用。为了适应劳动立法的变化，适应劳动合同法教学、科研和劳动合同法司法实践的需要，在武汉大学出版社的倡议下，我们决定对《劳动合同法学》进行修订。

本次修订在原有体系结构基本不变的基础上，重点放在以下两个方面：

第一，注重2008年之后颁布的法律、行政法规和规章的内容的补充与衔接。《劳动合同法》出台之后，为了配合其实施，又颁布出台了《劳动合同法实施条例》，通过了《劳动合同法》（修正案）；中华人民共和国人力资源和社会保障部也颁布了《劳务派遣暂行规定》；同时相关的法律如《社会保险法》和修订后的《工伤保险条例》及相关规章也颁布实施。我们在修订的过程中，非常注重有关内容的衔接与阐释，尽量完整地反映国家的最新劳动合同立法动向和法律制度体系。

第二，注重劳动法学界最新研究成果的融合与展示。在介绍具体制度时，针对不同理解，尽量将不同的观点展示出来，使大家对问题有整体的理解与把握。

此外，为了便于读者掌握每章重点，我们在每章的开头都安排了重点问题提示，末尾都布置了思考题，使学生在学习过程中能够通盘把握每章的重点问题。

在本书修订过程中，我们的具体分工如下：

喻术红：第一章、第二章、第六章、第七章、第九章和第十章；

张荣芳：第三章、第四章、第五章、第八章和第十一章。

全书最后由喻术红、张荣芳共同审稿确定。

由于水平所限，不足之处在所难免，敬请各位读者批评指教。

喻术红

2015年9月

目　　录

第一章　劳动合同法概述

【本章学习重点提示】劳动合同的概念与特征；劳动合同的性质；劳动合同与相关合同的联系与区别；劳动合同法的适用范围。

第一节　劳动合同的概念、特征与作用

一、劳动合同的概念

劳动合同，又称劳动契约、劳动协议，是确立双方当事人劳动关系的一种法律形式。所谓劳动关系，亦称为劳资关系、劳使关系、雇佣关系等，学界一般认为是劳动者与用人单位在实现劳动过程中发生的、一方有偿提供劳动力由另一方用于同其生产资料结合的社会关系。《劳动法》、《劳动合同法》并未直接规定劳动关系的概念，《劳动合同法实施条例（草案）》（征求意见稿）第3条规定：劳动合同法所称劳动关系，是指用人单位招用劳动者为其成员，劳动者在用人单位的管理下，提供由用人单位支付报酬的劳动而产生的权利义务关系。认定劳动关系的基本标准为劳动关系的本质特征：从属性，即人格上的从属性、经济上的从属性①。

关于劳动合同的概念，学术界有不同的表述。关怀教授认为：劳动合同是劳动者和用人单位（企业、事业、机关、团体等）之间关于确立、变更和终止劳动权利和义务的协议。② 王全兴教授认为：劳动合同是劳动者与用人单位确立劳动关系，明确双方权利和义务的协议。③

两种表述有些差异，在于其所依据的法律不同。前一种依据的是《中华人民共和国民法通则》（以下简称《民法通则》）、《中华人民共和国合同法》（以下简称《合同法》）关于合同的界定。《民法通则》第85条规定："合同是当事人之间设立、变更、终止民事关系的协议。依法成立的合同，受法律保护。"《合同法》第2条规定："本法所称的合同是平等主体的自然人、法人、其他组织之间设立、变更、终止民事权利义务关系的协议。"后一种表述依据的是《中华人民共和国劳动法》（以下简称《劳动法》）。《劳动

---

① 除了人格上、经济上的从属性外，学界还有组织上从属性、技术上从属性和阶级上从属性之说。参见黄程贯著：《劳动法》，台湾"国立空中大学"2001年版，第65页。

② 关怀主编：《劳动法》，中国人民大学出版社2001年版，第119页。

③ 王全兴著：《劳动法》（第二版），法律出版社2004年版，第121页。郭捷教授等也是采取类似的表述，参见郭捷主编：《劳动与社会保障法》，中国政法大学出版社2004年版，第106页。

法》第16条规定："劳动合同是劳动者与用人单位确立劳动关系、明确双方权利和义务的协议。"

针对第二种表述，学者姜颖提出了不同看法，认为这种界定"没有揭示出劳动关系的实质，使劳动合同与其他民事合同难以区别"。这种表述"只反映出劳动合同订立阶段中的合意，未将劳动合同履行过程中的合意表示出来；……如果只将劳动合同定义为确立劳动关系的协议，容易使人们对劳动合同的概念仅停留在劳动合同书的签订上，认为劳动合同等同于劳动合同书，从而导致在实践中只重视合同书的订立，忽视劳动合同履行过程中的合同约定，进而大大降低劳动合同制度的作用。……"① 因此，姜颖教授将劳动合同定义为：劳动合同是劳动者与劳动力使用者（用人单位）确立、变更、解除和终止劳动关系的协议。②

上述学者的观点都有其合理之处。我们认为，合同（包括劳动合同）的本质在于双方的合意，在于双方通过合同这种形式来设定各自的权利义务，并通过合同的履行来实现各自订立合同所追求的目的。因此，劳动合同是双方当事人（劳动者与用人单位）间关于建立劳动关系的一种法律形式，是设立、变更、终止劳动权利和劳动义务关系的协议。劳动者与用人单位之间是否存在劳动关系，双方当事人的劳动权利与义务有哪些，劳动者与用人单位的行为是否符合劳动合同的要求等，都可以通过劳动合同来得到证明。

二、劳动合同的特征

劳动合同的特征是劳动合同区别于其他合同的特性。学术界对劳动合同特点的研究比较重视，形成不同的观点。关怀先生认为劳动合同的特征表现为：劳动合同的主体具有法律的特定性；劳动合同的内容的特定性；劳动者在签订和履行劳动合同中的地位的特殊性。③郭捷教授在承认劳动合同主体的特定性同时，指出劳动合同往往涉及第三人物质利益关系、劳动合同是劳动者与用人单位确立劳动关系的法律形式。④ 王全兴教授提出劳动合同"六性"的特点，即劳动合同的诺成性、附和性、双务性、从属性、有偿性和继续性等。⑤ 台湾地区学者黄越钦认为，劳动合同具有从属性、继续性及集体劳动关系（团体）的影响的特色。⑥

我们认为，既然劳动合同的特征是区别于其他合同的特殊之处，就不能将其他合同具有的特点纳入劳动合同的特点中。综上所述，我们认为劳动合同的特点为：从属性、附和性、继续性、劳动者意志表达自由的不充分性等。下面将逐一进行论述。

（一）劳动合同的从属性

劳动合同的从属性指的是劳动合同当事人一方——劳动者的从属性。在一般民事合同

① 姜颖著：《劳动合同法论》，法律出版社2006年版，第4~5页。
② 姜颖著：《劳动合同法论》，法律出版社2006年版，第7页。
③ 关怀主编：《劳动法》，中国人民大学出版社2001年版，第119页。
④ 郭捷主编：《劳动与社会保障法》，中国政法大学出版社2004年版，第106页。
⑤ 王全兴著：《劳动法（第二版）》，法律出版社2004年版，第121页。
⑥ 参见黄越钦著：《劳动法新论》，中国政法大学出版社2003年版，第94~96页。

关系中双方的地位是平等的，不存在一方服从另一方的问题。劳动合同在订立过程中，劳动者与用人单位的地位是平等的，劳动者有自主择业的权利，用人单位有用人自主的权利，双方通过双向选择来自由确定同谁签订合同，以及合同的类型、期限等。但是劳动合同订立以后，劳动关系一旦建立，劳动者与用人单位之间就形成事实上的隶属关系，劳动者在人格上、经济上从属于用人单位。劳动者是用人单位的职工，以用人单位名义工作，必须服从用人单位的生产管理、接受用人单位的指挥、监督，遵守用人单位的规章制度，完成劳动合同约定的任务，劳动成果归属于用人单位。当职工违反用人单位规章制度的时候，用人单位有权依照规定对违纪职工给予处罚。

（二）劳动合同的附和性

劳动合同的附和性，是指实践中劳动合同文本一般由用人单位提供，由于所处的弱势地位，劳动者一般缺乏议价的能力，对于对方当事人——用人单位提供的合同条款，只有接受或者不接受的权利，而一般没有对具体条款逐一进行讨价还价的能力。只要合同的内容不违法，法律就承认其效力。

（三）劳动合同的继续性

在合同法上，以债权债务的持续时间为标准，可以将合同分为一时性合同和继续性合同。所谓继续性合同，是指债的内容非一次给付可完结，而是继续地实现，其基本特色系时间的因素在债的履行上居于重要地位，总给付之内容系于应为给付时间之长度。①继续性合同分为继续性供给合同、固有的继续性合同和新型的继续性合同三种。②其中固有的继续性合同是指本身就具有继续性合同性质的有名合同。这类有名合同本身就是继续性合同，无论其具体内容是什么。属于固有的继续性合同有：合伙合同、租赁合同、雇佣合同、委任合同等。③

固有的继续性合同具有如下特点：第一，必须经过一定期间的持续性给付才能实现合同双方当事人的目的，合同的目的不可能通过一次性的给付实现。如雇佣合同必然要经过长时期的各种劳务的给付才能实现其目的。第二，双方当事人只需要订立一个合同，而不像有些继续性供给合同那样，同时存在基本合同和简要合同。第三，在某些继续性合同中，也存在公法上的规制。如国家对租赁合同和雇佣合同的规制。④

劳动合同的继续性是指劳动合同所处的一种存续状态。劳动合同具备固有的继续性合同的特征。劳动合同的期限一般来说较一般民事合同期限长，在合同有效期限内，双方当事人的权利义务一直连续存在；劳动者按照劳动合同的约定日复一日，年复一年地完成工作任务，用人单位则必须按照约定提供劳动报酬及履行劳动保护等义务。

（四）劳动者意志表达自由的不充分性

合同双方意思自治，达成合意是合同成立的基础。“契约之本质在于意思之合致。”⑤

---

① 叶竹盛：《论继续性合同解除制度的完善》，载《法学论坛》2007年第2期；王泽鉴著：《债法原理》（第1册），中国政法大学出版社2001年版，第131～135页。

② 栾志红：《关于继续性合同的几个问题》，载《法学论坛》2002年第17卷第5期。

③ 栾志红：《关于继续性合同的几个问题》，载《法学论坛》2002年第17卷第5期。

④ 栾志红：《关于继续性合同的几个问题》，载《法学论坛》2002年第17卷第5期。

⑤ 胡长清著：《中国民法债篇总论》，商务印书馆1934年版，第16页。

然而，在劳动合同订立过程中，由于双方所处地位悬殊，劳动力市场供求失衡，使得劳动者在自由缔结合同、选择合同相对人、决定合同内容等方面所享有的自由受到限制。劳动者并不能充分自由地选择用人单位、决定合同的主要条款。不少合同的缔结并没有完全反映出求职者的真实意愿。对于这样缔结的合同，只要不违反法律的强制性规定、不存在欺诈、重大误解和显示公平，一般是承认其效力的。对于用人单位而言，虽然在订立劳动合同时相对处于强势地位，但在约定双方的劳动权利和义务时，用人单位必须遵守法律关于工时、工资、劳动保护和社会保险等方面的强制性规定，否则约定无效。①

三、劳动合同的作用

劳动合同是建立劳动关系、明确双方劳动权利与义务的协议，因此，无论是对劳动者还是用人单位劳动合同具有举足轻重的作用。

首先，劳动合同是实现劳动者劳动权利的重要保障。《劳动法》第3条规定了劳动者的基本权利，其中最首要的是劳动者平等就业和自主择业的权利。这种权利是劳动者生存权和发展权的基础，是实现其他劳动权利的前提。劳动合同是保障劳动者实现劳动权的重要法律形式。劳动合同一经劳动者与用人单位签订，依照《劳动法》、《劳动合同法》的规定，就必须具备合同期限、工作内容和工作地点、工作时间和休息休假、劳动报酬、劳动保护、劳动条件和职业危害防护、社会保险及劳动纪律等内容。这就通过法律的形式明确了双方的权利和具体的义务，用人单位一旦违反合同规定，就应承担相应的法律责任。

其次，劳动合同是实现用人单位用人自主权的保障。用人单位通过劳动合同的形式，自主地招聘、录用所需的人员，并根据生产经营或者工作的需要确定招用者的条件、合同期限，确定具体的工作岗位，支付相应的劳动报酬。用人单位通过考核的方式留用合格的劳动者，淘汰不符合录用条件的劳动者。通过劳动合同，劳动者能进能出，促使劳动力得以合理的流动，使劳动力资源得到合理的配置，从而提高用人单位的劳动生产率。

最后，劳动合同可以防止和减少劳动纠纷的发生，维护双方当事人的合法权益。

劳动合同是确立劳动关系的法律形式，依法成立的劳动合同具有法律效力。劳动者与用人单位双方的权利与义务在劳动合同中得以明确后，双方当事人必须认真、切实履行合同，否则就要承担法律责任。劳动合同的存在可以督促双方全面履行各自的义务，防止纠纷的发生。一旦发生纠纷，由于劳动合同的存在，就容易区分责任，使违反劳动合同的一方承担应有的责任，使遵守合同的一方受到相应的保护。

第二节 劳动合同与相关合同的关系

区分劳动合同与其他相关合同，目的是在纠纷发生时能够正确地适用法律，为当事人提供相应的法律保护。要清楚区分劳动合同与相关合同，首先必须弄清楚劳动合同本身的性质。

---

① 除了上述特点外，不少学者还将劳动合同主体的特定性，劳动合同的诺成性、双务性，合同内容常常涉及第三人利益等特点作为劳动合同的特点。

一、劳动合同的性质

性质，是指一种事物区别于其他事物的根本属性。劳动合同的性质是指劳动合同区别于其他合同的根本属性。劳动法学界关于劳动合同特点的研究比较多，关于劳动合同性质的研究则不普遍，其中，以台湾学者黄越钦和大陆学者郑尚元、周长征、姜颖等为典型。

黄越钦教授认为，劳动契约之性质，有身份契约说、租赁契约说、劳动加工说和特种契约说四种，目前之通说为特种契约说，此说认为劳动契约系民法中所有典型契约以外的一种，已形成一种独立契约。① 受黄越钦的影响，大陆不少学者在研究劳动合同性质时采纳了他的观点或者基本上接纳了他的观点。

郑尚元教授认为：关于劳动合同的性质，学理上有身份契约说、租赁契约说、劳动加工说及特种契约说。② 他同意特种契约说的观点，认为劳动合同是一种独立于民事合同以外的一种独立合同，尽管劳动合同与民事合同特别是提供劳务的合同有类似之处，但在双方当事人及其关系、双方当事人的地位、劳动报酬的性质和支付方式、劳动过程中的风险责任、法律适用及争议解决等方面，存在很大差异。③

周长征教授认为，劳动合同的性质，在学理上分歧较大，主要有雇佣合同说、身份合同说、租赁合同说、独立合同说四种观点。他认为我国立法上实际采纳了劳动合同的独立说，并支持这种选择。④

与上述学者有些差异的是，姜颖教授从利益本位的角度出发，认为劳动法学界关于劳动合同的性质主要存在三种观点：国家本位的观点、个人本位的观点、社会本位的观点。姜颖教授认为劳动合同的性质应从社会法的角度去认识，同意劳动合同社会本位的观点。其理由是合同双方不具有一般合同所具有的平等性；劳动者意思表示不自由；劳动合同内容不能反映劳动关系的全部等。⑤

尽管存在不同看法，但劳动法学界通说认为，劳动合同是一种从民事雇佣合同发展演变而来的，又独立于民事合同的特殊合同。

二、劳动合同与相关合同的联系与区别

劳动合同与相关合同的关系，主要是指与民事合同的关系。劳动合同既然是从民事雇佣合同发展而来，那么，民事合同的一些共性的东西，如必须有双方或者多方当事人、双方意思表示一致、合同的订立必须合法、双方自愿、协商，合同要经过要约、承诺的过程，双方当事人必须诚实守信，合同一经依法订立，对双方具有约束力，一方不履行合同必须承担违反合同的责任等。但是，劳动合同毕竟是一种特殊的独立的合同，除具备民事合同的一般属性外，它还具备区别于民事合同的特性。实践中与劳动合同相类似或者说容

① 参见黄越钦著：《劳动法新论》，中国政法大学出版社 2003 年版，第 86~87 页。
② 参见郑尚元主编：《劳动法学》，中国政法大学出版社 2004 年版，第 102 页。
③ 参见郑尚元主编：《劳动法学》，中国政法大学出版社 2004 年版，第 102~103 页。
④ 参见周长征著：《劳动法原理》，科学出版社 2004 年版，第 115~117 页。
⑤ 参见姜颖著：《劳动合同法论》，法律出版社 2006 年版，第 9~12 页。

易混淆的是劳务合同、雇佣合同。

（一）与劳务合同的区别

劳务合同是一种以一方当事人提供劳务，另一方当事人接受并提供对价——劳务报酬的合同。严格来说，“劳务合同”并不属于专门的法律术语。在《合同法》的有名合同中，劳务合同主要包括承揽合同、基本建设承包合同、运输合同、保管合同、仓储合同、技术合同、委托合同、行纪合同和居间合同等。劳动合同与劳务合同有着不少相似之处，都表现为一方当事人为对方提供劳务，另一方当事人接受并支付报酬。但是，劳动合同与劳务合同存在本质区别。由于劳务合同中与劳动合同最易混淆的是承揽合同①，因此，下面主要论述劳动合同与承揽合同的区别。

1. 合同当事人及当事人的独立地位不同

劳动合同的当事人，一方是劳动者个人，是自然人；另一方是用人单位，是符合劳动法规定的主体资格的法人或者其他社会组织。劳务合同包括承揽合同的主体，既可以是自然人，也可以是法人或者其他社会组织。劳务提供方（承揽人）并不接受对方当事人的管理、指挥，劳务提供方只需按照劳务接受方的具体要求，利用自身的生产工具自己来安排、组织生产劳动，具有独立性。因此，劳动过程中发生的风险也是由劳务提供方来承担。劳动合同则不同，订立劳动合同时双方的地位是平等的，但合同订立，建立劳动关系后，劳动者即是对方当事人（用人单位）的职工，劳动者的劳动是用人单位集体生产的一部分，劳动者必须接受用人单位的生产安排、服从用人单位的组织管理、指挥，违反用人单位规章制度时，还得接受用人单位的处罚。劳动合同当事人的从属性与劳务合同当事人的独立性是二者间的根本区别。

2. 合同的目的不同

劳务接受方（定作人）订立承揽合同的目的，是取得承揽人完成的工作成果。承揽合同属于劳务合同，但定作人所需的并非是承揽人单纯的劳务，或者说承揽人完成工作的过程，而是其劳务的结果或者说完成工作的成果。这种成果既可以是体力劳动的成果；也可以是脑力劳动的成果，既可以是物，也可以是其他财产。但它具有特定性，即它是按照定作人的要求完成的。② 劳动合同的目的在于劳动关系的建立，进而实现劳动过程，而不是劳动成果的给付。依照劳动合同，劳动者只对劳动过程负责，只要按照合同提供了相应的劳动义务即可，而不对劳动过程之外的劳动结果负责。③ 劳动产品能否由商品顺利实现货币转换，属于经营风险问题，不应由劳动者负责，只能由经营者（用人单位）自己承担。

3. 国家干预程度不同

承揽合同（劳务合同）属于私合同，必须充分反映当事人的意志，除法律规定外，当事人可以自由选择、决定合同的形式与内容，国家一般不作过多的干预，这就是合同自

---

① 承揽合同是承揽人按照定作人的要求完成工作，交付工作成果，定作人给付报酬的合同。承揽包括加工、定作、修理、复制、测试、检验等工作。参见《合同法》第 251 条规定。

② 郭明瑞等著：《合同法新论 · 分则》，中国政法大学出版社 1997 年版，第 215~216 页。

③ 参见黎建飞著：《劳动法的理论与实践》，中国人民公安大学出版社 2004 年版，第 279~280 页。

由原则的表现。劳动合同则不同，出于对处于弱势地位劳动者的保护，国家对劳动合同的订立、解除、终止及合同形式等都做了明确规定。对合同的内容设定了基本标准，当事人在协商合同条款时，不得违反这些强制性规定。否则，要承担相应的法律后果。

4. 劳动报酬的性质及支付方式不同

承揽合同劳务费的支付一般遵循市场与行业惯例，遵循等价交换原则。而且承揽人只有按照约定完成工作成果后才能获得劳务报酬，不交付工作成果，劳务提供人（承揽人）无权请求对方支付报酬。劳动合同则不同，原则上劳动者的劳务给付无须担保一定成果的达成，只要劳动者付出了劳动，不论结果如何，劳动使用者必须支付劳动报酬。企业预定计划的达成不属于劳动者的义务。劳动成果的风险不应由劳动者承担。① 而且法律对劳动报酬的支付标准、支付方式等都做了规定。

5. 适用的法律及争议解决的机制不同

劳务合同（承揽合同）属于民事合同，适用民法的规定；劳动合同属于劳动法范畴，适用劳动法规定。因劳务合同（承揽合同）发生纠纷，当事人协商、调解不成，可以诉讼也可以仲裁；劳动合同则不同，当事人协商、调解不成，实行仲裁前置制度，只有对劳动争议仲裁不服，才能向法院起诉。

（二）与雇佣合同的关系

雇佣合同与劳动合同的关系是学界争论较大的问题，它取决于人们对劳动关系与雇佣关系之间相互关系的认识；而这种关系的实质则体现在人们对雇佣关系特征的认识上。学界在雇佣关系上达成的共识是：作为民事关系，雇佣关系具有双务有偿性、诺成性、非要式行为的特征；雇佣关系的目的是以雇工的劳务与雇主的报酬交换而成立。因此，衡量雇工是否履行了义务，并非以雇工是否完成了雇主交给的任务为标准，有时即使没完成，只要雇工提供了劳务，雇主仍该支付报酬。② 学界关于雇佣关系特征的分歧在于：双方当事人的地位（是否平等）、国家干预的程度（是否需要干预）、雇佣关系产生的领域（是否流通领域）。这些分歧实质上也会影响到雇佣关系与劳动关系相互之间的关系。注重雇佣关系建立时双方的平等关系并以此为雇佣关系本质特征的学者，会比较看重其私法上的平等性而主张双方地位平等以及国家的不干预；而注重雇佣关系中从属性的学者，则更倾向于突出雇佣关系的人身性及从属性，从而主张双方地位不平等以及国家的干预。③

雇佣合同是指雇员按照雇主的指示，利用雇主提供的条件提供劳务，雇主向提供劳务的雇员支付劳动报酬。其中，给付报酬的人为雇佣人，提供劳务的人为受雇人关于雇佣合同与劳动合同的关系，学界有两种看法：一种观点认为，雇佣合同与劳动合同是两种独立的合同；另一种观点认为，劳动合同本质就是雇佣合同。

从目前我国立法态度来看，支持第一种观点，将雇佣限定为自然人的雇佣，如家庭雇佣保姆、个人请帮工等。它们之间的关系适用民法。《最高人民法院关于审理人身损害赔偿案件适用法律若干问题的解释》（法释〔2003〕20号）将雇佣活动界定为："从事雇主

① 参见黄越钦著：《劳动法新论》，中国政法大学出版社2003年版，第134页。

② 参见董保华主编：《劳动合同研究》，中国劳动社会保障出版社2005年版，第7页。

③ 参见董保华主编：《劳动合同研究》，中国劳动社会保障出版社2005年版，第8页。

授权或者指示范围内的生产经营活动或者其他劳务活动。”其第11条规定：“雇员在从事雇佣活动中遭受人身损害，雇主应当承担赔偿责任。……属于《工伤保险条例》调整的劳动关系和工伤保险范围的，不适用本条规定。”①雇佣合同中的雇主一般是个体工商户、农村承包户以及自然人；而雇员以农民居多，一般是农村富余劳动力，也有一些城市失业人员、下岗人员。②学界通说也认为劳动合同与雇佣合同是相互独立的两种合同。因为从发展历史来看，劳动合同是从雇佣合同发展而来的一种独特的合同，是国家对雇佣关系干预的结果。劳动合同与雇佣合同虽然有一些共性，都表现为一方提供劳务活动、另一方接受并支付报酬，一方要接受对方的监督、指挥等，但二者依然存在区别。二者发展历史不同、受国家干预程度不同、合同订立主体不同，我国雇佣合同的雇佣人为自然人、适用法律与纠纷处理方式不同等。③

我们认为，应当将雇佣关系纳入劳动法的调整范畴，因为从历史发展来看，劳动合同实质上是一种雇佣合同，是国家干预的结果。将雇佣合同纳入劳动法的调整范围有如下可行性：第一，劳动合同或者雇佣合同从英文翻译的角度看是一样的；有些立法如《法国劳动法典》中的雇佣合同即劳动合同；第二，共性较多，受雇人接受雇主的指挥、监督；第三，二者的统一，有利于法律适用的统一。

第三节 劳动合同的分类

劳动合同依照不同的标准，可作不同的分类。这里主要介绍三种有现实意义的分类法。

一、依照合同的期限划分

依照合同的期限，劳动合同分为固定期限劳动合同和无固定期限劳动合同。所谓固定期限劳动合同，又称为定期劳动合同，是指用人单位与劳动者约定合同终止时间的劳动合同。④ 无固定期限劳动合同，也称为不定期劳动合同，是指用人单位与劳动者约定无确定终止时间的劳动合同。⑤ 基于劳动合同连续性的特点，大多数国家都将无固定期限劳动合同视为劳动合同的常态，而将固定期限劳动合同视为例外，仅适用于法律规定的特殊情形。如法国、韩国等国的劳动法都对固定期限劳动合同做了限制。《法国劳动法典》规定只有在临时性、季节性或者某一雇员缺岗，暂时中止劳动合同等情形下，才能适用定期劳动合同。

我国台湾地区的“劳动基准法”第9条也规定，临时性、短期性、季节性及特定

① 《最高人民法院关于审理人身损害赔偿案件适用法律若干问题的解释》（法释〔2003〕20号）第11条。

② 张新宝主编：《人身损害赔偿案件的法律适用》，中国法制出版社2004年版，第184~185页。

③ 参见郭明瑞等著：《合同法新论·分则》，中国政法大学出版社1997年版，第264~265页；周长征著：《劳动法原理》，科学出版社2004年版，第120~121页。

④ 参见《劳动合同法》第13条第1款。

⑤ 参见《劳动合同法》第14条第1款。

性工作的为定期劳动合同，有继续性工作应为不定期契约。我国《劳动法》、《劳动合同法》规定劳动合同分为固定期限劳动合同、无固定期限劳动合同和以完成一定工作任务为期限的劳动合同。以完成一定工作任务为期限的劳动合同是指用人单位与劳动者约定以某项工作的完成为合同期限的劳动合同①。实质上仍然是定期劳动合同。按照立法旨意，我国劳动法鼓励订立无固定期限劳动合同。但是对于固定期限劳动合同和无固定期限劳动合同的法定解除事由并没有在立法上进行严格区分，导致实践中劳动合同短期化现象严重。

二、依照合同存在形式划分

依照合同存在的形式不同，劳动合同可以分为书面劳动合同和口头劳动合同。劳动合同的形式，是劳动合同当事人合意的表现形式，也是劳动合同内容的直接载体。从国外立法来看，对于劳动合同的形式，一般有三种做法：第一，劳动合同一般采取口头形式，仅规定特殊劳动合同采用书面形式。以法国为代表，《法国劳动法典》规定定期劳动合同必须采用书面形式，且详细说明订立合同的理由，不定期劳动合同则无此要求。② 第二，劳动合同一般要求书面形式，但允许在特殊情形下采取口头形式，如瑞典、俄罗斯。第三，对劳动合同的形式不作具体限制，如德国、韩国、日本，我国香港、台湾地区。③

我国《劳动法》第16条第2款规定，建立劳动关系应当订立劳动合同；第19条规定，劳动合同应当以书面形式订立……可见，《劳动法》非常强调劳动合同的书面形式。《劳动合同法》第10条第1款规定：“建立劳动关系，应当订立书面劳动合同。”与《劳动法》不同的是，《劳动合同法》规定了没有订立书面合同时的补救办法。④ 另外，《劳动合同法》第69条规定：“非全日制用工双方当事人可以订立口头协议。”《劳动合同法实施条例》在《劳动合同法》的基础上做了进一步规定。⑤

---

① 参见《劳动合同法》第15条。

② 参见姜颖著：《劳动合同法论》，法律出版社2006年版，第106页。

③ 参见姜颖著：《劳动合同法论》，法律出版社2006年版，第106~108页。

④ 《劳动合同法》第10条第2款规定：“已建立劳动关系，未同时订立书面劳动合同的，应当自用工之日起一个月内订立书面劳动合同。用人单位与劳动者在用工前订立劳动合同的，劳动关系自用工之日起建立。”第14条第3款规定：“用人单位自用工之日起满一年不与劳动者订立书面劳动合同的，视为用人单位与劳动者已订立无固定期限劳动合同。”第82条第1款规定：“用人单位自用工之日起超过一个月不满一年未与劳动者订立书面劳动合同的，应当向劳动者每月支付2倍的工资。”

⑤ 《劳动合同法实施条例》第6条规定：“用人单位自用工之日起超过一个月不满一年未与劳动者订立书面劳动合同的，应当依照劳动合同法第82条的规定向劳动者每月支付2倍的工资，并与劳动者补订书面劳动合同；劳动者不与用人单位订立书面劳动合同的，用人单位应当书面通知劳动者终止劳动关系，并依照劳动合同法第47条的规定支付经济补偿。前款规定的用人单位向劳动者每月支付2倍工资的起算时间为用工之日起满一个月的次日，截止时间为补订书面劳动合同的前一日。”第7条规定：“用人单位自用工之日起满一年未与劳动者订立书面劳动合同的，自用工之日起满一个月的次日至满一年的前一日应当依照劳动合同法第82条的规定向劳动者每月支付2倍的工资，并视为自用工之日起满一年的当日已经与劳动者订立无固定期限劳动合同，应当立即与劳动者补订书面劳动合同。”

三、依照就业方式划分

依照就业的方式不同，劳动合同分为全日制用工劳动合同和非全日制用工劳动合同。

全日制用工劳动合同，也称为典型用工劳动合同、全职劳动合同，是指劳动者依照国家法定工作时间，从事全日制劳动的劳动合同。全日制用工劳动合同是传统就业或者说正规就业的实现方式。非全日制用工劳动合同，也称为部分工时劳动合同，是指劳动者依照国家法律规定，每日工作时间或者一定期间内的工作时间少于类似全日制劳动者的劳动合同。《劳动合同法》第68~72条对非全日制用工的概念、合同形式、合同终止、工资支付等做了特别规定。

劳动合同的其他分类方法有：依照用工形式不同，可以分为合同制工人劳动合同、农民工劳动合同、临时工、季节工劳动合同；① 依照生产资料所有制不同，分为国有单位劳动合同、集体单位劳动合同、私营企业劳动合同、个体经营单位劳动合同、联营单位劳动合同、股份制企业劳动合同、外商投资企业劳动合同等；② 按照劳动者身份不同，可以分为工人劳动合同和职员劳动合同；③ 按照行业不同，劳动合同可以分为工业劳动合同、农业劳动合同、商业劳动合同、矿业劳动合同、海员劳动合同等。④ 按照劳动合同产生的方式不同，可分为录用合同、聘任合同、借调合同和委派合同。⑤

第四节　中国劳动合同制度的历史沿革

劳动合同制度发展至今，已有100多年的历史了。在中国，1927年7月9日在南京成立了劳动法起草委员会，同年11月起草了劳动契约法、劳动协约法、劳动组织法、劳动诉讼法、劳动救济法和劳动保险法共6篇。但劳动契约法迄今未实施。⑥ 1931年中央苏区颁布的《中华苏维埃共和国劳动法》中就设有劳动合同专章。抗日战争时期《陕甘宁边区劳动保护条例（草案）》也对劳动合同做了规定。⑦ 解放战争时期举行的第6次全国劳动大会所通过的决议也要求“劳动须有契约”。⑧

新中国成立初期，由于当时还存在大量私营企业及其职工，在劳动关系的建立上国家要求订立劳动合同。1949年11月中华全国总工会《关于劳资关系暂行办法》第2条规定：私营企业与被雇佣工人职员学徒及勤杂人员之间的关系属本办法规定者，得由劳资双

---

① 参见关怀主编：《劳动法》，中国人民大学出版社2001年版，第123页；郑尚元主编：《劳动法学》，中国政法大学出版社2004年版，第103~104页。

② 郑尚元主编：《劳动法学》，中国政法大学出版社2004年版，第104页。

③ 周长征著：《劳动法原理》，科学出版社2004年版，第124页。

④ 周长征著：《劳动法原理》，科学出版社2004年版，第124页。

⑤ 沈同仙著：《劳动法学》，北京大学出版社2009年版，第64页。

⑥ 黄越钦著：《劳动法新论》，中国政法大学出版社2003年版，第10~11页。

⑦ 贾俊玲主编：《劳动法学》，北京大学出版社2003年版，第84页。

⑧ 黎建飞著：《劳动法的理论与实践》，中国人民公安大学出版社2004年版，第272页。

方协议，签订集体合同或劳资契约规定之。① 1950 年劳动部制定的《失业技术员工登记介绍办法》规定，招聘技术员工时，招聘者须拟订与被招聘者订立的劳动契约草案，将就业后的工资待遇等事项明确规定。1951 年 5 月劳动部《关于各地招聘职工的暂行规定》中亦要求招聘职工时，雇佣者与被雇用者双方应当直接签订劳动契约。1954 年 5 月劳动部《关于建筑工程单位赴外地招用建筑工人订立劳动合同办法》中规定，建筑单位招用工人不论招用时间长短，均应签订劳动合同。1958 年，国家对企业新招用职工试行了劳动合同制，对煤矿、矿山及县办企业从农村招用新工人试行了亦工亦农的轮换制度。要求矿山、交通、铁路等企业从农村招用亦工亦农轮换工及有关企业招用季节工时应签订劳动合同。② 其后，国务院还发布过一些单行法规，要求国营企业招用临时工时应签订劳动合同，如国务院在 1962 年 10 月和 1965 年 3 月，分别出台了《关于国营企业使用临时工的暂行办法》、《关于改进对临时工的使用和管理的暂行规定》，都规定招用临时工时必须签订劳动合同。

后来，随着农业、手工业和资本主义工商业的社会主义改造的完成，国营经济在国民经济中绝对地位的确立，特别是高度集权的计划经济体制的建立，国家对劳动力资源实现计划配置和固定工制的普遍推行，劳动合同制随之被废除，仅仅适用于临时工。这种状况一直持续到改革开放为止。之所以如此，除了当时人们对于劳动合同的认识有问题外，还与计划经济体制下国营企业的劳动关系的特点有关。正如美国学者华尔德对中国计划经济体制下的企业劳动关系所做的分析所言：由于企业不是资本主义意义上的经济企业，所以在企业中发生的雇佣关系也就不是一种市场关系。在这样的企业中，劳动力的雇佣并非根据生产的需要来确定；工资水平和就业条件是由企业的上级机关制定的，工人和管理方不能就工资和就业条件讨价还价。在企业中，就业本身已经转变为福利，许多本应由社会提供的福利转为由企业发放，工人和管理方也不是分离的两方。③ 在这种情形下，企业的劳动关系成为一种“开放”式的自上而下的行政隶属关系而非雇佣关系，或者成为“劳动行政关系”。④ 在这种“劳动行政关系”下，国家掌握着企业的生产经营与利益分配，劳动力的配置也是由国家通过统包通分来完成，根本没有严格意义上的合同双方当事人存在，也就没有协商的余地，劳动合同作为劳动力自由配置的方式在那时也基本上失去了存在的价值。

1979 年开始，中国政府实施了全面的经济改革。中国传统的计划经济体制，逐步向有计划的社会主义商品经济体制转变。如果说中国经济的第一轮改革主要针对农村的话，很多学者认为此轮针对国有企业的改革措施仅仅是要解决企业和政府之间的关系，其措施

---

① 郑尚元主编：《劳动法学》，中国政法大学出版社 2004 年版，第 95 页。

② 郑尚元主编：《劳动法学》，中国政法大学出版社 2004 年版，第 95 页。

③ [美] 华尔德著：《共产党社会的新传统主义：中国工业中的工作环境和权力结构》，龚小夏译，香港牛津大学出版社 1996 年版，第 12 页；转引自李琪著：《改革与修复——当代中国国有企业的劳动关系研究》，中国劳动和社会保障出版社 2003 年版，第 2 页。

④ 参见常凯著：《劳动关系·劳动者·劳权——当代中国的劳动问题》，中国劳动出版社 1995 年版，第 41~76 页；转引自李琪著：《改革与修复——当代中国国有企业的劳动关系研究》，中国劳动和社会保障出版社 2003 年版，第 2 页。

对企业劳动关系影响不大。①在劳动关系方面，主要是对外开放中为规范外资企业中的劳资关系，引入了劳动合同制度。如 1980 年国务院发布的《中外合资企业劳动管理规定》中明确：合营企业职工的雇佣、解雇和辞职，生产和工作任务，工资和奖惩，工作时间和假期，劳动保险和生活福利，劳动保护，劳动纪律等事项通过订立劳动合同加以规定。另外，为配合国企改革，从 1980 年起，在上海国有企业中进行了劳动合同制的试点工作。劳动人事部于 1983 年 2 月发出《关于积极试行劳动合同制的通知》，要求无论是全民所有制单位还是县、区以上集体所有制单位，在招收普通工种或技术工种的工人时，用人单位与被招用人员都要订立劳动合同规定双方权利义务。② 1986 年 7 月 12 日，国务院发布了《国营企业实行劳动合同制暂行规定》，要求企业在国家劳动工资计划指标内招用常年性工作岗位上的工人，除国家另有特别规定外，统一实行劳动合同制；国家机关、事业单位和社会团体在常年性岗位上招用的工人，应当比照该规定执行，从而为全国范围内企业招用工人实行劳动合同制提供了法律依据。但也有学者认为，1986 年开始实行的劳动合同制仅仅适用于企业新招收的工人。在企业工资制度方面，管理者在有限的企业自主权限内，对工资制度的改进只是初步解决了由来已久的"平均主义"的分配形式和分配办法，拉开了工资档次，采取了一些具有激励目的的分配形式；在社会保障方面，养老、医疗保险仍然固守着原来的"企业保险"形式，而失业保险只是以"待业保险"的名义，为并不迫切需要的劳动合同制工人提供了一种心理上的安慰。在这一轮经济改革中，国有企业工人的身份、地位、待遇以及在传统计划经济体制中的既得利益并没有发生重大变化，改革的环境并没有深刻触及企业内部的劳动关系。③ 创设劳动合同制的初衷并未真正实现。

1992 年国务院发布《全民所有制工业企业转换经营机制条例》，标志着中国进入了以城市为中心的第二轮经济改革。随着现代企业制度的建立，与这一制度的发展和完善相配套的劳动制度的改革得以深入。企业改革的目标是改变原有的国家强制性计划体系和政府对企业的直接干预，进而实现了对原有的劳动力计划配置制度、职业保障制度、工资制度和社会保障制度等方面的改革。其内容主要为：减少政府对劳动力配置的直接控制和劳动力计划，引入经济效益与工资总额挂钩分配机制，废除被称为"铁饭碗"的职业保障制度，推行劳动合同制，建立劳动争议的调解与裁制度，建立社会保障制度，放宽对农业剩余劳动力向城市转移的限制等。④ 特别是市场经济体制地位的建立，劳动合同制度得以广泛的推行，企业劳动关系由"劳动行政关系"转变为"市场劳动关系"或者说从行政化发展为合同化。这一阶段，劳动合同的规范形式主要有《在全民所有制企业招用农民合

---

① 李琪著：《改革与修复——当代中国国有企业的劳动关系研究》，中国劳动和社会保障出版社 2003 年版，第 6 页。

② 参见关怀主编：《劳动法》，中国人民大学出版社 2001 年版，第 121 页；姜颖著：《劳动合同法论》，法律出版社 2006 年版，第 26 页；黎建飞著：《劳动法的理论与实践》，中国人民公安大学出版社 2004 年版，第 273~274 页。

③ 参见李琪著：《改革与修复——当代中国国有企业的劳动关系研究》，中国劳动和社会保障出版社 2003 年版，第 6 页。

④ 李琪著：《改革与修复——当代中国国有企业的劳动关系研究》，中国劳动和社会保障出版社 2003 年版，第 6~7 页。

同制工人的规定》（1991 年）、《关于扩大试用全员劳动合同制的通知》（1992 年）、《关于试行全员劳动合同制有关问题处理意见的通知》（1992 年）、《劳动合同鉴证实施办法》（1992 年）、《关于股份制试点企业劳动工资管理暂行办法》（1993 年）等。特别是 1994 年《中华人民共和国劳动法》的颁布，使劳动合同有了权威性规定，为全面推行劳动合同制提供了法律保障，标志着我国劳动合同制度的正式建立。为了贯彻执行《劳动法》中的劳动合同制度，劳动部制定、颁布了相应的配套规章，如《关于贯彻执行〈中华人民共和国劳动法〉若干问题的意见》（1994 年）、《违反和解除劳动合同的经济补偿办法》（1994 年）、《违反〈劳动法〉有关劳动合同规定的赔偿办法》（1995 年）等；各地方也分别就劳动合同进行了立法。这些配套规定有力地推动了劳动合同制度的实施。在劳动合同制度发展史上最值得一提的是《中华人民共和国劳动合同法》（以下简称《劳动合同法》）的出台，并于2008 年 1 月 1 日起实施。《劳动合同法》在《劳动法》的基础上就劳动合同一系列制度作了更加详细、具体的规定，有些方面作了新的突破。这为劳动合同制度的规范化，推定劳动合同制度的有力实施提供了更加完善的保障。为了配合《劳动合同法》的实施，《中华人民共和国劳动合同法实施条例》也于 2008 年 9 月 18 日起实施。这标志着中国的劳动合同制度体系正逐步走向完善与成熟。

第五节　劳动合同法的概念及适用范围

一、劳动合同法与劳动法的关系

（一）劳动合同法的概念

劳动合同法是劳动法的重要组成部分，是调整劳动者和用人单位在订立、履行、变更、解除和终止劳动合同过程中发生的社会关系的法律规范的总称。劳动合同法有广义与狭义之分。广义的劳动合同法除包括《劳动合同法》之外，还包括其他调整劳动合同关系的法律规范。狭义的劳动合同法仅指 2008 年 1 月 1 日生效的《劳动合同法》。

《劳动合同法》共计 8 章 98 条，内容包括：总则；劳动合同的订立；劳动合同的履行和变更；劳动合同的解除和终止；特别规定（集体合同、劳务派遣、非全日制用工）；监督检查；法律责任；附则。

（二）《劳动合同法》与《劳动法》的关系

劳动法是调整劳动关系的基本法，劳动合同法是调整劳动合同订立、履行、变更、解除与终止过程中发生的社会关系的法律，是劳动法的重要组成部分。在调整劳动关系上，劳动法与劳动合同法是基本法与特别法或者说单项法、上位法与下位法的关系。①

但是，《劳动合同法》出台后，对《劳动法》与《劳动合同法》的关系，也有不同的声音。一种观点认为，《劳动合同法》与《劳动法》应当是两个并列的法律，理由为：其一，《劳动法》、《劳动合同法》都是由同一个立法机构——全国人大常委会制定颁布

① 参见曹可安主编：《中华人民共和国劳动合同法　解析·案例分析·合同样本》，京华出版社 2007 年版，第 5 页。

的，属于同一位阶的法律；其二，《劳动合同法》的不少内容是对《劳动法》的修改或者突破，如适用范围、试用期、违约金、劳动合同的解除、补偿金、非全日制用工、劳务派遣等。另一种观点认为，劳动合同虽说是一种特殊的合同，但仍然是合同，既然是合同，那么合同法的基本制度与原理仍然适用于劳动合同，劳动合同法应该是合同法的特别法。

我们认为，劳动法是调整社会关系中最基本的关系——劳动关系的法律，是劳动法律部门中最基本的法律制度，应当以基本法的形式制定，由全国人民代表大会颁布。《立法法》第7条第2款规定，全国人民代表大会制定和修改刑事、民事、国家机构的和其他的基本法律。

但是受制于《劳动法》制定时的特殊立法背景，以及立法经验、立法技术等因素，为了尽快促成其出台，才由全国人大常委会颁布。尽管在立法形式上存在一些问题，但由于其法律内容上的纲要性，《劳动法》仍然具备了基本法的特征，其具体制度涉及劳动关系调整的方方面面。我们不能仅仅因为制定机构的这一形式上的问题而掩盖了其实质上具有的基本法的特征，更不能忽视劳动法与劳动合同法的包容关系。正因为如此，《劳动法》设专章规定了劳动合同制度，为《劳动合同法》的制定奠定了基础；正是因为《劳动法》规定得比较原则、简略，才需要《劳动合同法》对劳动合同制度加以完善、细化。①随着社会主义市场经济体制的逐步建立与完善，劳动用工制度也会出现许多新情况、新问题，反映在立法上，需要对原有的制度不断地进行修订、补充与完善。《劳动合同法》的出台也是顺应了这一现实需要，而且它还会在以后不断地得到检验，不断地修正。但这并不会影响劳动法与劳动合同法的关系。

至于第二种观点，我国不少学者持此观点，台湾地区劳动法学者也持此观点。黄程贯教授认为，劳动契约是“约定劳雇关系之契约。”此种契约系一种私法上或民法上之契约，且系民法各种之债章中之“雇佣契约”之一种。由此可知，劳资关系之最基本的基础系一私法或民法契约。② 他们认为劳动合同本质属于雇佣合同，是一种特殊的合同。劳动合同法作为特别法优先适用。当劳动合同法没有规定或者规定不明确时，即有合同法或民法之适用。

我们认为，劳动合同具有一般民事合同的基本特征，平等、自愿、意思表示一致、诚实信用这些合同法中的基本规则在劳动合同订立、履行过程中必须遵循。合同法上的一些制度与理念，劳动合同法可以借鉴，但二者依然存在着区别。这种区别主要表现在当事人意思自治的不彻底性和劳动合同条款劳动基准的兜底性。劳动者个人在劳动合同订立过程中，表面上平等，实质上不平等，不完全具备与用人单位议价的能力；在劳动合同的达成上，处于被动地位。在劳动合同订立后，劳动合同履行过程中，劳动关系的从属性特点决定了劳动者必须服从用人单位的管理。为了扶持保护处于弱势地位的劳动者，国家通过劳动基准来限定用人单位的意思自治，确保劳动合同中约定的劳动条件符合劳动基准的基本要求。

① 参见姜颖著：《劳动合同法论》，法律出版社2006年版，第31页；曹可安主编：《中华人民共和国劳动合同法 解析·案例分析·合同样本》，京华出版社2007年版，第5页。

② 黄程贯著：《劳动法》，台湾“国立空中大学”2001年版，第56页。

二、劳动法的适用范围

劳动法是调整劳动关系及其与之密切相关的社会关系的法律规范。劳动法的适用范围是指劳动法在什么地域对哪些人适用的问题。《劳动法》、《劳动部关于贯彻执行〈中华人民共和国劳动法〉若干问题的意见》对劳动法的适用范围做了具体规定。

《劳动法》第 2 条规定："在中华人民共和国境内的企业、个体经济组织（以下统称用人单位）和与之形成劳动关系的劳动者，适用本法。国家机关、事业单位、社会团体和与之建立劳动合同关系的劳动者，依照本法执行。"

《劳动部关于贯彻执行〈中华人民共和国劳动法〉若干问题的意见》第 1 条有如下规定：

（1）中国境内的企业、个体经济组织与劳动者之间，只要形成劳动关系，即劳动者事实上已成为企业、个体经济组织的成员，并为其提供有偿劳动，适用本法。

（2）国家机关、事业组织、社会团体实行劳动合同制度的以及按照规定应实行劳动合同制度的工勤人员；实行企业化管理的事业组织的人员；其他通过劳动合同与国家机关、事业单位、社会团体建立劳动关系的劳动者，适用劳动法。

（3）公务员和比照实行公务员制度的事业组织和社会团体的工作人员，以及农村劳动者（乡镇企业职工和进城务工、经商的农民除外）、现役军人和家庭保姆等不适用劳动法。

根据上述规定，劳动法适用的主体一般为用人单位和劳动者。其中用人单位是指：

（1）中国境内的企业：包括任何性质的企业。

（2）个体经济组织：一般雇工在 7 人以下的个体工商户。

（3）国家机关、事业组织、社会团体与其员工间形成劳动关系时，也是劳动法上的用人单位。

劳动者是指在中国境内的如下人员：

（1）与企业、个体经济组织之间形成劳动关系的人员；

（2）实行劳动合同制的国家机关、事业组织、社会团体的工勤人员；

（3）实行企业化管理的事业组织的人员。实行企业化管理的事业组织是指国家不再核拨经费，实行独立核算、自负盈亏的事业组织。①

（4）其他通过劳动合同与国家机关、事业组织、社会团体建立劳动关系的人员。

不适用劳动法的情况为：

（1）公务员和比照实行公务员制度的事业组织和社会团体的工作人员；

（2）农村劳动者（但乡镇企业职工、进城务工、经商的农民除外）；

（3）现役军人和家庭保姆。

---

① 参见《劳动部办公厅关于实行企业管理的事业组织与员工发生劳动争议有关问题的复函》（劳办发〔1996〕165 号）的相关规定。

三、《劳动合同法》在适用范围上的变化

《劳动合同法》第 2 条规定："中华人民共和国境内的企业、个体经济组织、民办非企业单位等组织（以下简称用人单位）与劳动者建立劳动关系，订立、履行、变更、解除或者终止劳动合同，适用本法。国家机关、事业单位、社会团体和与其建立劳动关系的劳动者，订立、履行、变更、解除或者终止劳动合同，依照本法执行。"

与《劳动法》规定相比，《劳动合同法》在适用范围上有了新的变化。《劳动合同法》在劳动法的基础上，扩大了主体的适用范围，将民办非企业单位纳入《劳动合同法》的适用范围。民办非企业单位是指企业事业单位、社会团体和其他社会力量以及公民个人利用非国有资产举办的，从事非营利性社会服务活动的社会组织。① 这些组织有民办养老院、民办博物馆、民办科技馆、民办医院、学校、民办图书馆等。

《劳动合同法实施条例》第 3 条规定："依法成立的会计师事务所、律师事务所等合伙组织和基金会，属于劳动合同法规定的用人单位。"

第 4 条规定："劳动合同法规定的用人单位设立的分支机构，依法取得营业执照或者登记证书的，可以作为用人单位与劳动者订立劳动合同；未依法取得营业执照或者登记证书的，受用人单位委托可以与劳动者订立劳动合同。"

《劳动合同法实施条例》实际上将劳动合同法适用范围又扩大到了会计事务所、律师事务所等合伙组织和基金会。用人单位的分支机构在依法取得营业执照或者登记证书后或者受用人单位委托的也可以订立劳动合同，适用劳动合同法。

另外，《劳动合同法》第 96 条规定："事业单位与实行聘用制的工作人员订立、履行、变更、解除或者终止劳动合同，法律、行政法规或者国务院另有规定的，依照其规定；未作规定的，依照本法规定执行。"这意味着《劳动合同法》将事业单位中实行聘用制的工作人员有条件地纳入到《劳动合同法》的调整范围。

事业单位②的工作人员可以分为三类：第一类是比照实行公务员的人员，他们不适用劳动合同法；具有管理公共事务职能的组织，如证监会、保监会、银监会其录用的工作人员是参照公务员法进行管理，不适用劳动合同法。第二类为事业单位的工勤人员，他们适用劳动合同法。第三类是与事业单位签订了聘用合同的人员，对于这类人员，《劳动合同法》规定法律、行政法规或者国务院另有规定的，依照其规定；未作规定的，依照《劳动合同法》的规定执行。这里的"另有规定"目前主要指《公务员法》第 106 条、《关于在事业单位试行人员聘用制度的意见》（国办发〔2002〕35 号）、人事部《关于印发事业单位试行人员聘用制度有关问题的解释的通知》（国人部发〔2003〕61 号）、《人事争议处理规定》（2007 年 10 月 1 日起实行）等。如果法律、行政法规或者国务院未作规定的，依照《劳动合同法》的规定执行。这一规定，适应了事业单位人事制度改革的需要，有利于全国统一的人才与劳动力市场的构建，为事业

① 参见《民办非企业单位登记管理暂行条例》第 2 条。

② 这里的事业单位并不包括实行企业化管理的事业单位，因为实行企业化管理的事业单位的人员与所在单位建立的是劳动关系，适用劳动法。

单位工作人员权益的保护作了兜底性规定。

【思考题】

1. 劳动合同与劳务合同有哪些区别？
2. 简述劳动合同法的适用范围。

第二章　劳动合同的订立

第一节　劳动合同订立概述

【本章学习重点提示】 了解劳动合同订立的基本原则、劳动合同的形式、劳动合同订立时双方的基本义务。

一、劳动合同订立的主体

劳动合同的订立是指劳动者和用人单在平等协商的基础上，就劳动合同的条款达成一致，明确双方的劳动权利和义务，从而确立劳动关系的法律行为。因此，劳动合同订立的主体包括劳动者与用人单位双方主体。

（一）劳动合同订立的一般主体

1. 用人单位

用人单位是指依法成立并具备用人资格的社会组织。用人单位①包括中华人民共和国境内的企业、个体经济组织、民办非企业单位等组织以及国家机关、事业组织、社会团体。《劳动合同法实施条例》第 3 条规定，依法成立的会计师事务所、律师事务所等合伙组织和基金会也属于用人单位。除此之外，《劳动合同法实施条例》第 4 条进一步将劳动合同订立主体扩大到用人单位的分支机构等。第 4 条规定："劳动合同法规定的用人单位设立的分支机构，依法取得营业执照或者登记证书的，可以作为用人单位与劳动者订立劳动合同；未依法取得营业执照或者登记证书的，受用人单位委托可以与劳动者订立劳动合同。"

用人单位订立劳动合同时必须具备用人资格。所谓用人资格或者用工资格是用人单位能够自主地招聘、使用劳动者的能力，是用人单位行使用工自主权的前提。在我国计划经济体制下，用人单位主要是指国营企业和集体所有制企业，他们的用人资格受制于国家编制、用工计划、工资总额等因素的限制，用人单位的用工自主性非常有限。在改革开放和经济体制改革之后，特别是市场经济体制的确立，现代企业制度的逐步建立、劳动合同制

① 有学者认为用人单位的资格应当是法人资格，这明显缩小了用人单位的范畴，因为与现行立法不符，所以在此采用《劳动合同法》的规定。参见巢健茜主编：《劳动法与社会保障法》，科学出版社 2007 年版，第 63 页；黎建飞著：《劳动法的理论和实践》，中国人民公安大学出版社 2004 年版，第 283 页。

度的实施，用人单位拥有了比较充分的经营自主权之后，用人单位的用工自主权受到的限制比较少，主要受制于单位的经营管理需要。目前，在我国劳动力市场上，仍有一些不合理的因素制约着用人单位的用工自主权，如户口制度、暂住证等。如北京，用人单位在招聘过程中受制于户口制度的影响，是否取得北京市户口，影响到双方劳动合同的订立。而用人“编制”或者“指标”也在一定程度上影响到国有性质的企业、事业单位和社会组织的用工自主权。

现实中，比较普遍存在的问题是非法用工问题。

所谓非法用工，2011 年 1 月 1 日起实施的《非法用工单位伤亡人员一次性赔偿办法》第 2 条第 1 款规定：“本办法所称非法用工单位伤亡人员，是指无营业执照或者未经依法登记、备案的单位以及被依法吊销营业执照或者撤销登记、备案的单位受到事故伤害或者患职业病的职工，或者用人单位使用童工造成的伤残、死亡童工。”据此我们可以推导出非法用工是指无营业执照或者未经依法登记、备案的单位以及被依法吊销营业执照或者撤销登记、备案的单位招聘使用职工或者用人单位使用童工的行为。

原劳动和社会保障部《关于确认劳动关系有关事项的通知》第 4 条规定：“建筑施工、矿山企业等用人单位将工程（业务）或经营权发包给不具备用工主体资格的组织或自然人，对该组织或自然人招用的劳动者，由具备用工主体资格的发包方承担用工主体责任。”这是对建筑施工、矿山企业等在工程（业务）发包过程中，发包给不具备用工主体资格的组织或者自然人时，劳动关系的认定意见。《劳动合同法》第 94 条也规定，个人承包经营违反劳动合同法规定招用劳动者，给劳动者造成损害的，发包的组织与个人承包经营者承担连带责任。

2. 劳动者

劳动者的概念，《劳动法》和《劳动合同法》都没有作出明确的界定，理论界也认识不一。劳动者有广义和狭义之分。广义劳动者泛指一切以劳动所得为主要生活来源的人。劳动法上的劳动者有其特定的范围，一般指具有劳动能力的人，基于法律或者劳动契约，在从属的关系中从事有偿职业劳动的自然人。

劳动者的资格条件，一般包括年龄条件、健康条件以及行为自由条件。

年龄条件，主要是指《劳动法》第 15 条的规定，即需要年满 16 周岁，特殊工艺单位招用未满 16 周岁的未成年人需要审批。

健康条件是指劳动者不能患有所在岗位或者工种禁忌或不宜的疾病；残疾人只能从事与自身状况相适应的职业①；用人单位不得安排女职工、未成年工从事法律禁止范围内的劳动。同时，健康条件还包括劳动者智力上的要求，即劳动者必须精神健全，具有完全的民事行为能力。

---

① 例如，乙肝患者不能从事食品加工行业，盲人不能成为驾驶员等。法律依据如 2007 年 10 月 30 日原劳动和社会保障部颁布的《就业服务与就业管理规定》第 19 条第 2 款规定：“用人单位招用人员，除国家法律、行政法规和国务院卫生行政部门规定禁止乙肝病原携带者从事的工作外，不得强行将乙肝病毒血清学指标作为体检标准。”

行为自由，是指劳动者就业需要有相应的人身行动的自由，否则无法行使自己的劳动权利，履行相应的劳动义务。例如，《劳动部关于贯彻执行〈中华人民共和国劳动法〉若干问题的意见》第28条规定："劳动者涉嫌违法犯罪被有关机关收容审查、拘留或逮捕的，用人单位在劳动者被限制人身自由期间，可与其暂时停止劳动合同的履行。"

除此之外，用人单位在招聘过程中还会对劳动者的知识文化水平、技能水平等提出不同的要求。

（二）特殊主体订立劳动合同的资格问题

1. 经理等高级管理人员订立劳动合同的主体资格问题

劳动部于1995年4月27日颁布的《实施〈劳动法〉中有关劳动合同问题的解答》中对于厂长、经理签订劳动合同的问题规定：厂长、经理是由其上级部门聘任（委任）的，应与聘任（委任）部门签订劳动合同。实行公司制的企业厂长、经理和有关经营管理人员，应根据《中华人民共和国公司法》中有关经理和经营管理人员的规定与董事会签订劳动合同。

对于这个条款，学界有不同观点。第一种观点认为，高级管理人员不适用劳动法律法规。理由包括：首先，高级管理人员属于社会学意义上的劳动者，区别于劳动法学意义上的劳动者。前者主要是指用人单位具有经营管理权的厂长、经理和其他高级管理人员，后者则主要是指年满16周岁身体健康有行为自由的普通劳动者。无论是在资格、地位上，还是在与所在单位形成的关系、双方的权利义务，报酬的性质，适用的法律和解决争议的途径等方面，都没有任何的共性，所以高级管理人员不应当由《劳动法》、《劳动合同法》来调整①。其次，要区分劳动者和雇主的概念。建议通过立法规定雇主的概念，以将高级管理人员排除在《劳动合同法》适用范围之外②。

第二种观点认为，按照现有的法律规定，总经理等高级管理人员应当适用劳动法律法规，但其适用范围应该与普通劳动者有所区别③。理由之一在于，高级管理人虽行使企业管理权，但还是受雇于企业，其劳动权益应当受《劳动合同法》的保护。而且从立法技术上来讲，既然现行劳动法律法规并没有将高级管理人员排除在需要特别加以保护的群体范畴之外，那么当然应当享受现行法律的倾斜保护，这也是成文法的逻辑所在。

---

① 参见姜颖著：《劳动合同法论》，法律出版社2006年版，第54~55页。董保华教授认为，最上层的经理阶层，其实本不应依靠《劳动法》来保护，但《劳动合同法》（草案）并没有将其排除出去，因此《劳动合同法》（二审稿）对劳动者分层保护做得还不够。参见《〈劳动合同法〉草案二审，常凯、董保华再争锋》，载《中国经济周刊》2007年第3期。

② 参见姜颖著：《劳动合同法论》，法律出版社2006年版，第59页。常凯教授认为《劳动合同法》应首先界定"劳动者"的定义和范畴，并明确企业高层管理者不属于本法中的"劳动者"。只有明确界定劳资双方，才能避免对《劳动合同法》的许多误读和争议。参见《〈劳动合同法〉草案二审常凯、董保华再争锋》，载《中国经济周刊》2007年第3期。

③ 《地方劳保部门对劳动合同法草案热点难点的意见》，载中国网：http：//www.china.com.cn/chinese/zhuanti/hetong/1171339.htm，2007年12月20日访问。

第三种观点认为，高级管理人员是否适用劳动法应该区别几种情况，高级管理人员可能是总经理，也可能既是总经理又是股东、董事，应当视具体争议内容而适用不同的法律。①

我们同意第三种观点，当总经理等高级管理人员作为劳动契约关系中的一方当事人时，应当享有相应的劳动权利与义务；但是由于他们在一定程度上代表“资方”，与用人单位形成代表或者代理关系，因而对于他们的某些劳动权利应当作出除外适用规定，如经济补偿金和加班费等。

关于高级管理人员的劳动合同。

高级管理人员的劳动合同，是指公司高级管理人员与公司董事会或有关上级部门经过相互选择、平等协商后，就有关劳动关系建立的条款达成的协议。其特征除了符合一般劳动合同的诺成、双务有偿、附合、从属、继续性特征之外，还有自身的特殊性。这种特性主要体现在经理等高级管理人员提供的劳动——管理行为具有的独立性和自主性上。

一般认为，管理具有二重性，这个概念源于马克思在资本论中的分析②，只是在我国经济学界和管理学界，一般概括为“一方面具有与生产力、社会化大生产相联系的自然属性；另一方面又具有与生产关系、社会制度相联系的社会属性”③。管理作为一种劳动，其真正意义在于它是生产性较高的劳动，能够大幅度提高劳动生产力，提高人均产出、降低产品生产和交易成本，使企业在获得平均利润之外获得巨大的超额利润。生产力特别高的劳动，是政治经济学体系中一个极其重要的概念，它不是生产较高价值的劳动，而是具有特别高效率的具体劳动④。“管理”劳动与普通劳动的区别包括三个方面。第一，劳动力价值的可量化难易程度不同，“管理”劳动不易量化。高级管理人员的管理行为在其职责范围内具有较强的自主性和独立性，凝结了较多的智慧与技能。因此其薪酬设计大多采用年薪制⑤；这与普通劳动者的日工资、月工资相比，无论是在计算标准还是具体的数额上都有差距。第二，具体合同内容不同。高级管理人员与公司签订的劳动合同中有关工时、工作范围、休假、培训、流动性的内容具有不确定性，这与普通劳动者的工时、工种的固定性相比，差异十分巨大。第三，决定劳动力价值的市场不同。经理等高级管理人员的供求关系是由职业经理人市场来决定的，而普通劳动者是通过劳动力市场来决定其工资待遇，这就导致了在公司治理结构中管理者阶层与职工阶层的区分。

在合同内容的安排上，针对公司高级管理人员设计了期权制度。期权设计的目的在于最大限度地、长期地对管理者进行激励，使经营者的个人利益与公司的长期发展更紧密结

① 例如，依据《公司法》的规定，董事会可以解聘总经理。在这种情况下，总经理与公司之间属于委任关系，适用《公司法》的规定，而不应按照《劳动合同法》有关劳动合同解除的规定来处理。此外，高级管理人员也不能依据劳动法律法规参加工会组织，不享有劳动工作时间的保护等。参见李凌云：《高级管理人员的劳动关系定位》，载《中国劳动》2007年第7期。

② 参见马克思、恩格斯：《资本论》（第3卷），人民出版社1975年版，第431页。

③ 参见《社会科学大词典》，中国国际广播出版社1989年版，第633页。

④ 李广平：《论科技和管理人员劳动的性质与作用》，载《江汉论坛》2002年第11期。

⑤ 将经营管理劳动视为一种劳动，其依据在于马克思政治经济学中的复杂劳动与简单劳动的区分，年薪制完全可以理解为高级管理人员劳动力的对价给付，这与工人的工资没有质的差别。

合，避免管理者的短期行为，避免道德风险的发生。但是对于普通劳动者则没有此类激励机制。

法律依据上，高管人员劳动合同的订立，除了要遵循《劳动合同法》中的一般规则，还需要遵守公司法中关于高管人员义务的规定。①

总之，经理等高级管理人员本质上属于劳动者，但是在许多方面区别于一般的劳动者，表现在市场竞争中并不像一般劳动者那样始终处于弱势群体的地位。相对于普通劳动者，高级管理人员甚至在一定程度上还处于比较优势地位。这种特殊性决定了法律制度在权利义务的配置上必须增加高级管理人员的相应义务，以实现权利义务的平衡。

【案例 2-1】

2004 年孙某进入广州一家服装销售公司（以下简称广州公司），双方签订了劳动合同，约定了工资等内容；2005 年 3 月孙某与广州公司签订了《经理聘用与业绩考核》协议书，约定孙某担任公司销售副总经理以及常务副总经理，对公司进行全面管理。约定每周六需要在公司上班。2006 年 2 月孙某离开了广州公司，但公司未支付其 2 月份的工资。后协商不成，孙某提请劳动仲裁，之后又向人民法院提起诉讼，要求补发 2 月份工资，并补发双休日加班工资以及 25%经济补偿金。在法庭审理中，广州公司辩称，由于公司高管待遇较高，担负职责也较为重要，因此公司要求公司高管每周六上班，孙某作为副总经理，负责公司的日常事务，周六上班是工作需要，是正常工作不能视为加班，因此不同意支付加班工资以及 25%经济补偿金，也不同意支付 3 月份至退工手续办妥之日的工资。2006 年 11 月，法院审理认为，孙某和广州公司的劳动合同是双方真实意思表示，合法有效。孙某工作至 2006 年 2 月 20 日，公司应当支付其相应工资。对于加班问题，判决公司依法支付孙某双休日加班工资，并支付经济补偿金（金额为拖欠加班工资的 25%）。至于孙某要求公司支付 2006 年 3 月至办妥退工手续之日的工资缺乏依据不予支持。②

上案涉及高级管理人员是否应当享有加班工资的权利。实践中，大多数企业对于高级管理人员的加班工资是否定的，理由主要在于高级管理人员的特殊性。加班加点是指劳动者在法定或者合同约定的正常工作时间之外继续工作的统称。加班加点本身就是对劳动者休息时间的挤占，会影响到劳动者的休息权，因而受到法律的限制。虽然法律、法规对此进行了限制，但现实中用人单位通过强迫劳动者“自愿”加班、加大劳动强度使劳动者无法在正常工作时间内完成或者在劳动者下班之后安排工作任务让其第二天上班时交付等多种方式来迫使劳动者加班，从而规避法律。对于高级管理人员休息日工作是否属于加班，应否享受加班待遇，现行的部门规章做了规定。根据《关于企业实行不定时工作制和综合计算工时工作制的审批办法》〔劳部发（1994）503〕（以下简称《审批办法》）

---

① 这主要是指《公司法》第 6 章规定的公司董事、监事、高管的任职资格和义务，包括《公司法》第 147 规定的董事、监事、高管任职的消极条款，第 148 条规定的忠实、勤勉义务，第 149 条规定的任职中的禁止行为等，这些内容都需要在高级管理人员的劳动合同中体现出来。

② 黎建飞著：《劳动合同法案例判解》，中国法制出版社 2007 年版，第 226~227 页。

第4条第1款的规定，企业中的高级管理人员、外勤人员、推销人员、部分值班人员和其他因工作无法按标准工作时间衡量的职工，可以实行不定时工作制。实行不定时工作制企业需报请劳动行政部门审批。实行不定时工作时间的劳动者的工作时间长于标准工时的，不按加班处理；短于标准工时的，也不扣发工资。《审批办法》第6条规定："对于实行不定时工作制和综合计算工时工作制等其他工作和休息办法的职工，企业应根据《中华人民共和国劳动法》第一章、第四章有关规定，在保障职工身体健康并充分听取职工意见的基础上，采用集中工作、集中休息、轮休调休、弹性工作时间等适当方式，确保职工的休息休假权利和生产、工作任务的完成。"本案中孙某属于管理岗位，其工作时间如果属于不定时工作时间（需要报请当地劳动行政部门审批），则无权获得加班工资。

2. 离退休人员订立劳动合同的主体资格问题

退休职工再就业问题，通行观点认为，劳动者达到退休年龄之后就不再具有劳动者资格，不能成为法律意义上的劳动者，因此其与聘用单位形成的是劳务关系，而非劳动关系，不受《劳动法》调整。①《最高人民法院关于审理劳动争议案件适用法律若干问题的解释（三）》第7条规定："用人单位与其招用的已经依法享受养老保险待遇或领取退休金的人员发生用工争议，向人民法院提起诉讼的，人民法院应当按劳务关系处理。"最高人民法院的意见是，退休人员再就业，如果其已经依法享受养老保险待遇或者领取了退休金的，那么，他们与用工单位的关系属于劳务关系。

但是也有学者认为，这种观点值得商榷。② 理由如下：

首先，就劳动者的资格而言，职工退休，并不意味着其劳动能力的立即丧失。劳动能力包括年龄、健康以及行为自由三个方面。对于年龄，《劳动法》规定了下限，即16周岁，而没有直接规定上限。法律规定了退休制度，一般推定年龄界限为退休年龄。退休制度的初衷之一在于让劳动者好好享受老年生活，同时在一定程度上缓解社会就业的压力。劳动者在达到法定年龄，工作年限满一定年数后可不再工作，主要依靠养老金维持生活；对于国家而言，也没有义务再保障其就业③。但是，并不能因此而否定退休职工的再就业权。因为，如果退休后的职工仍具有较好的身体素质，又有行为自由，那么他与其他劳动者没有质的差别，其再就业的权利也应当受到法律的保护。

其次，达到退休年龄的人员被再次聘用，往往从事的仍然是其退休前的工作。他们接受用人单位的管理和指挥，与用人单位形成的关系，实质上仍是劳动关系，而不是劳务关系。与普通劳动关系的唯一差别在于年龄达到了法定退休年龄④。如果不将退休人员的劳动纳入劳动法范畴，就容易导致用人单位规避劳动法义务的现象，不利于对达到法定退休年龄劳动者的平等法律保护，也会导致用人单位大量雇佣退休人员现象的产生。因此，建议通过解释明确退休人员再就业与用人单位签订的合同适用《劳动合同法》，只不过在具体制度适用上，如养老、医疗保险等方面有所区别。

① 姜颖著：《劳动合同法论》，法律出版社2006年版，第52页。
② 姜颖著：《劳动合同法论》，法律出版社2006年版，第52~53页。
③ 赵英杰主编：《劳动法学》，东北林业大学出版社2005年版，第14页。
④ 姜颖著：《劳动合同法论》，法律出版社2006年版，第52~53页。

3. 在校学生订立劳动合同的主体资格问题

随着高等教育扩招现象的产生，“在校学生打工”的现象越来越普遍①。对于打工学生应否纳入劳动法调整范围，签订劳动合同，有两种不同观点。一种观点认为“打工大学生”不应当受劳动法的调整。2007年“洋快餐”事件的出现，正是这种观点的集中表现。有观点认为“在校学生打工”不受劳动法调整的理由包括：(1) 根据《劳动部关于贯彻执行〈中华人民共和国劳动法〉若干问题的意见》的规定，在校生利用业余时间勤工助学，不视为就业，未建立劳动关系，可以不签订劳动合同②。(2) 地方规定。《天津市劳动保障监察执法有关问题的解答》规定，根据《关于贯彻执行〈中华人民共和国劳动法〉若干问题的意见》第12条“在校生利用业余时间勤工助学，不视为就业，未建立劳动关系，可以不签订劳动合同”的规定，其拖欠工资问题，可采取民事诉讼方式解决③。(3) 教育部《高等学校学生勤工助学管理办法》第4条规定：“本办法所称勤工助学活动是指学生在学校的组织下利用课余时间，通过劳动取得合法报酬，用于改善学习和生活条件的社会实践活动。”④ 此外《高等学校学生勤工助学管理办法》不仅规定了勤工助学的形式，即校内固定岗、校内临时岗位、校外勤工助学，而且规定了薪酬计算方式⑤。依据这个规定，将学生的打工定性为“勤工助学”。既然学生打工不视为就业，不签订劳动合同，就不受劳动法的调整。

相反的观点认为，应当将一部分学生利用课余时间到外面打工的行为，纳入劳动法的调整范围，提供劳动法的保护。理由是，学生打工，与雇主形成的关系本质上符合劳动关系的特征，即从属性。学生打工从事的活动是雇主生产经营的一部分；打工过程中接受雇主的指挥与安排，服从雇主的命令。不少学生打工时统一着装，工作服由单位统一提供；对外也是以雇主的名义提供服务。因此，学生与雇主的关系是一种劳动关系，应当将打工

---

① 依据《中国大学生在线》对大学生打工生存环境的调查：在调查的18名学生中，只有1人1次打工经历都没有，而有12人分别有1~2次打工经历；有4人有3次打工经历，占了总数的22.2%；另外有1人的打工经历在5次以上。而且在“大学生打工的趋势会如何”这个问题上，有9人认为“有越来越多的学生正在加入到打工的行列中”，占总数的50%。由此可知，这个问题将会逐渐成为一个普遍性社会问题。参见中国大学生在线调查：《大学生打工生存环境》，载中国大学生在线：http：//wwt. hebiace. edu. cn/Article/jy/200709/187. shtml，2007年12月22日访问。

② 参见1995年8月11日劳动部颁布的《关于贯彻执行〈中华人民共和国劳动法〉若干问题的意见》(劳部发［1995］309号) 第12条。

③ 参见天津市劳动和社会保障局于2007年4月23颁布的《天津市劳动保障监察执法有关问题的解答》(津劳社局发［2007］58号) 第23条。

④ 参见教育部于2007年6月26日颁布的《高等学校学生勤工助学管理办法》(教财［2007］7号) 第4条。

⑤ 校内固定岗按月计酬，以每月40个工时的酬金原则上不低于当地政府或有关部门制定的最低工资标准或居民最低生活保障标准为计酬基准，可适当上下浮动；校内临时岗位按小时计酬。每小时酬金可参照学校当地政府或有关部门规定的最低小时工资标准合理确定，原则上不低于每小时8元人民币；校外勤工助学酬金标准不应低于学校当地政府或有关部门规定的最低工资标准，由用人单位、学校与学生协商确定，并写入聘用协议。参见教育部于2007年6月26日颁布的《高等学校学生勤工助学管理办法》(教财［2007］7号) 第24条。

学生纳入劳动法的调整范围。而且，有些国家如德国，将大学生打工纳入劳动法的范畴进行规范。在德国，学生多数从事非全日制工作，如在加油站、餐饮业等处从事工作。从2002/2003冬季学期开始，德国劳动法对外国学生打工作出了比过去灵活宽松的规定。外国学生不需要特别申请工作许可证，就可以每年打工180个半天。半天的含义是，一天工作时间不超过4个小时。①

我们同意第二种观点。在校学生打工是世界各国的普遍现象，各国法律都提供了不同程度的保护。学生打工与雇主建立的关系，本质上具有从属性特点，只不过在工作时间上与一般劳动者有差别而已。如果把打工学生纳入劳动法的调整范围，既有利于大学生权益的保护，同时也可以遏制一些用人单位侵害大学生权益的行为发生，加大用工单位违法的成本。

二、《劳动合同法》关于劳动合同订立的特别规定

（一）关于劳动关系的建立时间

《劳动合同法》第7条规定："用人单位自用工之日起即与劳动者建立劳动关系。"这就明确规定了劳动关系的成立时间是"自用工之日起"，也就指明了劳动关系成立的标志是实际用工，而不是以劳动合同是否订立为衡量标志。这也是《劳动合同法》的突破之一。

实践中，劳动关系的建立时间与劳动合同签订的时间并不一致，主要表现在以下三个方面：

第一，先签订劳动合同，后实际用工；

第二，签订劳动合同的同时即实际用工；

第三，先用工，后签订劳动合同。

出现以上三种情况时，劳动关系的建立时间以实际用工为依据。但是，由于劳动关系的成立时间与劳动合同的订立时间不一致，可能会影响到劳动者的权利和义务的实际享有和承担，特别是在第一种情况下，由于先签合同，后用工，那么，在劳动合同成立之后至实际用工之前，因为劳动关系尚未建立，劳动者则不享受劳动法上的权利，用人单位则不承担劳动法上的义务。

在先用工，后签订劳动合同的情况下，如果签订劳动合同的时间与实际用工时间之间隔超过1个月以上的，劳动者可以主张未签订书面合同的权益。

（二）用人单位建立职工名册的义务

《劳动合同法》第7条规定，用人单位自用工之日起即与劳动者建立劳动关系。用人单位应当建立职工名册备查。关于职工名册的具体要求，《劳动合同法》并未规定，但是《劳动合同法实施条例》在此基础上做了进一步规定。其第8条规定："劳动合同法第7条规定的职工名册，应当包括劳动者姓名、性别、公民身份号码、户籍地址及现住址、联系方式、用工形式、用工起始时间、劳动合同期限等内容。"

法律规定用人单位建立职工名册的意义主要是便于劳动行政主管部门对用人单位用工

① 喻术红著：《劳动合同法专论》，武汉大学出版社2009年版，第68页。

状况的检查，以及作为书面证据之用。

(三) 用人单位的告知义务与劳动者的如实说明义务

劳动关系是一种人身依附关系，要求双方之间建立在相互信赖的基础之上，而双方信赖的前提是相互了解。因此，法律设立了劳动合同签订时当事人双方如实告知与说明义务。

用人单位的告知义务，也即是劳动者的知情权。《劳动合同法》第 8 条规定："用人单位招用劳动者时，应当如实告知劳动者工作内容、工作条件、工作地点、职业危害、安全生产状况、劳动报酬，以及劳动者要求了解的其他情况……" 在劳动关系中，由于用人单位的优势地位，在具体信息获取上劳动者处于不对等地位。为了改变这种状态，法律赋予劳动者知情权，享有对与劳动者切身利益相关的信息获知、了解的权利。其目的是使劳动者在了解用人单位具体情况的情形下作出是否继续签订合同的决定。不同的是，规定用人单位的告知义务的出发点在于保障劳动者的知情权，而规定劳动者的说明义务，出发点则在于保障劳动者的隐私权。

关于用人单位的告知义务，应当从以下几个方面来理解：第一，告知劳动者的必须是真实情况，不能提供虚假信息。提供虚假信息，构成欺诈的，根据《劳动合同法》第 26 条第 1 款的规定，将导致劳动合同无效或者部分无效。第二，告知的时间是用人单位招用劳动者时，即在签订劳动合同之前。用人单位不能在招用劳动者之后或者在劳动合同履行期间才告知劳动者有关情况。第三，告知必须以一种合理、适当的方式进行，必须让劳动者能够及时知道、了解，如可以在招工简章或招工广告中予以说明。第四，告知的内容应当是与履行劳动合同相关的事项，具体为《劳动合同法》第 8 条所规定的几个方面。用人单位应当在招工时全面告知，而不能有选择地告知或有意隐瞒一些不利于劳动者的情况。劳动者要求了解的其他情况，可以是用人单位的历史沿革、经营范围、经济效益、市场规模、管理制度、薪酬制度、劳动保障等与劳动者切身利益有关的情况。告知的方式不应是口头泛泛地介绍，还应该如实印制成专门的书面材料，以便劳动者更详细地了解用人单位的情况。第五，告知应当是用人单位的一项法定义务。用人单位应当主动告知劳动者上述法条列举的事项。同样，如果劳动者询问用人单位没有告知的与劳动合同有关的事项，用人单位也必须如实告知。如果用人单位隐瞒重要信息，误导欺骗劳动者的，就会导致劳动合同的效力问题。

劳动者的如实说明义务，是指当用人单位要求了解劳动者与劳动合同直接相关的基本情况时，劳动者有义务作出如实地说明。需要说明的是，何谓"劳动者与劳动合同直接相关的基本情况"，《劳动合同法》并未对此作出规定。一般可理解为劳动者与用人单位在招聘时提出的与招聘条件相关的基本情况，如劳动者的个人基本信息、教育背景、技术技能资格证明、工作经历/经验等。如用人单位了解的内容属于劳动者个人隐私的信息，劳动者有权拒绝。一旦用人单位知悉劳动者的个人隐私的，应当为劳动者保密。需要注意的是，用人单位了解劳动者的基本情况，应限于与劳动合同直接相关的基本情况，如工作经历、学习背景、知识技能、就业现状、职业资格、户籍地址及现家庭住址等。这些内容必须是与履行劳动合同直接相关的事项，影响到用人单位对劳动者的管理，如果与劳动合同不是直接相关的，劳动者可以拒绝回答。对于与劳动合同直接相关的基本情况，当用人单位了解时，劳动者必须如实说明，不能提供虚假信息和隐瞒重要信息，否则，会导致劳动合同无效的后果。

（四）用人单位招聘过程中的禁止义务

《劳动合同法》第9条规定："用人单位招用劳动者，不得扣押劳动者的居民身份证和其他证件，不得要求劳动者提供担保或者以其他名义向劳动者收取财物。"

居民身份证是居民重要的身份证明，一旦被用人单位扣押，会给劳动者自由流动带来极大的限制。因此，法律禁止用人单位及职业介绍机构扣押劳动者的居民身份证等重要证件。

所谓其他证件，是指身份证之外的其他重要身份证明，如户口本、学历证明、各种技术资格证明等。这些证明在一定程度上证明了劳动者的身份状态、受教育程度、掌握某一门技术的水平等，是劳动者自由流动、求职等活动的重要凭证。这一规定的意义体现在以下两个方面：

第一，劳动合同禁止担保体现了对劳动者自由择业权的保护。劳动者自由择业权是其所享有的就业权的一项主要内容，对它的保障是维护劳动者基本权益的当然要求。如果法律允许用人单位在招用劳动者时可以任意要求劳动者提供担保，那么这样的担保条款就会增加劳动者解约、再次选择职业或者用人单位的成本，从而限制劳动者的自由择业权。

第二，劳动合同禁止担保体现劳动者给付义务不得强制执行原则。① 劳动关系具有人身和财产双重属性，其中人身属性决定了劳动给付义务不得强制，劳动合同担保条款的存在，无形中形成了强制约束，劳动者如不履行给付义务，则意味着损失抵押物或者证件，这就可能迫使劳动者不得不被迫留下。这就形成强制性或强迫劳动，违反了禁止强制或强迫劳动的原则。

用人单位招用劳动者时扣押劳动者的居民身份证等重要证件，或者要求劳动者提供担保，目的在于防止劳动者解除劳动合同，阻碍劳动者的自由流动，实质上是妨碍劳动者行使自由择业的权利，因而被法律所禁止。用人单位违反该项规定，应当承担法律责任。其具体措施是由劳动行政部门责令限期退返劳动者本人，并依照有关法律规定给予处罚。用人单位以担保或者其他名义向劳动者收取财物的，由劳动行政部门责令限期退返给劳动者本人，并以每人500元以上2000元以下的标准处以罚款；给劳动者造成损害的，应当承担赔偿责任。

三、劳动合同的订立、成立与生效

合同的订立，是合同当事人合意的过程。当事人双方就合同的内容经过协商达成一致，合同即告成立。也就是说合同成立是指合同订立过程的完成。即当事人经过平等协商对合同的基本内容达成一致意见，要约承诺阶段宣告结束。② 合同的成立与合同的生效是有区别的。合同的成立是一种合意，解决的是合同是否存在的问题。合同是否生效，是合

---

① 曹可安主编：《中华人民共和国劳动合同法 解析·案例·分析·合同样本》，京华出版社2007年版，第35页。

② 王利明等著：《合同法新论·总则》，中国政法大学出版社1996年版，第185页。

同成立后是否符合法律规定的生效要件的问题，反映了法律对合同的评价。换句话说，合同成立并不一定产生法律效力；如果其符合法定要件，则合同生效，受法律保护；如果欠缺生效要件，即使合同存在，则合同无效、可撤销或效力未定。① 这是合同法上关于合同订立、成立与生效关系的基本理论。这种理论也可以适用于劳动合同的订立、成立与生效。

劳动合同的订立是劳动合同的当事人双方以订立劳动合同为意思表示，双方就劳动合同的主要条款经过协商最终达成一致的过程。劳动合同的双方当事人经过充分协商，达成一致，劳动合同即告成立，劳动合同成立是订立劳动合同所追求的直接结果。劳动合同订立过程中双方协商一致，是劳动合同成立的基础。

劳动合同的成立不等于劳动合同的生效，前者主要是劳动者和用人单位之间意思自治、合意的结果，后者则是国家通过法律对于合同本身进行评价，是法律对劳动合同当事人双方意思认可的结果。成立的劳动合同因为符合法律的规定而生效，因为违反法律的规定而归于无效。《劳动合同法》第 16 条规定："劳动合同由用人单位与劳动者协商一致，并经用人单位与劳动者在劳动合同文本上签字或者盖章生效。"

劳动合同成立要件，包括劳动合同双方当事人的主体资格适格和当事人之间的意思表示一致两方面。

合同的生效要件，不同于合同的成立要件，具备了成立要件，合同宣告成立。但已经成立的合同必须符合一定的生效要件，才能产生法律拘束力。我国《民法通则》第 55 条规定："民事法律行为应当具备下列条件：（一）行为人具有相应的民事行为能力；（二）意思表示真实；（三）不违反法律或者社会公共利益。"

关于法律所规定的合同形式要件，是合同成立的要求还是合同生效要求，学术界有不同观点：第一种观点认为，形式要件，如合同书面形式、签字盖章、登记、公正、审批等都是生效要件规定，如果不符合这些规定，合同虽然成立，但并不能产生效力；第二种观点认为，形式要件是合同成立要件，如果当事人未采取这些形式要件，如书面形式、签字盖章，即使当事人达成口头协议，也认为合同成立，但谈不上合同生效问题；第三种观点认为，法律对合同形式的规定到底属于成立还是生效要件，应该具体情况具体分析，视合同性质而定。②

一般合同的成立、生效要件不包括书面形式。③

对于劳动合同而言，我们认为《劳动法》、《劳动合同法》规定的劳动合同的书面形式是劳动合同订立的一般形式要件，合同未采取书面形式，并不导致合同的不成立或者无效。这里仅仅起到证明作用，证明劳动合同关系的存在和合同的内容。因为《劳动合同法》第 10 条第 2 款规定："已建立劳动关系，未同时订立书面劳动合同的，应当自用工之日起 1 个月内订立书面劳动合同。"但是如果 1 个月后没有补订书面劳动合同，是否无效？法律并未直接规定。同时第 14 条第 3 款规定："用人单位自用工之日起满 1 年不与劳

① 陈明添等主编：《中国民法学》，法律出版社 2007 年版，第 575 页。

② 王利明等著：《合同法新论·总则》，中国政法大学出版社 1996 年版，第 196~197 页。

③ 崔建远主编：《合同法》（第三版），法律出版社 2003 年版，第 70~71 页。

动者订立书面劳动合同的，视为用人单位与劳动者已订立无固定期限劳动合同。”从这些规定可以推定，《劳动合同法》是承认事实劳动关系的。① 为了弥补《劳动合同法》的不足，《劳动合同法实施条例》第5条规定：“自用工之日起1个月内，经用人单位书面通知后，劳动者不与用人单位订立书面劳动合同的，用人单位应当书面通知劳动者终止劳动关系，无须向劳动者支付经济补偿，但是应当依法向劳动者支付其实际工作时间的劳动报酬。”《劳动合同法实施条例》第6条规定：“用人单位自用工之日起超过1个月不满1年未与劳动者订立书面劳动合同的，应当依照劳动合同法第82条的规定向劳动者每月支付两倍的工资，并与劳动者补订书面劳动合同；劳动者不与用人单位订立书面劳动合同的，用人单位应当书面通知劳动者终止劳动关系，并依照劳动合同法第47条的规定支付经济补偿。前款规定的用人单位向劳动者每月支付两倍工资的起算时间为用工之日起满一个月的次日，截止时间为补订书面劳动合同的前一日。”

《劳动合法法实施条例》第7条继续规定：“用人单位自用工之日起满1年未与劳动者订立书面劳动合同的，自用工之日起满1个月的次日至满1年的前一日应当依照劳动合同法第82条的规定向劳动者每月支付两倍的工资，并视为自用工之日起满1年的当日已经与劳动者订立无固定期限劳动合同，应当立即与劳动者补订书面劳动合同。”

对于用人单位而言，未订立书面劳动合同的法律后果仅仅包括下列两项，并不导致劳动合同的不成立或者不生效的后果。

第一，强制用人单位承担补签书面劳动合同的义务。依据《劳动合同法》第10条第2款的规定，应当自用工之日起1个月内订立书面劳动合同。逾期未签订的，根据《劳动合同法》第82条的规定用人单位自用工之日起超过1个月不满1年未与劳动者订立书面劳动合同的，应当向劳动者每月支付2倍的工资。超过1年未订立书面劳动合同的，根据《劳动合同法》第14条第3款的规定，视为用人单位与劳动者已订立无固定期限劳动合同。

第二，用人单位的劳动报酬支付义务。无论有无书面劳动合同，只要劳动者有实际的劳动给付行为，用人单位就必须履行作为对价的报酬支付义务。此外，在无法查明约定的情况下，《劳动合同法》第11条规定，用人单位未在用工的同时订立书面劳动合同，与劳动者约定的待遇不明确的，新招用的劳动者的待遇应当按照集体合同的标准执行；没有集体合同或集体合同未作规定的，用人单位应当对劳动者实行同工同酬。

【案例2-2】

2005年5月，四川泸县人汪某某独自成立了惠民诊所，并招收了两名刚从卫校毕业的学生为诊所员工。双方在签订劳动合同时约定：“将其工资收入小部分作为保证金放在

① 也有不同观点，如“考虑到我国劳动法领域中一贯强调要求签订书面劳动合同而实践中书面劳动合同签订率偏低的现状，口头劳动合同的内容难以固定，容易产生争议，不签订书面劳动合同对劳动者弊大于利。因此，本法(《劳动合同法》)，明确规定建立劳动关系，应当订立书面劳动合同，该规定实际上否定了口头劳动合同的法律效力，明确了书面劳动合同是劳动合同的唯一合法形式。”参见李援主编：《〈中华人民共和国劳动合同法〉解读与适用》，人民出版社2007年版，第28页。

诊所，如合同期满或有事要提前离开诊所时一并退还。”2006年5月，被告泸县劳动和社会保障局（下称劳动局）接到惠民诊所违规收取劳动合同保证金的举报，即组织劳动监察人员对惠民诊所进行了调查，查实惠民诊所分别收取两名员工劳动合同保证金1600元的事实，并收集了相关证据。同年6月，劳动局依法向惠民诊所送达了限期整改指令书，要求惠民诊所限期全额退还两员工劳动合同保证金。限期满后，劳动局得知惠民诊所以扣除两员工其他费用为由，每人只退还了一半保证金。9月25日，劳动局在进行两次告知和两次听证后认为原告整改不彻底，向原告作出了罚款1万元的决定。

原告不服向法院起诉。法院审理后认为，原告惠民诊所利用招收员工之机收取劳动合同保证金，违反了我国“企业招收职工中禁止收取报名费、风险金、保证金等”的规定。根据我国《劳动保障监察条例》第30条的规定，经劳动保障行政部门责令改正拒不改正，或者拒不履行劳动保障行政部门的行政处理决定的，处2000元以上2万元以下的罚款。据此，法院认为泸县劳动保障行政部门作出的处罚，适用法律正确，依法应予维持。①

第二节 劳动合同订立的基本原则

劳动合同订立的基本原则，是指劳动合同双方当事人在订立劳动合同时必须遵守的基本准则。《劳动合同法》第3条规定：“订立劳动合同，应当遵循合法、公平、平等自愿、协商一致、诚实信用的原则。”这就确立了劳动合同订立的基本原则。

一、合法原则

所谓合法，就是在订立劳动合同过程中，合同当事人资格、合同内容、合同订立的程序，都要合乎法律、行政法规规定。与民事合同不同，劳动合同是具有公法和私法性质的合同，契约自由原则在这里受到国家一定程度的干预，劳动合同的内容、订立合同的程序和形式，不能完全遵从当事人意志。合法是劳动合同有效的前提，合法原则可以从以下五个方面来理解：第一，目的必须合法。双方当事人签订劳动合同的意图不违反法律、法规规定，不得以订立劳动合同的合法形式掩盖非法目的。第二，主体必须合法。订立劳动合同的当事人必须具备订立劳动合同的主体资格。对于用人单位而言，应是依法成立的企业、个体经济组织、民办非企业单位、国家机关、事业组织、社会团体组织等用人单位。对于劳动者而言，必须具有劳动能力，包括在年龄上应是年满16周岁的自然人②；在健康条件上应当符合具体工作岗位、职位的要求，精神健全，且具有行为自由等。第三，内容必须合法。双方当事人在劳动合同中设立的权利义务不得违反国家强制性劳动标准的规

---

① 参见李刚、温苗：《诊所违规收取员工保证金被罚万元》，载中国法院网：http：//www. chinacourt. org/public/detail. php?%20id=236120，2007年12月10日访问。

② 当然，《劳动法》规定了文艺、体育和特种工艺单位经过批准可以招用未满16周岁的文艺工作者、运动员等。

定；第四，订立劳动合同形式要符合劳动法律法规的规定，在我国订立劳动合同要求以书面形式为准。劳动合同没有采取书面形式虽然不会导致劳动合同的无效，但是会导致当事人特别是用人单位不签订书面劳动合同的责任。第五，订立合同程序符合法律行政法规规定，并且劳动合同不违反国家和社会公共利益。

二、公平原则

所谓公平是指劳动合同的内容应当公平、合理。一般意义上的公平主要指合同权利义务在当事人之间配置上的公平。《劳动合同法》强调的公平，是指在劳动合同订立过程中，对于劳动报酬、劳动保护等劳动条件，用人单位应当给予劳动者比较客观的、合理的待遇。让劳动者在给用人单位创造巨大利润、创造社会价值，推进经济发展的同时，分享社会进步带来的福利与快乐。

公平原则是对合法原则的一种补充。因为有些情形下用人单位的做法并不违法，但对于劳动者来说未必公平，如用人单位提供少量的培训费用培训劳动者，却要求劳动者与之订立较长的服务期；在服务期内不按正常工资调整机制提高劳动者的工资；将最低工资标准当做正常工资发放，剥夺劳动者分享企业经济发展的机会。这些做法都是违反公平原则的，最终损害的是劳动者的积极性与责任感。

公平原则可以弥补法律规范甚至合同的不足。在法律没有规定及合同没有约定的情况下，可以依此原则来确定劳动者和用人单位间的权利义务的配置，以填补法律与当事人意思自治之间的空白。

关于公平问题，美国行为科学家斯塔西·亚当斯在《工人关于工资不公平的内心冲突同其生产率的关系》、《工资不公平对工作质量的影响》、《社会交换中的不公平》等著作中提出公平理论，作为一种激励理论。① 该理论侧重研究工资报酬分配的合理性、公平性及其对职工生产积极性的影响。公平理论指出，人的工作积极性不仅与个人实际报酬多少有关，而且与人们对报酬的分配是否感到公平更为密切。人们总会自觉或不自觉地将自己付出的劳动代价及其所得到的报酬与他人进行比较，并对公平与否作出判断。公平感直接影响职工的工作动机和行为。因此，从某种意义来讲，动机的激发过程实际上是人与人进行比较，作出公平与否的判断，并据以指导行为的过程。公平理论研究的主要内容是职工报酬分配的合理性、公平性及其对职工产生积极性的影响。②

J. S. 亚当斯认为，职工的积极性取决于他所感受的分配上的公正程度（即公平感），而职工的公平感取决于一种社会比较或历史比较。所谓社会比较，是指职工对他所获得的报酬（包括物质上的金钱、福利和精神上的受重视程度、表彰奖励等）与自己工作的投入（包括自己受教育的程度、经验、用于工作的时间、精力和其他消耗等）的比值与他人的报酬和投入的比值进行比较。所谓历史比较是指职工对他所获得的报酬与自己工作的

① 参见“公平理论”百度百科词条：http://baike.baidu.com/link? url=LJB_46z5JdtsWfkTJM3mNpaFFFjflUInd4XaqoEb34r9eyhnFL3OedtaP09EuYdO，2014年12月31日访问。

② 参见“公平理论”百度百科词条：http://baike.baidu.com/link? url=LJB_46z5JdtsWfkTJM3mNpaFFFjflUInd4XaqoEb34r9eyhnFL3OedtaP09EuYdO，2014年12月31日访问。

投入的比值同自己在历史上某一时期内的这个比值进行比较。每个人都会自觉或不自觉地进行这种社会比较，同时也要自觉或不自觉地进行历史比较。当职工对自己的报酬作社会比较或历史比较的结果表明收支比率相等时，便会感到受到了公平待遇，因而心理平衡，心情舒畅，工作努力。如果认为收支比率不相等时，便会感到自己受到了不公平的待遇，产生怨恨情绪，影响工作积极性。当认为自己的收支比率过低时，会产生报酬不足的不公平感，比率差距越大，这种感觉越强烈。这时职工就会产生挫折感、义愤感、仇恨心理，甚至产生破坏心理。少数时候，也会因认为自己的收支比率过高，产生不安的感觉或感激心理。

当职工感到不公平时，他可能千方百计地进行自我安慰，如通过自我解释，主观上造成一种公平的假象，以减少心理失衡或选择另一种比较基准进行比较，以便获得主观上的公平感；还可能采取行动，改变对方或自己的收支比率，如要求把别人的报酬降下来、增加别人的劳动投入或要求给自己增加报酬、减少劳动投入等；还可能采取发牢骚，讲怪话，消极怠工，制造矛盾或弃职他就等行为。①

这种理论虽然有其局限性，但是对于用人单位正确认识公平之于劳动管理，激发劳动者的工作积极性意义重大，值得借鉴。

三、平等自愿原则

平等自愿原则包含平等原则和自愿原则两部分。所谓平等，是指用人单位和劳动者在缔结劳动合同时法律地位上的平等，主要是指订立劳动合同时双方当事人法律地位平等。自愿原则指当事人意思表示的自由，不受他人干涉依个体自由意志决定是否订立劳动合同以及劳动合同内容。自愿原则上升为立法原则，在我国是劳动关系由“劳动行政关系”向“市场劳动关系”转换的结果。在《劳动合同法》中自愿原则主要体现在四个方面：第一，劳动合同的双方当事人有权依照自己的意志自主地决定订立或不订立劳动合同；第二，劳动合同的双方当事人有权自由决定同谁订立劳动合同，用人单位可以根据本单位的需要自主选择劳动者，劳动者也可以按照自己的意愿选择用人单位；第三，劳动合同的双方当事人有权决定劳动合同的内容；第四，在法律规定的范围内劳动合同的当事人有变更和解除劳动合同的自由。②

平等原则表现在招聘过程中，劳动者有平等协商的权利、有不受歧视的权利和同工同酬的权利。

在劳动合同订立过程中强调平等自愿原则非常必要，因为现实中由于劳动力市场供需极端不平衡，劳动者始终处于劣势地位，缺乏足够的议价能力，不自愿、不平等现象普遍存在。《劳动合同法》确立平等自愿原则，为劳动者维护自己的权益提供了法律依据。当用人单位违反这一原则时，有可能导致订立的劳动合同无效或者被撤销的后果。

---

① 参见“公平理论”百度百科词条：http：//baike. baidu. com/link？ url = LJB_ 46z5JdtsWfkTJM3mNpaFFFjflUInd4XaqoEb34r9eyhnFL3OedtaP09EuYdO，2014年12月31日访问。

② 曹可安主编：《中华人民共和国劳动合同法 解析·案例分析·合同样本》，京华出版社2007年版，第18页。

四、协商一致原则

协商，是指合同订立的方式应通过当事人的自主协商而非行政强制等其他方式进行，根本内涵在于当事人的自愿；一致是从订约结果来说，当事人的意思表示应当达成一致。充分协商是基础，意思表示一致是结果。劳动合同当事人应当就劳动合同的条款进行充分的协商，在充分协商的基础上达成一致。如果采取欺诈、胁迫手段或者乘人之危订立劳动合同，会导致劳动合同无效的后果。《劳动部关于实行劳动合同制度若干问题的通知》(劳部发〔1996〕354 号）规定：“在签订劳动合同时，按照《劳动法》的规定，只要当事人双方协商一致，即可签订有固定期限、无固定期限或以完成一定工作为期限的劳动合同。”协商一致原则还涉及格式合同情形，实践中劳动合同都是用人单位提前拟定使用的，劳动者只有是否同意签订的权利，而没有协商具体内容或条款的权利。对此应当适用合同法的规定，包括格式条款的订立，格式条款的无效以及格式条款发生争议的解释原则①。

五、诚实信用原则

诚实信用原则是民法的基本原则，简称诚信原则，要求人们在民事活动中应当诚实、守信用，正当行使权利和履行义务。一般认为，诚实信用原则的基本含义是，当事人在市场活动中应讲信用，恪守诺言，诚实不欺，在追求自己利益的同时不损害他人和社会利益，要求民事主体在民事活动中维持双方的利益以及当事人利益与社会利益的平衡。

诚实信用原则渊源于罗马法，被学者解释为“君临法域的帝王条款”。《劳动法》、《劳动合同法》适用该原则，是基于劳动契约与民事契约之共性，具体体现为用人单位与劳动者之间基于诚信签订、履行合同。用人单位基于诚信来履行告知义务，支付应有的工资报酬，提供应有的注意与保护等义务等。劳动者则应当基于诚信完成劳动任务，履行忠实和竞业限制义务等。

在《劳动合同法》中确立诚实信用原则，具有重要意义。第一，诚实信用原则在劳动合同中的运用，不仅表明道德伦理规范在劳动合同中得到了重视，而且也意味着通过诚实信用原则的适用，强化国家对劳动关系的干预，可以弥补劳动者一方因弱势地位带来的不利后果。第二，诚实信用原则在劳动合同中的运用可以填补劳动法律法规的疏漏。第三，在《劳动合同法》中确立诚实信用原则，可以在劳动关系双方当事人的内心中强化诚信理念，不论是签订合同还是履行劳动合同，都要诚实守信，使劳动关系双方当事人自觉遵守劳动法律法规，诚实守信地履行劳动合同义务，维护劳动关系的和谐与稳定。第四，在《劳动合同法》中确立诚实信用原则，可以建立真正平等信任和互惠劳动关系。诚实信用原则要求劳动合同双方相互尊重，诚实不欺。用人单位尊重劳动者的人格尊严，提供体面的劳动环境，保护照顾劳动者的身心健康，及时足额地支付劳动报酬；尊重劳动者的选择；劳动者也尊重、忠实用人单位，维护用人单位的形象和利益，使双方之间建立一种相互信任、相互关照的和谐的劳动关系。第五，适用诚实信用原则，可以弥补劳动合

① 参见《合同法》第 39~41 条。

同订立中的信息不对称的不足。第六，将诚实信用这一道德规范上升为《劳动合同法》的基本原则，在信用体系不健全的我国很有必要性。① 通过法律来强化诚实信用原则，最终使人们逐渐接受它、形成一种内心的理念。

诚实信用，作为劳动合同的基本原则，在发挥作用时各有侧重。

诚实表现在劳动合同订立的过程中，对双方基本信息的了解上，当事人应当真诚告知，不欺诈，也不能隐瞒涉及劳动合同内容的重要信息；守信，就是信守合同，侧重于合同的履行，当事人应当全面、实际履行劳动合同。不诚实带来的后果可能是劳动合同的无效；不守信导致的后果是违约。无论出现哪一种情况，都可能导致违反劳动合同的法律责任。

【案例 2-3】

2004 年 4 月 9 日，原告谢某进入被告上海某装修装饰公司（以下简称上海公司），双方签订了为期 1 年的劳动合同，并约定了原告谢某的试用期、职务、月工资、奖金、保密补贴等。2004 年 9 月 30 日，被告上海公司认为原告谢某在工作中严重失职而且工作效率差，并认定原告谢某伪造了某名牌大学学历以及曾经的工作经历，作出了对原告谢某的处理决定：免去相应职务，立即辞退。之后，原告谢某向劳动仲裁委申请劳动仲裁，要求被告上海公司退还押金、补发奖金、工资等。被告上海公司以原告谢某采用欺诈方式订立劳动合同，合同约定无效为由提出反诉，要求退还工资差额并赔偿损失。后因为原告谢某未到庭，仲裁委按撤回申请处理。之后原被告双方分别提起诉讼，一审认定被告上海公司未经提前 1 个月通知原告谢某解除合同，构成违约，判决退还原告谢某押金，支付相应工资奖金，1 个月的替代期工资以及解除劳动合同的经济补偿金。被告上海公司不服提起上诉，二审认定原告谢某伪造的学历和工作经历，认定其采用欺骗的手法与被告上海公司签订劳动合同，应当无效。对于无效行为，原告谢某承担法律责任，因为原告谢某存在主观过错，所以被告上海公司对提前解除合同不承担违约责任；但鉴于原告谢某在合同期间履行了相应职务的工作，形成了事实劳动关系，故对于以该职务工作期间的工资应当按合同支付；但对于原告谢某要求的被告上海公司支付提前解除合同的替代期工资和经济补偿金不予支持。②

《劳动法》第 18 条第 1 款第 2 项规定："采取欺诈、威胁等手段订立的劳动合同无效。"根据《劳动合同法》第 26 条的规定，以欺诈、胁迫的手段或者乘人之危，使对方在违背真实意思的情况下订立或者变更劳动合同的，劳动合同无效或者部分无效。在本案中，谢某伪造名牌大学学历以及工作经历，使上海公司在违背自己真实意思的情况下签订劳动合同，违反了《劳动合同法》中的诚实信用、协商一致的原则。谢某存在主观过错，应由其承担无效劳动合同的法律责任，因此上海公司提前解除劳动合同，不属于违约，不

---

① 参见曹艳春著：《论〈劳动合同法〉的诚实信用原则》，载《法制日报》2005 年 9 月 18 日，第 3 版。

② 黄乐平等著：《劳动合同法疑难案例解析》，法律出版社 2007 年版，第 19~21 页。

需要承担违约责任。

第三节　劳动合同订立的程序

一、劳动合同订立的基本程序

劳动合同订立的程序是指订立劳动合同，建立劳动关系的过程。现行立法并没有对劳动合同签订程序作出明确规定，但依据合同法的一般原理，应当包括要约和承诺两个阶段。

要约是希望和他人订立劳动合同的意思表示，该意思表示应当内容具体确定，并表明经受要约人承诺，要约人即受该意思表示约束。要约人可以是用人单位也可以是劳动者。① 要约的内容包括订立劳动合同的愿望、条件、答复期限等，要约的法律效力在于约束要约人不得随意变更、撤回要约，不得拒绝受要约人的合理有效承诺。要约到达受要约人时生效。

承诺是受要约人同意要约的意思表示。承诺的法律效力在于经过当事人的签名盖章，合同即告成立。实践中，劳动合同的订立一般包括以下阶段：

（一）用人单位发布招工简章

用人单位招用人员的方式包括：委托公共就业服务机构或职业中介机构；参加职业招聘洽谈会；委托报纸、广播、电视、互联网站等大众传播媒介发布招聘信息；利用本企业场所、企业网站等自有途径发布招聘信息等方式。② 其中发布的招工简章中应当包含用人单位基本情况、招用人数、工作内容、招录条件、劳动报酬、福利待遇、社会保险等内容，以及法律、法规规定的其他内容等。用人单位发布的招用人员简章或招聘广告，不得包含歧视性内容。

用人单位招用人员不得有下列行为：

（1）提供虚假招聘信息，发布虚假招聘广告；（2）扣押被录用人员的居民身份证和其他证件；（3）以担保或者其他名义向劳动者收取财物；（4）招用未满 16 周岁的未成年人以及国家法律、行政法规规定不得招用的其他人员；（5）招用无合法身份证件的人员；（6）以招用人员为名牟取不正当利益或进行其他违法活动；（7）用人单位不得以诋毁其他用人单位信誉、商业贿赂等不正当手段招聘人员；（8）用人单位在招用人员时，除国家规定的不适合妇女从事的工种或者岗位外，不得以性别为由拒绝录用妇女或者提高对妇女的录用标准。用人单位录用女职工，不得在劳动合同中规定限制女职工结婚、生育的内容。

用人单位招用人员，应当依法对少数民族劳动者给予适当照顾。

用人单位招用人员，不得歧视残疾人。用人单位招用人员，不得以是传染病病原携带者为由拒绝录用。但是，经医学鉴定传染病病原携带者在治愈前或者排除传染嫌疑前，不

① 巢健茜主编：《劳动法与社会保障法》，科学出版社 2007 年版，第 65 页。

② 参见《就业服务与就业管理规定》第 10 条。

得从事法律、行政法规和国务院卫生行政部门规定禁止从事的易使传染病扩散的工作。

用人单位招用人员，除国家法律、行政法规和国务院卫生行政部门规定禁止乙肝病原携带者从事的工作外，不得强行将乙肝病毒血清学指标作为体检标准。

用人单位发布的符合劳动法律规定的招工简章可以纳入劳动合同的附件中，其中有关真实、合法的劳动权利义务的约定，应当约束用人单位。① 用人单位发布的招工简章需要经过劳动行政管理部门的审核的，未经审核发布的，应承担行政或民事责任。②

（二）自愿报名，提交证明文件

2007 年 10 月 30 日通过的《就业服务与就业管理规定》第 7 条规定："劳动者求职时，应当如实向公共就业服务机构或职业中介机构、用人单位提供个人基本情况以及与应聘岗位直接相关的知识技能、工作经历、就业现状等情况，并出示相关证明。"需从农村招收工人的，除国家有规定的以外，还需要报经省、自治区、直辖市的人民政府批准。

（三）全面考核，择优录用

用人单位招用或个别录用职工时，应对应招人员的德、智、体进行全面考核，其考核内容和标准，可以根据生产、工作需要有所侧重。招用学徒工人，侧重文化考核；直接招用技术工人，侧重专业知识和技能考核；招用繁重体力劳动者的，侧重身体条件考核。

用人单位招用人员时，应当依法如实告知劳动者有关工作内容、工作条件、工作地点、职业危害、安全生产状况、劳动报酬以及劳动者要求了解的其他情况。

用人单位招用从事涉及公共安全、人身健康、生命财产安全等特殊工种的劳动者，应当依法招用持相应工种职业资格证书的人员；招用未持相应工种职业资格证书人员的，须组织其在上岗前参加专门培训，使其取得职业资格证书后方可上岗。

（四）双方协商一致，签订劳动合同

用人单位与应聘人员依法就劳动合同的条款经过协商，取得一致意见，达成协议，并经双方签字盖章，劳动合同即告成立。需要明确的是，实践中用人单位通过全面考核应聘人员后，往往向应聘者发出录用通知书。录用通知书只是用人单位的一种单方法律行为，仅表明用人单位愿意与劳动者通过订立劳动合同建立劳动关系的意愿，它本身不是劳动合同。只有双方当事人在正式劳动合同文本上签字盖章之后，合同才成立。

用人单位应当根据劳动者的要求，及时向其反馈是否录用的情况。

用人单位招用外国人，应当在外国人入境前，按照有关规定到当地劳动保障行政部门为其申请就业许可，经批准并获得中华人民共和国外国人就业许可证书后方可招用。

用人单位招用外国人的岗位必须是有特殊技能要求、国内暂无适当人选的岗位，并且不违反国家有关规定。

---

① 例如，原河北省劳动厅《对〈关于企事业单位发布的招工简章是否可作为劳动合同具体条款的请示报告〉的批复》（冀劳办［1998］265 号）答复中规定，"企业事业单位的招工简章，是对劳动者的一种承诺，只要是真实的、合法有效的，招工简章所涉及劳动双方权利义务方面的内容，应予兑现"。

② 例如，《广东省流动人员劳动就业管理条例》第 25 条规定："用人单位发布未经劳动行政部门审核的招工简章的，由劳动行政部门责令停止招工，对造成不良后果的，可处以 1000 元以上 2000 元以下的罚款，情节严重的，对其法定代表人和直接责任人处以 1000 元以上 2000 元以下的罚款。"

另外，需要注意的是，广义上的劳动合同的订立还包括劳动合同的续订问题。劳动合同的续订，或者劳动合同的延长，是指劳动合同期限届满，双方当事人同意继续保持劳动合同关系，而延续劳动合同期限的行为。《劳动合同法实施条例（草案）》（征求意见稿）第11条规定，固定期限劳动合同中约定合同到期后自动续延并实际续延的，视为续订固定期限劳动合同的情形。劳动合同续订的前提是合同期限届满，双方当事人就延续劳动关系达成一致意见，否则即为劳动合同终止。①《最高人民法院关于审理劳动争议案件适用法律若干问题的解释》第16条规定："劳动合同期满后，劳动者仍在原用人单位工作，原用人单位未表示异议的，视为双方同意以原条件继续履行劳动合同。一方提出终止劳动关系的，人民法院应当支持。"

劳动合同续订的特征包括：第一，续订是原劳动关系的延续而非重新建立。第二，劳动合同的续订以原劳动合同为基础，不能再次适用试用期条款。续订劳动合同的法定情形包括职业病、工伤，医疗、哺乳、怀孕、分娩等需要续订劳动合同的，以及因用人单位存有过错未办理终止劳动合同手续，劳动者与用人单位仍然存在劳动关系的情况等②。

续订劳动合同的程序一般也需要经过要约和承诺阶段。

二、劳动合同的备案

"备案"一词的汉语本义可以解释为：（1）向主管机关报告事由，登记备查；（2）向主管机关报送处理事务的案卷、记录或文书，以供主管机关对其进行考察、考据、查究。法律法规的备案是指，根据法律规定，立法机关或立法批准机关将通过或经批准颁布的法规、规章报上级立法或行政机关登记、存档，以备审查。③

劳动合同的备案，是指劳动行政管理机关依法对劳动合同进行审查和保存，以确认劳动合同订立、续订和终止的一项监督措施。包括用人单位与劳动者订立、续订劳动合同后，自录用之日起一定时间内，由用人单位到当地劳动保障行政部门办理录用备案手续，并为被录用人员办理就业登记；以及用人单位与劳动者终止或解除劳动关系后，于一定时间内到当地劳动行政管理部门办理备案手续。

劳动合同备案的意义在于，通过建立劳动用工备案制度，使其成为社会主义市场经济条件下政府劳动保障行政部门履行社会管理和市场监管职能，加强对用人单位劳动用工管理的重要措施，成为规范劳动用工秩序，全面实施劳动合同制度，维护劳动者和用人单位双方合法权益的重要手段。长远来看，对促进劳动关系和谐，保持社会稳定具有十分重要

① 关怀、林嘉主编：《劳动法》，中国人民大学出版社2006年版，第167页。

② 例如《北京市劳动合同规定》规定了劳动合同续订的适用范围。其第43条规定："劳动者患职业病或者因工负伤并被确认达到伤残等级，要求续订劳动合同的，用人单位应当续订劳动合同。"第44条规定："劳动者在规定的医疗期内或者女职工在孕期、产期、哺乳期内，劳动合同期限届满时，用人单位应当将劳动合同的期限顺延至医疗期、孕期、产期、哺乳期期满为止。"第45条规定："劳动合同期限届满，因用人单位的原因未办理终止劳动合同手续，劳动者与用人单位仍存在劳动关系的，视为续延劳动合同，用人单位应当与劳动者续订劳动合同。当事人就劳动合同期限协商不一致的，其续订的劳动合同期限从签字之日起不得少于1年。"

③ 李步云、汪永清著：《中国立法的基本理论和制度》，中国法制出版社1998年版，第384页。

的意义。

《就业服务与就业管理规定》第 22 条指出，用人单位招用台港澳人员后，应当按有关规定到当地劳动保障行政部门备案，并为其办理台港澳人员就业证。

劳动合同备案的义务主体是用人单位。① 劳动合同备案的对象主要是劳动合同，既包括书面劳动合同以及劳动合同的附件，又包括企业用人单位的内部规章制度、专项劳动协议，以及保密协议等。劳动合同备案制度的作用在于政府主管部门对劳动合同的内容、效力进行监督检查。

《劳动法》并没有规定未经备案的劳动合同是无效合同。备案作为劳动行政管理机关对用人单位的一种事后监督的行政行为，与劳动合同的效力没有关系。用人单位应当备案而不备案所产生的法律后果是用人单位因违反行政性规定而受到行政机关的相应行政处罚，但并不导致未经备案的劳动合同本身无效。

关于劳动合同备案的内容，劳动和社会保障部于 2006 年 12 月颁布的《关于建立劳动用工备案制度的通知》第 4 条规定了三项内容：

第一，用人单位名称、法定代表人、经济类型、组织机构代码，招用职工的人数、姓名、性别、公民身份证号码，与职工签订劳动合同的起止时间，终止或解除劳动合同的人数、职工姓名、时间等。

第二，用人单位新招用职工或与职工续订劳动合同的，应自招用或续订劳动合同之日起 30 日内进行劳动用工备案。用人单位与职工终止或解除劳动合同的，应在终止或解除劳动合同后 7 日内进行劳动用工备案。用人单位名称、法定代表人、经济类型、组织机构代码发生变更后，应在 30 日内办理劳动用工备案变更手续。用人单位注销后，应在 7 日内办理劳动用工备案注销手续。

第三，用人单位登记注册地与实际经营地不一致的，在实际经营地的劳动保障行政部门进行劳动用工备案。②

第四节　劳动合同订立的形式

一、劳动合同订立形式的概念

劳动合同订立形式，是指劳动合同当事人确立、变更、终止劳动权利义务关系的表现方式。劳动合同订立、履行、变更、解除是通过双方当事人意思表示实现的，意思表示必以一定方式来体现，所以劳动合同必须具备一定的形式。③ 劳动合同订立形式就是劳动合同内容赖以确定和存在的方式，是劳动合同当事人意思表示一致的外部表现。各国对劳动合同的形式都有明确规定，其立法模式可归纳为以下三种：（1）允许一般劳动合同采口头形式，只要求特定劳动合同采书面形式；（2）一般要求劳动合同采书面形式，但允许

① 《中华人民共和国劳动合同法》第 7 条第 2 款规定："用人单位应当建立职工名册备查。"

② 参见原劳动和社会保障部的《关于建立劳动用工备案制度的通知》，劳社部发［2006］46 号。

③ 黎建飞著：《劳动法的理论和实践》，中国人民公安大学出版社 2004 年版，第 283 页。

特殊情况下的劳动合同可采用口头形式；(3) 要求所有劳动合同都采用书面形式。①

《劳动合同法》第 10 条规定："建立劳动关系，应当订立书面劳动合同。"该条还同时规定了未订立书面劳动合同的补救措施。这表明《劳动合同法》将书面合同界定为劳动合同的形式要件，原因在于：

第一，《劳动合同法》明确规定了劳动关系自用工之日建立。没有签订书面劳动合同的，只要有实际用工的事实，劳动关系的建立并不受影响。因为，劳动关系建立的标志是实际用工。此外，历史地考察，在古代合同制度中，视契约为神圣之举，因而合同以要式为原则。为适应市场经济关于交易便捷和安全的双重要求，现代国家合同法规定，合同以不要式为原则，要式为例外，仅要求某些特殊合同采取特定形式②，要式合同不应当作为合同形式的常态。但我国劳动法律要求采取书面形式，是基于劳动关系的现实客观状况而言的，有其合理依据。需要注意的是，这里的形式要件的意义，在于明确双方的权利义务，预防纠纷的发生，同时在纠纷发生时起到证据作用。如果没有书面形式，并不会导致合同的不成立，但是会导致不签订书面合同的责任。

第二，从劳动法倾斜保护劳动者的立场来看，书面合同作为形式要件更符合这种精神。例如，德国对于劳动合同本身并没有形式上的限制，双方可以通过口头形式确定。若劳动合同并非以书面形式订立，雇主需要在 3 个月以内将重要的合同条件写成书面形式交雇员签字，要写明劳动关系的起始时间；如为有固定期限的劳动合同则须注明劳动关系的持续时间、劳动地点、对所要做的工作的描述、工资的构成与标准、议定的工时、休假时间的长短以及指明所遵循的劳资合同或企业协议。③《法国劳动法典》只明确规定对于某类劳动者要求订立书面劳动合同，例如家庭工作者和医生雇员，法律没有要求劳动合同一定要以书面形式订立，这一规定也与欧洲联盟立法精神相一致④。根据欧盟 1991 年 10 月 14 日的指令要求，成员国于 1993 年 7 月 1 日前在其国内立法中应规定雇主有义务向雇员提供载明其劳动条件等劳动合同基本要素的书面文件。该指令只规定了雇主对雇员负有的书面告知关于劳动关系基本内容的义务，这种书面告知不一定要采用合同的形式，因而没有把书面形式作为劳动合同的有效要件。⑤ 我国则采取不同的做法。在我国劳动力市场，由于诚信度不高，不签订书面劳动合同的现象普遍存在，致使劳动关系处于不稳定的状态，引起大量劳动纠纷的发生，因此，《劳动合同法》在《劳动法》的基础上加大了用人单位不签订书面劳动合同的责任。

第三，书面劳动合同作为形式要件在于发生争议之后具有证据作用，表明了权力机关鼓励书面合同的态度。书面形式比较严慎，白纸黑字，有据可查，有利于加强合同当事人的责任感，促使合同所规定的各项义务能够全面履行，有利于劳动行政部门进行监督检查，也有利于发生劳动争议时查明事实、分清是非，及时解决纠纷，保护作为弱势群体的

---

① 王权典、陈莉主编：《当代劳动法学概论》，华南理工大学出版社 2005 年版，第 104 页。

② 崔建远主编：《合同法（第三版）》，法律出版社 2003 年版，第 28 页。

③ 黎建飞著：《劳动法的理论和实践》，中国人民公安大学出版社 2004 年版，第 327 页。

④ 王益英主编：《外国劳动法和社会保障法》，中国人民大学出版社 2001 版，第 202~205 页。

⑤ 转引自关怀、林嘉主编：《劳动法》，中国人民大学出版社 2006 年版，第 148~149 页。

劳动者的利益。相比之下，口头形式由于没有可以保存的文字依据，容易发生纠纷，且难以举证，不利于保护当事人尤其是劳动者的合法权益。①

二、劳动合同的附件

劳动合同订立形式从外延上包括主件、附件。主件一般是指在确立劳动关系时所订立的书面劳动合同。附件一般是指法定或约定作为劳动合同主件之补充而明确当事人双方相互权利义务的书面文件，包括用人单位内部劳动规则或用人单位劳动规章制度②、专项劳动协议、保密协议③等。

实践中，常常出现用人单位利用内部规章制度来规避劳动合同的规定，这就涉及劳动合同与用人单位规章制度的效力认定问题。一般认为，劳动合同是合同双方当事人协商一致的产物，合同一经依法成立即对双方当事人具有约束力。用人单位的规章制度是用人单位单方面制定的，虽然必须经过民主程序，但决定权仍在用人单位。因此，当劳动合同与用人单位规章制度规定相冲突时，应当以有利于劳动者的原则来处理，这样才能有利于劳动者的保护。《最高人民法院关于审理劳动争议案件适用法律若干问题的解释（二）》第16条规定："用人单位的内部规章制度与集体合同或者劳动合同约定内容不一致，劳动者请求优先适用合同约定的，人民法院应当给予支持。"

关于企业内部规章制度，《劳动合同法》第4条从四方面进行了规范：（1）企业规章制度的制定原则和内容。《劳动合同法》第4条第1款规定："用人单位应当依法建立和完善规章制度，保障劳动者享有劳动权利、履行劳动义务。"（2）制定重要内容的程序。《劳动合同法》第4条第2款规定："用人单位在制定、修改或者决定有关劳动报酬、工作时间、休息休假、劳动安全卫生、保险福利、职工培训、劳动纪律以及劳动定额管理等直接涉及劳动者切身利益的规章制度或者重大事项时，应当经职工代表大会或者全体职工讨论，提出方案和意见，与工会或者职工代表平等协商确定。"（3）工会的介入权。《劳动合同法》第4条第3款规定："在规章制度和重大事项决定实施过程中，工会或者职工认为不适当的，有权向用人单位提出，通过协商予修改完善。"（4）告知义务。《劳动合同法》第4条第4款规定："用人单位应当将直接涉及劳动者切身利益的规章制度和重大事项决定公示，或者告知劳动者。"此外还包括用人单位制定违反法律、法规规章制度时应承担的责任等。可以说《劳动合同法》在企业内部规章制度方面的内容已经比较规范。

关于专项劳动协议问题。专项劳动协议是指已确立劳动关系的劳动者与其用人单位就某种特别事项所签订的协议④，广义上也包括保密协议。《劳动部关于实行劳动合同制度若干问题的通知》规定，生产经营发生严重困难的企业应当与劳动者签订劳动合同，但

---

① 林嘉主编：《劳动合同法条文评注与适用》，中国人民大学出版社2007年版，第64页。

② 有学者提出，企业的内部规章制度只有具备内容程序上的合法性和时间上的优先性或同步性，才可以成为劳动合同的当然附件，才可以使之具有与劳动合同同样的效力。这种观点可以借鉴。参见姜旭阳：《"厂规厂纪"作为劳动合同当然附件的条件》，载《中国劳动》2002年第8期。

③ 关于劳动者保密义务属于劳动合同条款中的一部分，在后文中将详细探讨，在此不再赘述。

④ 王全兴著：《劳动法（第二版）》，法律出版社2004年版，第127页。

劳动合同有关工作岗位、劳动报酬等内容，可以在协商一致的基础上通过签订专项协议来规定；用人单位应当与本单位的待岗或放长假人员就劳动合同的有关内容协商签订专项协议。

【案例 2-4】①

1996 年 12 月 4 日被告王某向原告青海某机床厂递交申请外调报告一份，经同意，至 1997 年 4 月 13 日，调动期限届满，原告按照经过厂务会研究制定的企业内部规章制度——《关于职工调离工厂的暂行规定》对被告作出予以辞退的决定，被告不服提起劳动争议仲裁，仲裁委员会以该企业内部规章制度未经职工代表大会讨论为理由撤销原告的辞退决定，恢复被告的工作。原告不服向法院提起诉讼。一审法院认定，虽然企业有权依法律、法规和内部规章制度解除合同，但企业规章必须符合法律、法规的规定。该企业内部规章制度是根据厂务会讨论决定的，未经过职工代表大会同意，违反了《全民所有制工业企业职工代表大会条例》和《中华人民共和国全民所有制工业企业法》，程序违法，应予撤销，原告、被告按照 1996 年 7 月 1 日签订的劳动合同书内容执行。原告不服上诉，二审法院维持原判。

【思考题】

1. 简述我国劳动法上用人单位的范围。
2. 劳动合同订立的基本原则有哪些？
3. 如何理解劳动合同订立中劳动者的知情权？

① 案例摘自国家法官学院、中国人民大学法学院编：《中国审判案例要览（1999 年民事审判案例卷）》，中国人民大学出版社 2000 版，第 508 页。

第三章　劳动合同的内容

【本章学习重点提示】 劳动合同必备条款的含义，劳动合同的最低服务期条款，以及劳动合同中的竞业限制制度；劳动合同双方当事人的权利义务内容。

劳动合同的内容，从劳动关系的角度，即劳动者和用人单位双方当事人的权利义务，这些权利义务部分由当事人约定，部分由法律规定。双方的权利义务内容，主要是通过合同条款确定。在民事合同中，合同双方权利义务内容主要由当事人约定，法律干预的范围和空间有限。劳动合同的特殊属性决定了我国法律对其干预较广泛。

第一节　劳动合同的条款

劳动法将劳动合同的条款分为应当具备的必备条件和可以任意约定的任意条款两部分，并且明确列示了必备条款和可以约定的有关条款。对于相关条款的具体内容，劳动基准法律和劳动合同规范进行了明确的规定，除此之外，有关集体合同也是劳动合同条款的重要依据，用人单位的规章制度可以补充劳动合同的条款。

一、劳动合同必备条款

（一）劳动合同必备条款的含义

劳动合同的必备条款是法律规定必须具备的条款。劳动合同的必备条款是否相当于民事合同的必要条款，是否合同成立的要件？有学者持肯定的态度，认为劳动合同的法定必备条款是合同成立所必须具备的条款，只有完全具备这些条款，劳动合同才能依法成立。① ①我国《劳动法》第 19 条虽然规定了劳动合同应当具备的条款，但并未规定欠缺必备条款的合同效力问题。《劳动合同法》第 17 条规定了劳动合同应当具备的条款；同时，第 18 条规定："劳动合同对劳动报酬和劳动条件等标准约定不明确，引发争议的，用人单位与劳动者可以重新协商；协商不成的，适用集体合同规定；没有集体合同或者集体合同未规定劳动报酬的，实行同工同酬；没有集体合同或者集体合同未规定劳动条件等标准的，适用国家有关规定。"从《劳动合同法》第 18 条的规定看，劳动合同中欠缺"劳动报酬和劳动条件等标准"的情形，既不影响劳动合同的成立，也不影响劳动合同的效力，该情形下劳动合同已经依法成立。如果不属于《劳动合同法》第 26 条规定的无效情况，劳动合同有效，只是要求当事人就欠缺的相关条款重新协商，协商不成的，适用集

① 参见王全兴著：《劳动法》（第二版），法律出版社 2004 年版，第 128 页。

体合同规定；没有集体合同或者集体合同未规定劳动报酬的，实行同工同酬；没有集体合同或者集体合同未规定劳动条件等标准的，适用国家有关规定。对于欠缺必备条款的劳动合同，劳动行政部门依据《劳动合同法》第81条的规定，责令用人单位改正，给劳动者造成损害的，用人单位应当承担赔偿责任。

（二）《劳动合同法》有关合同必备条款与《劳动法》规定的区别

《劳动法》第19条规定，劳动合同应当以书面形式订立，并具备以下条款：（1）劳动合同的期限；（2）工作内容；（3）劳动保护和劳动条件；（4）劳动报酬；（5）劳动纪律；（6）劳动合同终止的条件；（6）违反劳动合同的责任。《劳动合同法》第17条在《劳动法》的基础上，删除了劳动纪律、劳动合同的终止条件、违反劳动合同的责任等内容，同时增加了工作时间、工作地点及职业病危害的防护等内容。被《劳动合同法》删除的三个条款的性质如何，双方是否应当在劳动合同中约定呢？

1. 劳动纪律

“劳动纪律”属于用人单位规章制度的组成部分，《劳动合同法》未将其作为劳动合同的内容加以规定。《劳动法》第4条规定，用人单位应当依法建立和完善规章制度，保障劳动者享有劳动权利和履行劳动义务。在此，规章制度的制定和修改属于用人单位的经营自主权，不是作为合同条款要求当事人协商一致；而《劳动法》第19条规定劳动纪律是劳动合同的必备条款。可见，《劳动法》第4条与第19条中关于“劳动纪律”的规定不一致。《最高人民法院关于审理劳动争议案件适用法律若干问题的解释》（一）第19条规定：“用人单位根据《劳动法》第4条之规定，通过民主程序制定的规章制度，不违反国家法律、行政法规及政策规定，并已向劳动者公示的，可以作为人民法院审理劳动争议案件的依据。”至于“通过民主程序制定的规章制度”如何，则未加明确。因此，无法判断规章制度的性质。《劳动合同法》第4条关于用人单位规章制度的制定程序，要求用人单位制定时应当提交职工代表大会或者全体职工讨论；并将直接涉及劳动者切身利益的部分公示或者告知劳动者。这一规定并未赋予劳动者决定“规章制度”内容的权利，而只有“讨论”和“知情”权，这与作为劳动合同条款的性质显然不符。

2. 劳动合同的终止条件

《劳动法》第23条规定，劳动合同约定的终止条件出现，劳动合同即行终止；《劳动合同法》中对于劳动合同的终止条件由法律明确规定，排除以当事人约定的条件作为终止的事由。所以，部分用人单位通过规章制度确立的末位淘汰制，不能当然对劳动者产生效力。首先，考核被末位淘汰下来的员工不能被视为严重违反用人单位的规章制度。违反用人单位的规章制度，劳动者不仅从客观方面有违纪行为，而且从主观上存在过错，考核被定为“末位”的劳动者，可能在一定期间内没有达到单位的考核目标，但其主观上并不一定存在过错。其次，考核被定为“末位”的劳动者，不能被认为“不能胜任工作”，是否胜任工作，用人单位应当建立科学的考核体系，在这一体系中，可能所有的劳动者都能完成工作目标，但末位淘汰制总有劳动者处于“末位”；而且，对“不能胜任工作”的解雇条件和程序，法律也有明确的规定，单位不能因为考核为“末位”就直接解雇劳动者。

3. 违反劳动合同的责任

《劳动法》对此给予当事人较大的协议空间，有关违约金问题，未设置任何限制，用人单位可能滥用违约金条款损害劳动者权益。《劳动合同法》将“违约金”条件纳入法律规范的范围，第25条明确规定：“除本法第22条和第23条规定的情形外，用人单位不得与劳动者约定由劳动者承担违约金。”对于劳动者违反服务期条款的违约金数额，本法也加以明确限定。

（三）《劳动合同法》有关合同的必备条款的具体内容

1. 劳动合同的期限

合同的期限是双方当事人权利义务的时间界线，合同中必须具备这一条款。劳动合同中可以明确约定终止时间，或者以一定工作任务的完成作为终止时间，法律对此没有限制，由当事人自由协商；对于约定无终止时间的劳动合同，除可以由当事人协商之外，《劳动合同法》第14条规定了用人单位必须与劳动者签订无固定期限劳动合同的情形。

（1）固定期限劳动合同，即当事人在劳动合同中明确约定终止时间的合同。我国现行法律将固定期限劳动合同作为用工的一种常态，一般对于该类合同订立的情形、时间长短由当事人协商确定。需要特别指出的是，原劳动部1995年《关于印发〈关于贯彻执行劳动法若干问题的意见〉的通知》（劳部发【1995】309号）第21条规定：“从事矿山井下以及在其他有害身体健康的工种、岗位工作的农民工，实行定期轮换制度，合同期限最长不超过8年。”至于固定期限劳动合同的续订，《劳动法》未加限制，《劳动合同法》第14条第3项明确规定，连续订立二次固定期限劳动合同，且劳动者没有本法第39条和第40条第1项、第2项规定的情形，续订劳动合同的，除劳动者提出订立固定期限劳动合同外，应当订立无固定期限劳动合同。固定期限届满后，劳动者仍在原用人单位工作，原用人单位未表示异议的，视为双方当事人同意以原条件继续履行劳动合同。一方提出终止劳动关系的，人民法院应当支持。① 最高人民法院的该条解释存在矛盾：前一句明确规定，固定期合同届满，劳动关系继续的，“视为双方当事人同意以原条件继续履行劳动合同”，即双方存在某一固定期限劳动合同；而后一句又规定，“一方提出终止劳动关系的，人民法院应当支持”，即对于固定期限的劳动合同，劳动者和用人单位都可以随时终止劳动关系。

（2）无固定期限劳动合同，即用人单位与劳动者约定无确定终止时间的合同。《劳动法》第20条规定：“劳动者在同一用人单位连续工作满10年以上，当事人双方同意续延劳动合同的，如果劳动者提出订立无固定期限的劳动合同，应当订立无固定期限劳动合同。”可见，《劳动法》将无固定期限劳动合同作为一种福利，《劳动合同法》继续该立法模式，无固定期限劳动合同仍然是工龄较长职工的一种福利。《劳动合同法》与《劳动法》相比，只是将有权要求与用人单位签订无固定期限劳动合同的职工范围扩大了。《劳动合同法》第14条规定：“用人单位与劳动者协商一致，可以订立无固定期限劳动合同。有下列情形之一，劳动者提出或者同意续订、订立劳动合同的，除劳动者提出订立固定期限劳动合同外，应当订立无固定期限劳动合同：（一）劳动者在该用人单位连续工作满十年的；（二）用人单位初次实行劳动合同制度或者国有企业改制重新订立劳动合同时，劳

① 参见《最高人民法院关于审理劳动争议案件适用法律若干问题的解释》（一）第16条。

动者在该用人单位连续工作满 10 年且距法定退休年龄不足 10 年的；（三）连续订立二次固定期限劳动合同，且劳动者没有本法第 39 条和第 40 条第 1 项、第 2 项规定的情形，续订劳动合同的。用人单位自用工之日起满 1 年不与劳动者订立书面劳动合同的，视为用人单位与劳动者已订立无固定期限劳动合同。”

（3）以完成一定工作任务为期限的劳动合同，是指当事人把完成某一项工作或者工程确定为劳动合同起始和终止期限。这种合同实际上属于固定期限劳动合同，但与一般固定期限劳动合同不同的是，该合同在订立时并不需要在合同中具体约定终止的时间，而是约定某一具体工作任务的完成日期为终止时间。所以，对于事前难以确定工作时间的生产项目和工作事项，可以选择订立这类合同。

2. 工作内容和工作地点

工作内容涉及工作的岗位、职位、工作任务、职责范围等问题，既关系劳动者的工作内容、工作场所、待遇等问题，也涉及用人单位人事管理权的核心内容，是劳动关系的核心和双方争执的焦点。首先，法律应当明确“工作内容的范围”，如劳动岗位，是否属于“工作内容”。这直接关系到岗位调整的程序，《劳动部办公厅关于职工因岗位变更与企业发生争议等有关问题的复函》中明确规定，关于用人单位能否直接变更职工岗位的问题，按照《劳动法》第 17 条、第 26 条、第 31 条的规定精神，因劳动合同订立时所依据的客观情况发生重大变化，致使原劳动合同无法履行而变更劳动合同，须经双方当事人协商一致，若不能达成协议，则可按照法定程序解除劳动合同；因劳动者不能胜任工作而变更工作岗位，则属于用人单位的自主权。在此，“劳动岗位”的性质因导致“岗位变更”的原因不同而存在差异。劳动部办公厅的该项复函的合理性有待研究，但这一复函却是劳动争议处理机关解决该类争议的唯一参考依据。其次，如果“劳动岗位的变更”属于劳动合同的内容，需要经过劳动者与用人单位协商一致方能变更，劳动者可否概括授权用人单位确定“工作内容”。这一问题将在“劳动合同的变更和承继”部分讨论。

有关工作内容条款，直接涉及用人单位人事管理权的范围，如果将其作为劳动合同的条款双方当事人协议才能确定和变更，势必会严重影响用人单位的经营管理行为；而用人单位可能凭借其优势地位，在订约时要求劳动者概括授权由用人单位一并行使，即“劳动者保证服从用人单位有关工作职位调整决定和遵守用人单位的规章制度”。对此，法律应当建立一定的规则避免用人单位滥用该“概括授权”，规定该授权的合法性，设置用人单位行使该授权应遵循一定的规则，保证其经营管理权正常行使，同时不损害劳动者的基本权益。最后，劳动合同中未约定“工作内容”时，依据上述“概括授权”规则处理。

劳动的内容，一般由合同约定，无约定时由用人单位具体指示。用人单位的指示应当合法，并符合善良风俗。《劳动合同法》第 38 条明确规定，用人单位违章指挥、强令冒险作业危及劳动者人身安全的，劳动者有权拒绝劳动，并可以立即解除劳动合同。在劳动合同有明确约定的情形下，用人单位可否安排劳动者从事合同约定之外的工作？从原则上讲，单位不得安排劳动者从事约定之外的工作，但在紧急情况下，因为客观需要，用人单位有权作出临时的调动和调整。对于岗位调整，作为合同内容的变更，原则上应当遵循双方协商一致的规则，由劳动者与用人单位协商加以变更。变更合同的形式，劳动合同法要求通过书面的形式，并经过双方签名盖章。《最高人民法院关于审理劳动争议案件适用法律若干问题的解释（四）》第 11 条规定，变更合同未采用书面形式，但已经实际履行了口头变更的劳动合同超过 1 个月，且变更后的符合法律、公序良俗的，应当有效。在一定的条件下，用人单位可以单方面调整劳动者的工作岗位。《劳动合同法》第 40 条规定，劳动者在医疗期届满之后，不能从事原来的工作的；劳动者不能胜任原工作，经调整岗位或者培训之后，仍然不能胜任的；以及订立劳动合同所依据的客观情况发生重大变化，致使劳动合同无法履行的，用人单位可以单方面调整劳动者的岗位。但用人单位的调整应当受到一定的限制，包括该调整符合法定的条件，调整行为本身公正、客观、合理。

除了劳动岗位，劳动的品质和劳动的速度是否属于劳动合同的内容？《劳动法》和《劳动合同法》中均规定，劳动者不能胜任工作，进过培训或者调整工作岗位，仍不能胜任工作的，用人单位可以解除合同。对于劳动者不能胜任工作，原劳动部《关于〈中华人民共和国劳动法〉若干条文的说明》解释，是指劳动者不能按要求完成劳动合同中约定的任务或者同工种、同岗位人员的工作量。按照原劳动部的解释，“不能胜任工作”，不仅包括劳动者的学识、品行、能力等客观上的原因未完成工作任务或者未达到一般人员的工作量，也包含劳动者在主观上违反忠实履行劳动义务的要求，未积极、认真完成工作任务的情形。在司法实务中，用人单位因为劳动者不能胜任工作而解雇劳动者的，只要能提供证据证明劳动者未完成工作任务，单位按照法律规定经过了培训或者调整岗位，该解雇行为能够得到司法机关的认可。在此特别指出，用人单位对劳动者的工作品质或者劳务提供速度的要求是否可以超过劳动者的精神和生理负担能力？即用人单位对劳动者的考核目标，是以个体的标准确定，还是应当以一般群体的标准确定，依据劳动部的解释和司法事务的判断，我们一般以同工种、同岗位的平均工作量确定。德国的法院事务见解认为，工作的品质与劳务提供速度根据德国通说，必须根据个别劳工的给付能力确定。雇主对于劳工工作的要求必须考量到在工作时间内对该劳工精神和生理上的能力，不能伤害到该劳工的健康。“如果某一劳工可以超过一般平均水平给付劳务，那么其义务则必须超过一般平均水平要求之，若某一劳工只能低于一般水平给付劳务，那么其义务就依低于一般平均水平要求之。”①

工作地点是指由用人单位提供的劳动者进行工作的具体场所或地方，一般与工作职位直接相关。在劳动合同中，劳动者一般保证服从用人单位的人事调动决定和遵守有关的规章制度，对具体的工作地点甚少约定，《劳动合同法》在此明确规定“工作地点”作为劳动合同的必备条款，应当在合同中明确约定，是为了强调劳动者对“工作地点”问题的选择权。同时法律应当如上所述，建立一定规则规范用人单位确定和调整“工作地点”的行为。

3. 工作时间和休息休假

工作时间的定义，我国劳动法并未规定。有学者认为“工作时间是基于劳动契约之

---

① 参见台湾劳动法学会编：《劳动基准法释义——施行二十年之回顾与展望》，台湾新学林出版有限公司 2005 年版，第 106 页。

约定，雇主得指挥命令劳工从事工作之时间”。① 这里强调劳动者处于用人单位的指挥监督之下，并不一定是实际提供劳务的时间，包括劳动者的“待命时间”。所以，工作时间是实际提供劳务的时间与待命时间的合计，但排除之间的休息时间。

工作时间是劳动合同的必备条款，关涉劳动者的基本生存和发展以及用人单位的直接经济利益，是各国劳动立法关注的核心，最早的工厂法主要规范的内容也是工作时间。我国《劳动法》中设有专章“工作时间和休息休假”；另外，《国务院关于职工工作时间的规定》（1995 年修订）、《〈国务院关于职工工作时间的规定〉的实施办法》（1995 年劳动部、人事部分别规定）、《全国年节及纪念日放假办法》（1999 年修订），以及劳动部《关于企业实行不定时工作制和综合计算工时工作制审批办法》（1994 年）等项规范，明确规定了我国的工时制度。

对于工时形式，我国法律规定标准工时制、不定时工时制和综合工时制等形式。标准工时制是指一般用人单位正常安排工作时间的形式。《劳动法》第 36 条规定：“国家实行劳动者每日工作时间不超过 8 小时、平均每周工作时间不超过 44 小时的工时制度。”《国务院关于职工工作时间的规定》第 3 条规定，职工每日工作 8 小时，每周工作 40 小时。在特殊条件下从事劳动和有特殊情况，应当执行短于正常标准工时的工作时间。目前，我国规定在下列几种情形下日工作时间应当少于 8 小时：（1）某些特殊岗位。从事矿山井下作业、高山作业、严重有毒有害作业、特别繁重和过度紧张的体力劳动的职工，每个工作日的时间要少于 8 小时。（2）夜班。实行三班制的企业，从事夜班工作的时间应当比白班减少 1 小时。（3）哺乳期女工。哺乳未满周岁婴儿的女工，每班工作时间内可哺乳两次，每次 30 分钟；多胞生育的每多哺乳一婴儿，每次哺乳时间增加 30 分钟；一班内两次哺乳时间可以合并使用。（4）未成年人和怀孕女工。未成年人应实行少于 8 小时工作日制度。怀孕 7 个月以上的女职工，在正常工作时间内应安排一定的休息时间。

加班之限制。实行标准工时制的职工，在法定工作时间之上提供的劳动称谓加班。我国现行法律对加班工资，以及加班的时间长短均有明确规定，用人单位与劳动者在劳动合同中对此问题一般不加约定。

不定时工时制和综合计算工时工作制。因工作性质或者生产特点的限制，不能实行标准工时制的，可以实行不定时工作制或者综合工时制等其他工作和休息办法，但应依据《劳动部关于企业实行不定时工时制和综合计算工时工作制的审批办法》报请有关部门审批。

我国现行法律关于工作时间的规定（即法定工作时间）是基本的劳动标准，用人单位必须遵守。除此之外，劳动者与用人单位在劳动合同中约定的工作时间，该约定不得超出法定标准，即约定更优于劳动者的标准。

有关休息休假制度，我国大多数企业执行法定休息休假制度，包括工作日的休息时间、周末休息，法定节假日休息、探亲假，以及其他休假制度。国务院于 2007 年 12 月 7 日第 198 次常务会议通过的《职工带薪年休假条例》第 2 条规定：“机关、团体、企业、

① 参见台湾劳动法学会编：《劳动基准法释义——施行二十年之回顾与展望》，台湾新学林出版有限公司 2005 年版，第 296 页。

事业单位、民办非企业单位、有雇工的个体工商户等单位的职工连续工作1年以上的，享受带薪年休假（以下简称年休假）。单位应当保证职工享受年休假。职工在年休假期间享受与正常工作期间相同的工资收入。”对于年休假的时间，《职工带薪休假条例》第3条规定：“职工累计工作已满1年不满10年的，年休假5天；已满10年不满20年的，年休假10天；已满20年的，年休假15天。”

4. 劳动报酬

劳动报酬是劳动者履行劳动义务所获得的，用人单位支付的各种形式的物质补偿。它与广义的工资含义相同，狭义的工资仅指用人单位按月支付给劳动者的金钱报酬，不包括其他形式的实物补偿。工资是劳动合同的核心，是劳动者和用人单位争议的焦点。我国劳动法对工资的标准、支付办法等均有明确规定，在法定的最低工资标准之上，用人单位可以与劳动者在劳动合同中约定具体的劳动报酬内容、标准和支付办法。

二、劳动合同的任意条款

劳动合同的任意条款，是双方当事人可以任意选择的条款，劳动合同中可以就下列条款加以约定，也可以不约定以下条款。《劳动法》第21条、第22条规定，当事人可以就试用期、商业秘密的保护等问题在合同中明确约定；《劳动合同法》第17条第2款规定，劳动合同除前款规定的必备条款外，用人单位与劳动者可以约定试用期、培训、保守秘密、补充保险和福利待遇等其他事项。

（一）试用期条款

1. 试用期的含义和性质

试用期是劳动关系双方当事人在劳动合同中约定的相互了解、选择的时间期限。用人单位为了能够了解劳动者的劳动能力，判断其是否适格，在劳动合同期限内约定一特定时间作为试验期限，在此期限内如果劳动者符合用人单位的录用条件，期间届满，劳动者与用人单位即成立确定的劳动关系。

有关试用期的性质问题，即试用期内的劳动者是否作为用人单位的正式雇员，享有劳动法和社会保险法的相关权益？有学者认为，这问题可以归纳为两种：其一，认为试用劳动系具有试验目的之契约，且有别于正式契约，包括预约说、特别契约说；其二，认为试用劳动不是契约，而只是包括在正式劳动契约之中，包括停止条件说、解除条件说及解约权说。① 笔者同意解除条件说，认为试用期是劳动合同附加的解除条件。在试用期中，劳动者不符合录用条件，用人单位可以解除劳动合同；劳动者认为用人单位不适合自己，也可以解除劳动合同。试用期包含在劳动合同期限内，试用期内的劳动者与其他劳动者一样，依法享有的劳动权益，包括最低工资保障、最高工时限制，以及相关的劳动安全卫生保护和社会保险等。《劳动合同法》第19条规定，试用期包含在劳动合同期限内。劳动合同仅约定试用期的，试用期不成立，该期限为劳动合同期限。

与试用期相关的两个概念为见习期和学徒期。见习期是在计划经济分配体制下，针对

---

① 参见台湾劳动法学会编：《劳动基准法释义——施行二十年之回顾与展望》，台湾新学林出版有限公司2005年版，第85页。

大中专毕业生新分配到用人单位工作，需要进行业务适应及考核的一种制度。根据劳动部办公厅对《劳动用工管理有关问题的请示》的复函的相关规定，大中专、技校毕业生新分配到用人单位工作的，仍应按原规定执行为期 1 年的见习期制度，见习期内可以约定不超过半年的试用期。见习期满如果考核合格，用人单位对员工办理转正手续，为其评定专业职称，聘任相应职务，确定工作岗位；如果考核不合格，可延长见习期半年到 1 年，或者降低工资标准；表现特别不好，可予以辞退，由学校重新分配。学徒期是对进入某些工作岗位的新招工人熟悉业务、提高工作技能的一种培训方式。在实行劳动合同制度后，这一培训方式仍应继续采用，并按照技术等级标准规定的期限执行①。学徒期一般根据工作岗位、技术要求确定，法律对此没有限制，学徒期包含在劳动合同的期限内，可以与试用期同时约定。

2. 试用期的期限和适用范围

在劳动合同的订立过程中，用人单位通过考核、录用过程已经对劳动者的职业资格、工作能力、道德水准有了基本的认知，认为符合用人单位的基本要求才予以录用。在试用期内，劳动关系附一定的解除条件。所以，对劳动者而言，这一期间劳动关系处于相对不稳定的状态，而且其劳动待遇相比正式雇佣较低，试用期劳动者的权益处于较弱的保护水平。法律应当对试用期的适用给予相应的限制，既保证用人单位的人事聘用权，又保证劳动者的基本权益得以实现。

关于试用期的适用范围，《劳动法》第 21 条规定："劳动合同可以约定试用期；试用期最长不得超过 6 个月。" 原劳动部《关于贯彻执行〈中华人民共和国劳动法〉若干问题的意见》第 19 条规定："试用期是用人单位和劳动者为相互了解、选择而约定的不超过 6 个月的考察期。一般对初次就业或再次就业的职工可以约定。在原固定工进行劳动合同制度的转制过程中，用人单位与原固定工签订劳动合同时，可以不再约定试用期。"《劳动部关于企业实现劳动合同制度若干问题的通知》规定，对初次就业或者再就业时改变劳动岗位或者工种的劳动者，用人单位可以约定试用期；对工作岗位或者工种没有发生变化的同一劳动者，用人单位只能试用一次。有关试用期的期限，劳动合同在 6 个月以上 1 年以下，试用期不超过 15 日；劳动合同在 1 年以上 2 年以下的，试用期不超过 60 日；劳动合同在 2 年以上的，试用期不超过 6 个月。

《劳动合同法》有关试用期适用的情形和期限问题，相对于原有的规范有所限制。《劳动合同法》第 19 条规定，同一用人单位与同一劳动者只能约定一次试用期。以完成一定工作任务为期限的劳动合同或者劳动合同期限不满 3 个月的，不得约定试用期。有关试用期的期限限制。该条规定，劳动合同期限 3 个月以上不满 1 年的，试用期不得超过 1 个月；劳动合同期限 1 年以上不满 3 年的，试用期不得超过 2 个月；3 年以上固定期限和无固定期限的劳动合同，试用期不得超过 6 个月。

3. 试用期的劳动条件

试用期内劳动者与用人单位之间存在劳动关系，用人单位对劳动者承担劳动法、社会保险法规定的相关义务和责任，试用期的劳动者与其他劳动者一样，应当享有相关的劳动

① 《劳动部办公厅对〈劳动用工管理有关问题的请示〉的复函》（劳办发〔1996〕5 号）第 4 条。

保护和社会保险与福利。《劳动合同法》特别强调了试用期内劳动者的劳动报酬问题，第20条规定劳动者在试用期的工资不得低于本单位相同岗位最低档工资或者劳动合同约定工资的80%，并不得低于用人单位所在地的最低工资标准。

4. 试用期内劳动合同的解除

在试用期内，除用人单位和劳动者协商一致解除劳动合同外，劳动者和用人单位单方可以依法解除劳动合同。根据《劳动合同法》第37条的规定，劳动者在试用期内提前3日通知用人单位，可以解除劳动合同。对于用人单位解除试用期劳动者劳动合同的条件，《劳动合同法》第21条规定："在试用期中，除劳动者有本法第39条和第40条第1项、第2项规定的情形外，用人单位不得解除劳动合同。用人单位在试用期解除劳动合同的，应当向劳动者说明理由。"依此规定，用人单位单方解除试用期内劳动者的劳动合同，必须具备的条件包括：(1) 劳动者具有《劳动合同法》第39条规定的"过错行为"；或者 (2) 劳动者具有《劳动合同法》第40条第1款规定的"身体不适"或者第2款规定的"能力不适"的情形，用人单位才可以解除。如此，用人单位解除试用期内的劳动合同与解除其他劳动合同的条件无异。这一规定与试用劳动的含义和性质不符，也与《劳动合同法》第39条第1款的规定矛盾。《劳动合同法》第39条第1款规定，在试用期间被证明不符合录用条件的，用人单位可以解除劳动合同。这一规定才应当是用人单位解除试用期内劳动合同的条件。

(二) 服务期条款

1. 服务期条款的含义

服务期即最低服务期。最低服务期约款，"一般之理解系指不定期劳动契约中，雇主与劳动者约定应于一定期限内继续提供劳务之契约条款"。① 一般而言，固定期限劳动合同因双方就终止时间有明确的约定，基于合同履行原则，非因对方当事人违约或者不可抗力导致合同无法履行，任何一方当事人不得提前解除合同。所以，对于固定期限劳动合同而言，没有必要再行约定劳动者在该期限内继续提供劳务的条款，无固定期限劳动合同对劳动者而言是经过预告即可随时解除的协议，为了保证用人单位用工的稳定性，用人单位与劳动者在该合同中特别约定劳动者应在一定期限继续提供劳务。但我国《劳动法》第31条和《劳动合同法》第37条均规定劳动者提前30日书面通知用人单位可以解除劳动合同，这里解除的对象应当理解为包括固定期限和无固定期限劳动合同，所以，为了保证用人单位在一定期限内持续使用某一特点劳动者，不论合同是否约定了终止时间，双方均应特别约定"最低服务期"。《劳动合同法》第22条规定，用人单位为劳动者提供专项培训费用，对其进行专业技术培训的，可以与该劳动者订立协议，约定服务期。

2. 服务期条款存在的必要性

《劳动合同法》规定了用人单位与劳动者约定最低服务期条款的情形，即用人单位对劳动者进行系统的专业训练，支出巨额培训费用和较长期限培训时间，相关劳动者一旦离职，用人单位损失的不仅仅是招聘劳动者所需的必要的费用，而是上述特别支出。所以，

---

① 参见台湾劳动法学会编：《劳动基准法释义——施行二十年之回顾与展望》，台湾新学林出版有限公司2005年版，第211页。

法律规定了在用人单位为劳动者提供“专业技术培训”，支付“专项培训费用”时可以要求劳动者持续提供劳务达到一定期限。《劳动合同法》第22条第2款规定的培训费用包括有支付凭证的培训费用、培训期间的差旅费以及因培训产生的其他直接费用。职业培训从提供培训教育主体这一角度，可将其分为就职前的培训和在就业过程中继续的培训。就职过程中的职业培训包括劳动者利用业余时间对自身专业知识、技能的培育和劳动者在用人单位的安排下在岗业余培训和离岗专门培训。前者在不影响劳动者正常工作的基础上，未经用人单位的同意和安排，也未要求用人单位承担任何培训费用，劳动者的培训行为与劳动合同的内容无关；后者是在用人单位的安排之下进行的职业教育，不论是否离岗、是否要求用人单位承担培训费用，用人单位均有权要求与劳动者在劳动合同中对培训事宜及服务期限等条款加以约定。这里应当强调的是，劳动者在此接受的职业培训应当是专业技术和职业技能的专门培训，而不是用人单位对全体职工给予的上岗安全教育和规章制度教育等行为。这种培训可能是在用人单位内部由专门的专业技术人员负责提供，或者在有关的专门教育机构、其他用人单位等。在劳动合同中，用人单位可以与劳动者约定为劳动者提供一定的职业培训，要求劳动者承诺连续提供劳务达到一定的期限。

最低服务年限约定条款必要性，一般存在于用人单位对劳动者有额外支助，必须通过最低服务年限的约定，确保用人单位值得保护之利益。除上述情形外，还包括其他用人单位支付了高额前期投资的情形，如用人单位为劳动者支付的高额“引进费”、研究开发“启动费”，有些公司甚至为引进特定人才配备了高端的实验设备；俱乐部为队员支付了高额“转会费”，公司为演艺人员支付的高额“包装费”、“宣传费”等。在此类情形下，用人单位为了其投资和经营利益，一般均要求与该特定劳动者约定较长期限的劳动合同，有的要求签订直至劳动者退出职业生涯的“终身合同”，用人单位的这些要求和权利显然是劳动法保护的范围；这对于具有特殊知识和技能的劳动者的专业素质的提升和发展，以及整个社会科学和技术水平的提升都是非常必要和有益的。

3. 服务期的合理性

最低服务年限合理性，在于用人单位可以通过该期限收回“值得保护之利益”。德国联邦劳动法院对于费用返还约款的适法性判断，依利益冲突的权衡理论建立以下数项审查标准：(1) 训练时间；(2) 训练成本；(3) 补偿措施；(4) 劳动力之替代可能；(5) 其他足以影响服务期间合理化之情形。如果审查结果是该约定不具有合理性的情形，则最低服务年限之约定应属无效。否则，对劳资双方具有约束力。① 德国法院判决确定，进修期间与服务期间的个别关系如下：2个月内没有劳务给付义务的学习期间，可约定1年的服务期；3~5个月内没有劳务给付义务的学习期间，可约定2年的服务期；6个月以上1年以下没有劳务给付义务的学习期间的，可约定3年以内的服务期；超过2年没有劳务给付义务的学习期间的，5年的约定服务期是合法的。②

① 参见台湾劳动法学会编：《劳动基准法释义——施行二十年之回顾与展望》，台湾新学林出版有限公司2005年版，第224页。

② 参见台湾劳动法学会编：《劳动基准法释义——施行二十年之回顾与展望》，台湾新学林出版有限公司2005年版，第221页。

对于劳动合同中，用人单位可以与劳动者约定最低服务年限的长短问题，即有关最低服务年限约定合理性问题，我国现行法律并无强制性规定。《劳动法》第18条关于劳动合同无效条款仅规定："违反法律、行政法规的劳动合同；采取欺诈、威胁等手段订立的劳动合同。《劳动合同法》第22条规定："用人单位为劳动者提供专项培训费用，对其进行专业技术培训的，可以与该劳动者订立协议，约定服务期。"这明确了劳动合同双方约定服务期的情形，但并未限制最低服务期的长短。理论上，国家对劳动合同当事人有关服务年限约定进行干预的必要性明显，干预的方式包括立法和司法。我国可以参考德国法院的做法，建立一套判断最低服务期限约定是否合理的标准。最低服务年限约定的合理性，主要依据用人单位支出的培训费和培训时间确定。劳动者接受培训的时间应该与其最低服务年限存在一定的比例关系，接受培训的时间愈短，最低服务年限应该相应的较短。因为用人单位一般为此支付的额外培训费用较低。用人单位为劳动者培训支付了额外的培训费用，应该包括用人单位支付的学费和劳动者未提供劳务而享受的津贴、福利待遇；① 最低服务与培训时间应该如何关联，要依据各行业的特点、培训方式、劳动者的替代性等因素确定。最低服务年限约定的期限，应该是用人单位回收其培训成本的时间。这一标准，法律无法建立具体的规制，只能授权法院通过个案审查判断。

4. 违反最低服务期条款的违约金问题

在审查确定有关最低服务期约定的必要性和合理性的基础上，认定相关约定的效力。对于有效约定，劳动合同双方当事人必须遵守；否则，应当承担违约责任。违反最低服务年限约定的违约责任，当事人一般在劳动合同中约定了违约金。

违约金条款，应该建立在上述最低服务年限约定存在必要性和合理性的基础上，即有关最低服务年限约定的劳动合同有效，如果劳动者违反了该约定，存在违约金的支付问题。所以，通过上述判断，建立劳动合同有效条件的判断标准，劳动者违反该契约，应承担一定的违约责任，违约金即为违约责任的承担方式。在一般民事合同中，违约金由合同当事人自由约定；但劳动合同双方当事人的经济力量不平等。所以，国家应对其进行一定的干预，在劳动法中设置违约金约定有效的条件。在劳动者违反最低服务年限承担违约责任的情形下，违约金的数额，应该与用人单位额外支付的培训费相当。即劳动者违反合同约定向用人单位支付的违约金应该是为服务的工作年限内应该分担的部分培训费用。在此，违约金具有补偿用人单位额外培训费的性质，而不能纯粹是对劳动者的惩罚。

劳动合同中可否约定违约金、约定违约金的情形、违约金具体数额的合理性问题，劳动法应该给予明确规定。韩国、日本在劳动基准法中明确规定劳动契约禁止为违约金之规定。② 我国《劳动合同法》第22条第2款规定："劳动者违反服务期约定的，应当按照约

① 在用人单位向劳动者提供了无劳务给付义务的职业培训的情形下，即我们所说的脱产学习时，存在该问题；否则，如果用人单位未提供该方式的培训，劳动者只是利用工作之余的休息时间进行学习，该费用仅指用人单位提供的学费开支。

② 日本《劳动基准法》第16条规定，雇主不得缔结不履行劳动契约时之违约金或预定损害赔偿金额之契约；韩国《劳动基准法》第24条规定，雇主不得订定任何规定契约不履行应付违约金或损害赔偿之契约。

定向用人单位支付违约金。违约金的数额不得超过用人单位提供的培训费用。用人单位要求劳动者支付的违约金不得超过服务期尚未履行部分所应分摊的培训费用。”

（三）商业秘密的保护和竞业限制条款

1. 商业秘密的含义

商业秘密，是指不为公众所知悉，能为权利人带来经济利益、具有实用性并经权利人采取保密措施的技术信息和经营信息。商业秘密具有四个特征：第一，秘密性，即不为公众所知悉。第二，价值性，即商业秘密能为主张者带来经济利益。国家工商行政管理局在《关于禁止侵犯商业秘密行为的若干规定》中对商业秘密的价值性解释为：“本规定所称能为权利人带来经济利益、具有实用性，是指该信息具有确定的可应用性，能为权利人带来现实的或者潜在的经济利益或者竞争优势。”第三，实用性，即商业秘密必须具有现实的使用价值。第四，采取了保密措施。权利人主动对技术秘密和经营秘密采取了一定的保密措施。这些措施包括订立保密协议、建立保密制度、采用保密技术、安装适当的保密设施以及采取其他保密的措施和手段。国家工商行政管理局 1998 年在《关于商业秘密构成要件问题的答复》中解释：“权利人采取保密措施，包括口头或书面的保密协议，对商业秘密权利人的职工或与商业秘密权利人有业务关系的他人提出保密要求等合理措施。只要权利人提出了保密要求，商业秘密权利人的职工或与商业秘密权利人有业务关系的他人知道或应当知道存在商业秘密，即为权利人采取了合理的保密措施，职工或他人就对权利人承担保密义务。”

2. 竞业限制协议的含义

竞业限制协议是用人单位与劳动者约定，在解除或者终止劳动合同后，劳动者在一定的期限内不得到与本单位生产或者经营同类产品、从事同类业务的有竞争关系的其他用人单位就业，或者自己开业生产或者经营同类产品、从事同类业务活动。竞业限制协议或者竞业限制条款，有的在劳动合同中约定，有的在雇员离职时由雇主与雇员签订专门的竞业限制协议或者通过保密协议中约定。其内容一般包括：员工离职后的一定时间内，在一定区域内，禁止从事与原雇主相竞争的岗位或者工作。离职后雇员竞业限制的条款（或者协议）一般伴随着制裁性条款，以确保实际履行。该制裁性条款一般是约定雇员违反竞业禁止义务时应当向原雇主支付一定数额的违约金。

3. 商业秘密的保护与竞业限制的关系

商业秘密对企业具有举足轻重的地位，权利人往往采取多种措施保护其商业秘密，包括与员工在劳动合同中约定保密义务或者与劳动者专门订立保密条款。“竞业限制”协议是企业保护商业秘密的措施之一，是指企业与劳动者约定在单位员工离职后一定时间内不得从事一定范围的职业活动，从而保障商业秘密掌握者泄露原单位的商业秘密，或者利用其掌握的商业秘密与原用人单位进行恶意竞争或不正当竞争。

竞业限制合同只是权利人防止泄密的一种预防措施。它与保密协议不同，保密协议是权利人与知悉或者可能知悉其商业秘密的主体签订的一种合同。实际上，保守他人的商业秘密是每一个知悉他人商业秘密的人均依法承担的义务；权利人有时与相关主体约定保密义务只是将义务人的法定义务使用合同的形式强调。此时，义务人的保密义务既是法定义务又是合同义务。知悉商业秘密的雇员离职后从事竞业活动，不一定会泄露原雇主的商业秘密，与雇员签订竞业限制的协议，约定雇员在离职后不得从事竞业活动，只是权利人预防其商业秘密被泄露的措施。

（四）我国现行法律对竞业限制协议的规范

1. 法律规制竞业限制协议的必要性

用人单位与劳动者签订竞业限制协议的目的是预防劳动者离职后泄漏露其商业秘密。对于用人单位而言，商业秘密是其赖以生存和发展的基本要素，商业秘密一旦被竞争对手知悉或者利用，将给企业带来灭顶之灾。尽管法律采取了一系列措施保护企业的商业秘密，禁止一切知悉企业商业秘密的人未经许可传播、公开或者利用他人的商业秘密。但由于商业秘密的价值性和智力成果的易流失性，企业对商业秘密的控制和保护在任何时候都特别重要。尤其是与知悉其商业秘密的劳动者签订竞业限制协议，避免这些劳动者利用其知悉的商业秘密损害企业利益。

竞业限制协议对劳动者的就业活动将产生极大的影响。首先，劳动自由，包括择业自由，是宪法赋予劳动者的基本权利和自由。竞业限制协议要求劳动者在离职后不得从事一定的工作，这限制了劳动者的择业自由。其次，竞业限制协议会影响劳动者的生存能力和发展机会。劳动者享有运用自身的技能、经验从事劳动获得报酬的权利，竞业限制协议限制劳动者到自己熟悉的行业、岗位从事职业活动，不仅会严重影响劳动者的收入水平，而且一旦劳动者较长时间远离其职业活动，可能会极大地降低其职业能力、减少甚至失去发展机会。

竞业限制不仅限制了市场竞争，而且限制了劳动力市场的有序流动。新的用人单位雇佣劳动者的原因，往往是看中劳动者的工作能力、工作经验和职业经历，而不是其掌握的原用人单位的商业秘密。竞业限制要求劳动者不得从事与原来的岗位或者行业相关的职业活动，这将极大地限制劳动力的合理流动。

正是由于竞业限制具有两面性，因此，必须通过立法来对其进行适度的规制。

2.《劳动合同法》关于竞业限制协议的限制

（1）竞业限制协议只有在具备正当目的的情形下才有效。用人单位与劳动者约定竞业限制的目的是为了保护其商业秘密，而不能纯粹为了限制劳动者选择工作的自由。这从《劳动合同法》第23条第2款和第24条关于竞业限制的对象可以看出，该条规定负有保密义务的劳动者，即用人单位的高级管理人员、高级技术人员和其他负有保密义务的人员。

（2）竞业限制的对象。竞业限制的对象必须是知悉或者掌握企业商业秘密的劳动者。

（3）范围限制。即协议约定劳动者离职后不得从业的范围，包括行业范围和岗位范围。《劳动合同法》第24条第2款规定，劳动者离职后不得从业的范围是“与本单位生产或者经营同类产品、从事同类业务的有竞争关系的其他用人单位，或者自己开业生产或者经营同类产品、从事同类业务”，具体范围由双方当事人约定。

（4）地域限制。我国法律没有限制劳动者不竞业的地域范围，这一内容由双方当事人约定，可以是可能与用人单位产生实质性竞争关系的区域范围，也可能是全国范围甚至世界范围。

（5）期限限制。这是关于劳动者离职后不竞业的时间范围。我国《劳动合同法》第

24 条规定，该时间是劳动者离职后的 2 年内，双方当事人可以在该范围内自行约定短于或者等于 2 年的时间，但不得超过 2 年期限。

（6）竞业限制的经济补偿问题。劳动者离职后承担不竞业的义务，会大大影响其就业机会和就业能力，减少其劳动收入甚至会威胁到本人和家庭的生活和发展；同时，用人单位的商业秘密并不一定会因为劳动者就业行为而被泄露或者被他人非法利用，但用人单位却因劳动者承担不竞业的义务而可能减轻了竞争的压力。所以，用人单位应当对劳动者承担不竞业义务而给予相应的补偿。我国《劳动合同法》没有规定用人单位对劳动者给予补充的标准，但规定了补偿的方式，即在劳动者离职后按月支付给劳动者，不得在劳动者就业期限内通过"绩效工资"或者"年终奖金"等方式给付。

（7）对制裁性条款的限制。为了保证劳动者履行协议中约定的不竞业义务，用人单位一般与劳动者约定一定的制裁性条款，即规定劳动者违反竞业限制协议应承担一定的违约金。一般情形下，用人单位在劳动合同中与劳动者约定其离职后的竞业限制条款，基于劳动者与用人单位实质地位的差异，法律有必要对该制裁性条款加以限制，规定违约金的比例或者数额范围，双方在此范围内的约定方能发生效力。但我国《劳动合同法》并没有限制违约金的范围。对于损害赔偿问题，《劳动合同法》第 91 条规定，劳动者违反劳动合同中约定的保密义务或者竞业限制，给用人单位造成损失的，应当承担连带赔偿责任。

3. 现行法律规定存在的问题

（1）关于劳动者不竞业的范围，法律规定的行业范围是"到与本单位生产或者经营同类产品、从事同类业务的有竞争关系的其他用人单位，或者自己开业生产或者经营同类产品、从事同类业务"。该范围规定十分宽泛，劳动者不得竞业的范围，应当限于特定的领域和岗位，不能泛泛包括所有的具有竞争关系的用人单位；对于地域范围法律没有限制，完全由当事人双方约定。在目前的劳动力市场条件下，劳动者的劳动自由将受到极大的限制，甚至在一定时间内会被剥夺。

（2）劳动者承担不竞业的补偿问题，法律留给当事人自治，这不能不说是《劳动合同法》的后退。在此前的相关规定，以及《劳动合同法》的草案中均明确了用人单位应当支付法定数额的"不竞业补偿金"。只有这样，才能对劳动者的劳动自由权限制给予一定的补偿，以维持劳动者本人及其家人的正常生活。而《劳动合同法》规定，用人单位可以与劳动者在劳动合同或者保密协议中约定不竞业的条款。用人单位可能利用其优势地位在合同中约定劳动者承担该义务，但给予劳动者极其微薄的补偿。

（3）对于劳动者违反竞业限制条款的违约责任，《劳动合同法》不仅规定了违约金，还规定了损害赔偿，但没有对违约金的标准加以一定的限制，并且，对于违约金与损害赔偿之间的关系没有规定（如违约金是否可以作为用人单位损害的补偿）。这一规定对劳动者相当不利。

第二节 劳动合同双方当事人的权利义务

劳动合同是用人单位和劳动者确认劳动关系的协议，属于债的一种。债权人基于债的关系可以向债务人请求给付。给付义务分为主给付义务和从给付义务。而现代民法上债之关系是建立在主给付义务之上。所谓主给付义务，是指债之关系所固有、必备，并能决定债的类型的基本义务。就双务契约而言，该主给付义务原则上构成对待给付义务，他方当事人未为对待给付前，得拒绝自己之给付。从给付义务，是指主给付义务之外，债权人可以独立诉请履行，以满足给付上利益的义务。从给付义务的发生，可以基于法律的规定、当事人的约定，以及基于诚实信用原则和补充契约的解释等原因。除了给付义务，在债的关系在发展过程中，基于诚实信用原则，依其情事，尚会发生各种义务，这些被称为附随义务。附随义务依其是否可以独立行使履行请求权，分为独立附随义务和非独立附随义务，前者称为从给付义务。所以，广义的附随义务包括从给付义务。①

对于劳动合同，是一方提供劳动，另一方支付报酬的协议。给付义务的内容是劳动的提供和报酬的给付。而劳动合同的人身属性和劳动合同的继续性，使其在劳动关系存续期间存在一系列附随义务。

一、劳动者的义务

（一）劳动义务

在劳动合同中，劳动者的主要义务是提供劳动。基于劳动合同的人身属性，提供劳动（或者称为工作义务），必须由劳动者本人履行，非经用人单位同意，不得由第三人代为履行。而劳动者履行义务的对象，原则上是劳动合同的另一方当事人即用人单位，劳动请求权的一方当事人只能是该当事人。但也有另外，在一定情形下，经过劳动者的同意，用人单位可以将劳动请求权转让给第三人。如在劳务派遣中，派遣单位依据劳动合同的约定将劳动接受对象设定为用工单位，用工单位依据劳动合同和派遣协议直接向被派遣劳动者享受劳动请求权；在用人单位一方因为合并、分立等情形下，劳动合同可以由合并、分立后的用人单位承继。

劳动给付的内容、给付地点和给付时间，原则上均由合同约定；合同无约定时，可以依据用人单位的指示，或者在法律有规定时，遵循法定标准。

（二）附随义务

附随义务与主给付义务的区别可以从三个方面说明：第一，主给付义务自始确定，并决定债的关系的类型。附随义务随债的关系的发展，于个别情况下要求一方当事人有所作为或者不作为，以维护相对人的利益，于任何债的关系均可发生。第二，主给付义务构成双务契约的对待给付，一方当事人在他人当事人未为对待给付前，得拒绝自己的给付。附随义务原则上非属对待给付，不发生同时履行抗辩。第三，因为主给付义务不履行，债权人可以解除契约。附随义务不履行，债权人原则上不得解除契约。②

劳动关系的人格属性和继续性，决定了劳动者在劳动的提供过程中，要承担一系列附随义务。劳动者的附随义务，分为积极义务和消极义务两类。

---

① 参见王泽鉴著：《民法学说与判例研究》（第四册），中国政法大学出版社 2005 年，第 80~84 页。

② 参见台湾劳动法学会编：《劳动基准法释义——施行二十年之回顾与展望》，台湾新学林出版有限公司 2005 年版，第 93~94 页。

1. 劳动者的积极义务

（1）报告义务。在劳动合同的订立过程中，劳动者有向用人单位报告有关情况的义务。《劳动合同法》第8条规定，用人单位有权了解劳动者一劳动合同直接相关的基本情况，劳动者应当如实说明。“与劳动合同直接相关的情况”，是指劳动者报告义务的范围。在合同的履行过程中，依据用人单位的规章制度以及工作的具体要求，劳动者也承担报告的义务。劳动者的报告义务，应当以是否与劳动合同直接相关，不能任意扩大，否则会给劳动者带来过重的负担。

（2）协助义务。在劳动合同的履行过程中和合同解除之后，劳动者应当协助用人单位接受劳动履行，协助单位办理工作的交接手续。

2. 消极义务

在劳动关系的承续过程中，劳动者承担的消极、不作为义务主要包括：

（1）保密义务。保密的范围首先是指用人单位的商业秘密。《反不正当竞争法》规定，一切知悉他人商业秘密的人皆有保密义务，劳动者在劳动过程中，掌握或者了解雇主商业秘密，当然应当遵守法定保密义务。《劳动合同法》第23条第1款规定，用人单位与劳动者可以在劳动合同中约定保守用人单位的商业秘密和与知识产权相关的保密事项。此时，保密义务是双方当事人在合同中约定的义务。即使未在合同中约定，基于诚实信用的原则，劳动者同样负有不得泄密的义务，这里的“秘密”范围，不仅限于商业秘密，还包括其他用人单位不愿意他人知晓的资源、经验，或者财务等信息。

（2）兼职限制。《劳动合同法》第39条规定，劳动者同时与其他用人单位建立劳动关系，对完成本单位的工作任务造成严重影响，或者经单位提出，拒不改正的，用人单位可以解除劳动合同。从这一规定看，劳动者的兼职行为，得经过用人单位的许可，否则，不论是否对本职工作造成影响，用人单位均可以对其予以限制，如果劳动者不予改正，用人单位可以因此解雇劳动者。所以，未经用人单位同意不得兼职的义务，可以视为劳动者的法定义务。

（3）禁止不当影响同事义务。近年来，职场性骚扰案件屡屡发生。有意向调查显示，来自上司的性骚扰占总数的32%，来自同事的性骚扰占16%，两者合计约占总数的一半。规定用人单位具有防治职场性骚扰的义务和责任，符合国际劳工标准。国际劳工组织1981年《职业安全和卫生及工作环境公约》（第155号公约）第3条规定：“与工作有关的‘健康’一词，不仅指没有疾病或并非体弱，也包括与工作安全和卫生直接有关的影响健康的身心因素。”据此，用人单位和雇主有义务为其员工提供不受骚扰的工作环境。越来越多国家的劳动法明确规定了禁止性骚扰的条款。① 我国《妇女权益保护法》规定，禁止对妇女实施性骚扰。2012年国务院发布的《女职工劳动保护特别规定》明确规定，“在劳动场所，用人单位应当预防和制止对女职工的性骚扰”；“受害妇女有权向单位和有关机关投诉”。用人单位依法应当为劳动者提供安全健康的工作环境。作为单位的员工，根据诚实信用原则，每一员工都负有不得破坏安全健康工作环境的附随义务，包括不得影响他人的身心健康和安全，不得对同事实施性骚扰等行为。

---

① 《用人单位对职场性骚扰负有防治之责》，载《中国妇女报》2010年3月8日，第A04版。

二、用人单位的义务

（一）工资给付义务

对劳动者的劳动给付义务相对应，雇主的主给付义务是向劳动者支付工资。工资条款是《劳动合同法》规定的劳动合同的必备条件，由双方当事人在劳动合同中明确约定。对于工资的构成、工资的最低标准以及工资的支付要求，有关劳动法律有明确的规定，用人单位应当依法履行工资支付义务。

（二）用人单位的附随义务

1. 劳动保护义务

基于劳动合同的人格属性，用人单位对劳动者承担一系列的附随义务。现代劳动法一般对此有明确的规定，要求用人单位承担一系列的劳动保护义务。我国《劳动法》对此也有明确规定，用人单位对于劳动者的劳动保护，主要集中在对劳动者的生命健康保护，包括提供安全卫生的工作环境和设施、给予劳动者必要的劳动保护用品、定期对其健康进行检查、对女工和未成年工提供特别的保护、为劳动者参加社会保险等。对劳动者的人格利益的保护，主要表现为对劳动者的个人尊严和个人隐私的保护。同时，依据《妇女权益保护法》和《女职工劳动保护特别规定》，用人单位对劳动者承担防止性骚扰的义务。对一般财产权的保护义务。从劳动关系的属性出发，劳动者进入工作场所提供劳动，不论其人身，还是随身携带的财物均处于由单位控制的工作场所，用人单位应当对劳动者携带进入工作场所的财物承担保护的义务。对劳动者在工作过程中创造的知识产权，用人单位应当承担保护的义务，包括依法给予劳动者相关的奖励。

2. 促进义务

用人单位的促进义务一般包括安排劳动者工作、为劳动者提供合理发展机会和空间。对于安排劳动者工作，可否被视为用人单位的义务问题，理论上存在争议。从劳动合同的性质看，劳动者有提供劳动的义务，用人单位有接受劳动的权利和支付劳动报酬的义务，但劳动者是否有权要求用人单位安排工作，即劳动者是否具有就劳请求权则存在疑问。我国《劳动法》和《劳动合同法》均未涉及该问题，在实务中，20 世纪末国家主导的让大量的国有企业富余人员下岗的措施，实际上否定了企业在职职工的工作安置权。但劳动关系的特殊性，使得劳动者通过劳动获得的利益除了劳动报酬之外，部分情形下还有其他的人格利益，如劳动者可能通过劳动提升其劳动技能，获取某些职业资格，如果没有这些机会，劳动者的这些利益就无法实现。在德国，无论学说及实务对于劳工是否有劳动请求权的问题均趋向于肯定的见解，雇主受领劳动的义务，是在考量劳动关系的人格属性，从保护劳动者的人格权导出劳动者的就劳请求权。日本在学说上虽然对劳工有就劳请求权采肯定说者居于多数，日本实务界于 20 世纪 60 年代以后全面采肯定说。①

在劳动关系持续期间，用人单位除了有义务为劳动者按照合同的约定或者依据劳动者的职业经历和技能按照合适的工作之外，还应当为劳动者提供符合其人格正常发展的工作

---

① 参见台湾劳动法学会编：《劳动基准法释义——施行二十年之回顾与展望》，台湾新学林出版有限公司 2005 年版，第 132~133 页。

环境。

3. 协助义务

用人单位的协助义务可以表现在劳动关系存续期间，为劳动者履行劳动义务给予相关的协助，包括进行合理的指示，配备相应的工具和生产设备，提供相应的生产资料等；在劳动合同终了之后，向劳动者出具相关的证明、办理相关转移手续。《劳动合同法》第50条规定：“用人单位应当在解除或者终止劳动合同时出具解除或者终止劳动合同的证明，并在15日内为劳动者办理档案和社会保险关系转移手续。”用人单位依据《劳动合同法》第41条规定的实施经济性裁员的情形下，在6个月内重新招用人员时，应当通知被裁减的人员，并在同等条件下优先招用被裁减人员。

【思考题】

1. 欠缺部分必备条款的劳动合同如何处理？
2. 最低服务期条款是否适用于固定期限劳动合同，如何适用？
3. 试评价我国劳动合同法中的竞业限制制度。

第四章 劳动合同的无效

【本章学习重点提示】无效劳动合同、可撤销劳动合同和效力待定劳动合同的含义、种类以及后果，我国现行无效劳动合同制度的内容、特点。

第一节 劳动合同无效制度概述

合同作为当事人之间的协议，成立之后，可能处于不同的效力状态。当协议得到法律的肯定，即符合有效条件，就会具有法律约束力；当协议未得到法律的肯定，可能是无效合同、可撤销合同或者效力待定的合同，原因不同，后果也不同。合同的有效条件，是指合同能够产生法律约束力并为法律所保护的条件。我国《民法通则》规定，民事法律行为应当具有下列条件：行为人具有相应的民事行为能力，意思表示真实，不违反法律和社会公共利益。

无效合同、可撤销合同和效力待定的合同，均是合同成立时欠缺一定的有效条件，法律对其不予肯定的协议。因为合同成立时欠缺的条件不同，法律对其态度也不同。

一、无效合同、可撤销合同和效力待定合同的含义和特征

（一）无效合同

无效合同是指已经成立的合同，因为欠缺法定的有效条件，在法律上确定为自始、当然和确定不发生法律效力的合同。合同是当事人之间的协议，如果该协议已经成立，但欠缺法定的有效条件，如在合同的内容和形式方面不符合法律规定的有效的条件，该协议从一开始就对当事人不具有约束力，即“自始无效”，合同没有履行的不再履行；已经履行的，应当通过恢复原状等措施恢复到履行之前的状态。“当然无效”，是指不问当事人的主观意思状态，当然地不发生效力，不需要当事人申请，法院或者仲裁机关可以主动确认其无效。“确定无效”是指该协议的无效状态是确定无疑的，不能通过当事人事后的行为补救其效力。

无效合同的原因，一般是对强制性规范的违反和公序良俗的违反。我国《合同法》第52条规定：“有下列情形之一的，合同无效：（1）一方以欺诈、胁迫的手段订立合同，损害国家利益；（2）恶意串通，损害国家、集体或者第三人利益的合同；（3）以合法形式掩盖非法目的；（4）损害社会公共利益；（5）违反法律、行政法规的强制性规定。”合同因为符合上述情形之一，违反法律、损害国家利益或者社会公共利益，自始在当事人之间就不产生其预期的法律后果，依据合同的违法性和当事人的主观过错情况，可能发生返还原物、赔偿损失和将有关财务收归国家、集体和返还第三人的情形。合同部分无效不影

响其他部分效力的，其他部分仍然有效。

（二）可撤销的合同

可撤销的合同，是指合同已经成立，但欠缺有效条件，可以因为享有撤销权的一方当事人行使撤销权，而使其效力自始归于无效的合同。与无效合同相比，可撤销合同主要因为意思表示有瑕疵，为了尊重当事人的意思自治，法律授予当事人撤销权。该撤销权属于形成权的一种，在权利人行使撤销权之前，该合同处于有效状态，在撤销权人行使撤销权之后，该合同与无效合同一样，自始不发生效力。撤销权人的权利是否行使由权利人自由选择，但该权利依法定原因而消灭后，权利人不得再主张行使撤销合同，该合同变更为有效的合同。

可撤销合同的原因，主要是当事人意思表示存在瑕疵。依据我国《合同法》第 54 条的规定，下列合同，当事人一方有权请求人民法院或者仲裁机关变更或者撤销：（1）因重大误解订立的；（2）在订立合同时显失公平的。一方以欺诈、胁迫的手段或者乘人之危，使对方在违背真实意思的情况下订立的合同，受损害方有权请求人民法院或者仲裁机关变更或者撤销。而撤销权消灭的情形包括：具有撤销权的当事人自知道或者应当知道撤销事由之日起 1 年内没有行使撤销权的；具有撤销权的当事人知道撤销事由后明确表示或者以自己的行为放弃撤销权的。

（三）效力待定的合同的含义及其法律特征

效力待定的合同，是指合同虽已成立，但因当事人缺乏缔约能力、代订合同的资格或者处分能力，致使其效力能否发生尚未确定，须事后由有权人追认才能有效的合同。①

效力待定合同具有以下特征：（1）合同虽然已经成立，但因为当事人缺乏缔约能力、待定合同的资格或者处分能力导致合同欠缺法定有效条件，合同有效的其他要件均已具备。（2）该合同的效力能否发生尚未确定。（3）合同是否发生效力，取决于有权人是否追认。有权人追认的，合同溯及自始发生效力；有权人不追认的，合同为自始不发生法律效力。此外，善意相对人在有权人追认之前，有撤销的权利。

二、劳动关系的特殊性和劳动合同的无效问题

（一）劳动关系的特殊性

劳动合同是合同的一种，劳动合同的成立导致当事人之间劳动关系的产生。与一般民事法律关系不同：（1）劳动关系中的一方当事人具有从属性。由于劳动与劳动者的人身不可分离，在劳动过程中，劳动者需要服从用人单位的指挥和管理，听从其安排，用人单位除了接受劳动、支付报酬之外，还应当为劳动者提供一系列的劳动保护，保证其身心健康和安全。而基于从属劳动者的地位和身份，法律还赋予劳动者一系列公法上的权利，如安全卫生保障权、社会保险权等。（2）劳动报酬是劳动者及由其抚养的家庭生存和发展的物质基础。劳动的对价与一般合同标的不同，它是劳动者本人及由其抚养的家人生存和发展的基础，不仅是交换对等性问题，还涉及劳动者及其家人的人权保障。法律一般通过特别的措施，保障劳动报酬的标准和足额支付，实现劳动者的人权。（3）劳动关系是一

① 参见余延满著：《合同法原论》，武汉大学出版社 2004 年版，第 235 页。

种继续性的关系，与一般一时性法律关系不同，当事人之间的权利义务持续不断形成。与劳动岗位相适应，劳动关系一般具有长期性和稳定性，劳动者与用人单位之间的权利义务内容不仅仅表现于合同中的约定，在很大程度上，有赖于双方在实践中的运行状态。

劳动关系的特殊性，使得劳动合同制度与一般合同法存在差异。我国劳动法学界甚至认为合同法不得适用于劳动合同，《合同法》第2条具有身份关系的协议，适用其他法律的规定，被认为是合同法不适用劳动合同的法律依据。《劳动合同法》尽管没有明确《合同法》是其立法依据，但劳动合同属于合同的一种特殊类型，合同法的基本原则对劳动合同一样具有约束力，《劳动合同法》规定，订立劳动合同，应当遵循合法、公平、平等自愿、协商一致、诚实信用的原则。所以，劳动合同的订立、效力、类型等问题，在劳动法有规定的情况下，应当适用劳动法，在劳动法没有规定的情形下，应当适用合同法甚至民法的相关规定。劳动合同作为合同，依法订立，对用人单位和劳动者才具有约束力；否则，劳动合同因为意思表示缺陷或者内容不合法等问题，会出现无效的后果，我国《劳动法》和《劳动合同法》对此也有明确规定。

（二）无效劳动合同和可撤销劳动合同的特殊性

1. 无效劳动合同和可撤销劳动合同的无效的时间

合同被确认无效或者被撤销之后，将导致合同自始无效。劳动关系的特殊性使这一规则无法适用于劳动合同。第一，劳动关系的从属性，要求用人单位除了给付工资等劳动报酬之外，还应为劳动者提供其他的社会保险、社会福利和安全卫生等保护，用人单位的义务属于强制义务，国家通过社会保险法、安全生产法等公法加以规定。劳动合同如果从劳动合同成立之时就没有效力，那劳动者受到法律特别保护的身份就不能取得，用人单位依法为劳动者提供的利益和保护，劳动者就无法享受。第二，劳动者已经提供的劳动无法恢复原状。劳动合同的权利义务内容主要是劳动者提供劳动、用人单位支付报酬。劳动合同已经履行，特别是劳动者已经为用人单位提供了劳动，劳动合同的无效若从劳动关系成立之时起就没有法律约束力，劳动者接受的劳动报酬和福利就应当返还给用人单位，用人单位接受的劳动也应当返还给劳动者。劳动者已经付出的劳动如果无法恢复到履行之前的状态，这显然对劳动者不公平。第三，劳动合同的继续性，使得劳动关系恢复到履行之前的状态成本很高。与一时清结的合同相比，劳动合同的继续性使得双方当事人的权利义务随着履行而不断形成，恢复原状不仅面临前述障碍，而且还面临权利义务内容难于分辨和计算等情形。所以，合同法中关于合同自始无效的规则无法适用于劳动合同。

鉴于劳动合同的特殊性，德国劳动法通说是根据“事实劳动关系”理论处理。依据该理论，原则上，对于已经开始履行的劳动合同，尤其是当劳动者一方当事人业已开始提供劳务时，民法中所谓会产生溯及自始无效法律效力的这部分规定应当无适用余地，劳动合同无效或者经过撤销之后，无效或者撤销行为的效力仅在将来发生效力。如果劳动合同尚未开始履行，尤其是劳动者一方当事人尚未开始实际履行的情形，劳动合同可以自始无效。①

① 参见黄程贯：《民法解除、撤销与无效规定在劳动契约法上之适用可能性》，载《战斗的法律人——林山田教授退休祝寿论文集》，台湾元照出版公司2004年版，第415~416页。

劳动合同的特殊性，要求合同法中关于无效或者撤销行为的效力的规定需要变通适用于劳动合同。变通的规则包括：(1) 一般而言，对于已经履行的劳动合同，不论是无效决定，还是撤销行为，其效力仅在将来发生效力，不溯及劳动合同成立之时。这主要是为了保护已经依据劳动合同提供劳动的劳动者一方的利益。但也有例外的情形，当劳动合同严重违反法律的强制性规定，且劳动者对此也有过错，该违法行为给国家利益或者社会公共利益造成损害时，根据利益权衡原则，可以出现溯及既往的后果。(2) 对于没有履行的劳动合同，尤其是劳动者一方未依劳动合同的约定提供劳动时，无效或者撤销行为的效力可以溯及合同开始，劳动合同自始不对当事人产生效力。

2. 可撤销劳动合同与劳动合同的解除的关系

劳动合同可以由双方当事人协议解除，也可以由一方当事人依法解除。在单方解除的情形下，解除权作为一种形成权，权利人的解除意思表示到达对方当事人时就发生仅向将来的效力，劳动关系由此终结，该解除行为对已经发生的劳动关系不产生任何影响。当然在预告解除的情形下，劳动合同解除行为的效力应在预告期届满后发生效力。劳动合同的解除根据是否需要预告，可以区分为一般解除和特别解除。一般解除是指在解除权人需要依法给予对方当事人预告的条件下解除合同，特别解除是指解除权人依法可以及时通知对方解除合同，通知抵达时解除行为即发生效力。我国《劳动合同法》第 38 条、第 39 条分别规定了劳动者和用人单位无须预告解除劳动合同的情形，这部分属于我国《劳动合同法》确认的特殊解除情形。

在合同法中，合同解除与合同被撤销的区别主要体现在两种行为发生效力的时间存在差异。合同解除权作为一种形成权，解除行为仅在将来发生效力，对解除行为之前的关系不产生影响。撤销权也是一种形成权，权利人行使撤销权的意思表示抵达对方当事人时即产生效力。合同被撤销后，自始不产生法律效力，未履行的合同不再履行，已经履行的合同，通过返还原物、恢复原状等措施使法律关系恢复到履行之前的状态。在劳动合同的撤销制度中，因为劳动关系的特殊性，使得撤销行为不溯及既往。劳动合同被解除和劳动合同被撤销的这一差异因此不存在。那么，劳动合同的特别解除制度与劳动合同可撤销制度的差异是否还存在呢？

从法律功能、要件等方面看，劳动合同的解除制度与可撤销制度均不同：

(1) 客体不同：合同的解除是针对整个契约关系使之无效，而撤销是较狭义地针对一方当事人之意思表示使之无效。合同撤销中，因为一方当事人意思表示无效，整个契约关系随之间接无效。(2) 功能不同：撤销制度的目的在于撤销权人不受具有瑕疵之意思表示的约束；而合同解除的目的在于使一事后变得无意义的法律关系仅向将来无效。(3) 根据不同：撤销的原因在契约成立前或者成立之时已经存在。而合同解除的原因是在契约成立之后，劳动关系存续期间产生的。①

3. 主体不适格的劳动合同的处理

对于合同已经成立，但当事人缺乏缔约能力的合同，合同法中规定为效力待定的合

① 参见黄程贯：《民法解除、撤销与无效规定在劳动契约法上之适用可能性》，载《战斗的法律人——林山田教授退休祝寿论文集》，台湾元照出版公司 2004 年版，第 417 页。

同。效力待定的合同，是指合同虽然已经成立，但因为当事人缺乏缔约资格，法律规定其效力待定。该合同有可能发生法律效力，也可能不发生法律效力，是否发生效力，取决于事后有权人是否追认。如果有权人追认，该合同溯及自始发生法律效力；有权人不追认的，合同自始不发生法律效力。效力待定的合同与无效合同相比，法律上的差异很大。无效合同自始、当然和确定无效，只要合同成立之时具有法律关于无效合同的原因，该合同就属于无效合同，不论是否履行、不论随后的条件是否改变，都不影响合同的效力；也就是说即使法定主体在确认合同无效时，导致其无效的事由已经消失，也不影响合同的效力状态。

一般民事合同具有即时清结的特征，当事人在订约时不具备法定的资格和能力，需要有权主体的追认。劳动合同的继续性，使得订约人的资格和能力会随着时间的流逝而改变。当事人在订约时未达到法定的年龄，或者不具有相应的资格，经过一定的时间或者获取一定的资格后，这一订约条件会发生变化。劳动合同的效力待定问题可否因为时间的经过或者资格的获得而自动变化为有效合同？如我国《劳动法》第 15 条规定，禁止用人单位招用未满 16 周岁的未成人。劳动者一般情况下就业的年龄是 16 周岁，而用人单位也必须具有招人劳动者的主体资格。当事人订约时如果没有达到法定的资格要件，劳动关系如何处理？经过一定期间之后，当事人获得了订约的资格，劳动合同的效力又如何？现行法律并未明确规定这些问题。实务中，一般将主体不合格的合同视为无效合同，虽然依照《劳动合同法》第 28 条的规定，劳动合同被确认无效后，劳动者已经付出劳动的，用人单位应当向劳动者支付报酬。但是，劳动者提供劳动的对价，除了劳动报酬之外，还包括用人单位支付的有关福利待遇和提供的安全卫生保障。如果将未满 16 周岁的劳动者与用人单位订立的劳动合同作为无效合同对待，在劳动者已经提供劳动的情形下，用人单位只需要支付劳动报酬，其他劳动保护义务无须承担，那显然对这部分劳动者的利益保护不周。而且，在未满 16 周岁的劳动者订立的劳动合同经过一段时间的履行，劳动者已经达到了法定就业年龄时，还将该合同作为无效合同认定其自始无效，该劳动关系就必须终结，这也会给劳动者带来不利的影响。将当事人不合格的劳动合同纳入效力待定的合同，可以较好地解决这一问题。订约主体不合格的劳动合同，经过一定期限，若合同订约主体符合法律规定的资格和要求时，应当确认其法律效力。

第二节 我国劳动合同的无效制度

无效劳动合同是指劳动合同在成立时，违反法律和公序良俗，严重欠缺有效条件，在法律上不能按照当事人的意愿发生法律效力的合同。与民事合同的自始、当然和确定无效相比，劳动合同被确认无效之后，不发生自始无效的后果，对于已经履行尤其是劳动者已经提供劳动的情形，无效决定仅向将来发生效力，已经履行的部分按照事实劳动关系处理。无效劳动合同也应当当然无效和确定无效，不随当事人的主观意愿改变，也不因条件的变化而变化。

一、《劳动法》关于劳动合同无效的规定

我国《劳动法》第18条规定了劳动合同无效制度。依据该规定，无效劳动合同的类型有两种："违反法律、行政法规"以及"采取欺诈、威胁等手段订立的劳动合同"，其效力与民事合同一样，即"无效的劳动合同，从订立的时候起，就没有法律约束力"；劳动合同当然无效，"劳动合同的无效，由劳动争议仲裁委员会或者人民法院确认"，无须当事人申请确认。《劳动法》的这一规定，没有考虑到劳动合同的特殊性：

第一，对于无效劳动合同的类型设定广泛。《劳动法》规定无效劳动合同的类型包括违反法律、行政法规的合同，以及意思表示不真实的合同，这些基本上包括了《民法通则》中关于无效和可撤销的民事行为的类型。《民法通则》第55条规定了民事法律行为应当具备的条件包括：行为人具有相应的民事行为能力，意思表示真实，不违反法律或者社会公共利益。该法第58条、第59条关于无效和可撤销民事行为的列举，概况起来就是两类行为：违反法律、社会公共利益的行为和意思表示不真实的行为。有关主体行为能力，可以归纳在行为主体的合法资格方面。我国《劳动法》关于违反法律、行政法规的劳动合同，一般理解合同生效的要件为合同订立的主体、合同的内容和合同的形式违反了法律、行政法规的相关规定。如关于劳动合同的主体问题，劳动法规定，劳动者就业的年龄是16周岁，对于用人单位招用未成年人，与其订立的劳动合同，因为劳动者未达到法定的就业年龄认为该合同无效，劳动者与用人单位之间没有劳动关系，劳动者在工作过程中发生职业伤害时，无法享受工伤保险待遇，只能依法要求用人单位给付损害赔偿。对于采取欺诈、胁迫等手段订立的劳动合同，包括所有意思表示不真实的情形，不论是否给对方当事人造成了损害，一律无效，当事人对此没有选择的自由。《劳动法》没有设置劳动合同相对无效的制度，对于以欺诈、胁迫等手段订立的合同，当事人不能选择撤销或者变更，只能由劳动争议仲裁机关和人民法院确认为无效。

第二，《劳动法》规定劳动合同的无效从订立之时起即没有效力。当事人已经履行合同，特别是劳动者已经提供劳动之后，该法律关系如何恢复到履行之前的状态，劳动者已经提供的劳动如何恢复，劳动者依据"无效劳动合同"或者法律规定享有的劳动报酬和其他劳动福利和劳动保护利益，是否均因为没有合同依据而作为不当利益对待？这些问题《劳动法》未规定，依据"自始无效"的性质，劳动者的这些利益均无法律依据。这显然对劳动者的保护非常不利。

二、《劳动合同法》关于劳动合同的无效制度

《劳动合同法》虽然没有界定无效劳动合同的含义，但对无效劳动合同的种类、后果、争议等问题均作了规定。该法规定的无效劳动合同大致可以分为两类：意思表示不真实的合同和违法的合同，并针对不同的合同规定了不同的后果。《劳动合同法》第26条规定，无效合同的类型有：（1）以欺诈、胁迫的手段或者乘人之危，使对方在违背真实意思的情况下订立或者变更劳动合同的；（2）用人单位免除自己的法定责任、排除劳动者权利的；（3）违反法律、行政法规强制性规定的。在这三类合同中，第二类合同实际上属于违反法律、行政法规类，可以与第三类合同归并在一起。对于无效劳动合同，是否

如民事合同一样，是自始、当然和确定无效，《劳动合同法》并未如《劳动法》般明确规定，从法律对无效劳动合同后果的设置上看，该法对不同类型的合同，规定了不同的处理方式。

（一）意思表示不真实的劳动合同

《劳动合同法》关于意思表示不真实的合同，直接列举了三种情形，即以欺诈、胁迫的手段，或者乘人之危，在违背真实意思的情况下订立或者变更劳动合同的。其他意思表示瑕疵的合同并未列举，也未通过兜底条款加以概括，如意思表示不真实或者显失公平等情形，并不属于无效劳动合同的情形。

意思表示不真实的无效劳动合同，其后果怎样，《劳动合同法》设定了与劳动关系特点相符的处理方式。依据该法第26条第2款、第38条第5项和第39条第5项的规定，这些无效合同的处理分为两种情形：第一，当事人双方对于劳动合同的无效没有争议的，受不利影响的一方当事人可以针对这类无效劳动合同行使特别解除权，直接解除合同，使劳动关系发生仅向将来的消灭后果。即如果劳动者采取欺诈、胁迫的手段，或者乘人之危在用人单位违背真实意思的情况下与之订立或者变更劳动合同时，双方当事人对此事实没有争议，此时，用人单位依据《劳动合同法》第39条的规定，无须经过预告，也不用支付经济补偿金，直接通知劳动者终结双方的劳动关系。已经履行的部分不受影响，该通知行为与解雇行为具有同样的法律效力，只对通知送达之后的法律关系产生影响。同理，如果是用人单位一方采取这些手段在劳动者违背真实意思表示的情形下与之订立劳动合同的，双方当事人对该事实没有争议，劳动者可以依据《劳动合同法》第38条的规定，不经预告，直接通知用人单位终结双方的劳动关系。第二，如果双方当事人对意思表示存在瑕疵的情形有争议，依据《劳动合同法》第26条第2款的规定，由当事人向劳动争议仲裁机关或者人民法院提出确认申请，由仲裁机关或者法院处理。此时，仲裁机关和人民法院的干预是被动的，只有在当事人存在争议，并申请撤销或者变更劳动合同时，司法机关才能启动司法救济途径。

对意思表示不真实的无效劳动合同，《劳动合同法》设置的后果实际上与可撤销的劳动合同相同。可撤销的民事合同，是一种相对无效的合同，撤销权人行使撤销权后，该合同与无效合同一样自始不发生法律效力；权利人在没有行使撤销权之前，该合同与有效合同一样，对当事人具有约束力。对于劳动合同，因为劳动关系的特殊性，劳动合同的撤销行为仅向将来发生效力，撤销权行使之前已经履行部分不受影响。从这一意义上讲，劳动合同的撤销行为与劳动合同的解除行为一样。《劳动合同法》规定，对于意思表示存在瑕疵的无效合同，享有“解除权”的一方当事人可以直接通知对方“解除”，对于依据该劳动合同形成的劳动关系只发生终结的后果，不影响此前已经形成的劳动关系。如果享有该“解除权”的当事人一方愿意维持该存在瑕疵的劳动合同，那么，这一劳动合同如同有效合同一样，对双方当事人具有约束力。所以，我国现行法律尽管没有设置可撤销劳动合同制度，但对于意思表示存在瑕疵的无效劳动合同，规定了与可撤销劳动合同相同的后果。

（二）违反强制性规定的劳动合同

1.“违反法律行政法规强制性规定”的界定

《劳动合同法》第26条规定的“用人单位免除自己的法定责任、排除劳动者权利”

的合同，是用人单位违反法律的合同，可以归纳在“违反法律、行政法规的强制性规定的”的合同类。关于“强制性规定”的界定，《最高人民法院关于适用〈中华人民共和国合同法〉若干问题的解释（二）》第14条对强制性规定作了解释，即只有违反效力性规定才属于无效合同。强制性规定分为管理性规定和效力性规定。管理性规定是指取缔一些违法行为，对违法者加以制裁，但并不否认其行为在私法上的效力；效力性规定是指不仅要取缔违法的行为，对违法者加以制裁，而且对其行为在私法上的效力也加以否认。违反法律法规强制性规定，其判断标准首先必须是全国人大及其常务委员会制定的法律和国务院制定的行政法规。其次，必须是违反了强制性规定中的效力性规定。具体而言，包括：第一，法律法规明确规定违反禁止性规定将导致合同无效或者不成立的，该规定属于效力规范。第二，法律法规虽没有明确规定违反禁止性规定将导致合同无效或者不成立的，但违反该规定以后若使合同继续有效将损害国家利益和社会公共利益，也应当认为该规定属于效力性规范。第三，法律法规虽没有明确规定违反禁止性规定将导致合同无效或者不成立的，但违反该规定以后若使合同继续有效且不损害国家利益和社会公共利益，而只是损害当事人利益，在此情况下该规范就不应属于效力性规范，而是取缔规范。一般来说，只有违反了效力性规范的合同才作为无效合同；违反取缔性的规定，可以由有关机关对当事人实施行政处罚，但不一定宣告合同无效。①

2. 违反强制性规定的合同类型及其后果

（1）主体违法的劳动合同。劳动合同的主体不适格，分为劳动者和用人单位不适格。劳动者不适格，是指劳动者未达到法定的就业年龄和外国人在中国没有就业许可的情形下就业。对于非法使用童工的情形，按照国务院《禁止使用童工规定》的有关规定，劳动者承担的后果主要是解除劳动关系，用人单位要承担的后果包括负责清退，如果主观上存在故意，还必须承担赔偿损失，接受行政处罚的后果。

外国人与用人单位签订的劳动合同的效力如何判定？外国人与用人单位签订的劳动合同的效力需要根据不同的情况分别予以判定。1996年1月22日劳动部、公安部、外交部、外经贸部联合发布的《外国人在中国就业管理规定》第2条规定：“该规定所称外国人是指依照《中华人民共和国国籍法》规定不具有中国国籍的人员。本规定所称外国人在中国就业，指没有取得定居权的外国人在中国境内依法从事社会劳动并获取劳动报酬的行为。”该规定第5条明确规定：“用人单位聘用外国人须为该外国人申请就业许可，经获准并取得《中华人民共和国外国人就业许可证书》后方可聘用。”从上述规定可知，外国人在中国境内就业首先应由用人单位为外国人向主管部门申请《中华人民共和国外国人就业许可证书》，经核准，外国人凭许可证在原发证主管部门办理就业证后方可在我国境内就业，符合上述条件的外国人和用人单位依照我国有关劳动合同的法律规定签订的劳动合同才是有效的劳动合同。未申领就业证擅自就业的外国人和未办理许可证书擅自聘用外国人的用人单位之间签订的劳动合同则是无效的劳动合同，应该终止劳动关系，由公安机关按《中华人民共和国外国人入境出境管理法实施细则》第44条的规定对该外国人、

① 王利明：《关于无效合同确认的若干问题》，载《法制与社会发展》2002年第5期；王利明著：《合同法新问题研究》，中国社会科学出版社2003年版，第88页。

用人单位予以罚款，情节严重的，可以要求外国人限期出境。

台、港、澳人员在内地就业也实行就业证制度，根据劳动部颁发的《台湾和香港、澳门居民在内地就业管理规定》第5条的规定，台、港、澳人员在内地就业实行就业证制度，持有就业证的台、港、澳人员可在内地就业并受法律保护。按照该规定办理了就业证的港、澳、台人员与用人单位之间订立的劳动合同为有效的劳动合同，否则便是无效合同。

对于用人单位不适格的劳动合同，即用人单位没有用工资格，非法招用劳动者的，依据《劳动合同法》第93条的规定，劳动者已经付出劳动，该单位或者其出资人应当依照本法有关规定向劳动者支付劳动报酬、经济补偿金，给劳动者造成损害的，应当承担赔偿责任。这时，该无效劳动合同被确认之前的效力问题，法律没有规定恢复原状，并要求劳动者提供劳动后，有权请求劳动报酬，该报酬标准是按照劳动合同的约定标准支付，还是按照《劳动合同法》第28条规定的标准支付？应当依据第28条规定的标准支付。劳动者有权请求支付"经济补偿金"，说明法律维持劳动者已经提供劳动的事实。至于劳动者依劳动合同约定和法律规定享有的社会保险权利和其他福利，法律并未确认。

《劳动合同法》规定主体不合格的劳动合同的后果不同于前述意思表示不真实的劳动合同，该合同无效的后果部分溯及既往，法律没有维持已经履行的那部分劳动关系的现状。

(2) 内容违法的劳动合同。内容违法主要是指违反劳动基准法有关规定的劳动合同，如有关工资标准、社会保险待遇或者安全卫生标准未达到法定的标准或者未依法设定。对于这类合同，一般按照部分无效处理，直接用法定标准或者集体合同约定的标准取代未达到法定标准这部分条款。另外，赋予受害一方当事人解除劳动关系的权利。依据《劳动合同法》第38条的规定，在用人单位未依法为劳动者缴纳社会保险费、强迫劳动或者为提供安全卫生的劳动条件等情形下，劳动者可以直接解除劳动合同。

(3) 形式违法的劳动合同。形式违法主要是指未按照法律规定的书面形式确立劳动关系。我国《劳动法》和《劳动合同法》均规定订立和变更劳动合同，应当采用书面形式。《劳动合同法》甚至规定，劳动合同由劳动者和用人单位协商一致，并经用人单位和劳动者在劳动合同文本上签名或者盖章生效。"书面形式"是否劳动合同的生效要件？当事人之间未订立书面劳动合同，依据有关口头约定可否在当事人之间产生劳动关系？从《劳动合同法》的有关规定来看，口头合同不仅可以依法成立，在当事人之间产生权利义务关系，而且合法有效，所产生的权利义务受法律保护。这从《劳动合同法》第11条对口头约定劳动报酬的保护性条款可见一斑。根据该条规定，用人单位未在用工的同时订立书面劳动合同，与劳动者约定的劳动报酬不明确的，且劳动者属于新招用劳动者的，劳动报酬按照集体合同规定的标准执行；没有集体合同或者集体合同未规定的，实行同工同酬。按照这一规定，双方当事人在用工时约定明确的，按照约定执行；只有在约定不明确时才按照上述标准执行。另外，《劳动合同法》关于未订立书面劳动合同的法律后果的相关规定也充分体现了这一点。《劳动合同法》第10条第2款规定，劳动者与用人单位有口头约定，只要求在履行开始后1个月内补定书面合同即可，否则用人单位将依据本法第

82 条和第 14 条第 3 款规定，承担“支付 2 倍工资”和“视为成立无固定期限劳动合同”。①

三、我国《劳动合同法》关于无效劳动合同制度的特点

（一）与《劳动法》的规定相比，《劳动合同法》关于无效劳动合同制度的进步

与《劳动法》中设定的无效劳动合同制度相比，《劳动合同法》关于无效劳动合同制度的内容更加丰富和完善。(1)《劳动合同法》对无效劳动合同的原因列举得更加合理。该法明确规定，违反法律、行政法规强制性规定的劳动合同无效，这更符合无效合同的性质。法律规范包括任意性规范和强制性规范，只有违反法律行政法规中强制性规范的合同才被认为属于绝对违法合同而无效。这与《合同法》中关于无效违法合同的规定一致。(2) 对无效合同的法律后果的规定更科学一些。《劳动合同法》不再延续《劳动法》关于“无效劳动合同自始不发生法律效力”的规定。劳动合同是劳动者与用人单位成立劳动关系的法律行为，鉴于劳动关系的特殊性，劳动合同履行之后，特别是劳动者已经提供劳动之后，劳动关系无法恢复到履行之前的状态。所以，各国劳动法均针对劳动合同的特点建立了不同于民事合同的无效劳动合同制度，对已经履行的劳动合同进行变通处理，不再规定无效劳动合同自始不发生法律效力。《劳动法》的规定没有考虑到劳动合同的特点；《劳动合同法》有意纠正该规定的不足，没有明确规定无效劳动合同的含义，也未规定无效劳动合同从开始就不发生效力，仅在第 28 条规定，劳动合同被确认无效后，劳动者已经付出劳动的，用人单位应当向劳动者支付报酬。报酬的数额，不是按照原劳动合同的约定，而是参照本单位相同或者相近岗位劳动者的劳动报酬确定。这一规定虽然在一定程度上改进了《劳动法》规定的不足，但也存在很多局限。(3)《劳动合同法》针对意思表示存在瑕疵的劳动合同，规定受到损害的一方当事人可以行使解除权，通知对方该劳动合同不再继续有效。这实际上是赋予了受到损害一方当事人处理劳动合同效力的弹性空间，变通了《劳动法》过于刚性的无效劳动合同制度。

（二）我国无效劳动合同立法的缺失②

在宏观上，无效劳动合同制度定位不清。按照合同效力状态，合同一般分为有效合同、无效合同、可以撤销合同和效力待定合同等多种类型。我国《劳动法》只规定了有效劳动合同、无效劳动合同两种效力类型，没有对可撤销劳动合同、效力待定合同作出规定。《劳动合同法》力图改变这种过于僵化的效力机制，丰富劳动合同效力层次。这主要表现在：根据《劳动合同法》第 38 条第 1 款第 5 项的规定，用人单位因本法第 26 条第 1 款规定情形致使劳动合同无效的，劳动者可以解除劳动合同；根据本法第 39 条第 5 项的规定，劳动者因本法第 26 条第 1 款第 1 项规定的情形致使劳动合同无效的，用人单位可以解除劳动合同。《劳动合同法》赋予当事人决定无效劳动合同命运的权利，授予劳动合同无效时无过错的当事人在特定条件下以解除权的方式来替代可撤销制度。这种无效劳动

① 张荣芳：《论劳动关系的建立时间》，载《现代法学》2012 年第 5 期。

② 下述内容参见许建宇：《我国无效劳动合同立法的成绩、缺失与重构》，载《中国劳动》2011 年第 11 期。

合同可以解除的规定，使之兼具可撤销合同与有效合同的某些特征。由于制度定位不清，实践中会导致无效劳动合同制度在法律适用中的诸多困境。

在微观上，无效劳动合同制度设计尚显简单，有疏漏。（1）无效劳动合同的情形。我国现行法律将意思表示不真实的劳动合同纳入无效合同的范围，没有设置可撤销的劳动合同和效力待定的劳动合同。（2）在无效劳动合同的后果设计方面，未充分考虑劳动者合法利益的保障问题。《劳动合同法》第28条规定："劳动合同被确认无效，劳动者已付出劳动的，用人单位应当向劳动者支付劳动报酬。"但是在劳动合同无效的情形下，由于劳动者已经付出的劳动力具有不可返还性，无法恢复原状，劳动者要求用人单位支付处理工资报酬，应当还包括其他劳动保护、社会保险权利等。

四、我国无效劳动合同制度的完善

首先，劳动合同法应当依据劳动合同的效力状态将效力存在瑕疵的劳动合同区分为无效劳动合同、可撤销劳动合同和效力待定劳动合同。

其次，严格将无效劳动合同限定在欠缺合法性要件、严重损害国家利益、社会公共利益和第三人利益的合同上。意思表示不真实，但不影响国家利益、社会公共利益和第三人利益的合同，应当作为可撤销的劳动合同，由合同双方当事人自治。对于主体不适格的劳动合同，可以作为效力待定的合同。

最后，完善无效劳动合同的处理措施。鉴于劳动合同的特殊性，无效劳动合同不能将一般民事合同作为绝对、自始无效处理，而应当根据其履行状态确定具体的处理办法：对于未开始履行的劳动合同，可以作为自始无效处理，当事人双方不得再履行；对于已经履行，特别是劳动者已经提供了劳务的无效劳动合同，其无效决定应仅向将来发生效力，已经履行的部分按照事实劳动关系处理，劳动者不仅有权请求用人单位支付工资，还应当有权请求用人单位支付劳动的其他对价。

【思考题】

1. 简述无效劳动合同与可撤销劳动合同、效力待定劳动合同的区别。
2. 简述无效劳动合同的后果。

第五章 劳动合同的履行和变更

【本章学习重点提示】劳动合同的履行原则以及劳动合同约定不明时履行的具体要求；在劳动合同存续期间，职位调整的性质和具体规则；劳动合同承继的情形和承继的具体规则。

第一节 劳动合同的履行

一、劳动合同的履行原则

（一）劳动合同履行的基本含义和特征

劳动合同的履行，是指劳动合同当事人按照合同的约定或者法律的规定，全面适当地完成各自的合同义务，使对方当事人的权利得以实现的过程。劳动合同履行的主要特征包括：

（1）履行是当事人的履约行为。合同的履行通常表现为义务人的作为。

（2）履行是当事人全面正确完成合同义务的行为。

（3）履行是当事人全面完成义务的行为过程。

（二）劳动合同的履行原则

劳动合同作为合同的一种类型，其履行原则也应遵循合同履行的一般原则；作为一种特殊的合同，也有其特别履行原则。《劳动合同法》第 29 条规定了“全面履行原则”，第 30 条、第 31 条、第 32 条规定了“依法履行原则”。

1. 全面履行原则

《劳动合同法》第 29 条规定：“用人单位与劳动者应当按照劳动合同的约定，全面履行各自的义务。”全面履行包括双方当事人必须亲自履行各自的义务；在劳动合同的履行过程中双方应当相互协作、互相配合，共同完成劳动合同规定的义务；双方当事人应当按照合同约定的时间、地点、方式等履行各自的义务。

2. 依法履行原则

首先，用人单位应当依法提供基本的劳动条件。基于劳动合同的特殊性，法律为劳动关系设定了一系列标准，如工作时间、劳动报酬、劳动安全卫生标准等，用人单位首先必须依照法定的标准为劳动者提供基本的劳动条件。其次，用人单位依约定标准提供劳动条件。《劳动合同法》第 30 条、第 31 条规定，用人单位按照劳动合同约定和国家规定，向劳动者及时足额支付劳动报酬；用人单位应当严格执行劳动定额标准，不得强迫或者变相强迫劳动者加班；用人单位安排加班的，应当按照国家有关规定向劳动者支付加班费。对于劳动者而言，劳动者应当按照法律规定和劳动合同的约定为用人单位提供劳动；但对于用人单位管理人员违章指挥、强令冒险作业的，拒绝提供劳动的，不视为违反劳动合同。①

二、劳动合同双方当事人的义务

（一）劳动者的义务

劳动者作为受雇人，其主要义务是依合同的约定提供劳动，同时承担忠实义务和其他有关的附随义务。

1. 提供劳动的义务

在劳动合同中，劳动者的主要义务是按照合同的约定提供劳动。包括：（1）受领劳动的对象一般应当是用人单位，也可以是合同约定的第三人。劳动合同是身份性突出的合同，除有特殊约定外，劳动者只能向劳动合同的另一方当事人的用人单位提供劳动。劳动合同也可能是劳动者与用人单位为第三人的利益签订的合同，在这一情形下，劳动的受领对象是第三人。如在劳务派遣关系中，被派遣劳动者与派遣单位签订的劳动合同即约定劳动者为第三人（用工单位）提供劳动；在借调劳动中，劳动者属于用人单位的职工，但却受该用人单位的指派为第三人提供劳动。

（2）对于劳动者提供劳动的方式和范围，如果合同有约定的依约定；无约定的，由用人单位直接指示，但用人单位的指示必须合法，否则劳动者有权拒绝。《劳动合同法》第32条规定："劳动者拒绝用人单位管理人员违章指挥、强令冒险作业的，不视为违反劳动合同。"

（3）劳动给付的地点，原则上依约定，无约定的依照对方当事人的指示。

（4）劳动给付的时间，原则上依当事人的约定，同时必须遵守法定的劳动时间标准；如果加班，还应当依法支付加班工资。

2. 忠实义务

劳动合同具有身份要素，所以劳动者依合同本身的性质应承担忠实义务。其内容主要有：

（1）服从用人单位的指示监督。劳动的方式、地点、劳动时间等，如果合同有约定的依约定，无约定的依用人单位的指示；但用人单位的指示应当合法、合乎社会公共道德以及不损害社会公共利益。

（2）保密义务。保守用人单位的商业秘密既是劳动者应当承担的一项法定义务，同时也是劳动合同的义务之一。劳动者在劳动关系存续期间，不论是以何种方式知晓雇主的商业秘密，都负有保密义务。我国《反不正当竞争法》规定，任何知晓他人商业秘密的人均不得未经许可泄露、使用、许可他人使用他人的商业秘密。所以，员工依此规定应当承担保守雇主商业秘密的义务。同时，雇主往往为了保护其商业秘密，会与员工签订保密合同或者在合同中约定保密条款。

（3）竞业限制义务。竞业限制义务包括在劳动关系存续期间内的竞业限制义务和雇

① 《劳动合同法》第32条。

员离职后的竞业限制义务。在劳动关系存续期间的竞业限制义务问题，我国《劳动法》、《劳动合同法》均未规定；我国《公司法》第149条规定的公司董事、高级管理人员不得未经股东会或者股东大会同意，利用职务便利为自己或者他人谋取属于公司的商业机会，自营或者为他人经营与所任职公司同类的业务。《公司法》规定的竞业限制义务主体仅限于公司的董事、高级管理人员等，未包括一般职员。在劳动关系终了后，劳动者的竞业限制义务问题，我国《劳动合同法》第23条、第24条对此加以了明确规定，用人单位可以与该单位高级管理人员、高级技术人员和其他负有保密义务的人员，约定在解除或者终止劳动合同后，上述人员不得到与本单位生产或者经营同类产品、从事同类业务的有竞争关系的其他用人单位，或者自己开业生产或者经营同类产品、从事同类业务的竞业限制，由该单位向承担竞业限制的人员支付一定的经济补偿金。

（4）兼职限制。我国《公司法》第70条规定："国有独资公司的董事长、副董事长、董事、高级管理人员，未经国有资产监督管理机构同意，不得在其他有限责任公司、股份有限公司或者其他经济组织兼职。根据《劳动合同法》第39条第4项的规定，劳动者在劳动关系存续期间如果与其他用人单位建立劳动关系，对完成本单位的工作任务造成严重影响，或者经用人单位提出，拒不改正的，用人单位可以不经预告直接解除劳动合同，并且不需支付经济补偿金。

3. 注意义务

劳动者的注意义务主要是指劳动者作为用人单位业务的代理人，应当承担善良管理人的主要义务，为用人单位的利益尽职尽责。

（二）用人单位的义务

1. 劳动报酬给付义务

给付劳动报酬是用人单位在合同中承担的主要义务，是与劳动者提供劳动的主要义务相对应的。报酬的给付一般依据当事人的约定或者集体合同的约定支付。

（1）劳动报酬的支付客体。劳动报酬即工资，我国法律规定工资应当以法定货币支付，不得以实物及有价证券替代货币支付。以货币形式支付工资，符合国际通行做法。

（2）工资额。工资额一般由双方当事人在合同中约定，或者通过集体合同约定；工资额必须在最低工资标准之上。

（3）工资受领人。用人单位应将工资支付给劳动者本人；如果劳动者因故不能领取工资时，可由其亲属或委托他人代领。即便劳动者在与第三人之间的债权债关系中处于债务人地位，用人单位也不能在没有劳动者亲自同意的情况下，将工资支付给债权人。用人单位可委托银行代发工资；用人单位必须书面记录支付劳动者工资的相关信息，并保存2年以上备查。

（4）工资支付的时间。工资必须在用人单位与劳动者约定的日期支付。如遇节假日或休息日，则应提前在最近的工作日支付。工资至少每月支付1次，实行周、日、小时工资制的可按周、日、小时支付工资。

（5）特殊情况下的紧急支付规则。在劳动者或其亲属生病、生育、遭受灾害等特殊情况下，应根据具体情况允许劳动者预先支取工资。

2. 照顾义务

与劳动者的忠实义务向对应，用人单位应当对劳动者承担照顾义务，即应当保证劳动者在提供劳动过程中的人身安全和身体健康等权利。具体包括：

（1）劳动者生命、身体和健康的保护义务。根据《劳动合同法》第17条第8项的规定，劳动合同的必备条款之一是劳动保护、劳动条件和职业危害防护。因此，用人单位应当依此条款的约定对劳动者承担劳动保护义务；同时，这一义务也是用人单位依法承担的义务。我国《劳动法》第52条、第53条、第54条规定了用人单位应当承担的安全保障义务，包括建立、健全劳动安全卫生制度；严格执行国家劳动安全卫生规程和标准；提供安全卫生的劳动设施；提出符合国家规定的劳动安全卫生条件和必要的劳动防护用品；对从事有职业危害作业的劳动者定期进行健康检查。此外，《安全生产法》和《职业病防治法》也有明确的规定。

（2）劳动者人格权的保护。

（3）劳动者个人信息的保护。在招聘、管理过程中，用人单位均会掌握劳动者的部分个人信息，如个人的人格特征、健康状况、家庭生活关系等。有些是用人单位管理劳动者所必需的，用人单位在使用这些信息后，应当为劳动者保守秘密，否则则构成对劳动者个人权利的侵害。

（4）对劳动者个人财产的保护义务。劳动者进入用人单位的场所，会随身携带部分个人财产。对此，用人单位应当尽合理的保护义务。

三、劳动合同约定不明时的履行

劳动合同与其他民事合同不同，其履行依据可以是集体合同、用人单位的规章制度或者用人单位的直接指示。当合同双方就某些条款和内容在劳动合同中没有约定时，一般不会导致合同的不能成立；而一般民事合同如果双方未就主要条款（或者称必要条款）达成一致合意，合同就会因为欠缺必要条款而不能成立。劳动合同成立后，因为欠缺一些条款势必导致双方履行的困难，《劳动合同法》第18条规定了劳动合同约定不明时的履行规则。

（一）当事人协商

当事人对劳动报酬和劳动条件等标准约定不明时，通过平等协商的办法补充协议。该协议是对原劳动合同的补充，是原劳动合同的组成部分。

（二）适用集体合同

当事人对劳动条款约定不明又无法达成补充协议的条件下，对于合同约定不明的条款，适用集体合同的相关规定。集体合同是劳动者所在单位的工会或者职工代表与该用人单位之间就劳动关系的有关问题签订的协议。该协议对该用人单位的劳动者具有约束力，劳动合同约定的劳动标准不得低于集体合同的相关规定；但在劳动合同约定的标准高于集体合同的规定时应依据劳动合同的约定。在当事人未就劳动报酬和其他劳动条件达成协议时，可以依据集体合同的相关规定履行。

（三）比照用人单位其他“可比职工”

“可比职工”是指用人单位的其他同岗位、同条件的职工。同工同酬是劳动法确定的基本原则，在劳动者与用人单位未就相关劳动条件达成协议，劳动者所在的用人单位又没有集体合同或者集体合同未规定该内容时，劳动者的劳动报酬和其他劳动标准依据用人单位同一岗位、同一职位的其他劳动者的标准执行。

（四）适用国家有关标准

由于劳动合同的特殊性，国家对劳动合同的相关内容干预的力度较大，现行法律对劳动报酬、劳动时间、其他安全与卫生标准等内容均有明确的规定。这些规定是劳动合同的最低标准，集体合同、劳动合同约定的标准必须高于这一标准。在劳动合同、集体合同对相关劳动条件没有约定或者约定不明，该用人单位也没有相同岗位、职位的职工可以比照时，可以依据国家制定的相关劳动标准执行。

四、违反劳动合同的行为及其后果

（一）劳动者违约的情形及后果

劳动给付是劳动者在劳动合同中的基本义务。劳动者根本没有履行劳动给付义务或者履行劳动给付义务不适当，则是对这一义务的违反；违反附属义务的情况也可能出现。

1. 不履行劳动给付义务的形式及后果

劳动者不履行劳动给付义务，表现为没有经过预告而放弃职位。其后果包括：

（1）劳动给付的强制实施（在可能的情况下）。

（2）工资请求权的丧失。劳动者有过错，非法拒绝给付则构成可归责的履行不能，此时雇主无支付工资的义务。

（3）不作为请求权。在劳动者拒绝提供劳动给付义务时，一般雇主无权要求劳动者为另一雇主提供劳动；但在劳动者违反竞业禁止义务时，雇主享有不作为的请求权。

（4）损害赔偿。包括多支出的工资、因重新雇佣而产生的广告费和中介费、双方约定的违约金。

（5）解约权。拒绝劳动作为严重违约，解约取代了一般债中的撤销权。

2. 劳动给付不适当

雇员由于自己的过错致使工作进度特别缓慢，只完成正常劳动给付的2/3等，这种有瑕疵的劳动给付（不适当给付），不发生工资留置权和对等减少工资给付的问题，雇主也没有修复不适当劳动结果的权利。但集体合同和劳动合同中约定了以工作物的交付作为支付报酬的交换，雇主就有权：（1）要求有过错的雇员基于积极违约而进行赔偿；（2）在企业内部雇员基于重大过失的情形下，雇主有权要求雇员进行赔偿；（3）要求雇员承担短缺责任。对于像仓库保管、现金余额管理等工作，合同约定或依法规定，雇员有平衡短缺的责任。

（二）用人单位违约的法律后果

（1）用人单位未按法定标准和约定标准支付工资的，依据《劳动合同法》第85条的规定，用人单位拖欠或者未足额支付劳动报酬的，由劳动行政部门责令限期支付劳动报酬、加班费或者经济补偿；劳动报酬低于当地最低工资标准的，应当支付其差额部分；逾期不支付的，责令用人单位按应付金额50%以上100%以下的标准向劳动者加付赔偿金。

（2）用人单位安排加班的，应当按照国家有关规定向劳动者支付加班费。

（3）如果工作环境存在危害生命安全和身体健康的，劳动者有权对用人单位提出批评、检举和控告。劳动者拒绝用人单位管理人员违章指挥、强令冒险作业的，不视为违反劳动合同。

（4）对于用人单位违法、违反合同约定的义务，劳动者可以行使劳动合同解除权（《劳动合同法》第38条）。

第二节 劳动合同的变更

一、劳动合同变更的含义和特征

合同的变更有广义和狭义之分。广义的合同变更是指合同的主体和内容发生变化；狭义的合同变更是指合同成立后，尚未履行或者尚未完全履行以前，在当事人不变的情况下，合同的内容发生变化的现象。①《劳动法》没有涉及劳动合同变更的含义，但从该法第17条的规定看，采广义的变更含义。《劳动合同法》第34条、第35条分别规定了劳动合同内容变更和主体更替时的合同承继，采狭义的劳动合同变更含义，认为劳动合同的变更是指劳动关系的主体不变，合同的内容发生的情形。

劳动合同变更具有以下特征：（1）劳动合同变更时，合同的主体双方不发生改变，仅仅是合同的部分条款发生改变。（2）合同变更只发生在合同有效成立之后和尚未完全履行之前，已经履行完毕的合同无变更情形发生。（3）合同的变更是对合同的部分条款进行修改和补充。

合同变更的基本原则是双方协商一致。但在劳动合同中，部分条款的改变，如劳动者的岗位的变化、职位的变化、工作地点的改变等，往往涉及用人单位经营管理权的行使问题。所以，劳动合同变更的原则与一般民事合同不完全相同。在遵循协商一致原则的条件下，应当不影响用人单位的正常生产经营活动。

二、劳动者职位的调整问题

劳动合同内容的变更是指劳动合同条款的变更，包括劳动时间、地点、工作岗位、工资待遇等要素的变更。其中岗位调整或者职位调整是劳动合同内容变更的核心问题。劳动岗位一般是指劳动者的工作性质、工作任务等因素，它的变动往往涉及劳动者工作内容、工资待遇、工作地点等要素的变化。劳动岗位的调整行为或者雇主调职命令，包括劳动者在企业内部的职位调整和企业外部的职位调整问题。

（一）企业内部的职位调整问题

企业内调职是指同一企业内，长时间的变更劳动者之职务内容、职务种类或者工作地点。② 对于企业内职位调整行为的性质，理论上存在多种学说：

1. 概括的合意说

本说认为工作场所与工作内容是劳动合同的基本要素，其变更即发生劳动契约的变

---

① 参见余延满著：《合同法原论》，武汉大学出版社2004年版，第460页。

② 参见刘志鹏著：《劳动法理论与判决研究》，台湾元照出版公司2002年版，第157页。

更。一般而言，劳动合同在订立时，双方并未就各个工作场所与工作内容进行具体的约定，而是由劳工将劳动力使用权概括委托给雇主处分，雇主依此权利，可以决定工作场所与工作内容，此权利一般称为劳动指示权。雇主基于劳动指示权所为之调职命令来决定劳工之具体的工作场所和工作内容，其性质为形成权。劳工对雇主的调职命令可以请求确认无效。概括的合意说虽认为雇主与劳工订定劳动契约后，对该劳工即有概括处分权，但劳资双方对工作内容和工作场所在劳动合同中如果已经特定，且有明示或者默示的合意，或者依企业内习惯已形成具体的劳动契约内容时，则调职命令应视为劳动契约之要约，需得到劳动者本人之同意，否则调职命令对劳工无约束力。①

2. 限定的合意说

该说认为调职如果在劳动合同预定范围内，视为劳动合同的履行行为，调职命令仅是劳动指挥的一种形态，劳动者当然应该服从；如果调职超越劳动合同约定的范围，就是劳动合同的变更行为，此时雇主的调职命令是变更合同的一种要约，未征得劳工同意对其不生效力。因此，调职命令对劳动者是否具有约束力，关键是调职是否在劳动合同预定的范围之内。

3. 特定的合意说

该学说认为工作场所与工作内容在性质上属于劳动契约之要约，必须由劳资双方合意始能特定，不得由雇主单方面变更，因此雇主发调职命令时，即为契约内容之要素变更，必须每次取得劳工之同意；或者仅在劳动契约中有劳动者在劳动合同中将工作场所与工作内容的变更或者决定权委托给雇主行使之明确特约时，雇主始得对劳工行使调职命令之权限。②

在以上几种学说中，均强调工作场所与工作内容是劳动合同的要素，其变更应当经过劳动者同意（或者劳工授权雇主处分）。在此，应当解决劳工授权如何界定，以及劳动者的授权是否包括劳动合同的一般授权，工作规则、集体合同的约定是否包括在内等内容。在实务中，劳资双方一般在劳动合同中约定劳动者有义务服从雇主的工作安排、遵守雇主人事调动命令；或者在订立劳动合同时，雇主要求劳动者签署遵守雇主人事调动命令的同意书；有的工作规则中也存在相关规定。在上述情形下，如果均视为劳动者对职位调整问题已经授权给雇主，雇主被认为依据这一授权享有调整劳动者职位的权利，往往无法解决劳资双方关于职位调整问题的争议，也无法避免雇主滥用这一授权损害劳动者权利的行为。所以，法律应当规定雇主调整职位应当遵循的基本规则。如我国台湾地区于 1985 年发布解释函“雇主调动劳工工作五项原则”中规定，工作场所及应从事之工作有关事项应于劳动契约中由双方自行约定，故其变更亦应由劳资双方自行商议决定。如雇主确有调动劳工工作之必要，应依下列原则办理：基于事业经营上之必要；不得违反劳动契约；对劳工薪资及其他劳动条件，未作不利之变更；调动后工作与原工作性质为其体能及技术所

① 参见台湾劳动法学会编：《劳动基准法释义——施行二十年之回顾与展望》，台湾新学林出版股份有限公司 2005 年版，第 143 页。

② 参见台湾劳动法学会编：《劳动基准法释义——施行二十年之回顾与展望》，台湾新学林出版股份有限公司 2005 年版，第 144~145 页。

能胜任；调动工作地点过远，雇主应予以必要之协助。①

在我国，有关工作职位的调整或者劳动岗位的变更的法律性质问题，存在不同的规定和解释。我国“原劳动部办公厅关于职工因岗位变更与企业发生争议等有关问题的复函”中规定，关于用人单位能否变更职工岗位的问题，按照《劳动法》第17条、第26条、第31条的规定精神，因劳动合同订立时所依据的客观情况发生重大变化，致使原劳动合同无法履行而变更劳动合同，须经双方当事人协商一致，若不能达成协议，则可按法定程序解除劳动合同；因劳动者不能胜任工作而变更、调整职工工作岗位，则属于用人单位的自主权。对于劳动岗位变更的性质问题，我国现行法律没有明确规定，而从该“复函”中可以看出，有关劳动部门给予了两可的解释，即在不同的情形下，其性质不同：因劳动者本人的原因（包括劳动者的能力、身体不适）需要调整岗位的，岗位的调整属于用人单位经营自主权的范围，可以不需经营劳动者的许可，由用人单位根据经营管理的需要直接调整；非因劳动者本人的原因导致劳动岗位的调整需要，这时调整岗位属于变更劳动合同的条款，需要劳动者与用人单位协商一致才能变更；如果双方就该问题协商不成，用人单位可以依据《劳动合同法》第40条第3项的规定预告解除劳动合同，并向劳动者支付经济补偿经。

确定岗位变更的法律调整规则，应当先判定岗位变更的性质。如果属于劳动部办公厅规定的第一种情形，即由于劳动者不能胜任工作导致用人单位变更劳动者岗位的情形，用人单位虽然享有自主变更劳动者工作岗位的权利，但必须举证证明“劳动者能力不能胜任工作”或者“身体不适无法胜任工作”。如果属于第二种情形，即根据用人单位经营管理的需要而变更劳动者的工作岗位，用人单位无单方面变更的权利，必须与劳动者协商一致才能变更；如果协商不成，或者维持原劳动合同中约定的岗位，或者用人单位给予劳动者30日的预告期而解除劳动合同，并支付相应的经济补偿金。在此，我国现行法律只是规定双方当事人无法就变更岗位问题达成协议时，用人单位可以预告解除劳动合同的情形，没有涉及其他问题。如劳动者不同意变更劳动合同中约定的岗位时，可否有权要求与用人单位继续履行原来的劳动合同；如用人单位因经营管理需要调整劳动者的工作岗位时，在给予劳动者合理的岗位安排、工作环境和劳动待遇的情形下，劳动者仍然不同意调整工作岗位时，用人单位是否必须无条件地给予劳动者解除合同的预告并支付经济补偿金后方可解除劳动合同？《劳动合同法》的相关规定显然过于简略。我国台湾地区于1985年9月5日以函释方式发布的有关企业调整劳动者职位应遵循的基本原则可供参考。该函释规定：“‘劳动基准法施行细则’第7条第1款规定，工作场所及应从事之工作有关事项应于劳动契约中由劳资双方自行约定，故其变更亦应由双方自行商议决定。如雇主确有调职劳工工作必要，应依下列原则办理：（1）基于企业经营所必要；（2）不得违反劳动契约；（3）对劳工薪资及其他劳动条件，未作不利之变更；（4）调动后工作与原有工作性质为其体能及技术所可胜任；（5）调动工作地点过远，雇主应予以必要之协助。”②

---

① 参见台湾劳动法学会编：《劳动基准法释义——施行二十年之回顾与展望》，台湾新学林出版股份有限公司2005年版，第156页。

② 参见刘志鹏著：《劳动法理论与判决研究》，台湾元照出版公司2002年版，第195页。

（二）企业外的调职问题

在劳动合同的履行过程中，劳动者可能被用人单位派往企业外的其他关联企业工作；或者在订立劳动合同时，由于我国部分用人单位仍然执行国家有关用工指标的限制，单位虽然实际需要某一劳动者，但却因为没有用工指标只能将该劳动者的劳动关系安排在其他与之关联的用工单位。这时劳动者在维持与一个单位形式上的劳动关系的前提下，而在另一单位实际提供劳动。这一用工方式与劳务派遣有些类似，但由于与劳动者保持形式上的劳动关系的单位不是专门的派遣单位，不因维持与劳动者的形式上的劳动关系行为而收取用工者的费用，而且还实际支付劳动者的工资、社会保险等费用，所以与劳务派遣的差异非常明确，我们一般称之为借调关系。

对劳动者与旧雇主保持劳动关系，而到新雇主处劳动这一问题，理论上存在单一契约说和双重契约说。“单一契约说”认为，旧雇主之借调命令应解释为变更劳动契约之要约，劳工同意后，旧雇主根据劳动契约所生之劳务指示命令权因之让度给新雇主，但劳动契约关系仍存在于旧雇主与劳工之间。“双重契约说”认为，劳工与新旧雇主的复合存在二重劳动契约。① 我国现行法律没有涉及该问题，司法实践中采用“单一契约说”，认为应当依据书面劳动合同的形式，工资、社会保险承担主体确定劳动者与原用人单位之间存在劳动关系，与新的用人单位之间没有劳动关系。在“冼祯祥、罗永军等与广西三环企业集团股份有限公司、广西北流炻瓷厂”劳动争议一案中，最高人民法院认为：“虽然三环集团作出聘任决定，聘任冼祯祥等五人为三环集团高级、中级管理人员，对赖捷也做了工作安排。但是，三环集团并未与6名劳动者重新签订劳动合同，明确双方的权利义务。三环集团对6名劳动者的岗位进行调整后，仍由炻瓷厂向6名劳动者发放工资并代缴养老金和各项社会保险费。因此，6名劳动者与炻瓷厂之间的劳动合同关系并未变更为与三环集团之间的劳动合同关系，六劳动者的用人单位仍为炻瓷厂。三环集团与炻瓷厂为两个相互独立的企业法人，不能同时为6名劳动者的用人单位。”② 在此，最高人民法院依据“单一契约说”认定，冼祯祥、罗永军等与广西三环企业集团股份有限公司之间不存在劳动关系；冼祯祥、罗永军等与广西北流炻瓷厂之间签订有书面劳动合同，并且上述劳动者的工资支付主体、社会保险承担主体均是广西北流炻瓷厂，认定二者存在劳动关系。

在劳动合同的履行过程中，劳动者可能解除与用人单位的合同，被安排到用人单位的关联企业工作。此时，劳动者与旧雇主解除劳动关系，重新与新雇主之间建立劳动关系，旧雇主是否应当依解雇保护法支付补偿金？劳动者到新雇主处劳动，其在旧雇主处的工龄可否计算？我国司法实践中认为劳动者在两个关系企业的工龄不能联系计算，不论第一个用人单位在解除劳动合同时是否向劳动者支付了经济补偿金。如在“北京方正数码有限公司与刘航”案中，北京市高级人民法院认为，方正电子公司与方正数码公司之间系两个独立的法人。刘航由方正电子公司进入方正数码公司工作，不属于两公司经协商而形成的人事调动关系，不能认定方正数码公司对刘航的劳动关系是刘航在方正电子公司劳动关

---

① 参见刘志鹏著：《劳动法理论与判决研究》，台湾元照出版公司2002年版，第217页。

② 《冼祯祥、罗永军等与广西三环企业集团股份有限公司、广西北流炻瓷厂》，载北大法意网：http：//www.lawyee.net/Case/Case_ Data.asp？RID=64908&KeyWord=，2008年5月15日访问。

系的延续。刘航到方正数码公司工作后，其与方正电子公司的劳动关系自行终止，与方正数码公司形成了事实上的劳动关系。① 但《劳动合同法实施条例》第 10 条却作出了不同的规定，即劳动者非因本人愿意从原用人单位被安排到新用人单位工作的，劳动者在原用人单位的工作年限合并计算为新用人单位的工作年限。原用人单位已经向劳动者支付经济补偿的，新用人单位依法解除、终止劳动合同计算支付经济补偿的工作年限时，不再计算劳动者在原用人单位的工资年限。

三、工作时间、劳动地点等要素的变更问题

劳动合同的变更应该包括工作时间、工作地点、工作岗位、工资待遇、劳动条件等相关要素的变更。这些要素的变更，其性质如何？对于这些要素的变更，不能完全遵循双方协商一致的原则，同时也不能完全委托给用人单位决定。法律应当建立一定的规则干预这些要素的调整，要求用人单位在行使上述问题的决定权时应当遵循一定的法律规则，不损害劳动者的基本权利。

四、劳动合同变更的形式问题

我国《劳动合同法》第 35 条规定，用人单位和劳动者协商一致，可以变更劳动合同约定的内容。变更劳动合同，应当采用书面形式。这里的"书面形式"到底是劳动合同成立的要件，还是有效要件？或者并不影响劳动合同的成立或者有效？该法对此并未明确规定，但从《劳动合同法》的有关规定来看，口头合同不仅依法成立，可以在当事人之间产生权利义务关系，而且合法有效，所产生的权利义务内容受法律保护，这从该法第 11 条对口头约定劳动报酬的保护性规定可见一斑。② 所以，劳动合同的变更与合同的订立一样，书面形式并不是其成立或者有效要件。《最高人民法院关于审理劳动争议适用法律若干问题的解释（四）》第 11 条规定："变更劳动合同未采用书面形式，但已经实际履行了口头变更的劳动合同超过 1 个月，且变更后的劳动合同内容不违反法律、行政法规、国家政策以及公序良俗，当事人以未采用书面形式为由主张劳动合同变更无效的，人民法院不予支持。"

从域外看，各国对口头合同、默示合同多采取承认其有效的态度，而且一般认为在明示条款和默示条款发生冲突时，承认默示条款有限地位往往会更有利于保护劳动者利益。国际劳工组织对这种现象的描述是：允许签订一种默示性合同的可能性，意味着注重的是有关雇主与劳动者之间所达成协议的事实，判例法中，默示性合同的观念日益获得重视。确定一种雇佣关系的存在应当以事实为依据，而不是根据双方对其赋予的名称或者形式来决定。这就是雇佣关系的存在应取决于某些客观条件是否得到满足，而不是取决于一方或双方对这种关系进行怎样的描述。这就是法律上人人皆知的实施第一的原则，该原则在有

---

① 《北京方正数码有限公司与刘航》，载北大法意网：http://www.lawyee.net/Case/Case_Data.asp?RID=65294&KeyWord=，2008 年 5 月 15 日访问。

② 张荣芳：《论劳动关系的建立时间》，载《现代法学》2012 年第 3 期。

些国际的法律体系中被确认下来。在没有成文法的情况下，这一原则也经常被法官们所使用。①

在英国法中的契约默示条款是法院弥补当事人意思表示不完善时的灵活工具。在当事人契约未加规定的情况下法院依照当事人的默示意图或者推定意图，根据法律的规定，参考某种商业、行业、习俗等惯例，将当事人忽略的内容补入当事人所订立的书面契约并对当事人产生法律效力。契约默示条款是法官干预当事人契约的表现，是法律对当事人意思自治原则的限制和保护，也是英美法系契约发展的一大特色。② 在大陆法系的国家，上述过程则是以贯彻诚实信用原则来实现的。首先，该原则是指导当事人进行民事活动的原则要求，即不欺诈、恪守信用。其次，该原则授予法官自由裁量权填补法律漏洞，补充当事人约定不足的权力。法官被要求从诚实信用的价值判断去探寻当事人的真实意思表示，也就是客观诚信。③

第三节 劳动合同的承继

一、劳动合同承继的含义

劳动合同的承继，是指在合同的内容不变的前提下，劳动合同的一方当事人用人单位发生变化，即受领劳动的一方主体因为合并、分立等事项而发生改变，劳动者也随之移转到合并或者分立后的用人单位。一般来讲，劳动关系的人身属性较强，主体不能随意变更。但在用人单位一方因合并、分立等因素发生变化时，为了保证劳动关系的稳定性，法律规定由合并、分立的主体承继原主体与劳动者之间的劳动关系，履行原劳动合同约定的权利义务。

《民法通则》第 44 条第 2 款规定：“企业法人分立、合并，它的权利和义务由变更后的法人享有和承担。”《劳动法》中未规定劳动合同的承继问题。2001 年《最高人民法院关于审理劳动争议案件适用法律若干问题的解释（一）》引入承继的方式来处理分立、合并的劳动争议案件中的程序性问题。该解释第 10 条规定：“用人单位与其他单位合并的，合并前发生的劳动争议，由合并后的单位为当事人；用人单位分立为若干单位的，其分立前发生的劳动争议，由分立后实际用人单位为当事人。用人单位分立为若干单位后，对承受劳动权利义务的单位不明确的，分立后的单位均为当事人。”《劳动合同法》第 34 规定：“用人单位发生合并或者分立等情况，原劳动合同继续有效，劳动合同由承继其权利和义务的用人单位继续履行。”《劳动合同法》第 33 条规定：“用人单位的变更名称、

---

① 国际劳工局：《雇佣关系》，国际劳工大会第 95 届大会报告五（1），日内瓦，2006 年，第 7 页，http：//www. ilo. org/wcmsp5/groups/public/-ed-norm/-relconf/documents/meetingdocument/wcms-ilo-95-rep-v-1-zh. pdf。

② 王盛、陈建光：《英美法中的契约默示条款研究》，载《浙江省政法管理干部学院学报》1999 年第 2 期。

③ 徐国栋：《诚实信用原则二题》，载《法学研究》2002 年第 4 期。

法定代表人、主要负责人或者投资人等事项，不影响劳动合同的履行。”

劳动合同承继的特点包括：（1）劳动合同主体变化。劳动合同的承继是由新的主体执行原来的劳动合同。因为用人单位的合并、分立的发生，原劳动合同一方当事人用人单位通过分立、合并等形式消失，由新主体产生，代替原主体履行劳动合同的内容。劳动者一方当事人的变化，不能导致劳动合同的承继。（2）劳动合同的内容不变。在用人单位合并、分立的情形下，用人单位这一方主体虽然发生变化，由新主体履行原劳动合同，但劳动合同继续有效，劳动合同的期限、岗位、工资待遇等要素不发生改变。如果劳动合同的这些要素发生改变，就应当适用劳动合同变更的规则。

二、用人单位合并情形下劳动合同的承继问题

（一）用人单位合并的含义

《劳动合同法》对用人单位合并含义并未规定。我国《公司法》第172条规定：“公司合并可以采取吸收合并或者新设合并。一个公司吸收其他公司为吸收合并，被吸收的公司解散。两个以上公司合并设立一个新的公司为新设合并，合并各方解散。”第174条规定：“公司合并时，合并各方的债权、债务，应当由合并后存续的公司或者新设的公司承继。”

用人单位合并一般是指以下两种情况：一是用人单位与其他主体联合成立一个新的法人或者其他组织，由新的实体承担原有主体的权利义务，原有的两个或者两个以上的主体资格消灭；二是一个用人单位整个归并到另一实体中，被归并的用人单位的主体资格消灭，其权利义务全部转移由另一实体承担。

（二）用人单位合并时劳动关系的归属

在用人单位合并情形下劳动关系承继问题。用人单位合并之前是否可以商定留用特定职工而将其余职工排斥在继续雇佣的对象之外？劳工是否享有拒绝留用的权利？在合并后，员工已被新雇主留用，员工是否可以拒绝被留用而提出终止劳动契约？

1. 商定留用问题

在用人单位合并情形下，合并的相关用人单位是否有权协商将部分劳动者留在合并后的单位，而解雇其余不需要的劳动者。按照《公司法》关于公司合并时，合并各方的债权、债务应当由合并后存续的公司或者新设的公司承继的规定，即所谓概况承受。在概况承受法理之下，存续或者新设的公司应继受被合并公司的所有权利义务，包括劳动法上的权利义务，不得将特定劳动合同排除在继受范围之内。并且，企业是由资产和人组成的统一整体，合并后的公司不能选择只继受资产，而不继受人员，也不能只继受部分人员。我国《劳动合同法》第34条规定了企业合并时的概况承继义务。

但是，在企业合并的情形下，合并后承续的企业可能因为经营计划的调整，需要对合并之前企业的员工调整，包括解雇部分劳动者，调整部分劳动者的岗位。在需要解雇劳动者的情形下，用人单位也可以行使解雇权。解雇的依据是《劳动合同法》第39条第3项或者第41条第1款第4项规定的解雇权，但必须依法向劳动者支付补偿金。在裁员的情形下，如果该用人单位在6个月内重新招用人员时，应当通知被裁减的人员，并在同等条件下优先招用被裁减的人员。在劳动岗位等要素的调整过程中，用人单位应当遵循劳动合

同变更的相关规则。

2. 劳动者拒绝留用问题

在企业合并时，劳动者依法被合并之前存续的用人单位留用之后，劳动者是否有权表示反对并主张解除劳动合同。也就是说，劳动合同的承继是否需要劳动者的同意？如果劳动者有拒绝留用的权利，在劳动者行使该权利时，用人单位得按照解雇的相关规定，向劳动者支付经济补偿金；如果劳动者没有拒绝留用的权利，在企业合并劳动合同承继的情形下，劳动者如果拒绝为合并后的主体提供劳动，得视为劳动者主动辞职，无权享有被预告和要求支付经济补偿金的权利。在日本法中，公司合并时，个别劳动契约的雇主转换，无须经过劳工同意，无论劳工是否同意，消灭公司与劳工间的劳动契约，均应由存续公司或者新设公司概况承受。① 我国劳动法并未明确该问题，一般认为，在用人单位合并的情形下，劳动合同的承继无须劳动者同意，如果劳动者不愿继续在合并之后的单位就职，需要按照劳动法关于劳动者单方面解除劳动合同的规定处理，劳动者除了需要提前预告之外，应当无权要求经济补偿金。

三、用人单位分立情形下劳动关系的承继问题

（一）公司分立的含义和特点

1. 公司分立的含义

我国《公司法》未对公司分立的含义作出明确规定。国家对外贸易经济合作部和国家工商行政管理局联合颁布的《关于外商投资企业合并与分立的规定》第4条规定："本规定所称分立，是指一个公司依照公司法有关规定，通过公司最高权力机构决议分成两个以上的公司。"公司分立可以采取存续分立和解散分立两种形式。存续分立，是指一个公司分离成两个以上公司，本公司继续存在并设立一个以上新的公司。解散分立，是指一个公司分解为两个以上公司，本公司解散并设立两个以上新的公司。

2. 公司分立的特点

（1）公司主体的变化。公司分立是公司组织变更的一种基本形式，具体表现为公司的解散、变更和新设。在派生分立的情况下，原有的公司虽然存续下来，但因派生出了一个或若干个公司，所以存续公司的法人资格依然存在，但其内容却发生了相应的变更，主要体现为股东人数、资产总额、业务范围的减少。公司的派生分立导致了原公司的变更和新公司的设立。在新设分立中，则表现为原公司的解散和新公司的成立。

（2）股东身份及持股额发生变化。公司分立并不是单纯的财产分立，还包括股东的重新加入和持股数额的变化。新设分立的公司股东可以分别加入新设立的公司中；派生分立的公司股东可以从原来公司分离出来，加入新设立的公司，或者继续留在存续公司之中，但其持股额会发生变化。

（3）债权债务的变化。公司分立中所要解决的一个重要问题，便是公司分立后原公司债权债务如何承继的问题。对此，通说认为公司分立发生局部概括承受的效力，即原公

① 参见台湾劳动法学会编：《劳动基准法释义——施行二十年之回顾与展望》，台湾新学林出版股份有限公司2005年版，第191页。

司的债权债务应依照分立协议的约定由新设公司或存续公司概括继承。因此，公司分立协议就成为确立债务承担的依据。由于公司分立会使被分立公司对其原债权人承担债务清偿责任的财产减少，因而在承认分立的概括承受效力同时，立法一般都对分立当事公司的连带责任作出规定。我国《公司法》第176条对此也有明文规定："公司分立前的债务由分立后的公司承担连带责任。但是，公司在分立前与债权人就债务清偿达成的书面协议另有约定的除外。"

（二）公司分立对劳动者的影响问题

公司分立的法律效果之一便是公司自身主体的变化。在派生分立时，原公司变更，新公司设立；在新设分立时，原公司消灭，新公司产生。公司作为劳动合同中的用人单位，其主体变更必然会对劳动合同的存续造成威胁。公司分立势必涉及劳动关系的变动，而分立后劳动合同到底会面临什么样的命运，是终止还是由分立后新设公司承继，则是公司分立中劳动者权利保护的核心话题。作为用人单位主体变更的一种形式，公司分立后劳动合同一般会面临三种处理方式：承继、变更和解除。劳动合同承继是指公司分立前劳动合同的权利义务关系由分立后新设的公司概括承受，即仅仅发生劳动合同主体的变更，而劳动合同的内容则没有发生变化；劳动合同的变更则是指劳动合同内容因公司分立发生变化，如工作岗位的调换、薪金待遇的调整、工作地点的变更等，既可能是存续公司劳动者劳动条件的变更，也可能是原公司的劳动者到分立后新设公司中所遭遇的劳动条件的变更。在公司分立的情况下，劳动条件面临的往往是不利益变更。此外，从公司经营自主权角度考虑，分立后新设公司可能由于精简人事的考量，或者是由于某些工作已经有其他人选，而不愿意对其所继受的营业中原本雇用的劳动者全部加以继受，由此便导致劳动合同解除现象的发生。

对于劳动者而言，公司分立与否系由公司股东决定，而非劳动者所能左右。因此，如果不对公司分立中公司经营自主权进行必要的限制，那么劳动者的利益将完全置于公司的随意处分之下。因此，有必要对公司分立中劳动者权利的保护进行专门规范。

（三）我国公司分立中劳动者权利保护的立法现状

1. 公司法

作为公司组织结构变更的基本形式，公司分立理所当然成为公司法所必须规范的重要内容。我国《公司法》设专章规定了公司合并、分立问题，确立了公司合并、分立的程序规则和实体规则。依此规定，公司实现分立必须由公司股东会作出决议并通知债权人；公司分立前的债务由分立后的公司承担连带责任。不难看出，这些规定充分关注和尊重了投资人的意志和债权人的利益。但作为公司构成因子的劳动者对公司的分立能否表达参与性意见以及对其切身利益如何加以维护则并未涉及。当然，从公司法的立法目的来看，作为商事法的一员，效率优先是其基本的价值导向。《公司法》规定公司分立的规则最终目的是为了发挥公司分立制度的本质功能，而劳动者权利的维护自然不在其考虑范围之内。

2. 劳动法

如果说《公司法》是商法，不是劳动法，不会直接规制劳资关系问题，那么专门以调整劳动关系、保护劳动者利益为己任的《劳动法》对此问题竟也没有涉及，其在公司分立中对劳动者权利的保护也呈现失职状态。纵观整个《劳动法》条文，难觅在用人单位发生变更时劳动关系如何处理的专门规定，由此也在实践中引发了诸多纠纷。

为进一步促进《劳动法》的贯彻实施，原劳动部于1995年发布了《关于贯彻执行〈中华人民共和国劳动法〉若干问题的意见》，其对用人单位合并、分立后劳动合同的处理作出了简单规定。该意见第13条规定："用人单位发生分立或合并后，分立或合并后的用人单位可依据实际情况与原用人单位的劳动者遵循平等自愿、协商一致的原则变更原劳动合同。"第37条规定："根据《民法通则》第44条第2款'企业法人分立、合并，它的权利和义务由变更后的法人享有和承担'的规定，用人单位发生分立或合并后，分立或合并后的用人单位可依据其实际情况与原用人单位的劳动者遵循平等自愿、协商一致的原则变更、解除或重新签订劳动合同。在此种情况下的重新签订劳动合同视为原劳动合同的变更，用人单位变更劳动合同，劳动者不能依据劳动法第28条要求经济补偿。"此外，《最高人民法院关于审理劳动争议案件适用法律若干问题的解释（一）》第10条对用人单位合并、分立后劳动争议案件中当事人的确定作出了规定："用人单位与其他单位合并的，合并前发生的劳动争议，由合并后的单位为当事人；用人单位分立为若干单位的，其分立前发生的劳动争议，由分立后的实际用人单位为当事人。用人单位分立为若干单位后，对承受劳动权利义务的单位不明确的，分立后的单位均为当事人。"为了规范用人单位与劳动者订立和履行劳动合同的行为，保护劳动者的合法权益，《劳动合同法》第34条规定："用人单位发生合并或者分立的情况，原劳动合同继续有效，劳动合同由承继其权利和义务的用人单位继续履行。"

目前，我国大部分省市都颁布了专门规范劳动合同的地方性法规，其中也有涉及用人单位合并、分立后劳动合同处理的规定。例如，《北京市劳动合同规定》第27条规定："用人单位发生合并或者分立等情况，原劳动合同继续有效，劳动合同由继承权利义务的用人单位继续履行。用人单位变更名称的，应当变更劳动合同的用人单位名称。"《上海市劳动合同条例》第24条规定："用人单位合并、分立的，劳动合同由合并、分立后的用人单位继续履行；经劳动合同当事人协商一致，劳动合同可以变更或者解除；当事人另有约定的，从其约定。"此外，广东、湖北、湖南、浙江、海南、宁夏、辽宁、新疆等省（自治区）也有类似规定。归纳起来，对用人单位合并、分立后劳动合同的处理模式，一般都认为应该由合并、分立后的用人单位继续履行，或者由劳动合同双方协商变更或解除。《浙江省劳动合同办法》还进一步规定，资产性质发生变化后新成立的用人单位与劳动者协议变更劳动合同的，应按照有关法律规定支付相应的经济补偿金。

（四）我国用人单位分立中的劳动者权利保护

对于分立计划，公司在股东大会决定之前是否应当征得职工同意？分立企业是否应当承继被分立公司的劳动关系问题？职工对于分派到哪一企业，是否有选择权？在劳动合同转移时，劳动者一方可否拒绝转移到新的主体，即此时劳动者是否有劳动合同的终止权？

1. 劳动者对分立计划的参与问题

职工参与权，可以表现为决定权、否决权、讨论权、知情权等方面。职工参与方式，可以通过职工大会（或者职工代表大会），或者工会集体协商的方式；职工参与的内容一般涉及职工切身利益问题。公司的分立，不仅涉及有关职工由分立后的哪一公司继受劳动合同，而且可能会涉及部分职工因为分立而被解雇。在公司决定分立之前，职工一般应当通过一定的方式参与分立决策，了解分立的理由、时间、对职工劳动关系的影响等问题。我国《公司法》第18条规定："公司研究决定改制以及经营方面的重大问题、制定重要的规章制度时，应当听取公司工会的意见，并通过职工代表大会或者其他形式听取职工的意见和建议。"依此规定，企业分立计划应当在股东会讨论之前听取职工意见。

2. 公司分立劳动关系的承继问题

公司分立是以被分立公司所营业的全部或者一部分，作为分立当事公司让与或者继受的标的，结果将会产生概括承受的效力，对于构成公司营业有机整体之一的公司职工，将会随着公司的分立计划转移至承受的公司。我国《公司法》第176、177条规定，公司分立，其财产作相应的分割。公司分立前的债务由分立后的公司承担连带责任。但是，公司在分立前与债权人就债务清偿达成的书面协议另有约定的除外。依此规定，被分立公司的营业或者财产上的权利义务，应由分立后继存或者新设的公司依据分立计划书或者分立协议的记载概括承受，有关劳动合同也应当依据该计划书或者协议书一并由继存或者新设的公司承继。但公司分立导致劳动关系的变动，从法理上讲，已经与劳动合同的专属性发生了冲突，我国现行法律完全将职工留用的权利委由新旧雇主协商确定。《劳动合同法》第34条规定："用人单位发生合并或者分立等情况，原劳动合同继续有效，劳动合同由承继其权利和义务的用人单位继续履行。"如果劳动者与用人单位就合同承继问题发生分歧，用人单位可以依据该法第40条第3款规定解除劳动合同。

3. 公司分立时用人单位解除劳动合同的权利

用人单位合并（这里应该指公司法意义上的合并）和分立，所有的权利义务关系移转到新的主体承担，包括劳动关系；或者由合并前的用人单位解除劳动关系后，由新的用人单位与劳动者重新签订劳动合同，但原用人单位应该依法支付解除合同的补偿金。在用人单位合并、分立时，双方当事人就劳动合同的事项如何变更如果不能达成协议，根据《劳动合同法》第41条第3、4项的规定，用人单位可以解除劳动合同，但应当依法支付经济补偿金。我国现行法律并未规定公司分立时职工的异议权。

四、公司营业转让时劳动者权利保护问题

营业转让是指将具有有机一体性的财产和权利的集合体加以转让的一种混合契约行为。其基本特征概况为以下几个方面：（1）整体转让性，合同订立的目的在于取得具有整体性价值的财产；（2）现物要素性，转让的整体财产中至少包含一种现金以外的有形财产或者无形财产；（3）要式行为，一般采用书面形式；（4）混合契约性，营业转让的本质是客观意义的营业所有权归属的变更，以及主观主义上经营权属的变更。① 公司的合并、分立均是公司组织形式的变更，营业转让在不改变公司组织形式的前提下，其财产和权利从一个主体转让给另一主体。

（一）两个实例

1. 联想收购引发的争议

2014年1月30日，IBM宣布将以23亿美元的价格将其X86服务器业务出售给联想

① 郭娅丽：《营业转让制度研究》，武汉大学2010年博士学位论文，第21页。

集团，在这项业务出售交易中，大约有 7500 名 IBM 员工将在联想集团中获得新的工作岗位，IBM SCT 为此次联想收购 X86 业务中的一部分，涉及生产线上 1000 名员工。2014 年 3 月 3 日，公司突然向员工宣布联想收购 IBMX86 业务，SCT 是其中一部分。公司声明，联想接管这家工厂以后，工人可以选择留下，到时拿到的工资与 IBM 运营这家工厂时相差无几；也可以选择离开，并拿到“合理的离职金”。员工表示，对于那些选择离职的工人，IBM 并未提供足够的离职金，而对于那些选择留下来的工人来说，他们担心自己的工资将会下降。员工无法接受公司单方面提出的补偿条件，自发组织了停工事件。在员工以这种方式表达诉求的第 8 天，IBM 一方面承诺向留职加入联想的员工支付总额为 3 万元的补偿金，保证他们的薪资福利待遇不低于之前的水平；同时以“旷工”为由，解除了参与集体抗议 20 名员工的劳动合同，不给予任何经济补偿，并责令立即办理离职手续离开公司。①

2. 2013 年诺基亚东莞工厂并购停工 集体解雇 213 名工人

事件的起因：2013 年 9 月 3 日，微软宣布收购诺基亚的设备和服务部门，该公司将以 37. 9 亿欧元收购诺基亚商业部门；同时以 16. 5 亿欧元收购其专利组合。交易结束后，“诺基亚”品牌仍得以保留，3. 2 万名诺基亚员工加入微软。

2013 年 11 月 19 日，诺基亚在华两大制造基地之一的诺基亚通信有限公司东莞分公司爆发了数百人参加的罢工。引发冲突的原因主要是该公司即将于 2014 年 1 月 1 日（微软完成收购后当日）实施的《员工手册》中的部分内容，即对员工在公司停产期间工资支付、工人的年假计算等待遇有明显降低，这与公司方一直声称的收购后不会降低工人待遇有差异。罢工的要求是“取消工人手册变更”、要求东莞诺基亚在被收购前买断员工工龄，再由员工自由选择去留，并得到合法的补偿。这些诉求是由工人们现场联合签名形成的，没有推荐工人代表，也没有工会活动的踪迹。11 月 20 日参与停工的员工超过 1000 人；11 月 21 日，所有四个班次的工人集体参与停工行动，该行为一直持续到 11 月 25 日。最终，213 名参与集体停工的工人因“违反企业规章制度”被相继解雇，其余大部分工人复工，并得到了相应的“奖励”。②

上述两个案例具有许多共同点：停工的主体、停工的原因、停工的诉求和公司的最后处理方式。案例争议的核心问题有两个：第一，公司营业转让时涉及劳动关系变化，其程序怎样，劳动者事前是否享有参与权？第二，劳动者因为劳动合同承继或者劳动合同解除等行为实施的集体行为是否属于罢工行为？在两起案例中，用人单位均将劳动者的这一集体行为作为劳动者的个别行为，认为应当适用个别劳动法，即认为劳动者实施了旷工行为，应当依据《劳动合同法》第 39 条的规定，对无故旷工达到一定期限的劳动者予以解雇。这一问题的解决有待法律对罢工的含义及合法运行的条件作出进一步的规定。

（二）企业出售时劳动者权利的保护

关于国有企业转让营业，其劳动者的权利保护问题，1989 年 2 月国家体改委等部门

① 参见《联想收购引发震荡 IBM 深圳工人停工》，载第 1 财经网：http：//www. yicai. com/news/2014/03/3564349. html，2014 年 10 月 10 日访问；《联想承诺并购后 IBM 员工待遇不降 20 名抗议者被解雇》，载财富网：http：//money. rednet. cn/c/2014/03/12/3295305. htm，2014 年 10 月 10 日访问。

② 参见何远程：《东莞诺基亚并购罢工集体解雇 213 名工人案》，载《中国工人》2014 年第 6 期。

发布的《关于出售国有小型企业产权的暂行办法》和1999年国家经济贸易委员会、财政部、中国人民银行《关于出售国有小型企业中若干问题意见的通知》有所规定。其内容包括：(1) 出售方应在申请出售前征求职工对出售方案和职工安置方案的意见。职工安置方案应经企业职工代表大会或者职工大会讨论通过。① (2) 出售企业的在职职工安置问题，前者强调实现双向选择②，后者规定全部职工原则上由购买者负责妥善安置，对愿意继续留在企业工作的职工，购买者应与其重新订立劳动合同。不得借出售之机，违反国家有关规定对职工"买断工龄"或者为职工办理提前退休，把职工推向社会。③ (3) 对被出售企业的退休职工的权益保护，有两种安置办法：一是购买方以接受全部退休职工作为条件，在确定底盘价格时考虑这一因素；二是按照历史有关数据，确定退休职工享受退休待遇的平均年限、人均年退休金，计算出退休职工劳保所需的费用总额，在确定企业产权出卖价格中考虑这一因素，由购买方分期向社会保险机构缴纳劳保统筹资金，企业退休职工的劳保费用即由社会保险机构负责支付。一般原则是，购买方是全民所有制或者集体所有制企业的，宜采用第一种办法；购买方是合伙、个人和私营企业的，宜采用第二种办法。④

其他企业营业转让时劳动者的权利保护问题，法律没有明确规定。上述规定是国务院有关部门专门针对国有企业转让营业的过程中劳动者保护问题所作的规定，对于其他类型的企业，是否应当依据上述规定为劳动者提供相关保护？《劳动合同法》针对用人单位的合并、分立等情形规定了劳动合同承继的规则，这些规定是否适用企业营业转让的情形？首先，国务院有关部委关于国有企业转让过程中劳动者权利保护的相关规定，与《劳动合同法》关于企业合并、分立时劳动合同承继的相关规定的区别，主要体现在转让之前的职工参与程序方面，国务院有关部委的规定要求国有企业的营业转让方案和职工安置方案应当征求职工意见，特别强调职工安置方案要提交职代会讨论通过。《劳动合同法》关于企业合并、分立劳动合同承继的程序未明确规定，从该法第4条关于用人单位决定涉及职工切身利益的重大事项的程序看，可以推断出在该问题上职工享有知情权和讨论权，但没有决定权或者否决权。其次，《劳动合同法》中关于企业合并、分立劳动合同承继的规定，应当适用于企业营业转让的情形。

【思考题】

1. 调职的性质和规则是什么？
2. 简述劳动合同承继的含义和承继的规则。
3. 简述劳动合同的违约责任。

---

① 参见《关于出售国有小型企业产权的暂行办法》之二，《关于出售国有小型企业中若干问题意见的通知》之八。

② 参见《关于出售国有小型企业产权的暂行办法》之十五。

③ 参见《关于出售国有小型企业中若干问题意见的通知》之八。

④ 参见《关于出售国有小型企业产权的暂行办法》之十四。

第六章　劳动合同的解除与终止

【本章学习重点提示】掌握劳动合同单方解除的法定事由和预告解除的预告期规定，劳动合同终止的事由；经济补偿金的规定；劳动合同解除或终止后双方当事人的义务。

第一节　劳动合同的解除与终止概述

一、劳动合同解除与终止的概念及二者的关系

劳动合同的解除，是指劳动合同有效成立之后，尚未履行完毕或者未全部履行以前，因一定的法律事实的出现，合同当事人双方或一方依据其意思表示而提前消灭劳动关系的法律行为。

劳动合同的终止是指劳动合同的法律效力被依法消灭，亦即劳动合同所确立的劳动关系由于一定法律事实的出现而终结，劳动者与用人单位之间原有的权利义务不复存在。①

我国理论界对劳动合同终止的理解一直存在争议，有广义和狭义两种理解。广义说认为劳动合同的解除是劳动合同终止的一种情况，如有学者认为劳动合同的终止是指当事人所确立的劳动合同法律关系消灭，所以劳动合同的终止分为：（1）自然终止，是指劳动合同因一定时间的经过或特殊情况的出现而自然终止。（2）裁判终止，是指劳动合同关系不应继续维持，按照法院判决或者仲裁机关的裁决而终止。（3）解除终止，是指双方当事人协商或在法律规定情形出现后劳动合同的一方依法行使解除权而终止劳动合同。②还有学者认为劳动合同的解除，是劳动合同终止的法律事实之一，它因劳动合同当事人依法作出提前终止合同意思表示而终止。③

狭义说认为劳动合同的解除与劳动合同的终止并列为劳动法律关系消灭的法律事实，劳动合同的终止不包括劳动合同的解除。

国外关于劳动合同终止与解除的关系较为复杂，有并列说也有包含说。法国的规定与我国有类似之处，定期劳动合同期满或任务完成，即发生终止；而合同的解除则分为协议

① 王全兴著：《劳动法（第二版）》，法律出版社2004年版，第290页；姜颖主编：《劳动法学》，中国劳动社会保障出版社2007年版，第88页。

② 许明月主编：《劳动法学》，重庆大学出版社2003年版，第116页。

③ 吉龙华主编：《劳动法学》，云南大学出版社2003年版，第63页。

解除、退休情况下的解除、雇员辞职、企业辞退和经济性裁员。① 但有些国家的规定则与我国不同，如德国规定劳动合同终止的原因共有下列几项：（1）解雇；（2）协商终止；（3）劳动合同期满时终止；（4）雇员死亡；（5）企业转移；（6）企业停产、倒闭；（7）法院判定终止。② 在英国，与我国劳动合同相对应的概念是雇佣合同，并且雇佣合同的解除是涵盖在终止的概念里的。③ 其终止劳动合同的情形有：（1）经协商一致而终止；（2）因合同履行而终止；（3）因合同受挫而终止；（4）因单方面通知而终止；（5）因即时解雇而终止；（6）因即时辞职而终止；（7）因非法解雇而终止。④

总之，劳动合同的解除与劳动合同的终止是什么样的关系，在不同国家规定不一。我国劳动法界采并列说和种属说的观点，实际上是受到立法的影响。并列说与我国现行劳动法的规定一致，我国《劳动法》和《劳动合同法》将这两者分开规定，并给与不同的后果。种属说是受《合同法》规定的影响，《合同法》将合同解除列为合同权利义务终止的一种情形。⑤ 因此，我们需要注意，从我国《劳动法》及《劳动合同法》的体系安排来看，法律采取的是狭义说，即劳动合同的解除区别于劳动合同的终止，劳动法上的劳动合同解除与终止制度是有别于《合同法》上合同的解除与终止制度的。

二、《劳动合同法》关于劳动合同解除与终止规定的变化

（一）关于劳动合同解除规定的变化

在劳动合同的解除上，与《劳动法》相比，《劳动合同法》的变化主要表现在：

第一，关于劳动者预告解除劳动合同的规定，增加了劳动者在试用期内提前3日通知用人单位可以解除劳动合同的规定。《劳动法》则规定在试用期内劳动者可以随时通知用人单位解除劳动合同。

第二，关于劳动者单方法定解除的情形，《劳动合同法》规定了6种情形⑥，而《劳动法》的规定是除了试用期内随时解除外，仅有2种情形。⑦

第三，关于劳动者有过错情形下用人单位单方解除劳动合同的情形，《劳动合同法》规定了6种情况⑧，《劳动法》则仅规定了4种。⑨

---

① 王益英、黎建飞主编：《外国劳动法和社会保障法》，中国人民大学出版社2001年版，第205~217页。

② 王益英、黎建飞主编：《外国劳动法和社会保障法》，中国人民大学出版社2001年版，第92~93页。

③ 纪冠男：《劳动合同的解除与终止综述》，载董保华主编：《劳动合同研究》，中国劳动社会保障出版社2005年版，第266页。

④ 王益英、黎建飞主编：《外国劳动法和社会保障法》，中国人民大学出版社2001年版，第36~38页。

⑤ 《中华人民共和国合同法》第91条规定：有下列情形之一的，合同的权利义务终止：……（二）合同解除；……

⑥ 《劳动合同法》第38条。

⑦ 《劳动法》第32条。

⑧ 《劳动合同法》第39条。

⑨ 《劳动法》第25条。

第四，关于用人单位预告解除劳动合同的规定与《劳动法》的规定基本一致，但《劳动合同法》增加了如果不预告但额外支付劳动者 1 个月工资后可以解除劳动合同的规定。

第五，关于经济裁员，《劳动合同法》比《劳动法》规定得更加具体、全面，对裁员的法定情形、裁员的人数与企业规模及应当优先留用人员等做了具体规定。①

第六，对不得解除劳动合同的情形，《劳动合同法》规定了 6 种②，《劳动法》仅有 4 种。③

第七，《劳动合同法》增加了用人单位单方解除劳动合同时应当事先将理由通知工会的规定，便于工会监督。④ 但是，用人单位不通知工会或者不研究工会意见时，如何保障工会对用人单位单方解除劳动合同的监督作用，《劳动合同法》并未规定相应的责任保障，使得该规定可能在实施中流于形式。

（二）关于劳动合同终止规定的变化

在劳动合同的终止上，《劳动合同法》对《劳动法》的规定作了一定的变更。首先是取消了劳动合同的约定终止。原《劳动法》关于劳动合同的主要条款中，将“劳动合同的终止条件”作为其主要条款之一。⑤《劳动合同法》则在劳动合同的主要条款中删掉了这一规定⑥，并在《劳动合同法实施条例》第 13 条规定，用人单位与劳动者不得在《劳动合同法》第 44 条规定的劳动合同终止情形之外约定其他的劳动合同终止条件。也就是说《劳动合同法》实施之后，关于劳动合同的终止，只能法定终止，没有约定终止。这种规定的目的，是防止用人单位滥用优势地位在劳动合同中通过约定终止条款来作出对劳动者不利之规定。这是因为，劳动合同双方当事人的地位悬殊，为了保护劳动者的工作权，维护劳动关系的稳定，特别设置解雇保护制度限制用人单位的解雇行为。如果允许用人单位和劳动者通过约定的方式终止劳动合同，那解雇保护制度对雇主解雇行为的约束可能会被用人单位规避。

其次，增加了劳动合同法定终止的情形。《劳动法》只是规定了劳动合同期满或者当事人约定的劳动合同终止条件出现，劳动合同即行终止⑦。《劳动合同法》则在第 44 条专门规定了劳动合同终止的 6 种情形。

（三）关于经济补偿责任规定的变化

在经济补偿责任上，《劳动合同法》规定了 7 种适用的情形，并对经济补偿的标准和具体计算做了具体规定。⑧

---

① 《劳动合同法》第 41 条。
② 《劳动合同法》第 42 条。
③ 《劳动法》第 29 条。
④ 《劳动合同法》第 43 条。
⑤ 《劳动法》第 19 条。
⑥ 《劳动合同法》第 17 条。
⑦ 《劳动法》第 23 条。
⑧ 《劳动合同法》第 46、47 条。

三、劳动合同解除与终止后双方当事人的相关义务

劳动合同依法解除或者终止后，劳动关系结束，劳动合同中约定的权利义务也随之结束，但是这并不意味着双方当事人不再需要履行任何义务。实践中诸如用人单位刁难劳动者，不开具解除或者终止劳动合同的证明，扣押劳动者的档案或者劳动者不辞而别，不办理工作交接，导致用人单位工作陷于混乱等情况经常出现，对新的劳动关系的建立及正常的生产生活造成了严重的影响。鉴于此，劳动合同解除、终止后的相关义务的履行及手续的办理显得尤为重要。法律对此作了专门的规定，劳动合同解除、终止后，双方当事人还必须履行相应的法定义务。这在合同法上称为“后合同义务”。

（一）劳动合同解除、终止后用人单位的法定义务

1. 用人单位出具解除或终止劳动合同证明的义务

用人单位有出具劳动合同解除或者终止证明的义务，其具体形式是劳动合同解除或者终止证明书，台湾学者称为“服务证明书”、“离职证明书”或者“工作证明书”①。证明书的具体内容应该如何写，包含哪些内容？我国现有规范做了基本要求。

《劳动部关于实行劳动合同制度若干问题的通知》第15条规定：“在劳动者履行了有关义务，终止、解除劳动合同时，用人单位应当出具终止、解除劳动合同证明书，作为该劳动者按规定享受失业保险待遇和失业登记、求职登记的凭证。证明书应写明劳动合同期限、终止或解除的日期、所担任的工作。如果劳动者要求，用人单位可在证明书中客观地说明解除劳动合同的原因。”

我国《劳动合同法》第50条对这一问题也做了明确的规定，用人单位应当自解除或者终止劳动合同之日起出具解除或终止劳动合同的证明。《劳动合同法实施条例》第24条规定：“用人单位出具的解除、终止劳动合同的证明，应当写明劳动合同期限、解除或者终止劳动合同的日期、工作岗位、在本单位的工作年限。”

出具劳动合同解除或终止证明书对劳动者而言具有重要意义。首先，它是区分劳动合同解除、终止类型的依据。其次，它是处理劳动争议的证据。在实践中，劳动仲裁部门和司法部门一般通过审查劳动合同解除、终止文书以确定劳动合同解除、终止类型，并适用相关的处理规则。再次，它是办理失业登记，享受失业保险的凭证。《失业保险条例》对此也有相关的要求。最后，它是签订新的劳动合同时用人单位考量的重要因素。根据有关规定，用人单位招用职工时应当查验终止、解除劳动合同证明，以及其他能证明该职工与任何用人单位不存在劳动关系的凭证，方可与其签订劳动合同。

既然证明书中所载明内容非常重要，它影响到劳动者再次就业，影响到新的用人单位的雇佣决定。根据《劳动部关于实行劳动合同制度若干问题的通知》第15条的规定，证明书“如果劳动者要求，用人单位可在证明书中客观地说明解除劳动合同的原因”。从这里可以引申出两点关于证明书内容的要求：第一，客观；第二，对劳动者有利，因为是应“劳动者的要求”。那么问题是，用人单位在客观描述时，能否将不利于劳动者的情况写进证明书中呢？对此，则存在争议。有台湾学者认为，应当在证明书中如实记录不利于劳

① 黄程贯著：《劳动法》，台湾“国立空中大学”2001年版，第499~500页。

动者的事项，理由是：劳工之不良记录如实记载，以使新雇主知所取舍，且可使劳工在工作时努力，并避免不良记录发生，以免将来离职时载入服务证明书内，而影响将来在其他雇主处之受雇可能性。① 也有不赞同观点，理由是劳工若未请求，则雇主基于其照顾保护义务，应维护劳工之最大利益，故不得于劳工服务证明书中载入不利劳工之事项，致影响该劳工于他处就业之可能性，若劳工请求载入工作成绩，则雇主亦应依客观事实而为客观评价，且不得载入与职务无关之任何事项。② 这样才较为符合劳动基准法保护劳工的精神与依雇主之照顾保护义务应有之结论。若雇主于服务证明书中记载不应载入之事项，则劳工可以请求雇主重新制作并发给无不应载入事项之证明书。③ 虽然我国现有规范对此并无规定，但依照劳动法保护劳动者的精神，可以要求用人单位在无劳动者要求的情形下，不得载明于劳动者不利之事项。

台湾地区“劳动基准法”第 19 条规定，劳动契约终止时，劳工如请求发给服务证明书，雇主或其代理人不得拒绝。

我国《劳动合同法》第 89 条规定了用人单位未出具证明书的责任：用人单位未依法向劳动者出具解除或终止劳动合同的书面证明，由劳动行政主管部门责令改正；给劳动者造成损失的，用人单位应当承担赔偿责任。

2. 用人单位为劳动者办理档案和社会保险关系移转手续的义务

为劳动者办理档案和社会保险关系转移手续作为用人单位的一项法定义务，“一方面使离职劳工易于获得工作，以谋生计，另一方面使第三人（未来的雇主）决定是否雇用时，有参考之资料，具有增进劳工就业之社会功能”④。如果用人单位没有为劳动者办理档案转移手续，劳动者便无法到新的用人单位工作；如果用人单位没有为劳动者办理社会保险关系转移手续，则会导致劳动者社会保险权利义务中断，影响社会保险待遇，劳动者的社会保险权益会受损。为了保障劳动者的合法权益，用人单位必须在 15 日内办理完毕。根据《劳动合同法》第 84 条第 3 款的规定，劳动者依法解除或者终止劳动合同的，用人单位扣押劳动者档案或者其他物品的，由劳动行政部门责令退还劳动者本人，按每一名劳动者 500 元以上 2000 元以下的标准处以罚款；给劳动者造成损害的，用人单位应当依法承担赔偿责任。但是，《劳动合同法》、《劳动合同法实施条例》、《社会保险法》都未规定用人单位不履行转移社会保险关系义务的法律责任。

3. 用人单位在办理交接手续时向劳动者支付经济补偿的义务

根据我国法律规定，用人单位与劳动者解除或终止劳动关系具备法定情形时，用人单位应当按规定标准向劳动者支付经济补偿金。劳动部《违反和解除劳动合同的经济补偿办法》第 2 条规定：“对劳动者的经济补偿金，由用人单位一次发给。”同时《劳动合同法》第 85 条规定了相关的法律责任：解除或者终止劳动合同，未依照本法规定向劳动者支付经济补偿的，由劳动行政部门责令限期支付经济补偿；逾期不支付的，责令用人单位

① 黄程贯著：《劳动法》，台湾“国立空中大学”2001 年版，第 500 页。

② 黄程贯著：《劳动法》，台湾“国立空中大学”2001 年版，第 500 页。

③ 黄程贯著：《劳动法》，台湾“国立空中大学”2001 年版，第 500 页。

④ 王泽鉴著：《民法学说与判例研究》（七），中国政法大学出版社 1997 年版，第 172~173 页。

按应付金额50%以上100%以下的标准向劳动者加付赔偿金。

4. 终止工伤职工劳动合同时的一次性工伤医疗补助金和伤残就业补助金支付义务

《劳动合同法实施条例》第23条规定："用人单位依法终止工伤职工的劳动合同的，除依照劳动合同法第47条的规定支付经济补偿外，还应当依照国家有关工伤保险的规定支付一次性工伤医疗补助金和伤残就业补助金。"

5. 用人单位对已经解除或者终止的劳动合同文本，应当保存2年以上备查

劳动合同文本是劳动合同双方当事人权利义务的书面凭证，在用人单位与劳动者发生争议时具有重要的证据效力。实践中，在劳动合同解除或终止后，用人单位与劳动者之间的争议往往因为劳动合同文本的丢失而无法查证，对劳动者极其不利。因此《劳动合同法》对此问题作了规定，用人单位对已经解除或终止的劳动合同文本，应当保存2年以上备查。

（二）劳动合同解除或终止后，劳动者的法定义务

在劳动合同终止后，为了使用人单位的事业继续进行，不至于因劳动合同的解除或终止而中断，造成不必要的麻烦和损失，工作的交接手续对用人单位非常重要。因此，在劳动合同解除或终止后，劳动者并不能一走了之，劳动者除了承担依据对用人单位的忠实义务而派生出的保密义务和竞业禁止义务外，还要承担法定的工作交接义务，主要包括公司财产物品的归还、材料的交接等事项，以此来协助用人单位的事业平稳过渡。

四、用人单位非法解除与终止劳动合同后之救济

用人单位非法解除或终止劳动合同，是指用人单位违反劳动法关于劳动合同解除或者终止的规定，解除或者终止劳动合同的行为。对于该行为，该如何处理，《劳动法》第98条和《劳动合同法》第48条、第87条作了规定。依据《劳动法》的规定，用人单位非法解除劳动合同，由劳动行政部门责令改正；对劳动者造成损害的，应当承担赔偿责任。按照《劳动合同法》第48条的规定，用人单位非法解除或者终止劳动合同，如果劳动者要求继续履行劳动合同，则用人单位应当继续履行；劳动者不要求继续履行劳动合同或者劳动合同已经不能继续履行的，用人单位应当依照《劳动合同法》第87条的规定支付赔偿金，即用人单位违法解除或者终止劳动合同的，应当依照《劳动合同法》第47条规定的经济补偿标准的2倍向劳动者支付赔偿金。

因此，用人单位违法解除或者终止劳动合同的救济有两种方法：要求用人单位继续履行劳动合同；不要求继续履行或者继续履行已不可能，则要求用人单位赔偿。

第二节 劳动合同的解除

劳动法界关于劳动合同的解除，依照解除主体不同，可以分为用人单位单方面解除和劳动者单方解除；依照解除是否预告，分为预告解除和即时解除；依照主观是否存在过错，分为过错性解除与非过错性解除；依照解除是否经过当事人协商一致，分为协商解除与单方面解除等。

我国《劳动法》第24~32条，《劳动合同法》第36~43条分别对劳动合同解除的条

件作了详尽的规定。根据这些规定，我国劳动法上合同的解除可以分为两大类：一是当事人经协商一致，解除劳动合同，即“协议解除”；二是在规定的条件下，当事人一方单独决定解除劳动合同，即“单方面解除”。其中第二类又因解除权行使的主体不同分为用人单位单方面解除劳动合同和劳动者单方面解除劳动合同两种情形。

一、协议解除

劳动合同协议解除又称双方解除或协商解除，是指因主客观情况的变化，劳动合同双方当事人在自愿的情况下，经协商一致解除劳动合同。劳动合同是基于双方当事人合意成立，本着合同自由的原则，只要双方当事人彼此同意就可解除劳动合同。《劳动法》第 24 条规定：“经劳动合同当事人协商一致，劳动合同可以解除。”《劳动合同法》第 36 条也规定：“用人单位与劳动者协商一致，可以解除劳动合同。”这里的劳动合同可以是固定期限劳动合同，也可以是无固定期限劳动合同。

（一）协议解除劳动合同的条件

劳动合同依法订立后，依照诚实信用原则、合同信守原则，双方当事人必须履行合同的义务，遵守合同的法律效力，任何一方不得擅自解除劳动合同。但是客观情况是瞬息万变的，为了保证用人单位的经营自主权和劳动者劳动权的实现，《劳动法》、《劳动合同法》规定在特定的条件和程序下，用人单位和劳动者在协商一致且不违背国家利益和社会公共利益的情况下，可以解除劳动合同，但必须符合以下条件①：

（1）被解除的劳动合同是已经成立或生效的劳动合同。传统法学理论认为，被解除的合同应当是依法成立并生效的合同，无效劳动合同因其自订立时起就没有法律约束力，所以不存在解除合同、终止其法律效力问题。但是，《劳动合同法》第 38 条第 5 项、第 39 条第 5 项分别将无效的劳动合同的两种情况列入了可以解除的范围，这是基于劳动关系的特性所做的对传统合同法解除理论的突破。因此，这里的“成立”并非指所有的劳动合同而仅仅指《劳动合同法》第 38 条第 5 项和第 39 条第 5 项规定的情形。

（2）解除劳动合同的行为必须是在被解除的劳动合同依法订立生效之后、尚未全部履行之前。若劳动合同已经全部履行完毕，则属于劳动合同终止的情形。

（3）用人单位与劳动者均有权提出解除劳动合同的请求。至于最后能否就解除劳动合同达成一致，需要双方的协商。需要注意的是，用人单位提出解除劳动合同的，应依法向劳动者支付经济补偿金。

（4）双方在自愿、平等协商的基础上达成一致意见。任何一方都不能强迫合同的另一方，或者是第三方强迫一方或双方解除劳动合同；合同的双方当事人应就与解除合同相关的问题进行协商，不允许任何一方将自己的意志强加于对方。

（二）劳动合同协议解除的形式

无论是《劳动法》还是《劳动合同法》均未对双方当事人协议解除劳动合同的形式作出具体的规定。按照协议解除劳动合同是否以书面形式为要件，学者的观点大致分为两类：一类是必须采取书面形式。如有的学者认为，双方解除劳动合同实际就是双方当事人

① 李援主编：《〈中华人民共和国劳动合同法〉解读与适用》，人民出版社 2007 年版，第 110 页。

另外达成的一个新的协议来解除劳动合同，因此，双方解除劳动合同的条件就是解除劳动合同的协议有效，主要包括三点：（1）双方自愿；（2）平等协商一致；（3）采用书面形式。① 还有的学者认为，“双方当事人应按照要约、承诺的程序，签订劳动合同解除的书面协议”②。第二类是并非必须采取书面形式。有学者认为，经双方协商解除劳动合同的，双方当事人之间便不会发生劳动争议，所以书面形式的劳动合同解除协议没有必要。还有学者认为，在协商解除劳动合同后必须有明确的书面协议，明确由谁提出解除劳动合同，以免用人单位或者劳动者就协商解除劳动合同由谁先提出发生争议③。即该观点认为，书面形式并非解除劳动合同的必要条件，但是因为谁先提出解除劳动合同涉及经济补偿金的支付问题，可能会产生谁先提出解除劳动合同的争议，因此必须就此问题签订书面协议。

地方对劳动合同协议解除的形式规定不一，有的地方规定要求采取书面形式，但绝大多数地方规定则不要求采取书面形式，如《浙江省劳动合同办法》第 23 条规定：“经当事人协商一致，劳动合同可以解除。”有的地方则采取折衷的态度，如《吉林省劳动合同管理办法》第 20 条规定：“终止或者解除劳动合同，用人单位应当为劳动者出具《解除（终止）劳动合同通知书》。”河北省也有类似的规定，《河北省劳动合同管理办法》第 21 条规定：“终止或者解除劳动合同，用人单位应当于终止或者解除劳动合同之日起 7 日内为劳动者出具终止或者解除劳动合同通知书。”

可见，我国理论界与地方规定对此问题看法不一。实际上我国台湾地区和其他国家对此问题也存在不同的规定。

我国台湾地区规定，书面协议只是为举证方便，并不影响劳动合同终止的效力，并不以书面陈述的理由作为判断是否为真正构成协议解除劳动合同的依据。基于契约自由的原则，契约当事人之间，不仅可以自由缔约还可以自由解除契约，那么协议解除劳动合同原则上不受限制。然而，鉴于劳动合同中双方经济上的不平等地位，特别是长期受雇于同一用工方的劳动者往往因为年龄、经济或体力状况而没有可能与用工方平等地谈判或进行协商，但却不得不因此解除劳动合同。对于是否存在合意终止的情况并不能立即判断，唯有在合意终止之前双方当事人都没有“劳动基准法”第 12 条和第 14 条规定的情形时，且双方就终止契约的意思表示一致，甚至有给予对价时，才判断为真正的合意终止④。

英国也采取实质要件说，合同是双方当事人的协议，只要当事人协商同意，可以随时解除合同。⑤ 但是法院一般情况下不轻易地承认可以用这种方式结束劳动合同关系，如果雇员是在受到威胁而同意辞职的，法院将作出对雇主不利的认定，即被视为解雇，雇员由此可以得到大额经济补偿金。

在吸收和借鉴国内外立法态度的基础上，我们认为在法律没有作出强制性规定的情况

---

① 王昌硕主编：《劳动法学》，中国政法大学出版社 1999 年版，第 126 页。

② 关怀主编：《劳动法》，中国人民大学出版社 2000 年版，第 116 页。

③ 李援主编：《〈中华人民共和国劳动合同法〉解读与适用》，人民出版社 2007 年版，第 110 页。

④ 纪冠男：《劳动合同的解除与终止综述》，载董保华主编：《劳动合同研究》，中国劳动社会保障出版社 2005 年版，第 256~257 页。

⑤ 王益英、黎建飞主编：《外国劳动法和社会保障法》，中国人民大学出版社 2001 年版，第 36~37 页。

下，应遵循合同自由的原则，允许当事人合意解除劳动合同；但是若用人单位采取胁迫、经济引诱等方式影响劳动者的决定的，应认定此种合意解除劳动合同是无效的。至于合同解除的形式，并非必须采取书面形式；劳动合同解除后，用人单位出具的书面文件只具有证据效力，是劳动关系结束的证明，而非解除劳动合同的生效要件。

二、单方解除

单方解除又称法定解除，是指劳动合同有效成立后，尚未履行或全部履行前，因一定法律事实的出现，由一方当事人依法提前终止劳动合同的法律效力，单方解除劳动合同约定的双方权利义务关系的法律行为。简而言之，即享有单方解除权的当事人以单方意思表示解除劳动合同。①

劳动合同的单方解除因行使解除权的主体不同，可分为劳动者的单方解除和用人单位的单方解除。前者体现了对作为弱势群体的劳动者的利益维护，保障劳动者的自主择业权；后者则侧重于保护用人单位的权益，保障用人单位的用工自主权。二者从总体上体现了对劳动者和用人单位利益的均衡保护。

（一）劳动者单方面解除劳动合同的规定

1. 劳动者单方预告解除

劳动者单方预告解除是指劳动者履行一定的预告程序后就可以单方解除劳动合同，而无论用人单位是否同意。我国《劳动合同法》第 37 条规定："劳动者提前 30 日以书面形式通知用人单位，可以解除劳动合同。劳动者在试用期内提前 3 日通知用人单位，可以解除劳动合同。"这里与《劳动法》的规定略有不同，《劳动法》规定，试用期内劳动者可以随时提出解除劳动合同；而《劳动合同法》规定，劳动者在试用期内解除劳动合同的，需要提前 3 天通知用人单位，这是考虑到用人单位招用工和生产工作的需要。

为了平衡劳动者和用人单位之间的利益，法律在赋予劳动者单方解除劳动合同权利的同时，也规定了劳动者行使此项权利必须符合法定的程序，主要体现在如下两方面：

（1）预告期。规定一定的预告解除期是各国劳动法的通常做法，如智利《解除劳动合同规则》第 9 条规定："工人只要于 30 天前通知雇主就可以解除雇佣合同。"② 俄罗斯《劳动法》规定，劳动者有权提出解除劳动合同，只要以书面形式提前 2 个星期通知用人单位即可。③ 劳动者在享有解除合同自由权的同时，必须遵守法律规定的预告期，《劳动合同法》第 37 条根据不同情形规定了两种期限：一种是过了试用期或没有约定试用期的，劳动者应提前 30 天通知用人单位才能正式离开工作岗位；另一种是针对尚在试用期内的劳动者，应提前 3 天通知用人单位。法律这样规定的目的在于方便用人单位及时安排人员接替其工作，确保正常的工作秩序，以避免因劳动者突然提出解除劳动合同而影响到用人单位正常的经营活动，给用人单位带来不必要的损失，体现法律对用人单位利益的平衡保护。

---

① 王全兴著：《劳动法（第二版）》，法律出版社 2004 年版，第 144 页。

② 劳动人事部劳动科学研究所编：《外国劳动法选》，劳动人事出版社 1987 年版，第 220 页。

③ 黎建飞著：《劳动法的理论与实践》，中国人民公安大学出版社 2004 年版，第 348 页。

（2）书面通知用人单位。劳动者提前30日预告解除劳动合同的，应以书面形式通知用人单位。因为通知用人单位的时间是计算预告期的起始时间，而书面形式具有证据效力，能有效减少或避免纠纷的产生。需要注意的是，对劳动者在试用期内解除劳动合同的，法律没有明确规定必须采取书面形式，有观点认为这就意味着可以用口头方式通知用人单位。① 我们认为，在试用期阶段劳动关系本身具有不确定性，劳动者有拒绝与用人单位建立正式劳动关系的权利，如果因劳动者未采取书面形式通知用人单位就否定劳动者的预告解除权，是违背该条的基本精神的。因此劳动者在试用期内预告解除合同的，既可以采取书面形式也可以采取口头形式通知用人单位。

《劳动法》第31条及《劳动合同法》第37条实际上规定的是劳动者的辞职权②，但《劳动法》第17条规定："劳动合同依法订立即具有法律约束力，当事人必须履行劳动合同规定的义务。"《劳动合同法》第29条规定："用人单位与劳动者应当按照劳动合同的约定，全面履行各自的义务。"按照上述规定，劳动者行使预告辞职权是否违约，是否应承担法律责任？这在我国一直存在争议，主要有以下几种不同的观点：第一种观点认为，劳动者行使预告辞职权是违约行为，应当承担违约责任。此种观点认为，劳动者提前解除劳动合同，违反了劳动合同期限的约定③，应当就违约行为承担违约责任。④ 第二种观点认为，劳动者依法预告辞职，不是违约行为，不应当承担违约责任，但应承担损害赔偿责任。⑤ 第三种观点认为，劳动者依法预告辞职，不是违约行为，不应当承担违约责任，原则上也不承担赔偿责任，除非劳动合同预先有约定或劳动者辞职对用人单位有重大不利影响。⑥ 第四种观点认为，劳动者依法行使预告辞职权，属于依法行使权利，既不是违约行为，也不是侵权行为，劳动者依法行使预告辞职权，受法律保护，不应当承担任何责任。

我们同意第三种观点，理由如下：

（1）既然法律为了保护劳动者的就业权而规定了辞职权，那么，劳动者依法行使辞职权，本身是一种合法的行为，既然是合法的行为，当然谈不上违约，因而就不用承担违约责任。但是，合同依法成立，就具有约束力，当事人就必须遵守。为了平衡两者间的矛盾，如果劳动合同预先有约定且约定合法，如服务期的约定、竞业禁止的约定，那么就应当从其约定。虽然劳动者依法行使预告辞职权，但毕竟给对方造成了损失，基于公平，应当承担赔偿责任。

（2）从《劳动合同法》的规定来看，《劳动合同法》第37条规定了劳动者的预告解除权，第22条规定了服务期。当行使劳动合同预告解除权遇到约定了服务期的情形时，如何处理？《劳动合同法实施条例》第26条做了具体规定："用人单位与劳动者约定了服

① 李援主编：《〈中华人民共和国劳动合同法〉解读与适用》，人民出版社2007年版，第111页。

② 参见《劳动部关于〈中华人民共和国劳动法〉若干条文的说明》第31条的规定。

③ 有学者认为，可以借鉴国外立法例，规定单方预告解除权只适用于不定期劳动合同。参见杨凯：《单方解除劳动合同的若干实体法难题探讨》，载《法商研究》2000年第1期。

④ 王旭东：《劳动者无条件预告解除权之畸形现状——对我国〈劳动法〉第31条规定之反思》，载《连云港职业技术学院学报》2004年第9期。

⑤ 杨凯：《单方解除劳动合同的若干实体法难题探讨》，载《法商研究》2001年第1期。

⑥ 许建宇：《关于劳动法若干基本理论问题的探讨》，载《法商研究》2000年第3期。

务期，劳动者依照劳动合同法第 38 条的规定解除劳动合同的，不属于违反服务期的约定，用人单位不得要求劳动者支付违约金。

有下列情形之一，用人单位与劳动者解除约定服务期的劳动合同的，劳动者应当按照劳动合同的约定向用人单位支付违约金：

（一）劳动者严重违反用人单位的规章制度的；

（二）劳动者严重失职，营私舞弊，给用人单位造成重大损害的；

（三）劳动者同时与其他用人单位建立劳动关系，对完成本单位的工作任务造成严重影响，或者经用人单位提出，拒不改正的；

（四）劳动者以欺诈、胁迫的手段或者乘人之危，使用人单位在违背真实意思的情况下订立或者变更劳动合同的；

（五）劳动者被依法追究刑事责任的。”

《劳动合同法实施条例》第 26 条第 1 款是针对用人单位有过错而劳动者行使解除权的情况，因为劳动合同的解除是由于用人单位存在过错导致的，所以劳动者行使解除权时即使未达到服务期期限，也不属于劳动者过错，劳动者不用承担违约责任。这实际上从正面规定了在什么样的情况下劳动者行使解除权而不用承担违反服务期责任的情形。《劳动合同法实施条例》第 26 条第 2 款则是针对劳动者主观存在过错，而导致用人单位行使解雇权解除服务期尚未到期的劳动合同的，责任在劳动者，因而劳动者需要承担违约责任。

2. 劳动者随时通知解除

劳动者随时通知解除是指在出现《劳动合同法》第 38 条第 1 款规定的用人单位严重违约的 6 种情形时，劳动者可以不经预告随时通知用人单位解除劳动合同，且不必承担违约责任。有学者认为《劳动合同法》第 38 条所指的情形，可以称为“被动辞职”，也可以称为“推定解雇”。① 美国法律规定，推定解雇是指雇主的行为构成对合同义务的根本违反使得事实上雇员无法按照约定继续履行合同而提出辞职的，该雇员被认定为推定解雇。②《日本劳动基准法》规定，在签订劳动合同时，雇主必须把工资、工作时间和其他劳动条件对工人当面说明。对于工资事项，必须根据命令所规定的方法予以说明。根据前款规定当面说明的劳动条件如与事实不符时，工人可以立即解除劳动合同。③

我国《劳动合同法》第 38 条对劳动者即时解除劳动合同的情形作了详细的规定，主要包括以下几种情况：

（1）未按照劳动合同约定提供劳动保护或劳动条件的。劳动保护和劳动条件是指在劳动合同中约定的用人单位对劳动者所从事的劳动必须提供的生产、工作条件和劳动安全卫生保护措施。提供劳动条件和劳动保护是用人单位的基本义务，如果用人单位未按照国家规定的标准或劳动合同约定的标准提供劳动条件和劳动保护，致使危害或严重危害劳动者的身体健康，劳动者可通知用人单位解除劳动合同。

（2）未及时足额支付劳动报酬的。劳动报酬是劳动者从事工作应得的经济收入，用

① 董保华著：《十大热点事件透视劳动合同法》，法律出版社 2007 年版，第 283 页。

② 董保华著：《十大热点事件透视劳动合同法》，法律出版社 2007 年版，第 283 页。

③ 国家劳动总局政策研究室编：《外国劳动法选》，劳动出版社 1981 年版，第 49 页。

人单位应按照合同规定或国家法律法规规定的数额、日期、方式及时足额支付劳动报酬。根据我国《劳动法》以及相关法律规定，用人单位不得无故克扣、拖欠劳动者工资。本项中劳动者随时通知用人单位解除劳动合同的事实应该包括三个层次：①未及时支付劳动报酬；②未足额支付劳动报酬；③既未及时又未足额支付劳动报酬，只要满足这三种情形之一的，劳动者均可以解除劳动合同。

（3）未依法为劳动者缴纳社会保险费的。社会保险，是指国家和社会通过立法确立的，以保险形式实行的，使社会成员（主要是劳动者）面临年老、患病、工伤、失业、生育等社会风险的情况下能够获得国家、社会经济补偿和帮助的一种社会保障制度。① 社会保险包括养老保险、医疗保险、失业保险、工伤保险、生育保险。我国《劳动法》第72条规定："用人单位和劳动者必须依法参加社会保险，缴纳社会保险费。"对于拒不缴纳或延迟缴纳社会保险费的用人单位，劳动行政部门可以责令其限期缴纳；逾期不缴的，可以加收滞纳金。《劳动合同法》将社会保险条款作为劳动合同必备条款，强化了用人单位和劳动者的社会保险权利义务意识。因此，用人单位未依法为劳动者缴纳社会保险的，劳动者可以解除劳动合同。

（4）用人单位的规章制度违反法律、法规的规定，损害劳动者权益的。这项规定包括了两层含义：一是用人单位的规章制度违反法律、法规的规定。用人单位的规章制度不仅在内容上要符合《劳动法》、《劳动合同法》等法律法规的规定，而且在制定的程序上要民主，对涉及劳动者切身利益的规章制度和重大事项决定应提交职工代表大会或职工大会讨论并应公示。二是损害了劳动者的权益。用人单位的规章制度无论是内容还是制定的程序违反了法律、法规的规定，损害劳动者权益的，劳动者可以通知用人单位解除劳动合同。

（5）因违反《劳动合同法》第26条第1款规定致使劳动合同无效的。《劳动合同法》第26条第1款规定的导致劳动合同无效的情形，包括以欺诈、胁迫的手段或者乘人之危，使对方在违背真实意思的情况下订立或变更劳动合同的；用人单位在劳动合同中免除自己的法定责任、排除劳动者权利的；用人单位违反法律、行政法规强制性规定的三种情形。② 第一种情形在《合同法》上属于可撤销的。《合同法》规定一方以欺诈、胁迫的手段或者乘人之危，使对方在违背真实意思的情况下订立的合同，受损害方有权请求人民法院或者仲裁机构变更或者撤销。由于《劳动法》在劳动合同的效力上仅仅规定了无效制度，没有涉及可撤销制度，导致在劳动合同效力的处理上引发了许多适用上的困境。劳动关系的从属性、劳动提供之后的不可返还和恢复原状的特点，决定了劳动合同无效后的效力不能具有溯及既往的效力。因而《劳动合同法》突破了《劳动法》规定，在三种无效劳动合同发生的情形下，赋予当事人以解除权。

（6）法律、行政法规规定劳动者可以解除合同的其他情形。该项规定的目的在于避免遗漏现行法律、法规规定的其他情况，属于兜底性款项。

3. 劳动者无须通知立即解除

① 郭捷主编：《劳动法与社会保障法》，法律出版社2008年版，第335页。

② 参见《劳动合同法实施条例》第18条第8~10项。

无须通知立即解除实际上也是属于“被动辞职”或“推定解雇”的情形，不过与劳动者随时通知解除不同的是，前者是因用人单位的严重违约，后者是因用人单位的严重侵权。无须通知立即解除的规定在《劳动法》中没有相应的规定①，《劳动合同法》第38条第2款规定在以下两种情形下劳动者可无须通知用人单位立即解除劳动合同：

（1）用人单位以暴力、威胁或非法限制人身自由手段强迫劳动者劳动的。该款中的“暴力”是指用人单位直接以身体强制的手段强迫劳动者劳动的。“威胁”是指用人单位以将要对劳动者实行暴力或其他损害为由强迫劳动的。“非法限制人身自由”是指用人单位采取拘留、禁闭或其他强制方法非法剥夺或限制劳动者以自己的意志活动的自由②。劳动关系应建立在劳动者自愿的基础上，用人单位以各种非法手段强迫劳动违背了劳动法的基本精神，违反了禁止强迫或者强制劳动的基本原则，损害了劳动者的合法权益。劳动者不仅有权立即解除劳动合同，而且还有权依法追究用人单位的法律责任。

（2）用人单位违章指挥、强令冒险作业危及劳动者人身安全的。对于某些危险性行业，如采矿业、高空作业、有毒环境下的作业，用人单位在没有安全防护措施的情况下，不顾劳动者的人身安全，强令劳动者进行作业的，劳动者有权拒绝并撤离作业现场，并可以立即解除劳动合同，在造成劳动者人身伤害的情况下，还要依法追究用人单位的行政责任和刑事责任。

《劳动合同法》将《劳动法》第32条第2款的情形确定为立即解除劳动合同的情形，并增加了用人单位强令违章作业的情形，体现了对劳动合同关系中的弱势方——劳动者生命安全与健康权的倾斜性保护。

（二）用人单位单方面解除劳动合同的规定

1. 用人单位即时解除

用人单位即时解除劳动合同，又称为过失性解除，是指用人单位在劳动者存在一定过失的情况下，无须预告即可以解除劳动合同的行为。用人单位行使此项权利，不必事先得到劳动者的同意，被辞退的劳动者也不享有经济补偿金。

我国《劳动合同法》第39条在《劳动法》第25条规定的4种解除情形的基础上又增加了2种情形，用人单位只有在出现下列法定的6种情形时，才能行使即时解除权。

（1）在试用期内被证明不符合录用条件的。对此款的理解应把握三点：首先，必须在试用期内。是否在试用期内应以劳动合同为准；若劳动合同约定的试用期超出法定最长时间的，则应以法定最长时间为准；若试用期届满后用人单位仍未为劳动者办理转正手续的，不能认为还处于试用期，用人单位不能以试用期不符合录用条件为由与劳动者解除劳动合同③。其次，劳动者是否符合录用条件应当以法定的最低就业年龄等基本录用条件和用人单位在招聘时规定的知识文化、技术水平、身体状况等条件为准。在具体录用

---

① 《劳动法》第32条将“用人单位以暴力、威胁或者非法限制人身自由的手段强迫劳动的”归为劳动者可以随时通知用人单位解除劳动合同的情形。

② 滕晓春、李志强主编：《〈中华人民共和国劳动合同法〉条文释义与案例精解》，中国民主法制出版社2007年版，第168页。

③ 王全兴著：《劳动法（第二版）》，法律出版社2004年版，第145页。

条件不明确时，还应该以能否胜任商定的工作为准①。最后，用人单位认为劳动者在试用期间不符合录用条件的，应提供有效的证据。所谓证据，在实践中主要看两个方面：一是用人单位对某一岗位的工作职能及要求有没有作出描述；二是用人单位对员工试用期内的表现有没有客观的记录和评价。如果用人单位没有证据证明的，则不能解除劳动合同。

（2）严重违反用人单位的规章制度的。何为严重违反用人单位的规章制度？首先，前提在于用人单位的规章制度必须符合法律、法规的规定，并通过一定的程序让劳动者知晓。其次，劳动者违反规章制度的行为必须具有严重性，何谓"严重性"，应当由用人单位的规章制度作出明确的界定，比如迟到、早退、旷工，迟到多久算迟到？旷工多久算严重违纪？单位规章制度必须作出规定，而且这些规定要合理、人性化，不能随意界定"严重违规"，以此随意解除劳动合同。台湾地区"劳动基准法"第12条对即时解除规定：劳工"无正当理由继续旷工3日，或一个月内旷工达6日者"，雇主得不经预告终止契约。

【案例6-1】

王小姐与某公司签订了为期3年的劳动合同。在劳动合同履行过程中，王小姐因上班打电脑游戏被单位发现，单位遂以王小姐严重违纪为由解除劳动合同，王小姐不服，遂将该争议提交劳动争议仲裁委员会。②（注：该公司的规章制度规定，上班时间打电脑游戏属于禁止的行为）

在这里，要判断单位解除劳动合同的行为是否合法，关键在于公司规章制度的规定。虽然该公司规章制度规定上班时间打电脑游戏属于禁止行为，但这种行为是否属于严重违纪，单位的规章制度中并没有说明。因此，单位不能以此解除劳动合同。

（3）严重失职，营私舞弊，给用人单位造成重大损害的。严重失职是指劳动者在履行劳动合同期间，违反其忠于职守的义务，有未尽职责的严重过失行为。如粗心大意、玩忽职守而造成重大事故，给用人单位造成重大损失的；工作时不负责任，经常产生废品，浪费原材料等。营私舞弊是指劳动者利用职务之便，谋取私利的故意行为，如收受贿赂，泄露或出卖本单位的商业秘密。劳动者的上述行为使用人单位的有形财产、无形财产遭受重大损失，在尚未构成刑事犯罪的情况下，用人单位有权解除劳动合同以维护自己的合法权益。用人单位运用这一款来解除与劳动者的劳动合同的，其关键点在于对"重大损害"的界定。《劳动部关于〈中华人民共和国劳动法〉若干条文的说明》第25条规定："本条中的'重大损害'由企业内部规章来规定，因为企业类型各有不同，对重大损害的界定也千差万别，故不便对重大损害作统一的解释，若由此发生劳动争议，可以通过劳动争议仲裁委员会对其规章规定的重大损害进行认定。"因此，用人单位针对单位自身具体情况，作出详细的规定是非常必要的。

① 王全兴著：《劳动法（第二版）》，法律出版社2004年版，第145页。

② 石先广著：《〈劳动合同法〉——您逐鹿职场的利剑》，法律出版社2007年版，第71页。

(4) 劳动者同时与其他单位建立劳动关系，对完成本单位的工作任务造成重大影响，或者经用人单位提出，拒不改正的。这是《劳动合同法》新增的一种过失性解雇的事由。已经和本单位建立全日制劳动关系的劳动者又和其他的用人单位建立劳动关系，可能会影响到在本单位劳动义务的完成，同时还会造成一定的利益冲突，影响到当事人双方的信赖基础。适用此项规定，必须把握两方面：一是劳动者同时与其他用人单位建立劳动关系，对完成本单位的工作任务造成严重影响。这里的关键是“给用人单位造成严重的影响”，如果没有影响到本职工作或影响轻微，则用人单位不能以此为由解除劳动合同；但是何谓“给用人单位造成严重的影响”，用人单位须承担举证责任。二是劳动者同时与其他用人单位建立劳动关系，经用人单位提出，拒不改正。如果既没有给用人单位造成严重影响，单位也不反对的，那么，用人单位不能以此为由解除劳动合同。

(5) 因《劳动合同法》第26条第1款第1项规定的情形致使劳动合同无效的。该款项不仅是劳动者行使即时解除权的事由，同时也是用人单位行使即时解除权的事由之一，强调了劳动合同的签订、变更应遵循自愿、平等及诚实信用原则，任何一方使对方在违背其真实意志下签订的合同都是无效的，另一方有权解除该合同。因此，在存在该法第26条第1款第1项规定的情形下，用人单位有权即时解除劳动合同，并不需要支付经济补偿金。

(6) 被依法追究刑事责任的。① 根据《劳动部关于贯彻执行〈中华人民共和国劳动法〉若干问题的意见》第29条的规定，“被依法追究刑事责任”是指被人民检察院免予起诉的，被人民法院判处刑罚的，被人民法院依据《刑法》第32条免予刑事处分的。劳动者被人民法院判处拘役、3年以下有期徒刑缓刑的，用人单位可以解除劳动合同。为更好地理解此款，需注意以下几点相关问题：①劳动者被劳动教养的，是否适用该规定？根据相关法律规定，劳动教养是对轻微违法犯罪的人实施的一种强制性教育改造的行政措施，不属于刑事责任的范畴，因此用人单位不得依据本项规定单方解除劳动合同，但不排除其他法律的适用。《劳动部关于贯彻执行〈中华人民共和国劳动法〉若干问题的意见》第31条的规定：“劳动者被劳动教养的，用人单位可以依据被劳教的事实解除与该劳动者的劳动合同。”②劳动者涉嫌违法犯罪被有关机关收容审查、拘留或逮捕的，用人单位在劳动者被限制人身自由期间，可与其暂时停止劳动合同的履行。③劳动者被错判宣告无罪释放后，是否可以恢复与企业的劳动关系？根据有关规定②，职工于《国家赔偿法》实施以前被判犯罪，后经司法机关改判无罪的，如企业仅因其被判刑而解除劳动关系的，

① 关于该款项的规定，我国的理论界一直存在着争议。有学者认为，刑事责任的追究与用人单位因劳动者过失性解除在依据制定的主体、行为的性质等多方面都有着本质的区别，两者不能相提并论；劳动者被追究刑事责任并不当然丧失了公民的劳动权利；如果被追究刑事责任必然导致解除劳动合同，实际上也违反了“一事不能二罚”的法律原则；对于那些被剥夺人身自由的公民当然失去了在用人单位的劳动行为能力，而未被限制人身自由的被判处罚金、管制、剥夺政治权利及缓刑的公民依然具有劳动行为能力，其劳动权利不应受到歧视；而且一刀切的模式反而不利于社会的稳定。参见姜颖著：《劳动合同法论》，法律出版社2006年版，第232~233页。

② 参见《劳动部办公厅关于企业职工被错判宣告无罪释放后，是否应恢复与企业的劳动关系等有关问题的复函》（劳发办［1997］40号）。

企业应恢复与该职工的劳动关系，并按照原劳动人事部《关于受处分人员的工资待遇问题给天津市劳动局的复文》，恢复其工资待遇，并补发其在押期间的工资。由此可见，劳动者被错误追究刑事责任的，用人单位如无其他的原因应恢复与劳动者的劳动关系。

【案例 6-2】

刘某因涉嫌盗窃，被公安机关拘留审查。在关押期间，其所在企业以其被追究刑事责任为由，解除了与刘某之间的劳动合同。后来刘某被公安机关无罪释放。刘某要求原单位恢复劳动关系被拒，单位不予恢复。①

用人单位单方面解除劳动合同的情形之一是劳动者被追究刑事责任。刘某只是涉嫌盗窃，被拘留审查，并非被追究刑事责任。因此，用人单位解除劳动合同的行为不合法，应当恢复与刘某的劳动关系。

2. 用人单位预告解除

用人单位预告解除劳动合同也称非过失性辞退，是指在劳动者无过错的情况下，由于主客观情况的变化而导致劳动合同无法履行时，用人单位在提前通知劳动者或额外支付 1 个月工资②后解除劳动合同的行为。用人单位预告解除与即时解除或者立即解除的重要区别之一在于用人单位在预告解除情形下必须支付经济补偿金。

根据《劳动合同法》第 40 条的规定，用人单位预告解除劳动合同，必须满足一定的条件。

首先，应遵循一定的程序要件，即用人单位应提前 30 日以书面形式通知劳动者或者额外支付 1 个月工资。

其次，还必须符合法定的情形。根据本条的规定及《劳动法》第 26 条的规定，用人单位预告解除劳动合同的情形主要有以下三种：

第一，劳动者患病或者非因工负伤，在规定的医疗期满后不能从事原工作，也不能从事由用人单位另行安排的工作的。这款规定实际上指非归咎于劳动者主观意志的和身体状况的原因导致的不能履行劳动合同的情况。劳动部颁发的《企业职工患病或非因工负伤医疗期规定》第 2 条规定："医疗期是指企业职工因患病或非因工负伤停止工作治病休息不得解除劳动合同的时限。"这里的医疗期，是指劳动者根据其工龄等条件，依法可以享受的停工医疗并发给病假工资的期间，而不是劳动者病伤治愈实际需要的医疗期。在法定的医疗期内，劳动者有治疗和休息的权利，但在医疗期满后，劳动者就有义务进行劳动。如果劳动者因病或者非因工负伤治疗后不能胜任原来工作，用人单位有义务为其调动岗位，若劳动者对重新安排的工作仍不能胜任，说明劳动者身体状况已经不能适应工作需要，不能履行劳动合同。在此情况下，若仍然维持劳动合同，让用人单位负担这些不能履行劳动合同的劳动者，对用人单位是不公平的。因此法律允许用人单位在提前预告或额外

---

① 石先广著：《〈劳动合同法〉——您逐鹿职场的利剑》，法律出版社 2007 年版，第 73 页。

② 根据《劳动合同法实施条例》第 20 条的规定，选择额外支付劳动者 1 个月工资解除劳动合同的，其额外支付的工资应当按照劳动者本人上月工资标准确定。

支付1个月工资后解除劳动合同。

第二，劳动者不能胜任工作，经过培训或者调整工作岗位后，仍不能胜任工作的。"不能胜任工作"，是指劳动者不能按照劳动合同的要求完成约定的任务或者同工种、同工作岗位的工作量。在理解这一规定时，我们要注意的是，劳动者不能胜任工作，是指非归咎于劳动者主观因素的原因，是指除《劳动合同法》第40条第1项规定外的其他客观因素，"并非劳工受雇时保证有某种特定技能但实际上欠缺，致无法胜任工作之情形，因为若是此等可归责于劳工之情形，则雇主应得依劳动基准法第12条第1项第1款之规定①，不经预告而终止契约"②。"此处所指不能胜任者，乃指例如劳工因病致无法胜任工作，或因事业单位有业务变更或生产方式之变更致劳工无法胜任工作之情形，故多系不可归责于劳工。因此，应给予一定之预告期间，并支付资遣费，以弥补劳工之工作年资等方面的损失。"③ 这是黄程贯教授基于台湾地区预告解除中"劳工对所担任之工作确不能胜任"的理解。但是如果对大陆《劳动法》第26条、《劳动合同法》第49条的规定，做如此之理解，则不同款项规定之间存在矛盾，因为《劳动法》第26条第1项、《劳动合同法》第40条第1项是专门针对劳动者身体原因引起的不能胜任工作所做的规定，所以此处的"不能胜任工作"应该不包括身体状况导致的"不能"。又由于《劳动法》第26条第3项和《劳动合同法》第40条第3项规定了"劳动合同订立时所依据的客观情况发生重大变化，致使劳动合同无法履行"之的情形，这种情形是否属于"事业单位有业务变更或生产方式之变更致劳工无法胜任工作之情形"？如果是，则无论是《劳动法》第26条还是《劳动合同法》第40条包含的三项内容，实际上只需由"劳动者不能胜任工作"一项即可涵盖，其他两项规定则属于多余。如果不是，则需要明确"事业单位有业务变更或生产方式之变更致劳工无法胜任工作之情形"与"劳动合同订立时所依据的客观情况发生重大变化，致使劳动合同无法履行"之间到底有何区别？这一点非常重要，因为它涉及两个条款间的衔接与适用问题。一般来说，"劳动合同订立时所依据的客观情况发生重大变化"，理解为不可抗力事件比较为妥，这才符合"重大变化"的含义。"劳动者不能胜任工作"理解为"事业单位有业务变更或生产方式之变更致劳工无法胜任工作之情形"，意指"客观情况发生重大变化"外的其他非归因于劳动者主观意志的原因，这些原因虽然达不到不可抗力的程度，但对劳动者来说超越了他/她该时的劳动能力的范围，因此，需要由用人单位进行培训或者调岗，用人单位不可以直接与之解除劳动合同。

"劳动者不能胜任工作"的原因是不能归咎于劳动者的客观情况所致，如果是由于用人单位故意将劳动者调职到其不能胜任的工作，再以此款为由而解雇劳动者的，则违背了调职应当遵循的基本原则，是一种恶意的解雇行为，解雇无效。但因我国法律对调职没有

① 台湾"劳动基准法"第12条第1项第1款规定："于订立劳动契约时为虚假意思表示，使雇主误信而有受损害之虞者。"

② 黄程贯著：《劳动法》，台湾"国立空中大学"2001年版，第484页。

③ 黄程贯著：《劳动法》，台湾"国立空中大学"2001年版，第484页。

专门的、明确的规定，因而在适用时遭遇困境。①

按现行法律的规定，劳动者不能胜任工作，用人单位并不能立即解除劳动合同，而是应对劳动者进行培训，或将其调换到能胜任的工作岗位；若用人单位尽了这些义务后，劳动者仍然不能胜任工作的，说明劳动者不具备在该单位的相应的职业能力，用人单位可以解除与该劳动者的劳动合同。

第三，劳动合同订立时所依据的客观情况发生重大变化，致使劳动合同无法履行，经用人单位与劳动者协商，未能就变更劳动合同内容达成协议的。本款中的“客观情况发生重大变化”是指劳动合同订立时所预期的劳动合同正常履行所依赖的客观条件因为不可预见的原因或者无法抗拒的原因而发生了根本性变化，导致劳动合同无法履行或者继续履行已无必要。这一般是指发生不可抗力或出现致使劳动合同全部或主要条款无法履行的客观情况，如自然条件改变、企业迁移、被兼并、企业资产转移等。发生上述客观情形时，原劳动合同所确立的劳动关系丧失了其存在的客观基础，若继续按原合同履行只能导致双方利益的失衡，必须根据变化后的客观情况，由双方当事人就变更劳动合同的问题进行协商，若达成一致，则按变更后的合同履行；若未能达成一致，则应允许用人单位解除劳动合同，以实现劳动关系上的公平和正义。

【案例 6-3】

刘先生于 2004 年 6 月与某外资公司签订了为期 3 年的劳动合同，工作岗位为销售总监，月薪为 16000 元。刘先生在单位的业绩还不错。但是两年后单位领导却告诉他：由于受市场环境影响，公司将从原来的扩张战略改为收缩战略，销售总监的岗位将被取消。随后，人力资源经理发给他一张劳动合同解除、终止通知书，上面写着：你与公司签订的劳动合同所依据的客观情况发生变化，致使劳动合同无法履行，公司正式通知与你解除劳动合同。②

该外资公司依据客观情况发生变化，致使劳动合同无法履行与刘先生解除劳动合同的做法不合法。因为即使属于客观情况发生变化，致使原劳动合同无法履行，用人单位首先应当与刘某对变更劳动合同进行协商，只有当协商无法达成一致意见时，用人单位才可以解除劳动合同。该案中公司没有就变更工作岗位的事项与刘某进行协商，而是直接解除劳动合同，因此违反了法律规定。

3. 经济性裁员

经济性裁员是用人单位单方解除劳动合同的方式之一，是指用人单位由于生产经营状

① 在我国调职能够适用的法律依据是《劳动法》（第 24 条）、《劳动合同法》（第 35 条）中关于劳动合同的变更的规定：劳动者与用人单位协商一致，可以变更劳动合同约定的内容。台湾地区关于调职，确立了专门的调动五原则：（1）基于企业经营上所必需；（2）不得违反劳动契约；（3）对劳工之薪资及其他劳动条件，未作不利之变更；（4）调动后之工作与原有工作性质为劳工之体能及技术所可胜任；（5）调动地点过远者，雇主应予以必要之协助。参见黄程贯著：《劳动法》，台湾“国立空中大学”2001 年版，第 462 页。

② 石先广著：《〈劳动合同法〉深度释解与企业应对》，中国法制出版社 2007 年版，第 155 页。

况出现重大危机而劳动力过剩时单方解除与部分劳动者的劳动合同的行为。① 如果说上述情形属于用人单位个别运用劳动合同解除权的话，经济性裁减人员则属于用人单位集体性解除与劳动者的劳动合同。②

纵观我国台湾地区及世界上其他国家的劳动法规，都或多或少地允许用人单位在一定的条件下进行经济性裁员，这是法律赋予企业经营自主权的体现。我国台湾地区“劳动基准法”第11条规定，雇主在歇业或转让，亏损或业务紧缩等情况下可以裁减人员。③英国《雇佣权利法》中规定，裁员主要发生在两种情况下：一是企业关闭；二是企业对其人员确需减少。④《法国劳动法典》第L321-1条也对经济原因裁员作了规定：“由于经济困难或者技术工艺变更，致使劳动岗位被取消或改变，或者由于劳动合同发生变更，雇主基于与受薪雇员本人无关系的一项理由进行人员裁减，均构成因经济原因裁减人员。”⑤

我国《劳动法》第27条规定：“用人单位濒临破产进行法定整顿期间或者生产经营状况发生严重困难，确需裁减人员的，应当提前30日向工会或者全体职工说明情况，听取工会或者职工的意见，经向劳动行政部门报告后，可以裁减人员。”《劳动合同法》第41条在《劳动法》第27条的基础上进行了修改，对经济性裁员的情形、裁减人数、裁减规模、程序、优先留用人员等做了规定。⑥ 经济性裁员虽然也是用人单位预告解除劳动合同的一种方式，但与预告解除在适用条件、解除的程序等方面有较大的区别。

（1）经济性裁员的实体性条件。经济性裁员的实体条件是指用人单位可以裁减人员的客观经济原因，《劳动法》规定为：用人单位濒临破产进行法定整顿期间或者生产经营状况发生严重困难，确需裁减人员的。《劳动合同法》第41条第1款扩大了经济性裁员适用的范围，具体规定了以下4种情形：

①依照企业破产法规定进行重整的。所谓重整是指当企业出现破产原因或有破产原因出现的危险，同时又有振兴和再生的希望时，为防止企业破产，经企业或企业的利害关系人的申请，在法院的干预下对该企业实施强制治理以促使其恢复的制度。法律设置重整制度的目的就是用人单位根据企业重整的经营方案、债权的调整和清偿方案以及其他有利于企业重整的方案在内的重整计划，继续经营并清偿债务，避免用人单位进入破产清算程序，使经营失败的企业有可能通过重整而得到苏醒、振兴的机会。基于此目的以及用人单位的经营状况，法律允许用人单位裁减一定的人员来减轻其经济负担，从而实现企业经营状况的好转。

②生产经营发生严重困难的。何谓“生产经营发生严重困难”？《劳动合同法》没有对此作出解释。但《劳动部关于〈中华人民共和国劳动法〉若干条文的说明》第27条规

① 纪冠男：《劳动合同的解除与终止综述》，载董保华主编：《劳动合同研究》，中国劳动社会保障出版社2005年版，第260页。

② 郑尚元主编：《劳动法学》，中国政法大学出版社2004年版，第134页。

③ 台湾劳动法学会编《劳动基准法释义——施行二十年之回顾与展望》，台湾新学林出版股份有限公司2005年版，第246页。

④ 王益英主编：《外国劳动法和社会保障法》，中国人民大学出版社2001年版，第39页。

⑤ 罗结珍译：《法国劳动法典》，国际文化出版公司1996年版，第216页。

⑥ 参见《劳动合同法》第41条。

定，“生产经营状况发生严重困难”可以根据地方政府规定的困难企业标准来界定。如《深圳经济特区企业经济性裁减员工办法》第2条规定：“……（二）连续亏损2年且资不抵债并难以继续经营的；（三）连续停工及无力支付员工工资2个月以上且难以继续经营的；……”在此情况下，为避免企业陷入破产、关闭的绝境，法律允许其通过裁减人员，缩减员工规模来达到自救，体现了对用人单位经营自主权的尊重以及对劳动者群体长远利益的保护。

③企业转产、重大技术革新或者经营方式调整，经变更劳动合同后，仍需裁减人员的。

该情形是《劳动合同法》新增的一种可以裁员的情形，事实上在《劳动合同法》实施以前，该情形已在地方法规中得到了体现，如《深圳经济特区企业经济性裁减员工办法》第2条规定：“……（四）产业结构优化、重大技术改造等政府认可的其他情形……”《广东省劳动合同管理规定》第19条规定：“属下列情况之一的，用人单位可以解除劳动合同：……（六）因生产经营、技术条件发生变化，经劳动行政部门确认，用人单位无法调剂安置的富余人员；……”需要注意的是，用人单位发生本项所规定的情形后并不能直接裁减人员，而应尽量与劳动者协商就劳动合同进行变更。如企业转产的，从事原工作的劳动者可以到转产后的工作岗位工作，不适应现工作岗位的可以调整到其能胜任的工作岗位；若在变更劳动合同后，仍然需要裁员的，才可以进行经济性裁员。

④其他因劳动合同订立时所依据的客观经济情况发生重大变化，致使劳动合同无法履行的。本项属于兜底性规定，考虑到在实际生活中，除了上述三种情形外，还有一些因客观经济情况的发生需要经济性裁员的情形，如《北京市劳动合同规定》将“因防治工业污染源搬迁的”作为经济性裁员的情形之一。本项规定与本法第40条第3款相比，不同之处在于，后者是个别劳动合同签订时所依据的客观经济情况发生重大变化，前者是指企业的经济情况发生变化后，须大量裁员的情形。

（2）经济性裁员的程序性条件。由于经济性裁员涉及较多员工的权益，因此除了符合一定的实体性经济条件外，用人单位裁员还必须遵循法定的程序。

首先，必须提前30天向工会或者全体职工说明情况，并听取工会或者职工的意见。用人单位经济性裁员涉及较多职工的切身利益，为了获得职工的理解和认同，必须先向工会或者全体职工说明情况，并听取工会或职工的意见。《企业经济性裁减人员规定》第4条规定：“用人单位确需裁减人员，应按下列程序进行：（一）提前30日向工会或者全体职工说明情况，并提供有关生产经营状况的资料；（二）提出裁减人员方案，内容包括：被裁减人员名单，裁减时间及实施步骤，符合法律、法规规定和集体合同约定的被裁减人员经济补偿办法；（三）将裁减人员方案征求工会或者全体职工的意见，并对方案进行修改和完善……”用人单位违反法律、法规规定和集体合同约定的条件及程序裁减人员的，工会有权要求重新处理。在国外也有类似的规定。如德国的《解雇保护法》规定，雇主在裁减人员前，应当及时将解雇原因、解雇职工数目、通常就职职工数目和实行解雇的时间范围等书面通知企业委员会。雇主和企业委员会应当就能否避免解雇、减少解雇人数和减轻解雇后的后果进行磋商。①如法国的集体性裁员②，对于少于10人的经济性裁员，雇主应当向企业委员会提供有关信息（涉及企业的经营、技术、人员编制、裁员计划等方面），并召开会议征求企业委员会的意见，如没有企业委员会，则征求员工代表的意见；1个月以内10人以上的经济性裁员，雇主除了提供相关信息外，还应提供换岗协议和“社会性计划”的情况。③

其次，裁减人员的方案应向劳动行政部门报告。用人单位经向工会或者全体职工说明情况，听取工会或职工的意见，对裁减人员方案进行必要修改后，形成正式的裁减人员方案，该裁减人员方案需要向劳动行政部门报告，以使劳动行政部门了解裁员的情况，监督经济性裁员合法进行，必要时采取相关措施，以防止意外事故的出现。将经济性裁员的方案向劳动部门报告是各国的通行做法。如在德国，雇主应当将解雇的报告送交劳动局，并附上企业委员会的意见；在报告劳动局后，劳动局未批准前，解雇不生效，雇员仍在雇主那里工作，法律允许雇主对雇员的工作时间、工资进行特殊安排。④

【案例6-4】

宋某与企业签订了无固定期限的劳动合同。在劳动合同履行期间，该企业产品滞销，无力偿还贷款，经法院与有关部门核定宣布处于“濒临破产的法定整顿期间”。该企业便决定转产同时决定裁减人员，宋某被提前解除劳动合同。宋某等人不服，遂向当地劳动仲裁部门申请仲裁。仲裁委员会裁决，该企业解除宋某的劳动合同程序不合法，解除劳动合同行为无效。⑤

经济性裁员，必须遵循法律规定，《劳动法》、《劳动合同法》对经济性裁员有具体规定。该企业裁员时没有遵循这些规定，因而裁员行为无效。

（3）经济性裁员的限制。经济性裁员作为非过失性解除的一种，除了适用于非过失性解除的限制，如提前预告、支付经济补偿金和征求工会的意见等，法律还对经济性裁员规定了一些特殊的限制性规定，即优先留用和优先招用的规定。

优先留用制度是劳动合同法新设的一个制度，是一种将社会目标置于经济目标之前的制度安排。⑥ 根据《劳动合同法》第41条第2款的规定，用人单位裁减人员时，应当优先留用下列人员：①与本单位订立较长期限的固定期限劳动合同的；②与本单位订立无固定期限劳动合同的；③家庭无其他就业人员，有需要扶养的老人或未成年人的。留用这三

① 姜颖著：《劳动合同法论》，法律出版社2006年版，第256页。

② 法国的裁员与我国的有所不同，分为单个性裁员和集体性裁员，程序也略有差异。单个性裁员的程序是：预先谈话—裁员通知书；集体性裁员的程序是：通知和征求企业委员会和员工代表的意见—通知劳动行政部门—裁员通知书。参见王益英主编：《外国劳动法和社会保障法》，中国人民大学出版社2001年版，第213页。

③ 王益英主编：《外国劳动法和社会保障法》，中国人民大学出版社2001年版，第214页。

④ 黎建飞著：《劳动法的理论与实践》，中国人民公安大学出版社2004年版，第341页。

⑤ 石先广著：《劳动合同法——您逐鹿职场的利剑》，法律出版社2007年版，第81页。

⑥ 董保华著：《十大热点事件透视劳动合同法》，法律出版社2007年版，第412页。

类人员主要考虑的是合同期限的长短及社会救助的需要，强调了企业在裁减人员时应承担的社会责任。

优先招用制度，是《劳动法》中存在的一项制度，是在考虑经济目标的前提下，适当考虑社会目标。①《劳动合同法》第 41 条第 3 款规定："用人单位依照本条第 1 款规定裁减人员，在 6 个月内重新招用人员的，应当通知被裁减的人员，并在同等条件下优先录用被裁减的人员。"② 即根据本条款规定，裁减员工后用人单位在 6 个月内重新招用人员的，用人单位具有法定的通知义务和同等条件下优先招用被裁减人员的义务。

4. 对用人单位解除劳动合同的限制

用人单位在一定的条件下享有解除劳动合同的权利，即上述所分析的用人单位的即时解除劳动合同、预告解除劳动合同和经济性裁员。出于对处于弱势的劳动者的倾斜保护，法律对用人单位的解除权设置了一些禁止性条件。《劳动法》第 29 条规定："劳动者有下列情形之一的，用人单位不得依据本法第 26 条、第 27 条的规定解除劳动合同：（一）患职业病或者因工负伤并被确认丧失或者部分丧失劳动能力的；（二）患病或者负伤，在规定的医疗期内的；（三）女职工在孕期、产期、哺乳期内的；（四）法律、行政法规规定的其他情形。"《劳动合同法》在该条的基础上对禁止性条件作了进一步的完善。

具体来说《劳动合同法》第 42 条主要规定了以下几种情形：

（1）从事接触职业病危害作业的劳动者未进行离岗前职业健康检查，或者疑似职业病病人在诊断或者医疗观察期间的。这一项规定是对《劳动法》第 29 条第 1 款和第 2 款情形的补充，目的在于保护可能遭受职业病的劳动者；同时该项规定也与《职业病防治法》相衔接。《职业病防治法》第 36 条规定："对从事接触职业病危害的作业的劳动者，用人单位应当按照国务院安全生产监督管理部门、卫生行政部门的规定组织上岗前、在岗期间和离岗时的职业健康检查，并将检查结果书面告知劳动者。职业健康检查费用由用人单位承担。……对未进行离岗前职业健康检查的劳动者不得解除或者终止与其订立的劳动合同。" 第 56 条第 2 款规定："用人单位应当及时安排对疑似职业病病人诊断；在疑似职业病病人诊断或者医学观察期间，不得解除或者终止与其订立的劳动合同。"

（2）在本单位患职业病或者因工负伤并被确认丧失或者部分丧失劳动能力的。职业病是指企业、事业单位和个体经济组织的劳动者在职业活动中，因接触粉尘、放射性物质或其他有毒有害等因素而引起的疾病。职业病的确定，要由指定的职业病诊断医院或者职业病科确诊后作出。因工负伤是指因工作原因造成的伤害。该情形必须具备三个要素：第一，必须是患职业病或者遭受工伤，不包括其他疾病或伤害；第二，必须达到丧失或部分丧失劳动能力，没有丧失劳动能力的，不受保护；第三，劳动者患职业病或因工负伤是在本单位遭受的，否则用人单位解除劳动合同不受该规定的限制。

（3）患病或非因工负伤，在规定的医疗期内的。该款所指的患病是指职业病以外的

---

① 董保华著：《十大热点事件透视劳动合同法》，法律出版社 2007 年版，第 413 页。

② 德国的规定与我国的规定略有不同。根据《德国民法典》第 242 条的规定，只要解约理由是在解约期限届满前消失，随之就会产生雇员的重新雇佣请求权。参见［德］W. 杜茨著：《劳动法》，张国文译，法律出版社 2005 年版，第 135 页。

其他疾病。劳动者患病或非因工负伤，用人单位应该给予一定的医疗期以保证劳动者治病或疗伤的需要，并负有保障在医疗期内劳动者的医疗和生活的义务，在此期间内不得解除劳动合同。根据《企业职工患病或非因工负伤医疗期规定》的规定，所谓医疗期，是指企业职工因患病或者非因工负伤停止工作治病休息不得解除劳动合同的时限。医疗期一般为 3 个月到 24 个月，以劳动者本人实际参加工作年限和在本单位工作年限为标准计算具体的医疗期。患特殊病的职工在 2 年内不能痊愈的，经企业和劳动行政部门批准可适当延长医疗期。企业职工在医疗期内，其病假工资、疾病救济费和医疗待遇按相关规定执行。《企业职工患病或非因工负伤医疗期规定》第 7 条规定："企业职工非因工致残和经医生或医疗机构认定患有难以治疗的疾病，医疗期满，解除劳动关系，并办理退休、退职手续、享受退休、退职待遇。"

（4）女职工在孕期、产期、哺乳期的。该款的规定体现了对女职工合法权益的保护。所谓孕期，是指女职工怀孕期间。产期，是指女职工生育期期间，产假一般为 90 天。哺乳期，是指从婴儿出生到 1 周岁之间的期间。女职工在以上三个期间的合法权益受到《宪法》、《妇女权益保障法》、《劳动法》等法律法规的严格保护。如《妇女权益保障法》第 27 条规定，任何单位不得因结婚、怀孕、产假、哺乳等情形，降低其工资、予以辞退、与其解除劳动或者聘用合同。"需要注意的是，女职工存在《劳动合同法》第 39 条所列情形时，用人单位解除劳动合同不受本项规定的限制。

（5）在本单位连续工作满 15 年，且距法定退休年龄不足 5 年的。该款规定是《劳动合同法》新增的内容，考虑到老职工对企业的贡献较大，再就业能力低，需要政府和社会的特别关注，因此本法加强了对临近退休的老职工利益的特别保护。从本项规定来看，必须具备两个条件：首先，必须在该单位连续工作满 15 年；其次，必须达到法定的年龄，即距法定退休年龄不足 5 年。根据有关规定，国家法定的企业职工退休年龄是男职工年满 60 周岁，女职工年满 50 周岁，女干部年满 55 周岁。从事井下、高温、高空、特别繁重体力劳动或者有害身体健康工作的，退休年龄男年满 55 周岁，女年满 45 周岁，因病或非因工负伤，由医院证明并经劳动鉴定委员会确认完全丧失劳动能力的，退休年龄为男年满 50 周岁，女年满 45 周岁。

（6）法律、行政法规规定的其他情形。该款为兜底性条款，目的在于避免遗漏法律、行政法规规定的其他情况，同时也便于与以后颁布的法律法规相衔接，以利于对劳动者的保护。

综上所述，只要存在上述 6 种情形，即便是存在着非过失性解除劳动合同和经济性裁员的情形，用人单位也不得解除劳动合同，只有在相关的上述 6 种情形消失后，才能依据相关的规定解除劳动合同。但需注意的是，若同时存在《劳动合同法》第 39 条的情形（过失性解除的情形）与第 42 条的情形（不得解除的情形），应优先适用第 39 条的规定，用人单位可以随时通知劳动者解除劳动合同。

三、工会在用人单位解除劳动合同中的作用

为了防止用人单位滥用单方解除权，《劳动法》、《劳动合同法》对用人单位解除劳动合同时工会的作用做了规定。《劳动法》第 30 条规定："用人单位解除劳动合同，工会认

为不适当的，有权提出意见。如果用人单位违反法律、法规或者劳动合同。工会有权要求重新处理；劳动者申请仲裁或者提起诉讼的，工会应当依法给予支持和帮助。”

《劳动合同法》第43条则规定：“用人单位单方解除劳动合同，应当事先将理由通知工会。用人单位违反法律、行政法规规定或者劳动合同约定的，工会有权要求用人单位纠正。用人单位应当研究工会的意见，并将处理结果书面通知工会。”

这些规定的目的，是赋予工会对用人单位单方面解除劳动合同进行监督的权利。

第三节　劳动合同的终止

一、劳动合同终止的事由

根据我国《劳动法》第23条的规定，劳动合同的终止事由包括两种，即劳动合同期限届满和双方约定的劳动合同终止条件出现。《劳动合同法》和《劳动合同法实施条例》则取消了约定终止，规定了法定终止的事由。根据《劳动合同法》第44条的规定，在出现了下列6种终止事由的情形下，劳动合同终止。

（1）劳动合同期限届满的。这主要适用于固定期限劳动合同和以完成一定工作任务为期限的劳动合同两种情形。当合同约定的存续期间届满，除依法续订劳动合同的和依法应延期的以外①，劳动合同自然终止，这体现了对合同双方当事人意思自治和合同自由原则的尊重。

在实践中，对于劳动合同期限届满后，劳动者仍在原用人单位工作，原用人单位未表示异议的，但也未办理终止或续订劳动合同的，该如何处理？根据《劳动部关于实行劳动合同制度若干问题的通知》的规定，固定期限的劳动合同期满后，因用人单位方面的原因未办理终止或续订手续而形成事实劳动关系的，视为续订劳动合同。用人单位应及时与劳动者协商合同期限，办理续订手续。由此给劳动者造成损失的，该用人单位应当依法承担赔偿责任。

（2）劳动者开始依法享受基本养老保险待遇的。基本养老保险是按国家统一政策规定强制实施的，为保障广大离退休人员基本生活需要的一种社会保险制度。根据法律、行政法规的规定，我国劳动者开始享受基本养老保险待遇的条件大致有两个：一是劳动者已退休；二是个人缴费年限累计满15年或个人缴费和视同缴费年限累计满15年。劳动者开始依法享受基本养老保险说明劳动者已基本符合法定退休年龄。此时劳动者的劳动能力渐失，其基本生活交给社会保险来保障，有利于减少企业的负担，提高企业的竞争力。

需要注意的是，我国劳动法并没有规定劳动者退休则劳动合同终止。在劳动者退休但并没有享受基本养老保险待遇的情形下，其劳动合同是否终止？根据《劳动合同法实施条例》第22条的规定，劳动者达到法定退休年龄，劳动合同终止。

另外，需要指出的是，劳动者依法开始享受基本养老保险待遇，如果还继续留在单位工作的，用人单位应与该劳动者签订聘用协议。对此，《劳动部关于实行劳动合同制度若

---

①　参见《劳动合同法》第45条。

干问题的通知》第 13 条规定，已享受养老保险待遇的离退休人员再次被聘用时，用人单位应与其签订书面协议，明确聘用期内的工作内容、报酬、医疗、劳保待遇等权利和义务。

【案例 6-5】

战某是某建筑设计公司的高级工程师，2004 年开始享受基本养老保险待遇。但是公司仍然聘用其为公司项目经理部主任工程师，双方签订了为期 3 年的聘用协议，双方在履行过程中，战某与公司的常务副经理因工作问题产生意见分歧，该公司遂决定于 2006 年 6 月 11 日作出辞退战某的决定。2006 年 6 月 11 日，战某向劳动争议仲裁委员会申诉，要求公司给予经济补偿金。①

已经享受基本养老保险待遇的离退休人员与原单位签订聘用协议的，双方的关系不再是劳动关系，而是劳务关系，双方发生纠纷，不是劳动纠纷，而应当按照民事纠纷处理。《最高人民法院关于审理劳动争议适用法律若干问题的解释》（三）第 7 条规定："用人单位与其招用的已经依法享受养老保险待遇或领取退休金的人员发生用工争议，向人民法院提起诉讼的，人民法院应当按劳务关系处理。"

（3）劳动者死亡，或者被人民法院宣告死亡、宣告失踪的。在劳动者死亡、被宣告死亡或者失踪的情况下，劳动关系的一方主体在事实上或法律上消灭或处于不确定的状态，从而致使劳动合同无法履行。因此为维护用人单位的合法权益，应终止劳动合同以消除由此带来的不确定性和风险。在实践中，如果被人民法院宣告失踪、宣告死亡的劳动者重新出现，其与用人单位的劳动关系是否自动恢复？法律、法规并没有给出解释，有待于探讨。我们认为应当考虑劳动者"失踪"或者"死亡"的原因，如果是因工作原因，则用人单位有义务恢复劳动关系。

（4）用人单位依法破产的。用人单位被依法宣告破产后，即进入了破产清算阶段，清算程序完成后，用人单位依法被注销，主体资格消灭。劳动合同的一方当事人消灭，劳动合同也理应终止。

（5）用人单位被吊销营业执照、责令关闭、撤销或者用人单位决定提前解散的。在出现上述原因的情况下，用人单位同样也丧失其主体资格，因此劳动合同也因本条第 4 款同样的原因终止。

（6）法律、行政法规规定的其他情形。这是一条开放式规定，以与其他法律相衔接，同时也可以涵盖由于列举式规定所可能造成的遗漏。

二、劳动合同终止的限制

一般情况下，劳动合同的期限届满，劳动合同自然终止。"劳动合同终止的限制"，是指由于特定情形的存在，劳动合同的期限届满并不必然导致劳动合同的终止，必须等到这些情形消失后，劳动合同才能终止。

① 石先广著：《劳动合同法深度释解与企业应对》，中国法制出版社 2007 年版，第 177 页。

我国《劳动法》并没有对劳动合同的终止作出限制性规定，但《劳动部关于贯彻执行〈中华人民共和国劳动法〉若干问题的意见》第34条规定："除了劳动法第25条规定的情形外，劳动者在医疗期、孕期、产期和哺乳期内，劳动合同期限届满时，用人单位不得终止劳动合同。劳动合同的期限应自动延续至医疗期、孕期、产期和哺乳期期满为止。"与《劳动法》相比，《劳动合同法》增加了劳动合同终止的限制条件。《劳动合同法》第45条规定："劳动合同期满，有本法第42条规定情形之一的，劳动合同应当延续至相应的情形消失时终止。但是本法第42条第2项规定丧失或者部分丧失劳动能力劳动者的劳动合同的终止，按照国家有关工伤保险的规定执行。"

根据《劳动合同法》第42条的规定，对劳动合同终止的具体限制表现为：

（1）从事接触职业病危害作业的劳动者未进行离岗前职业健康检查的，或者疑似职业病病人在诊断或者医疗观察期间的，劳动合同应延续至职业健康检查后或者医疗观察期届满后终止。

（2）劳动者患职业病或因工负伤并被确认丧失和部分丧失劳动能力的，根据《工伤保险条例》的规定，患职业病或者因工负伤并被确认丧失或者部分丧失劳动能力的，是指伤残等级为1~10级的职工。其中1~4级的为完全丧失劳动能力，5~6级为大部分丧失劳动能力，7~10级为部分丧失劳动能力。因此劳动合同到期时，劳动关系应分以下三种情况处理：①对于1~4级的，劳动者完全丧失劳动能力，用人单位需要与劳动者保留劳动关系，也就是说即使劳动合同到期，劳动合同也不能终止，劳动者退出工作岗位，享受相应的工伤待遇。②对于5~6级的，根据《劳动合同法实施条例》第34条的规定，职工因工致残被鉴定为5~6级的，保留与用人单位的劳动关系，由用人单位安排适当工作。难以安排适当工作的，由用人单位按照规定为其缴纳应缴纳的各项社会保险费。经工伤职工本人提出，该职工可以与用人单位解除或终止劳动关系，并由用人单位支付一次性医疗补助金和伤残就业补助金。③对于7~10级的，根据《劳动合同法实施条例》第35条的规定，职工因工致残被鉴定为7~10级的，劳动合同期满终止，或者职工本人提出解除劳动合同，由用人单位支付一次性医疗补助金和伤残就业补助金。即期限届满劳动合同可以终止，但必须支付前述补助金。

（3）患病或者非因工负伤，在规定的医疗期内的，劳动合同延续自医疗期届满时终止。

（4）女职工在孕期、产期、哺乳期的，劳动合同延续自孕期、产期、哺乳期届满时终止。这一点与《劳动部关于贯彻执行〈中华人民共和国劳动法〉若干问题的意见》的规定一致。

（5）在本单位连续工作满15年，距法定退休年龄不足5年的，劳动合同应延期至劳动者达到法定退休年龄时终止。此种情况下，劳动合同延期的必须满足两个条件：一是劳动者在本单位连续工作满15年；二是距法定退休年龄不足5年。

（6）法律、行政法规规定的情形。法律、行政法规规定的劳动合同延期终止的情形，主要指以下几种情况：

①根据《工会法》的规定，基层工会专职主席、副主席或者委员自任职之日起，其劳动合同期限自动延长，延长期限相当于其任职期间；非专职主席、副主席或者委员自任

职之日起，其尚未履行的劳动合同期限短于任期的，劳动合同期限自动延长至任期期满。

②根据《集体合同规定》的规定，职工一方协商代表在其履行协商代表职责期间劳动合同期限届满的，劳动合同期限自动延长至完成履行协商代表职责之时。

③《劳动合同法实施条例》第17条规定："劳动合同期满，但是用人单位与劳动者依照劳动合同法第22条的规定约定的服务期尚未到期的，劳动合同应当续延至服务期满；双方另有约定的，从其约定。"

第四节 经济补偿金制度

一、经济补偿金的内涵

（一）经济补偿金的含义及其性质

经济补偿金在不同国家和地区的立法中具有不同的称谓，如台湾地区的《劳动基准法》称为"资遣费"，香港的《雇佣条例》称为"遣散费"，比利时的《雇佣合同法》称为"补偿费"，俄罗斯的《劳动法》则称为"解职金"。我国的相关法律规定，经济补偿金是在劳动合同解除或终止时，用人单位按一定的标准一次性支付给劳动者的经济上的补助。经济补偿金是劳动法上极具特色的制度，充分体现了劳动法对劳动者的倾斜保护。经济补偿金具有劳动贡献补偿和社会保障的双重功能，在某种程度上具有违约金的功能，是劳动法上特有的和独立的解约补偿方式。①

关于经济补偿金的性质，存在较大的争议，国内主要有以下几种观点：(1) 劳动贡献补偿说，认为经济补偿金是对劳动者以往为用人单位作出贡献的补偿，是对劳动者过去劳动内容和成果的肯定。② (2) 法定违约金说，认为经济补偿金是国家为保障劳动者的合法权益而强行干涉用人单位与劳动者之间劳动合同的结果，是企业未能履行劳动合同规定义务所承担的责任。③ (3) 法定义务说，认为经济补偿金是用人单位在劳动者被解除劳动合同这一最需要帮助的时候给予劳动者的资助，是国家分配给用人单位的法定义务，是"用人单位帮助义务化或法定化"。④ (4) 社会保障说，该观点认为基于宪法、劳动法对公民生存权保护的需要，国家要求用人单位在解除劳动合同时必须支付给劳动者一定的经济补偿，以帮助劳动者度过失业和生活消耗、医疗费无来源的阶段，保障劳动者权益。⑤ (5) 社会责任说，认为经济补偿是国家要求用人单位承担的一种社会责任。国家要求用人单位解除或终止劳动合同时，支付一定的经济补偿，以帮助劳动者在失业阶段维

---

① 林嘉主编：《劳动合同法条文评注与适用》，中国人民大学出版社2007年版，第259页。

② 贾占荣：《经济补偿金：无固定期限劳动合同的法律问题》，载《广西青年干部学院学报》2001年第6期。

③ 傅静坤：《劳动合同解约金问题研究》，载《现代法学》2000年第5期。

④ 董保华、于海红：《劳动合同经济补偿金研究》，载董保华主编：《劳动合同研究》，中国劳动社会保障出版社2005年版，第271页。

⑤ 林晓霞：《关于完善劳动合同立法的若干问题》，载《福建论坛》2000年第12期。

持生活水平，不至于生活水平急剧下降。①

用人单位依据《劳动法》第24条、第26条、第27条规定解除劳动合同时应依照国家有关规定给予经济补偿。随着《劳动合同法》的颁布，用人单位支付经济补偿金的范围有所扩大，不仅包括《劳动法》规定的解除劳动合同的情形，还包括部分劳动合同终止的情形，因此法定违约金说显然是有失偏颇的。法定义务说具有一定的合理性，但其认为是用人单位在劳动者被解除劳动合同这一最需要帮助的时候给予劳动者的资助的说法具有局限性，不符合《劳动合同法》的规定。社会保障说同样具有其合理性，不可否认，经济补偿金具有一定的社会保障功能，但因此将其定位为社会保障金则是有失偏颇的。因为社会保障金的支付不需要考虑个人工资，而是按社会生活水平来确定的，但我国并非如此。综上所述，经济补偿金的法律性质具有复杂性，在不同的情形下其性质具有一定的侧重性，但不可否认的是，经济补偿金的社会性功能越来越突出。对企业而言，支付经济补偿金是企业承担社会责任的主要方式之一；对于劳动者而言，经济补偿金是对其劳动贡献的补偿，并具有保障其失业阶段的基本生活的功能；对国家而言，经济补偿金是国家调节劳动关系的一种经济手段，引导用人单位长期使用劳动者，谨慎地行使解除权和终止权。

（二）经济补偿金与相关概念的区别

1. 经济补偿金与违约金

违约金是指当事人通过约定而预先确定的，在违约后生效的独立于履行行为之外的给付，是由双方约定的在一方违约后须向另一方支付的一笔金钱，是一种违约责任形式。

违约金与经济补偿金的区别主要有以下几方面：（1）二者的性质不同。违约金是违约责任的一种形式，而经济补偿金则更多地体现为企业承担社会责任的一种形式，是对劳动者劳动贡献的补偿。（2）二者产生的形式不同。违约金是通过当事人约定的，而经济补偿金则是法定的，当事人不得通过约定加以改变或消灭。（3）二者的支付主体不同。违约金的支付主体双方当事人均可，而经济补偿金的支付主体只能是用人单位。（4）二者的适用情形具有差异性。依据《劳动合同法》的规定，劳动合同中可以设定劳动者向用人单位支付违约金的情形仅限于两种：一是劳动者违反服务期约定的；二是劳动者违反竞业限制约定的。至于用人单位向劳动者支付违约金的情形，法律则没有限制。经济补偿金的支付情形较广，《劳动合同法》第46条规定了7种。

由此可见，经济补偿金与违约金在性质、功能、产生方式及适用情形等方面有诸多不同。二者可以并存。如双方当事人在劳动合同中约定用人单位提前解除劳动合同须支付违约金的，用人单位违反合同约定解除劳动合同的，则用人单位不仅要向劳动者支付违约金，还要支付经济补偿金。

2. 经济补偿金与赔偿金

赔偿金，一般是指有过错的一方基于自己的过错给对方造成损失，为弥补对方的损失而给予对方的相应补偿。因此赔偿金的条件有以下几个：一方存在过错；有损害事实；一方的过错与对方的损失之间存在因果关系。②

---

① 李援主编：《〈中华人民共和国劳动合同法〉解读与使用》，人民出版社2007年版，第148页。

② 石先广著：《劳动合同法深度解释与企业应对》，中国法制出版社2007年版，第202页。

经济补偿金与赔偿金的区别主要有以下几个方面：（1）从支付主体有无过错来看，赔偿金的支付方存在过错，而经济补偿金的支付则不论支付方有无过错，如在劳动合同期限届满的情况下，即使用人单位无过错仍要支付补偿金。（2）从功能上看，赔偿金的目的在于弥补对方的损失，而补偿金的主要目的在于对劳动者积累的劳动贡献的补偿和保障劳动者失业阶段的基本生活需要。（3）二者的支付标准不同，赔偿金根据实际损失的大小来确定，而经济补偿金则根据劳动者的工资和工作年限来确定。（4）二者的支付主体不同。赔偿金的支付主体双方当事人均可，而经济补偿金的支付主体只能是用人单位。

经济补偿金与赔偿金在适用时是否可以并存呢?《劳动合同法》第 85 条规定："用人单位有下列情形之一，由劳动行政部门责令限期支付劳动报酬、加班费或者经济补偿；劳动报酬低于当地最低工资标准的，应当支付其差额部分；逾期不支付的，责令用人单位按应付金额 50%以上 100%以下的标准向劳动者加付赔偿金：……（四）解除或者终止劳动合同，未依照本法规定向劳动者支付经济补偿的。"由此看出，用人单位未按规定支付经济补偿金的，劳动者可以同时主张经济补偿金和赔偿金。但是，《劳动合同法实施条例》第 25 条规定："用人单位违反劳动合同法的规定解除或者终止劳动合同，依照劳动合同法第 87 条的规定支付了赔偿金，不再支付经济补偿。赔偿金的计算年限自用工之日起计算。"

二、经济补偿金的支付

（一）经济补偿金的适用范围

经济补偿金是一国调整本国劳动关系的重要经济手段，也是解雇保护的重要内容。世界上其他国家一般只将无正当理由解雇和经济性裁员作为经济补偿的范围，如英国①、俄罗斯；有的国家将经济性裁员排除在外，如德国②；相对来说，法国的范围较为宽泛③，

---

① 英国不当解雇的补偿金可以包括三个部分：一是基本补偿金。根据 1996 年《雇佣权利法》的规定，基本补偿金的数额根据雇员的年龄和服务期的不同而有所不同，最高可达 6300 英镑。二是赔偿性补偿金。产业法庭根据公平和公正的原则，充分考虑雇员所遭受的损失来确定补偿的金额，最高可达 11300 英镑。三是补充补偿金。如果产业法庭已发出恢复原状或重新雇佣的命令，但雇主未能执行该命令者，雇员可要求补充补偿金。在经济性裁员中，雇员被同一雇主连续雇佣超过 2 年的，被解雇时可以获得法定的裁员支付。参见王益英主编：《外国劳动法和社会保障法》，中国人民大学出版社 2001 年版，第 39~40 页。

② 德国的解雇保护法相当严格，雇主的解雇（无论是正常解雇还是非正常解雇）必须具有正当的、严肃的理由，如果解雇被法院认可，一般情况下是不需要支付经济补偿金，但如果法院确认某一解雇不当导致劳动关系的解除，而雇员又不愿意继续与雇主维系劳动关系的情况下，法院可解除劳动关系并判决雇主支付适当的一次性补偿金。参见王益英主编：《外国劳动法和社会保障法》，中国人民大学出版社 2001 年版，第 93~99 页。

③ 在法国，定期劳动合同终止，雇员有权得到旨在补偿其不稳定状态的补贴（称为不稳定状态补贴）（《劳动法典》第 122-3-4 条）。此项补贴依据雇员的报酬和合同期限来计算。不定期劳动合同的解除，用人单位要支付辞退补偿金，辞退补偿金分为法定的和约定的。前者不征税，只适用于雇员没有过错的情况；后者要征税，集体合同和劳动合同可以约定比法律规定更加有利的享受条件，如工龄更短、数额更高，甚至在雇员犯有严重过错时，也能享受。参见王益英主编：《外国劳动法和社会保障法》，中国人民大学出版社 2001 年版，第 205~217 页。

其定期劳动合同无论期满或任务完成时，还是在劳动者无过错情况下，企业单方提前解除劳动合同，雇员都有权得到旨在补偿其不稳定状态的补贴。① 在我国，经济补偿金的适用范围经历了一个不断扩大的过程，根据《劳动法》第28条的规定，经济补偿金的适用范围仅限于协商解除、用人单位预告解除和经济裁员三种情形。后来《最高人民法院关于审理劳动合同争议案件适用法律若干问题的解释》增加了几种情形，即劳动者被迫解除劳动合同的，用人单位也应支付经济补偿金。鉴于实践中大量存在的用人单位为规避经济补偿金而使劳动合同短期化的诸现象，《劳动合同法》在延续以上规定的同时，对用人单位支付经济补偿金的情形作出了一些新的规定，将劳动合同终止的某些情形也纳入到经济补偿金的支付范围内。根据《劳动合同法》第46条的规定，经济补偿金的适用范围主要包括以下几种情形：

1. 劳动者依照《劳动合同法》第38条解除劳动合同的

即用人单位有违约、违法行为的，劳动者可以随时或立即解除劳动合同，并获得经济补偿金。在此种情形下要求用人单位支付经济补偿金，一是可以督促用人单位遵守有关工资、社会保险及安全作业等方面的法律规定；二是可以防止用人单位故意违法、违约，迫使劳动者提出解除劳动合同，以规避经济补偿金。

2. 用人单位提出动议并与劳动者协商一致解除劳动合同的

与《劳动法》比较，《劳动合同法》规定的经济补偿范围有所缩小。即双方当事人协商一致解除劳动合同的，仅在用人单位提出动议协商解除劳动合同的情形下，用人单位才支付经济补偿金；劳动者提出的，用人单位无须支付经济补偿金。这主要是考虑到，劳动者先提出与用人单位协商解除劳动合同的，一般情况下不会失业或对失业有所准备，要求用人单位支付经济补偿金不太合理。

3. 用人单位预告解除的

该规定与《劳动法》一致，根据《劳动合同法》第40条的规定，劳动合同解除的原因一般是劳动者自身因某种原因而导致的客观能力的不足或劳动合同订立时所依据的客观情形发生变化。在用人单位作了一定的补救措施后，应允许用人单位解除劳动合同，但为了平衡双方当事人的利益，保障劳动者失业后的基本生活，由用人单位支付一定的经济补偿金。

4. 用人单位经济性裁员的

在劳动合同履行的过程中，用人单位为了自身的生存和发展往往需要裁减一部分劳动者，但由于被裁减的劳动者没有任何过错，因此为平衡双方的利益，用人单位进行经济性裁员必须支付经济补偿金。

5. 劳动合同期限届满而终止固定期限劳动合同的，但用人单位维持或者提高劳动合同约定条件续订劳动合同，劳动者不同意的除外

该规定是《劳动合同法》增加的情形，其目的在于减少或消除用人单位减少解雇成本的动机，以经济手段引导用人单位与劳动者订立长期或无固定期限的劳动合同。根据该

① 董保华、于海红：《劳动合同经济补偿金研究》，载董保华主编：《劳动合同研究》，中国劳动社会保障出版社2005年版，第274~275页。

规定，劳动合同期限届满时，用人单位同意续订劳动合同，且维持或提高劳动合同条件，劳动者不同意续订的，劳动合同终止，用人单位不需支付经济补偿金；但用人单位降低劳动合同约定条件，劳动者不同意续订的，用人单位人应支付经济补偿金；用人单位不同意续订的情况下，无论劳动者是否同意续订，劳动合同终止，用人单位支付经济补偿金。

6. 劳动合同因用人单位主体资格丧失而终止的

该规定是指依照《劳动合同法》第 44 条第 4 项、第 5 项的规定终止劳动合同的情形。即用人单位被依法宣告破产而导致劳动合同终止的情形及用人单位被依法吊销营业执照、责令关闭、撤销或者用人单位决定提前解散而终止劳动合同的情形。在上述两种情形下，劳动合同的终止属于非因劳动者的原因而导致的终止，也属于非正常情况下的终止，劳动者的权益应受到保护，因此劳动合同终止时，用人单位应当支付经济补偿金。

7. 法律、行政法规规定的其他情形

本项是兜底性一般条款，以防止遗漏情形，也方便与未来法律的衔接。

（二）经济补偿金的计算标准

劳动合同解除或终止后，在法定的情形下，用人单位应当向劳动者支付经济补偿金。而如何支付经济补偿金，即经济补偿金的计算标准是怎样的，往往是用人单位和劳动者关注的焦点，因为它既涉及用人单位解除或终止劳动合同的经济成本，也涉及劳动关系结束后劳动者权益的保护。我国《劳动法》并没有规定经济补偿金的计算标准，《违反和解除劳动合同的经济补偿办法》除规定了一般情况下经济补偿金的补偿标准外，还对特殊情形下解除劳动合同后的经济补偿金规定了不同的计算标准，如其规定协商解除劳动合同和劳动者不能胜任工作解除劳动合同的，工作年限超过 12 年的按照 12 年算；患病或非因工负伤医疗期满后用人单位解除劳动合同的，除需要支付经济补偿金外，还要支付医疗补助费；经济性裁员辞退劳动者的，劳动者的工资低于企业平均工资的按照企业月平均工资计算等。针对以上复杂不统一的计算标准，《劳动合同法》规定了统一的计算标准。

根据《劳动合同法》的相关规定，用人单位须支付的经济补偿金由劳动者在本单位的工作年限与劳动者月平均工资确定。同时考虑到不同劳动者之间工资的差异，《劳动合同法》将经济补偿金的计算方法分为两类：一类针对一般劳动者。《劳动合同法》第 47 条第 1 款规定："经济补偿按劳动者在本单位工作的年限，每满 1 年支付 1 个月工资的标准向劳动者支付。6 个月以上不满 1 年的，按 1 年计算；不满 6 个月的，向劳动者支付半个月工资的经济补偿。"一类针对高收入劳动者，所谓的高收入者是指月工资高于用人单位所在直辖市、设区的市级人民政府公布的本地区上年度职工月平均工资 3 倍的劳动者。《劳动合同法》第 47 条第 2 款规定："……向其支付经济补偿的标准按职工月平均工资 3 倍的数额支付，向其支付经济补偿的年限最高不超过 12 年。"需要注意的是，为了平衡用人单位与高收入者的利益，法律对高收入者的经济补偿金设置了最高年限，即最高不超过 12 年。

由于经济补偿金由工作年限与工资确定，因此工作年限及工资的确定就显得尤为重要，我国《劳动合同法》及相关法律法规对这两个变量作了明确的规定。

1. 工作年限

《劳动合同法》对工作年限的计算没有作出特别的规定，在正常情况下应按劳动者在本单位的实际年限计算，从劳动者向该用人单位提供劳动之日起计算。如果由于各种原因，劳动者和用人单位没有及时签订劳动合同的，不影响工作年限的计算。如果劳动者连续为同一用人单位提供劳动，但先后签订了几份劳动合同的，工作年限应从劳动者提供劳动之日起连续计算，不应理解为最后一个合同期限。根据《劳动部办公厅对〈关于如何理解"同一用人单位连续工作时间"和"本单位工作年限"的请示〉的复函》的规定，实际工作年限是劳动者在本单位的连续工作年限，如果时间有中断，以最后一次劳动关系连续存续的时间为准。在计算劳动者的工作年限时，不应扣除劳动者此前依法享有的医疗期时间。

在正常情形下，工作年限较易把握，但在特殊情形下，如企业分立、合并、合资，军人退伍、复员等情形下则较复杂。

（1）在企业分立、合并等情形下，根据《劳动部办公厅对〈关于终止或解除劳动合同计发经济补偿金有关问题的请示〉的复函》第 4 条的规定，因用人单位的合并、兼并、合资、单位改变性质、法人名称等原因而改变工作单位的，其改变前工作时间可以计算为在本单位的工作时间。《劳动部办公厅关于贯彻〈外商投资企业劳动管理规定〉有关问题的复函》规定，由合资、合作的中方单位安排到合资、合作企业工作的中方职工，其连续工龄按在原单位的工作时间和在合资、合作企业工作时间合并计算。

（2）在军人退伍、复员、专业的情形下，根据《兵役法》及《关于退伍义务兵安置工作随用人单位改革实行劳动合同制度的意见》等规定，军队退伍、复员、转业军人的军龄，计算为接收安置单位的连续工龄，企业与职工解除劳动关系计发法定的经济补偿金时，退伍、转业军人的军龄应该计算为"本单位工作年限"。

《劳动合同法实施条例》第 10 条规定："劳动者非因本人原因从原用人单位被安排到新用人单位工作的，劳动者在原用人单位的工作年限合并计算为新用人单位的工作年限。原用人单位已经向劳动者支付经济补偿的，新用人单位在依法解除、终止劳动合同计算支付经济补偿的工作年限时，不再计算劳动者在原用人单位的工作年限。"

【案例 6-6】

高某于 1995 年 5 月大学毕业后就到某工厂工作。2005 年 4 月该工厂与外商合资成立了独立法人单位 A 公司后，将高某派到 A 公司工作，A 公司与高某签订了无固定期限的合同。2007 年高某身患重病，医疗期间届满后经调岗仍不能适应工作，A 公司书面通知高某解除劳动合同。但是在经济补偿金的计算上，双方产生分歧。高某主张按 12 年计算，A 公司主张按 2 年计算。①

高某在原工厂工作的 10 年是否算入 A 公司应支付经济补偿金的年限？对此，《劳动部办公厅关于贯彻〈外商投资企业劳动管理规定〉有关问题的复函》第 2 条第 6 款规定："由合资、合作的中方单位安排到合资、合作企业工作的中方职工，其连续工龄按在原单位工作时间和在合资、合作企业工作时间合并计算。"因此，高某的工作年限应为 12 年，

① 石先广著：《〈劳动合同法〉——您逐鹿职场的利剑》，法律出版社 2007 年版，第 117 页。

用人单位应当按照12年来支付经济补偿金。

在工作年限计算上，以年为单位就存在一个不满1年的计算问题。我国台湾地区，在同一用人单位连续工作，每满1年发给相当于1个月工资的资遣费，工作未满1年者，按比例计算；香港地区也规定工龄不足1年者经济补偿金按比例计算。① 我国相关法律规定，经济补偿金的支付以年为计算单位，工作时间不满1年的，按1年的标准发给经济补偿金。②《劳动合同法》在此基础上对此问题作了很具体的规定，即“6个月以上不满1年的，按1年计算；不满6个月的，向劳动者支付半个月工资的经济补偿”，相比原《劳动法》的规定，更加准确合理。

在工作年限的封顶问题上，有的国家有封顶，如德国、俄罗斯等。德国一般情形下采用12个月，特殊情形下可超过12个月，最高可达18个月；俄罗斯仅规定2~3个月的支付标准；有的国家和地区不封顶，如法国。我国台湾、香港地区也如此。在我国，根据《违反和解除劳动合同的经济补偿办法》的规定，一般情形下不封顶，只有在特殊情形下，工作年限的计算才不得超过12年，即协商解除劳动合同和劳动者不能胜任工作解除劳动合同情形。关于此问题，《劳动合同法》采用了新的做法，即对工作年限的封顶限制只针对高收入的劳动者，而一般情形不予限制，按劳动者实际工作年限支付经济补偿金。

2. 工资

世界大多数国家和地区的做法是将劳动者的平均工资作为计算经济补偿金基数，但在具体的标准上，有的以“月平均工资”作为计算基数，如法国、俄罗斯，我国台湾地区也是这样；有的以“周平均工资”计算依据，如英国，根据《雇佣权利法》的规定，基本补偿金的数额根据雇员的年龄和服务期的不同而有所区别，最高可达6300英镑；补充补偿金可按13~26周的工资标准支付……我国香港地区按最后一个月全月工资的2/3计算。③ 在我国，则是按职工月平均工资为计算基数，根据《劳动合同法》及劳动部《违反和解除劳动合同的经济补偿办法》的规定，计算经济补偿金的月工资均为劳动合同解除、终止前12个月劳动者的月平均工资。所不同的是后者具有一定的例外规定，即在劳动者患病或非因工负伤、用人单位濒临破产进行法定整顿期间或者生产经营状况发生严重困难需要经济性裁员的、客观情况发生重大变化而解除劳动合同这三种情况下，如果劳动者本人的月平均工资低于企业月平均工资的，经济补偿金按企业月平均工资的标准支付。④《劳动合同法》第47条第3款并没有区分劳动合同解除或终止的情形，而是统一按照劳动者在劳动合同解除、终止前12个月的平均工资为标准来支付。

根据国家统计局《关于工资总额组成的规定》第4条的规定，工资包括计时工资、计件工资、奖金、津贴和补助、加班加点工资、特殊情况下支付的工资。根据相关解释，

---

① 董保华、于海红：《劳动合同经济补偿金研究》，载董保华主编：《劳动合同研究》，中国劳动社会保障出版社2005年版，第276页。

② 参见《违反和解除劳动合同的经济补偿办法》第5条。

③ 董保华、于海红：《劳动合同经济补偿金研究》，载董保华主编：《劳动合同研究》，中国劳动社会保障出版社2005年版，第275页。

④ 参见《违反和解除劳动合同的经济补偿办法》第11条。

补贴包括生活补贴和住房补贴。不属于工资范围的收入包括：单位支付给劳动者个人的社会保障福利费、生活困难补助费、劳动保护方面的费用（如工作服费、解毒剂、清凉饮料费用等）以及按照规定未列入工资总额的各种劳动报酬及其他劳动收入（如发明创造奖、国家星火奖、自然科学奖、合理化建议奖和技术改进奖及稿费、讲课费、翻译费等）。

《劳动合同法实施条例》第 27 条明确规定："劳动合同法第 47 条规定的经济补偿的月工资按照劳动者应得工资计算，包括计时工资或者计件工资以及奖金、津贴和补贴等货币性收入。劳动者在劳动合同解除或者终止前 12 个月的平均工资低于当地最低工资标准的，按照当地最低工资标准计算。劳动者工作不满 12 个月的，按照实际工作的月数计算平均工资。"

【思考题】

1. 用人单位单方面解除劳动合同的法定情形有哪些？
2. 劳动者单方面解除劳动合同的情形有哪些？
3. 经济补偿金的的法定条件和支付标准是什么？

第七章 集体合同制度

【本章学习重点提示】 掌握集体协商与集体合同概念、集体合同与劳动合同关系、集体合同订立的基本原则、集体合同的内容和效力。

第一节 集体合同制度概述

集体合同制度是调整集体劳动关系的重要法律制度，内容涉及集体合同主体、内容、签订程序、监督与管理、违反集体合同的法律责任、集体合同争议的处理等。

一、集体协商与集体合同的概念

（一）集体协商的概念

集体协商，又称集体谈判，是签约双方代表签订集体合同进行商谈的法律行为；① 具体来说是劳动者通过自己的组织或代表与相应的用人单位或用人单位组织为签订集体合同进行谈判的行为。②

在我国劳动法上，采用"集体协商"而不是"集体谈判"的用语，要求用人单位与本单位职工签订集体合同或专项集体合同，以及确定相关事宜，应当采取集体协商的方式。集体协商主要采取协商会议的形式。③ 由此，我们可以知道，所谓集体协商，是指用人单位与本单位职工通过协商会议的形式，就集体合同或者专项集体合同以及相关事宜进行协商的活动。

但是，依据学者的研究，认为集体协商与集体谈判，两者不能等同。国际劳工组织集体谈判专家约翰·P. 温德姆勒指出：协商与集体谈判的不同之处在于，它不是一个决策过程，而是一个咨询的过程，它强调在劳工关系中的合作而不是敌对关系。协商与谈判不同，谈判的结果取决于双方能否达成一致；而在协商中，决策的最终力量总是掌握在管理者手中。另一位国际劳工组织谈判专家吉赛彼·卡恩勒指出：协商是指一方在听取了另一方的意见和要求之后作出的决策，它没有法律约束力，但是决策方应考虑另一方的意见。谈判则是两方进行讨论共同作出的对双方都有约束力的决策，和达成对各方都有法律约束力的协议。④

---

① 王全兴著：《劳动法》（第三版），法律出版社 2008 年版，第 216 页。

② 姜颖主编：《劳动法学》，中国劳动社会保障出版社 2007 年版，第 96~97 页。

③ 《集体合同规定》第 4 条。

④ 程延园著：《集体谈判制度研究》，中国人民大学出版社 2004 年版，第 38 页。

台湾地区学者黄程贯教授认为，集体协商，乃是劳工同盟自由权（劳动三权）中最重要的集体行动权的一种，而集体协商之方式与结果，最为世界各国劳动法所共同普遍承认，乃是所谓团体协约。集体协商当然不只限于团体协约之签订一种而已，其他各种协议、协定亦包括之。……资方征得工会同意之过程亦是一种集体协商之形式，惟其协商结果则并非团体协约法中之团体协约。团体协约之涵盖集体协商权之一部分，绝非全部……①

按照《集体合同规定》的规定，集体协商要遵守法律、法规、规章及国家有关规定；相互尊重，平等协商；诚实守信，公平合作；兼顾双方合法权益；不得采取过激行为。

集体协商的内容主要包括：（1）劳动报酬；（2）工作时间；（3）休息休假；（4）劳动安全与卫生；（5）补充保险和福利；（6）女职工和未成年工特殊保护；（7）职业技能培训；（8）劳动合同管理；（9）奖惩；（10）裁员；（11）集体合同期限；（12）变更、解除集体合同的程序；（13）履行集体合同发生争议时的协商处理办法；（14）违反集体合同的责任；（15）双方认为应当协商的其他内容。

（二）集体合同概念

集体合同，又称团体协议或集体协议。我国《集体合同规定》第3条规定："本规定所称集体合同，是指用人单位与本单位职工根据法律、法规、规章的规定，就劳动报酬、工作时间、休息休假、劳动安全卫生、职业培训、保险福利等事项，通过集体协商签订的书面协议；所称专项集体合同，是指用人单位与本单位职工根据法律、法规、规章的规定，就集体协商的某项内容签订的专项书面协议。"

《劳动合同法》第51条专门规定："企业职工一方与用人单位通过平等协商，可以就劳动报酬、工作时间、休息休假、劳动安全卫生、保险福利等事项订立集体合同。集体合同草案应当提交职工代表大会或者全体职工讨论通过。集体合同由工会代表企业职工一方与用人单位订立；尚未建立工会的用人单位，由上级工会指导劳动者推举的代表与用人单位订立。"

国际劳工组织第91号《集体合同建议书》规定："以一个雇主或一群雇主，或者一个或几个雇主组织为一方，一个或几个有代表性的工人组织为另一方，如果没有这样的工人组织，则根据国家法律和法规由工人正式选举并授权的代表为另一方，上述各方之间缔结的关于劳动条件和就业条件的一切书面协议，称为集体合同。"

总结上述内容，我们认为集体合同是指用人单位或者其团体与劳动者组织或者其代表根据法律、法规、规章的规定，就劳动报酬、工作时间、休息休假、劳动安全卫生、职业培训、保险福利等事项，通过集体协商签订的书面协议。

二、集体合同与劳动合同的关系

虽然集体合同与劳动合同都是通过合同的形式调整劳动关系，但是集体合同主要调整集体劳动关系，劳动合同调整个别劳动关系。集体合同与劳动合同两者之间存在以下几个方面的区别：

① 黄程贯著：《劳动法》，台湾"国立空中大学"2001年版，第341页。

（一）当事人不同

劳动合同的当事人是劳动者个人与用人单位；集体合同的当事人一方是代表全体劳动者利益的工会组织或劳动者推举的代表，另一方则是用人单位或其团体。因为涉及大多数劳动者的权利和义务，所以集体协商是订立集体合同的法定程序。

（二）目的不同

劳动合同签订的目的是明确单个劳动者与用人单位双方的权利和义务；而集体合同则是通过集体协商程序，确定适合于全体劳动者与用人单位或其团体的权利和义务，具有细化劳动基准法的功能。“集体合同制度一方面成为劳动立法的重要补充，另一方面也弥补了个人劳动合同的不足，成为劳动关系调整机制的重要环节。”①

（三）内容不同

由于劳动合同是明确劳动者个体与用人单位权利与义务的协议，因而其内容包括单个劳动关系运行的各个方面的权利和义务；集体合同是为了劳动者整体的利益而订立的协议，其内容既可能涉及劳动关系的各个方面，也可能只涉及劳动关系的某个方面，如专项集体合同，其中最常见的是工资方面的集体协议。

（四）形式不同

我国劳动法要求劳动合同一般采取书面形式，但不少国家承认口头形式。集体合同一般为要式，采取书面形式。

（五）效力不同

劳动合同是劳动者个人与用人单位的协议，其效力只及于劳动者个人和用人单位，对当事人以外的第三人不具有约束力。集体合同则不同，除对集体合同当事人有一定约束力外，对被代表的劳动者个人也具有约束力。集体合同的效力高于劳动合同的效力，劳动合同中约定的劳动条件和劳动报酬不得低于集体合同的规定。我国《劳动法》第35条规定：“依法签订的集体合同对企业和企业全体职工具有约束力。职工个人与企业订立的劳动合同中劳动条件和劳动报酬等标准不得低于集体合同的规定。”《劳动合同法》第55条也规定：“用人单位与劳动者订立的劳动合同中劳动报酬和劳动条件等标准不得低于集体合同规定的标准。”

三、集体合同的分类

按照不同角度，集体合同有不同分类。比较常见的分类是，按照集体合同内容的单一性或者综合性，可分为综合性集体合同和专项集体合同。所谓综合性集体合同是指其内容涉及劳动关系运行的方方面面的合同，如内容涉及劳动报酬、工作时间、休息休假、职业培训、劳动安全卫生、保险福利等事项的集体合同，就是综合性合同。所谓专项集体合同，当然是指合同内容只涉及劳资关系某一方面的合同，如工资专项集体合同，女职工权益保护的专项合同等。《劳动合同法》第52条规定：“企业职工一方与用人单位可以订立劳动安全卫生、女职工权益保护、工资调整机制等专项集体合同。”

此外，按照集体合同适用的范围来分，集体合同可以分为区域性集体合同、行业性集

① 姜颖主编：《劳动法学》，中国劳动社会保障出版社2007年版，第97页。

体合同。所谓区域性集体合同当然是指适用于某一特定地区范围的集体合同；行业性集体合同则是适用某特定行业的集体合同，如建筑业集体合同、餐饮业集体合同和采矿业集体合同。《劳动合同法》第53条正是基于不同行业的不同特点，不同地域的不同要求，规定："在县级以下区域内，建筑业、采矿业、餐饮服务业等行业可以由工会与企业方面代表订立行业性集体合同，或者订立区域性集体合同。"这样规定，可以使得订立的集体合同具有更强的针对性和实用性。

四、集体合同的产生与发展

集体合同的产生，与劳动合同产生的背景不同。劳动合同是伴随着劳动关系的产生而产生的，集体合同的产生却比劳动合同产生晚，是劳动者行使结社权的结果，是为了平衡劳动者和雇主的力量而产生的。① 它是资本主义市场经济发展到一定历史阶段的产物，是伴随着工人运动的发展和工会的兴起与壮大而产生和发展起来的。

最早的集体合同是1860年英国工会创立的团体协约、1870年美国煤矿工人联合与雇主订立的协约、1886年美国劳工联合会与雇主正式订立的团体协约。集体合同产生的直接原因是产业革命以后，工人的劳动强度加大，生产中不安全因素增多，劳动条件恶劣。起初，劳资之间并无契约，劳动待遇由资方任意确定，其恶劣状况常常超出劳动者的生理界限。经过劳动者的不断努力和争取，虽然逐渐形成了由资方与劳动者订立雇佣契约（劳动合同）的制度，但由于资方处于强者地位，事实上劳动条件仍由雇主单方面决定，劳动者只能予以默认。后来劳动者逐渐认识到，单凭个人力量不足以与雇主对抗，必须组织起来通过斗争才能改善劳动条件，这就出现了工人的团体——工会。在工会与资方的斗争中，工会经常采用罢工手段，雇主也想尽办法对工人和工人组织进行指控，但是这样的指控往往既难以达到其残酷剥削的目的，也难以平息此起彼伏的罢工浪潮。在这种斗争与妥协中，开始出现通过更认真的集体谈判解决问题的方案，通过工会代表劳动者全体与雇主谈判交涉，并用书面的形式把双方同意的权利义务固定下来，就形成了集体合同。

集体合同在其出现之初，只是劳资双方自愿遵守的协定，得不到法律的保护。资产阶级国家对集体合同的态度经历了反对、承认和保护三个时期。19世纪初，欧美各国崇尚自由竞争，认为集体合同有悖于契约自由的私法原则，因而对集体合同持反对态度。到19世纪中叶，工人运动发展起来，工会力量更加强大，雇主很难抵制劳动者要求改善劳动条件的谈判，同时雇主也逐渐认识到，订立集体合同一方面可以减少劳资纠纷、防止罢工，另一方面可以避免同业间的无益竞争，因此转而乐意接受集体合同。政府也不再加以反对，而是承认劳资双方可以订立集体合同。19世纪后期，各国政府对工会和集体合同开始在立法上采取保护政策。1871年和1875年英国公布了世界上第一个《工会法》和《企业主和工人法》，承认工人与企业主地位平等，允许工人以团体名义与企业主签订契约。1904年新西兰颁布了最早的集体合同法律，1907年奥地利和荷兰也相继制定了有关集体合同的法律制度，1911年瑞士颁布的《债务法》也有两条是关于集体合同内容的。这一时期的集体合同关系多被视为民事法律关系，集体合同内容比较简单，但仍然是人类

① 沈同仙著：《劳动法学》，北京大学出版社2009年版，第94页。

历史上最早的集体合同立法。此后，其他国家也陆续在法律上承认了集体合同。目前，集体合同制度是市场经济国家普遍采用的制度。国际劳工组织也围绕有关开展集体谈判的内容，制定了一系列国际劳工公约和建议书，如 1949 年第 98 号公约、1951 年第 91 号建议书、1981 年第 154 号公约和第 163 号建议书，都对集体谈判作出了规定，并且明确提出，成员国应该通过立法、指导集体谈判和集体合同两种手段干预劳动关系。

集体合同在我国出现也有相当长的历史。早在 1922 年，中国劳动组合书记部（中国共产党建立以后的工人运动领导机构）拟定的《劳动法大纲》中，就提出“劳动者有缔结团体契约权”，作为党成立后工人运动的斗争纲领之一。在工人运动的强大压力下，为了稳定劳资关系，国民党政府在 1930 年 10 月公布了《团体协约法》。该法第 1 条规定：“称团体协约者，谓雇主或有法人资格之雇主团体，与有法人资格之工人团体以规定劳动关系为目的，所缔结之书面契约。”在中国共产党领导下的根据地，1931 年通过和 1933 年修改的《中华苏维埃共和国劳动法》均对集体合同做了规定。新中国成立以后，《共同纲领》中规定：“私人经营的企业为实现劳资两利的原则，应由工会代表工人职员与资方订立集体合同。”1950 年我国第一部《中华人民共和国工会法》也明确规定了国营及合作社经营的企业和私营企业工会有代表受雇工人、职员与资方缔结集体合同之权。这期间，集体合同制度曾一度作为重要的一项制度广泛推行，得到了很大的发展。1956 年后，随着对资本主义工商业社会主义改造的完成，私营企业消失，企业都变为单一的公有制，全国开始实行计划经济体制，国家制定统一的就业、报酬和福利政策，职工的基本生活由国家保障，企业内部不再存在过去那种劳资关系。后来，随着学习原苏联在国营和公营企业里推行“一长制”，企业经营者的权利逐渐扩大，作为协调劳动关系的集体合同制度逐步停止了。

改革开放以后，特别是党的十四届三中全会作出了建立社会主义市场经济体制的决定，我国经济体制改革步伐明显加快。随着非公有制企业大量增加和企业作为独立法人自主决定涉及职工利益的各种问题之后，劳动纠纷开始急剧上升。为了维护职工合法权益，协调劳动关系，推进经济建设，根据中央的要求和全国总工会、原劳动部的部署，开始在全国恢复建立集体合同制度。在 1983 年《中国工会章程》、1986 年《全民所有制工业企业职工代表大会条例》和 1992 年《工会法》中，都规定工会可以代表职工与企事业单位签订集体合同；在《劳动法》中用专门一章规定劳动合同和集体合同，对集体合同的内容、订立程序和效力作了原则性规定；1994 年 12 月，原劳动部制定了《集体合同规定》和《劳动部关于进行集体协商签订集体合同试点工作的意见》，对集体合同的订立、审查和争议处理作了更具体的规定；1995 年全国总工会制定了《工会参加平等协商和签订集体合同试行办法》，明确规定了工会参与集体合同订立与履行等环节的具体规则；2000 年《工资集体协商试行办法》是对建立专项集体合同制度作出的尝试；2004 年劳动和社会保障部又颁布了新的《集体合同规定》，2008 年 1 月 1 日实施的《劳动合同法》也有关于集体合同制度的特别规定。这些立法为我国集体合同制度的推行和完善提供了重要的法律保障。

五、集体合同的意义和作用

中国有句俗话：团结就是力量。在劳动关系中，由于劳资双方力量不均衡，特别在个别劳动关系中，劳动者个人处于比较劣势的地位，因此，需要通过劳动者团体的力量来弥补劳动者个体的弱势地位之不足。集体合同是在集体协商的基础上达成的协议，能够比较充分地反映劳动者整体的利益诉求，因此，具有积极的意义与作用。

第一，弥补个别劳动合同之不足。在签订劳动合同过程中，单个劳动者处于弱势地位，没有较强的议价能力，不足以与用人单位相抗衡，因而难以争取到公平合理的劳动条件。由工会（或职工代表）代表全体劳动者同用人单位签订集体合同，就可以规定集体劳动条件，这是集体合同适用范围内劳动者的最低个人劳动条件，单个劳动合同所确立的劳动条件不得低于该集体合同规定的劳动条件。因此，集体合同能够纠正和防止劳动合同对劳动者的劳动条件的过分不公平，使之回归到比较公平合理的状态，对劳动者提供比较合理的劳动法保护，改善劳动者的劳动条件，提供比较好的福利待遇，从而改善劳动者的生活条件。

第二，确立劳动者的整体利益保护标准。对许多个别劳动合同中难以涉及的职工整体利益问题，可通过集体合同进行约定，如企业工资水平的确定、劳动条件的改善、集体福利的提高等。如根据工资方面的法律规定，用人单位在制定工资分配和工资支付制度时应当听取工会和职工代表大会的意见，进行工资集体协商，签订工资专项集体合同。

第三，节省用人单位劳动合同签订的成本和精力。劳动关系的内容涉及方方面面，如果事无巨细均由劳动合同规定，那么每份劳动合同都将成为一本具有相当篇幅的小册子，订立一份劳动合同将成为一件很不容易的事情。通过集体合同对劳动关系的内容进行全面规定之后，劳动合同只需就单个劳动者的特殊情况作出规定即可，这样就会大大简化劳动合同的内容，降低签订劳动合同的成本。

第四，促进劳动关系的和谐发展，实现劳资双方利益共赢。签订集体合同，有利于从整体上维护职工的劳动权益，更好地保护劳动者个人的合法权益，调动职工劳动生产、工作的积极性、主动性和创造性，增强职工的企业主人翁意识，为用人单位创造更多的价值，从而促进企业公司利益最大化。

第五，更加密切工会组织与劳动者群体的关系，提高工会在职工中的威信。实行集体合同制度，有利于工会充分发挥其在组织劳动者、维护职工劳动权益和协调劳动关系方面的作用，从而稳定企业劳动关系，维护企业劳动生产、工作秩序。

第六，预防和减少劳资纠纷。通过集体协商，签订集体合同，提供劳资沟通协商平台，有利于职工和企业之间进行沟通和理解，有利于缓和劳资矛盾，预防和减少劳动纠纷。

第二节　集体合同的订立

集体合同的订立，是指集体合同当事人就集体合同的条款，在平等协商的基础上达成一致，以明确双方权利义务的过程。集体合同的订立涉及集体合同订立主体、集体合同订立原则、集体合同的主要内容及集体合同的订立程序等内容。

一、集体合同的订立主体和原则

（一）订立集体合同的主体

订立集体合同的主体，即集体合同订立的当事人，是指分别代表劳动者和用人单位签订集体合同的主体。集体合同订立主体，不同于一般民事合同的订立主体，它不是劳方个体与资方的协商过程，而是一种集体间的协商过程。在劳动法学界，集体合同的当事人到底是谁，特别是代表劳动者一方订立集体合同的主体是谁存在不同看法。目前，关于集体合同劳方订立主体的观点，主要有“职工主体说”、“工会主体说”、“劳动者与工会共同主体说”以及“同一说”等。

“职工主体说”认为：“就劳动法而言，职工与企业是集体合同的当事人，工会仅仅是职工的‘代表’，工会在集体合同中只是‘代表’的角色。”①

“工会主体说”认为：“当我国劳动合同法将集体合同确定为规范性合同，集体合同当事人就应该是工会组织，劳动者只能是集体合同的关系人，因此，工会组织应该承担相当的法律责任。”② 与此同时，工会与职工的关系是“代表者与被代表者的关系”。③ 这是我国学界比较传统的学说。

“劳动者与工会共同主体说”，由常凯教授提出，该说认为集体谈判的劳方主体应该是职工（劳动者）和工会共同组成，而且这是一种不可分割的主体，其中劳动者是意志主体，工会是形式主体。④

“同一说”认为，集体合同的劳方真正主体是由工会机关、工会成员等共同组成的工会法人。⑤

这些观点，从不同角度分析，都具有一定的合理性，其中“工会主体说”是我国学界的主流观点。根据我国《工会法》第 14 条的规定，工会具备《民法通则》规定条件的，依法取得社会团体法人资格。工会可以独立享有权利，履行义务，承担责任。按照我国《集体合同规定》、《工会法》等法律、法规的规定，已经建立了基层工会组织的用人单位，工会委员会可以代表劳动者与用人单位签订集体合同，没有建立工会组织的企业，可以由劳动者推举的代表作为集体合同签约人。我国《劳动合同法》第 51 条也规定：“集体合同由工会代表企业职工一方与用人单位订立；尚未建立工会的用人单位，由上级工会指导劳动者推举的代表与用人单位订立。”这意味着有工会组织的企业，工会是集体

---

① 张喜亮：《工会在集体合同制度中的角色》，载《劳动法学通讯》1997 年第 2 期。

② 董保华著：《劳动关系调整的社会化与国际化》，上海交通大学出版社 2006 年版，第 162～163 页；转引自吴朝臣：《当代中国集体合同制度若干问题研究》，上海师范大学 2012 年硕士学位论文，第 7 页。

③ 董保华著：《劳动关系调整的社会化与国际化》，上海交通大学出版社 2006 年版，第 162～163 页；转引自吴朝臣：《当代中国集体合同制度若干问题研究》，上海师范大学 2012 年硕士学位论文，第 7 页。

④ 常凯：《外资企业中集体谈判和集体合同制度的几个法律问题》，载《中国法学》1995 年第 1 期。

⑤ 孙德强、沈建峰：《集体合同主体辨析》，载《政法论坛》2009 年第 3 期。

合同劳方的订立主体，没有成立工会组织的企业，则由劳动者推举的代表作为集体合同的订立者。

代表用人单位签订集体合同的主体一般是用人单位的负责人或其委托的人。根据原劳动部的规定，具备企业法人资格、跨省市的大型企业或集团公司的法定代表人可以委托所属下一级企业或子公司的负责人与工会签订集体合同，但只能委托一级，不得层层委托。

（二）订立集体合同应当遵循的基本原则

《集体合同规定》第5条规定，进行集体协商，签订集体合同或者专项集体合同，应当遵循下列原则：（1）遵守法律、法规、规章及国家有关规定；（2）相互尊重，平等协商；（3）诚实守信，公平合作；（4）兼顾双方合法权益；（5）不得采取过激行为。

二、集体合同的主要内容

集体合同的内容，即集体合同的条款。与劳动合同相比，集体合同的内容具有更大的不确定性。它可以规定劳动关系某一方面的内容，也可以把劳动关系的诸多方面都涵盖进去，甚至还可以把用人单位固有权利问题，如技术引进、人力资源管理的若干制度等引入集体合同。从功能上看，集体合同的条款主要包括以下三方面内容：

1. 劳动标准条款

即规定劳动标准的条款，包括劳动报酬、工作时间、休息休假、劳动安全卫生、社会保险福利等。我国《劳动合同法》第51条规定：“企业职工一方与用人单位通过平等协商，可以就劳动报酬、工作时间、休息休假、劳动安全卫生、保险福利等事项订立集体合同。”这些事项是集体合同的核心内容，它制约着劳动合同的劳动标准。劳动者个人与用人单位订立的劳动合同中劳动报酬和劳动条件等标准，不得低于集体合同的规定。

2. 目标条款

目标条款主要包括当事人在集体合同中约定的，应当于规定的期限内达到的具体目标和实现该目标的措施。这些目标项目通常都是为满足劳动者的利益而设置的。

3. 程序条款

程序条款这是规定集体合同自身运行的程序规则的条款，包括集体合同的订立、履行、变更、解除、终止以及续订的协商程序，双方履行集体合同的权利义务以及违反集体合同责任的承担，发生争议时的处理等。这是保证集体合同履行和维护集体合同主体双方合法权益不可缺少的程序保证。

三、集体合同订立的程序

集体合同的订立程序，可以分为签约阶段、政府认可阶段和生效三个阶段。其中签约阶段又因为合意过程是否采用集体谈判手段而分为谈判型和非谈判型两种模式。① 我国《劳动法》与《劳动合同法》、《集体合同规定》关于集体合同签订程序的规定存在差异。《劳动法》第33条规定：“企业职工一方与企业可以就劳动报酬、工作时间、休息休假、劳动安全卫生、保险福利等事项，签订集体合同。集体合同草案应当提交职工代表大会或

① 王全兴著：《劳动法》（第三版），法律出版社2008年版，第216页。

者全体职工讨论通过。”该条的规定非常简单，是否采取集体协商以及具体程序并不明确，必须结合其他的法律法规来理解。

《劳动合同法》第51条要求签订集体合同时通过平等协商，集体合同草案应当提交职工代表或者全体职工讨论通过。

《集体合同规定》第4条规定：“用人单位与本单位职工签订集体合同或专项集体合同，以及确定相关事宜，应当采取集体协商的方式。集体协商主要采取协商会议的形式。”由这里可以看出签订集体合同应当采取集体协商（谈判型模式），而且《集体合同规定》对集体协商的形式、内容、集体协商代表的确定、集体协商的程序等做了具体规定。

同时，《集体合同规定》还对集体合同订立的步骤也做了规定：经过双方协商代表协商一致的集体合同草案或者专项集体合同草案应当提交职工代表大会或者全体职工讨论；应当有2/3以上职工代表或者职工出席，且须经全体职工代表半数以上或者全体职工半数以上同意，集体合同草案或者专项集体合同草案方获得通过；之后由集体协商双方首席代表签字；双方首席代表签字之日起10日内由用人单位一方将文本一式三份报劳动保障行政部门审查。劳动保障行政部门经对集体合同或者专项集体合同合法性进行审查：（1）有异议的，应当自收到文本之日起15日内将《审查意见书》送达双方协商代表，由双方针对异议事项经集体协商后重新签订集体合同或者专项集体合同，再报送劳动保障部门审查。（2）劳动保障行政部门自收到文本之日起15日内未提出异议的，集体合同或者专项集体合同即行生效。生效的集体合同或者专项集体合同，应当自其生效之日起由协商代表及时以适当形式向本方全体人员公布。

集体合同期限一般为1~3年，期满或者双方约定的终止条件出现即行终止。合同期满前3个月内，任何一方可向对方提出重新签订或续订的要求。

第三节　集体合同的效力

集体合同的效力是指集体合同生效后对当事人的法律约束力。凡符合法律规定的集体合同，一经依法签订就具有法律效力。

集体合同效力可以分为法规性效力与债法性效力。

一、集体合同的法规性效力

“法规性效力”，亦称为“规范性效力”，是因为团体协约之劳方当事人系劳工团体，而资方当事人则系个别雇主或雇主团体，在劳工团体、雇主团体作为团体协约当事人时，其所签订之团体协约，对其成员之个别劳工、个别雇主即当然发生效力，不问其是否同意。① 也即是说，对团体成员而言，其所属团体签订之团体协约将产生有如法规一般之效力。此一部分主要内容乃是劳动关系成立（如招募程序、契约格式等）、内容（尤其是工资、工时等主要劳动条件与各种福利、各种企业厂场内之秩序规范与违反时之惩罚等）与消灭（尤其是劳动契约之终止、离职等）。此等内容一经团体协约签订后，当即成为个

---

① 黄程贯著：《劳动法》，台湾“国立空中大学”2001年版，第355~356页。

别劳工与个别雇主之间劳动契约的内容，此即团体协约之法规性效力。①

集体合同规范性效力，具有强制性与不可低贬性、效力延续性、不可抛弃性等特点。

1. 强制性与不可低贬性

台湾地区“团体协约法”第 16 条规定：团体协约所定劳动条件，当然为该团体协约所属雇主及工人间所订劳动契约之内容。如劳动契约有异于该团体协约所定之劳动条件，其相异之部分无效；无效之部分，以团体协约之规定代之。但异于团体协约之约定为该团体协约所容许，或为工人之利益变更劳动条件（利益劳工原则——编著注），而该团体协约并无明文禁止者为有效。这种规定就体现了团体协约/集体合同的法规性效力之强制性与不可低贬性特征。集体合同所定劳动条件，当然为该集体合同所属雇主及工人间所订劳动契约之内容，不管劳动契约当事人是否知悉该集体合同之内容或是否同意该集体合同之内容，均在所不问。集体合同确立的劳动条件是劳动合同确立的最低标准。在集体合同有明确规定的情形下，个别劳动合同确立的劳动条件，以有利劳工原则/利益劳工原则为衡量标准，高于集体合同的有效，低于集体合同标准的无效。

我国《集体合同规定》第 6 条规定：“符合本规定的集体合同或专项集体合同，对用人单位和本单位的全体职工具有法律约束力。用人单位与职工个人签订的劳动合同约定的劳动条件和劳动报酬等标准，不得低于集体合同或专项集体合同的规定。”前面一款体现了集体合同强制性特点，后面一款则体现了不得低贬性特点。《劳动合同法》第 55 条第 2 款也规定用人单位与劳动者订立的劳动合同中劳动报酬和劳动条件等标准不得低于集体合同规定的标准。

2. 效力延续性

所谓效力延续性，是指集体合同在所其确定的合同期限已经届满而消灭时，仍然继续生效（即所谓余后效力或者延续效力），直到新的集体合同订立为止，才失去其效力。依据台湾地区“团体协约法”第 17 条的规定，团体协约已届期满，新团体协约尚未订立时，于劳动契约另为约定前，原团体协约关于劳动条件之规定，仍继续为该团体协约关系人之劳动契约之内容。

3. 不可抛弃性

集体合同生效期间，规定在集体合同中的权利，集体合同的当事人及关系人的抛弃行为无效，亦不因任何理由而丧失该权力。这样规定，是为避免劳动者在劳动关系存续期间，因受用人单位的影响而放弃自己的权利，最终影响到集体合同的效力。台湾地区“团体协约法”第 18 条规定：团体协约关系人如于其劳动契约存续期间抛弃其由团体协约所得劳动契约上之权利，其抛弃为无效。但于劳动契约终了后 3 个月内仍不行使其权利者，不得复行使之。团体协约所属之雇主，因工人维持其由于团体协约所生之权利，或基于团体协约之劳动契约所生之权利而终止劳动契约者，其终止为无效。

我国《集体合同规定》第 38 条规定：“集体合同或专项集体合同期限一般为 1 至 3 年，期满或双方约定的终止条件出现，即行终止。集体合同或专项集体合同期满前 3 个月内，任何一方均可向对方提出重新签订或续订的要求。”由此可以得知，我国集体合同制

---

① 黄程贯著：《劳动法》，台湾“国立空中大学”2001 年版，第 356 页。

度不认可集体合同规范性效力的延续性特点，也未涉及不可抛弃性的规定。

集体合同的法规性效力范围包括以下几个方面：

1. 对人效力

集体合同对人的效力，又称集体合同的普遍效力，是指集体合同对什么人具有法律约束力。一般认为，受集体合同约束的人包括集体合同的当事人和关系人。前者是指订立集体合同并且受集体合同约束的主体，即工会组织和用人单位或其团体；后者由集体合同获得利益并且受集体合同约束的主体，即工会组织所代表的全体劳动者和用人单位团体所代表的各用人单位。由于我国现阶段以基层集体合同为主体，宏观层次集体合同相对较少，所以，《劳动法》规定，依法签订的集体合同对用人单位和本单位全体劳动者具有约束力。《劳动合同法》第 54 条第 2 款规定："依法订立的集体合同对用人单位和劳动者具有约束力。"行业性、区域性集体合同对当地本行业、本区域的用人单位和劳动者具有约束力。如果集体合同的当事人违反集体合同的规定就要承担相应的法律责任。用人单位和劳动者订立的劳动合同中有关劳动条件和劳动报酬等标准不得低于集体合同的规定。

2. 时间效力

集体合同的时间效力，是指集体合同从什么时间开始发生效力，什么时间终止其效力。集体合同的时间效力通常以其存续时间为标准，一般从集体合同成立之日起生效，如果当事人另有约定的，应在集体合同中明确规定。集体合同的期限一般为 1~3 年，集体合同的期限届满，其效力终止。

3. 空间效力

集体合同的空间效力是指集体合同在什么地域范围内发生效力。一般而言，全国性或地方性集体合同分别在全国范围或某特定地域内有效；某产业的集体合同则于该产业的覆盖范围内有效；某用人单位的集体合同只限定在该用人单位的范围内有效。由于我国《集体合同规定》并没有明确认可高层次集体协商主体，理论界对高层次集体合同在我国的合法性一直存在分歧。值得注意的是，我国《劳动合同法》第 53 条明确规定："在县级以下区域内，建筑业、采矿业、餐饮服务业等行业可以由工会与企业方面代表订立行业性集体合同，或者订立区域性集体合同。"一些地方性法规已经明确规定要推行区域性、行业性集体合同①，表明我国将会在推行基层集体合同制度基础上，积极探索区域性、行业性集体合合同制度。

二、集体合同的债法性效力

所谓债法性效力，是指集体合同除针对个别劳工与雇主间之劳动关系内容（即劳动条件等）订有法规性效力之规定外，更得针对团体协约当事人本身相互间（即工会与个别雇主或雇主团体间）之权利义务予以规定，此部分因未涉及第三人（若是法规性效力部分则涉及个别劳工，对团体协约当事人而言，乃是第三人），故与一般之债法契约在性质上并无不同，故此部分之规定称之为"债法性效力部分"。其规定之内容，除不得违反法律上强制性禁止规定与公共秩序、善良风俗外，基于契约自由原则，应得任由当事人自

① 如《北京市集体合同条例》、《上海市集体合同条例》、《江苏省集体合同条例》。

由约定之。① 对于当事人之间的主要约束力在于“和平义务”与“敦促义务”。

所谓和平义务，是指双方当事人承诺在集体合同有效存续期间，双方当事人及关系人均不得为斗争行为，即不得罢工、闭厂、停工怠工等。各国法律多认可此种和平条款具有这样一种效力，即集体合同当事人及关系人承担和平义务。假如工会在合同有效期内举行罢工，不管是基于何种目的，均构成对和平义务的违反，雇主有权依据集体合同请求法院禁止工会的违约罢工行为。②

台湾地区“团体协约法”第20条第1款规定，团体协约当事人及其权利承继人，对于妨害团体协约之存在，或其各个规定之存在之一切斗争手段，不得采用。

所谓敦促义务，是指在集体合同有效期内，除工会组织及雇主团体本身不得违反和平义务之外，还负有敦促其关系人不得实施违反集体合同的行为的义务。该义务只要求集体合同当事人尽力履行了敦促义务即可，至于相关当事人是否听从则在所不问。③

台湾地区“团体协约法”第20条第2款规定，团体协约当事团体，对于其所属团员，有使其不为前项斗争，并使其不违反团体协约之规定之义务。

团体协约得约定当事人一方不履行团体协约所定之义务时，对于他方应给付代替损害赔偿之一定偿金。

我国现行集体合同法律制度对和平义务作了规定，要求当事人“不得采取过激行为”，《工会法》第27条规定：“企业、事业单位发生停工、怠工事件，工会应当代表职工同企业、事业单位或者有关方面协商，反映职工的意见和要求并提出解决意见。对于职工的合理要求，企业、事业单位应当予以解决。工会协助企业、事业单位做好工作，尽快恢复生产、工作秩序。”《工会法》的规定，并不是严格意义上的和平与敦促义务。《劳动法》与《劳动合同法》则无相应规定。

第四节 集体合同的履行、变更、解除和终止

一、集体合同的履行

集体合同的履行是指集体合同的当事人及关系人依照合同的规定履行各自承担的义务的行为。合同的履行，是实现合同订立目的的关键。如果合同得不到切实有效的履行，合同的目的就会落空。因此，与其他合同一样，集体合同的履行也应当遵循全面履行、实际履行、适当履行和协作履行的原则。

在集体合同履行过程中，不同的合同条款应采用不同的履行方法。其中，标准性条款主要通过订立和履行劳动合同的方式来履行，而目标性条款的履行着重在于将集体合同所列各项目标具体落实在企业各种计划和工会工作计划之中。对于内容不明确的条款，凡国家法律、政策、劳动标准中有明确规定的，应依照这些规定执行。凡无国家明确规定的应

① 黄程贯著：《劳动法》，台湾“国立空中大学”2001年版，第360~361页。

② 杨伟杰：《集体合同制度研究》，厦门大学2007年硕士学位论文，第19页。

③ 杨伟杰：《集体合同制度研究》，厦门大学2007年硕士学位论文，第19页。

当由当事人双方（包括各自关系人）依法重新协商，按新商定的要求执行。①

由于集体合同涉及用人单位全体劳动者的利益，监督集体合同的履行非常重要，劳动行政部门、地方工会、用人单位工会、职工代表大会以及全体职工，都应当监督集体合同的履行，其中用人单位工会应当定期组织有关人员对集体合同的履行情况进行监督检查，并定期向职工代表大会或全体职工通报集体合同的履行情况，并及时与企业协商解决集体合同履行过程中存在的问题。

二、集体合同的变更、解除

集体合同的变更，是指在集体合同没有履行或没有完全履行之前，因订立合同所依据的客观情况发生某些变化，需要依据法律规定的条件和程序，对原合同中的某些条款进行修改或补充的活动。在集体合同有效期内，因订立集体合同时所依赖的客观环境条件发生变化，致使集体合同难以履行或者履行后将对一方当事人产生极大不利益时，当事人可以提出变更集体合同要求。

集体合同的解除，是指集体合同在没有履行或没有完全履行之前，因合同订立时所依据的主客观情况发生变化，致使原合同的履行成为不可能或不必要，当事人依照法定条件和程序，终止原集体合同法律关系的活动。

除双方协商代表协商一致变更或者解除集体合同或者专项集体合同外，依照《集体合同规定》第 40 条的规定，集体合同的变更或解除，必须具备一定的条件。有下列情形之一的可以变更或解除集体合同：（1）用人单位因被兼并、解散、破产等原因致使集体合同或专项集体合同无法履行的；（2）因不可抗力等原因致使集体合同或者专项集体合同无法履行或部分无法履行的；（3）集体合同或专项集体合同约定的变更或解除条件出现的；（4）法律、法规、规章规定的其他情形。

《集体合同规定》第 41 条规定："变更或解除集体合同或专项集体合同适用本规定的集体协商程序。"

三、集体合同的终止

集体合同的终止是指双方当事人约定的期限届满或终止条件出现时，集体合同丧失法律效力的情况。集体合同签订后，双方当事人不得随意终止集体合同。只有法律规定或当事人约定的条件具备时，集体合同才能终止。根据《集体合同规定》的规定，集体合同的期限一般为 1~3 年，期限届满或双方约定的终止条件出现，集体合同即行终止。集体合同终止后，双方当事人之间依据集体合同形成的法律关系也随之终止。

第五节 集体合同争议的处理

一、集体合同争议的概念和分类

在解决什么是集体合同争议之前，必须解决什么是劳动争议。

---

① 王全兴著：《劳动法》，法律出版社 2008 年版，第 226 页。

劳动争议，也称劳资争议（industrial disputes），它的含义在不同的国家，具有不同的意义。权利争议（conflicts of right）涉及对现有合同或者裁决的解释，如何种级别工资对特殊工人个人或者工人群体适用的问题。然而，利益争议（conflicts of interest）则常常源起于新的需求或者诉求的集体谈判期间，如关于要求增加工资或者减少工作时间等。实践中，利益争议通常是集体争议（collective disputes）。在美国、瑞典和其他国家，这种差异是非常重要的。在法国、意大利和其他一些国家，权利争议则被进一步区分为个人争议（individual disputes）和集体争议（collective disputes）。这样区分的意图在于不同的争议适用不同类型的处理程序。在某些国家，只有利益争议能够导致合法罢工或者其他形式的制裁，但是权利争议必须通过劳动法院或者类似机构的具有约束力的裁决解决。①

依台湾地区“劳资争议处理法”，劳资争议分为权利事项与调整事项之劳资争议两种。权利事项争议是指劳资双方当事人基于法令、团体协约、劳动契约之规定所为之权利义务之争议。② 调整事项争议（利益争议），是指劳资双方当事人对于劳动条件主张继续维持或变更之争议。③ 劳资争议因性质不同，适用解决争议的途径也就不同。权利争议是一种可裁判的争议，可以由仲裁机构或法院依据法律和合同加以裁判；而利益争议是一种不可裁判的争议，只能由双方协商、第三方调解或仲裁处理，不能通过法院等裁判机构来处理。④

我国《劳动法》、《劳动合同法》对什么是劳动争议没有界定。对什么是集体争议、什么是集体合同争议也没明确；更没有权利争议与利益争议之划分。《劳动法》仅将集体合同争议区分为“因签订集体合同发生的争议”和“因履行集体合同发生的争议”；《集体合同规定》则表述为“集体协商过程中发生的争议”和“因履行集体合同发生的争议”。《劳动合同法》第 56 条规定：“……因履行集体合同发生的争议，经协商解决不成的，工会可以依法申请仲裁、提起诉讼。”但是，1993 年颁布的《企业劳动争议处理条例》第 5 条规定：“发生劳动争议的职工一方在 3 人以上的，并有共同理由的，应当推举代表参加调解或者仲裁活动。”受之影响，在实践中以及目前劳动争议的统计口径上，一般把劳动者人数的多少（是否 3 人以上）作为是否属于集体争议的标准，因而认为个别争议是劳动者一方不足法定集体争议人数，争议标的不同的劳动争议；而集体劳动争议则是劳动者一方达到法定的集体争议人数，争议标的相同，并通过集体选出的代表提起申诉的劳动争议。⑤

这种做法与国际通行的关于集体劳动争议的理解不一致。国际惯例认为，集体争议是集体谈判中所产生的争议；集体争议并不是个别劳动者人数的简单相加，而是以工会作为

---

① Greg J. Bamber, Russell D. Lansbury & Nick Wailes, *International and Comparative Employment Relations, Globalisation and Change*, SAGE Publication Ltd., 15 Edition, pp. 6-7.

② 台湾“劳资争议处理法”第 4 条第 2 款。

③ 台湾“劳资争议处理法”第 4 条第 3 款。

④ 杨强：《从权利到利益：我国劳动争议的新特点及其应对》，载《中国劳动关系学院学报》2010 年第 24 卷第 6 期。

⑤ 程延园著：《集体谈判制度研究》，中国人民大学出版社 2004 年版，第 262 页。

一方主体的争议。①

我国现行法律将集体争议分为“因签订集体合同发生的争议”和“因履行集体合同发生的争议”；或者“集体协商过程中发生的争议”和“因履行集体合同发生的争议”，是为了针对不同性质的争议提供不同的处理途径。

值得注意的是，《中共中央、国务院关于构建和谐劳动关系的意见》（中发〔2015〕10号）第6条第16项规定：“完善劳动关系群体性事件预防和应急处置机制。加强对劳动关系形势的分析研判，建立劳动关系群体性纠纷的经常性排查和动态监测预警制度，及时发现和解决劳动关系领域的苗头性、倾向性问题，有效防范群体性事件。……”这里提出了“劳动关系群体性事件”、“劳动关系群体性纠纷”的概念。需要注意的是，这里的劳动关系群体性事件或者纠纷，并不是集体劳动争议（集体合同履行争议和集体协商争议），它表现为劳方主体为部分劳动者，并无工会参与，也没有集体合同，而且群体性争议多为权利争议或者权利争议夹杂着部分利益争议。劳动关系群体性争议形成的原因是多方面的，如无工会组织或者工会组织并不能真正代表劳动者，监管不力或者缺位，劳动者利益诉求表达渠道不畅通等。劳动关系群体性事件如果处置不当极易演化为大规模的群体事件，影响社会稳定。

那么，什么是集体合同争议？集体合同争议是集体合同当事人及关系人在集体合同签订或者履行过程中发生的权利义务争议。

集体合同争议虽然也是用人单位与劳动者之间发生的争议，但与劳动合同争议相比，具有以下特点：

1. 争议主体的团体性

虽然集体合同争议由工会或职工民主推荐的代表与用人单位协商，但代表本身并不与用人单位有直接的个人权利义务争议，其代表的是全体职工的意志和行为，是全体职工与用人单位之间的权利义务争议，所以争议主体具有团体性。

2. 争议内容的特定性

集体合同内容的核心是劳动报酬、工作时间、休息休假、劳动安全卫生、社会保险福利等劳动标准。这些标准是劳动者与用人单位签订劳动合同的基础，直接涉及劳动者的合法权益，这些标准往往也是集体合同争议的焦点。

3. 影响的广泛性

集体合同争议主体的团体性决定了集体合同涉及面广，影响广泛，特别是那些与公共利益有关的企业或行业因集体合同发生争议，将会在一定程度上影响社会公众的利益。因此，集体合同争议出现之后，劳动行政部门应该密切关注，有必要时可以主动介入，及时、妥善地解决集体合同争议。

二、集体合同争议的处理途径

我国《劳动法》、《劳动合同法》和《集体合同规定》都规定了处理集体合同争议的途径。

① 程延园著：《集体谈判制度研究》，中国人民大学出版社2004年版，第263页。

（一）对于因签订集体合同发生的争议，当事人双方应当通过协商自行解决

由于集体合同是当事人通过集体协商签订的书面协议，因此，因签订集体合同发生的争议，一般发生在集体协商过程中，或者一方当事人提出协商要求而对方无正当理由拒绝或者置之不理的情形。对于后一种情况，《集体合同规定》第56条规定："用人单位无正当理由拒绝工会或职工代表提出的集体协商要求的，按照《工会法》及有关法律、法规的规定处理。"根据《工会法》第53条第4款的规定，无正当理由拒绝进行平等协商的，由县级以上人民政府责令改正，依法处理。

对于在集体协商过程中发生的争议，双方当事人不能协商解决的，当事人一方或双方可以书面形式向劳动保障行政部门提出协调处理申请；未提出申请的，劳动保障行政部门认为必要时也可以进行协调处理。① 劳动保障行政部门应当组织同级工会和企业组织等三方人员，共同协调处理集体协商争议。②《集体合同规定》还就集体协商争议处理的管辖问题、受理期限、程序等问题做了详细的规定。③

（1）集体协商争议处理实行属地管辖，具体管辖范围由省级劳动保障行政部门规定。

中央管辖的企业以及跨省、自治区、直辖市用人单位因集体协商发生的争议，由劳动保障部指定的省级劳动保障行政部门组织同级工会和企业组织等三方人员协调处理，必要时，劳动保障部也可以组织有关方面协调处理。

（2）协调处理集体协商争议的期限，应当自受理协调处理申请之日起30日内结束协调处理工作。期满未结束的，可以适当延长协调期限，但延长期限不得超过15日。

（3）协调处理集体协商争议应当按照以下程序进行：

①受理协调处理申请；②调查了解争议的情况；③研究制定协调处理争议的方案；④对争议进行协调处理；⑤制作《协调处理协议书》。《协调处理协议书》应当载明协调处理申请、争议的事实和协调结果，双方当事人就某些协商事项不能达成一致的，应将继续协商的有关事项予以载明。《协调处理协议书》由集体协商争议协调处理人员和争议双方首席代表签字盖章后生效。争议双方均应遵守生效后的《协调处理协议书》。

（二）因履行集体合同发生的争议，依据一般劳动争议处理制度解决

一般劳动争议的解决途径，依据《劳动争议调解仲裁法》的规定，主要有协商、调解、仲裁和诉讼的方式。

《劳动法》第84条规定："因签订集体合同发生争议，当事人协商解决不成的，当地人民政府劳动行政部门可以组织有关各方协调处理。因履行集体合同发生争议，当事人协商解决不成的，可以向劳动争议仲裁委员会申请仲裁；对仲裁裁决不服的，可以自收到仲裁裁决书之日起15日内向人民法院提起诉讼。"也就是说，《劳动法》对于因履行集体合同发生的争议，适用一般劳动争议的解决途径。《集体合同规定》第55条规定："因履行集体合同发生的争议，当事人协商解决不成的，可以依法向劳动争议仲裁委员会申请仲裁。"与前二者不同的是，《劳动合同法》规定因履行集体合同发生的争议，经协商解决

① 《集体合同规定》第49条。

② 《集体合同规定》第50条。

③ 参见《集体合同规定》第51~54条。

不成的，工会可以依法申请仲裁、提起诉讼。也就是说，依照《集体合同规定》的规定，对履行集体合同发生的争议，协商不成的仅仅规定仲裁；《劳动法》则实行仲裁前置制度。那么如何理解《劳动合同法》第56条“经协商解决不成的，工会可以依法申请仲裁、提起诉讼”？即这里仲裁与诉讼是否前置关系？我们认为，按照《劳动争议调解仲裁法》的规定，除第47条规定的两类情况外，因履行集体合同发生的争议中如果不涉及这两类纠纷，依然应当实行仲裁前置制度。

三、违反集体合同的法律责任

按照合同信守原则，凡违反合同约定的都要承担一定的法律责任，除非有免责之情形。

违反集体合同，从合同理论来讲，主要表现为当事人不履行合同和不适当履行合同。因而违反合同的责任主要为：能够继续履行的要求继续履行，不要求继续履行或者无法继续履行的，给当事人造成损害的，可要求损害赔偿；民事合同法上还有违约金之责任。

对于违反集体合同的责任，从责任承担主体的角度，可以分为用人单位的责任、工会的责任和工会所代表的群体——劳动者的责任。从目前我国有关集体合同的相关规定来看，只规定了用人单位违反集体合同的责任，其他主体如工会，以及工会所代表的劳动者违反集体合同的责任则缺乏规定。目前劳动法学界对于工会违反集体合同规定的，应否承担责任，承担什么样的责任，存在争议。也有人认为我国集体合同制度中的法律责任呈现“法定责任为主、行政责任居多，雇主责任较重”的特点。①

《劳动合同法》第56条规定：“用人单位违反集体合同，侵犯职工劳动权益的，工会可以要求用人单位承担责任。”但是，承担的是什么性质的责任呢？按照通常的理解，违反合同规定的责任，除要求继续履行合同外，侵害职工利益，造成损害的，主要是民事赔偿责任。如《法国劳动法典》第L135-5条规定，有资格指控和受控以及受集体劳动协议约束的各个团体，均可以自己的名义对那些受集体劳动协议约束又未履行集体劳动协议所规定义务的团体及其成员或个人进行起诉，以要求其赔偿。《卢旺达劳工法》规定，受集体契约约束的职业组织或人员不履行或者违反集体契约规定的义务，对方有权要求赔偿。台湾地区“团体协约法”第21条规定，团体协约当事团体，对于违反团体协约之规定者，无论其为团体或个人为本团体之团员或他团体之团员，均得以团体名义，请求损害赔偿。第20条第3款同时规定，团体协约得约定当事人一方不履行团体协约所定之义务时，对于他方应给付代替损害赔偿之一定偿金。总而言之，这些规定基本上强调的是民事赔偿责任。

此外，违反集体合同的责任中，还有罚金责任。如台湾地区“团体协约法”第19条规定，团体协约关系人违反团体协约中不属于劳动条件之规定时，除该团体协约另有规定外，法院依利害关系之雇主或团体协约当事人一方之申请，得科雇主500元以下，工人50元以下之罚金。前款罚金，应使用于为工人之福利事业。

我国《劳动法》、《劳动合同法》以及《集体合同规定》虽然没有规定工会及劳动者

① 谭光飞：《完善我国集体合同制度中的法律责任》，苏州大学2011年硕士学位论文，第5~6页。

违反集体合同的法律责任，但《工会法》第55条规定：工会工作人员违反本法规定，损害职工或者工会权益的，由同级工会或者上级工会责令改正，或者予以处分；情节严重的，依照《中国工会章程》予以罢免；造成损失的，应当承担赔偿责任；构成犯罪的，依法追究刑事责任。”从这里可以看出，作为工会工作人员，如果违反集体合同法律规定，还是需要承担相应的责任。

【思考题】

1. 简述集体合同与集体谈判/协商的关系。
2. 集体合同的效力有哪些？
3. 集体合同纠纷的解决途径有哪些？

第八章 劳务派遣法律制度

【本章学习重点提示】 劳务派遣作为一种非典型的就业形式，适应了用工单位和劳动者的灵活就业需求，也给劳动者权益保护带来了巨大的挑战。派遣单位、用工单位、劳动者三方的法律关系性质，以及传统雇主责任如何在派遣单位和用工单位之间予以合理分配都是劳动立法面临的问题。我国《劳动合同法》对此予以了明确规定。

第一节 劳务派遣概述

一、劳务派遣的含义

国际劳工组织（ILO）未直接对劳务派遣行为进行定义，但 1997 年 ILO 第 181 号公约《有关私营就业服务机构公约》（*The Convention Concerning Private Employment Agencies*, No. 181）第 1 条描述私营就业服务机构的职能之一是："雇佣工人的服务，目的是使这些工人可供第三方使用，第三方可能是自然人或者法人（以下称用人企业），他们给工人分配任务并监督这些任务的执行。"这里，ILO 首次扩大了私营就业服务机构的行为范围，规定其可以作为服务的提供者，雇用工人供第三方使用。① 该公约打破了传统雇佣关系中用人单位直接雇佣劳动力、就业服务机构仅仅从事就业介绍和求职介绍服务的局面，形成了一种包括一个服务提供者、一个用人企业和一个临时工人的三方就业关系（the triangular employment relationship involving a service provider, a user-enterprise, and a temporary worker）。在此，ILO 将被派遣劳动者视为私营就业服务机构的临时雇员（a temporary employee），规定其应当享有劳动法和社会保障法的相关保护性。第 188 号建议书（即《有关私营就业服务机构建议书》，*The Recommendation Concerning Private Employment Agencies*, No. 188）明确规定了被派遣劳动者的基本劳动权和相关法律保障措施。② 大陆法系国家和地区也有关于劳务派遣的含义。《德国员工出让法》第 1 条规定，员工出让是指雇主（出让方）以经营形式将自己雇佣的劳动者（借用员工）提供给第三方（借用方）使用，由

---

① ILO Convention No. 181 Article 1 (b), the services consisting of employing workers with a view to making them available to a third party.

② Leah F. Vosko, Legitimizing *the Triangular Employment Relationship: Emerging International Labour Standards from a Comparative Perspective*, HeinOnline—19 comp. Lab. L. & Pol'y J., 1997-1998 (43), at 60.

借用员工向第三方提供劳务；①《法国劳动法典》第 L124-1 条规定，临时工作承包，即将其依照约定资格招聘并为此给以报酬的受薪雇员交由用工者临时安排工作；② 1986 年施行的《日本劳动派遣法》第 2 条规定："派遣劳动，谓将自己雇佣之劳工，于该雇佣关系下，接受他人之指挥命令，为该他人从事劳动，但不包含与他人约定由其雇佣该劳工在内。"③ 欧盟在综合大多数成员国法律规制的基础上，界定劳务派遣的定义是："一个临时机构的工人被该临时工作机构雇佣，然后通过一个商业合同租赁到用人企业从事劳动"；④ 欧洲基金会"有关生活和工作条件改善"的报告——*Temporary agency work in the European Union* 将劳动力派遣界定为：被临时工作机构（the temporary work agency）雇佣的临时工人（the temporary agency worker），通过一个商业合同，出租给用人企业（the user firm）执行委派的工作任务。⑤ 在美国，劳务派遣一般称为"temporary agencies work"，是指一种临时性的雇佣关系（the temporary employment relationship），即通过临时性工作机构（temporary work agencies）而形成的一种临时工作关系（temporary work relations）；临时性工作机构传统的作用是，提供工人给那些需要临时性帮助的客户，替代客户休病假或者产假的工人，或者执行客户短期的工作任务；这些工人（临时性的）为同一用户一般工作几天或几周，有时是几个月，然后从一个用户处移转到另一用户处，唯一相对稳定的是与临时工作机构之间的关系。

我国有关劳务派遣的称谓并不统一。在实务和理论上，有人才派遣、人才租赁、劳动派遣（labour dispatching）、临时机构工作（temporary agency work）、临时工作（temporary work）、临时帮助工作（temporary help work）、雇员租赁（employee leasing）等；在立法上，我国劳动与社会保障部于 2003 年通过的《有关非全日制用工若干问题的意见》和全国人大常委会于 2007 年 6 月 29 日通过的《劳动合同法》将其称为"劳务派遣"。本书为了与立法保持一致将该种劳动就业关系称为"劳务派遣"，其三方主体的称谓也与《劳动合同法》保持一致。劳务派遣是指劳动者由专门设立的、以营利为目的的单位招聘，该单位以雇主的名义向劳动者支付工资、缴纳社会保险费，将劳动者分派到第三人处，由该第三人负责劳动者的工作安排和监督劳动者劳动的就业关系。在此，专门委派劳动者的主

① 《德国员工出让法》，载丁薛祥主编：《人才派遣理论规范与实务》，法律出版社 2006 年版，第 211 页。该处将劳务派遣译为"员工出让"。

② 罗结珍译，《法国劳动法典》，国际文化出版公司 1996 年版。该法典中将劳务派遣译为"临时工作承包"。

③ 《日本劳动派遣法》，载丁薛祥主编：《人才派遣理论规范与实务》，法律出版社 2006 年版，第 251 页。

④ A definition of temporary agency work (although by fully applicable all Member States) is one whereby the temporary agency worker is employed by the temporary work agency (TWA) and is then , via a commercial-contact , hired out to perform work assignments at the user firm. Temporary agency work in the European Union , European Foundation for the Improvement of Living and Working Condition, http: //www. eurofound. eu. int/publications/files/EF0202EN. pdf, at 1, last visited Mar. 5, 2006.

⑤ Guy Davidov, *Joint Employers Status in Triangular Employment Relationships*, http: /www. Blackwell-synergy. com/doi/abs/11. 1111/j. 1467-8543. 2004. 00338. x, at 2, last visited Oct. 5, 2006.

体称为"派遣单位"，负责安排并监督劳动者劳动的主体称为"用工单位"，被专门机构委派的劳动者称为"被派遣劳动者"。

二、劳务派遣的法律特征

在派遣用工模式下，劳动的控制权和依赖性具有自身的特点，对被派遣劳动者行使劳动控制权的主体有派遣单位、用工单位，决定被派遣劳动者社会地位及人格发展的主体与行使劳动控制权的主体不完全一致，劳动控制权与劳动风险发生分离。认识这些特点是解决被派遣劳动者法律地位的条件。

从控制权的角度，派遣单位和用工单位共同行使对被派遣劳动者的控制权。派遣单位一般行使有关被派遣劳动者的考核、招聘权，根据派遣工作状态支付工资和依法支付社会保险费，决定劳动合同的期限及其解雇问题。劳务派遣与劳务中介的根本区别在于，中介机构对工人的雇佣、解雇、劳动条件等事项没有决定权；派遣单位则实质性享有该部分控制权。在大陆法系国家的立法中，禁止用工单位事先进入被派遣劳动者的招聘活动中，要求被派遣劳动者接受面试或者提交履历表，决定工人的聘用；① 或者规定用工单位事先介入者，认定派遣单位作为传统劳务中介活动，即"如果雇主将雇员出借给第三方，让雇员向第三方提供劳务，自己（出借方）不再承担其余的雇主义务和风险，则推定该雇主从事的是劳务中介活动"（《德国员工出让法》第1条第2款）。美国法院根据派遣单位、用工单位和被派遣劳动者三方关系的实质内容判断派遣单位是否作为被派遣劳动者的雇主，对于没有实质控制权的派遣单位将不作为雇主对待，即如果用工单位对"被派遣劳动者"行使完全的控制权，派遣单位仅仅作为"被派遣劳动者"的工资、社会保险支付主体，没有实质的控制权，被派遣劳动者与用工单位正规雇员唯一的差别在于其工资、社会保险支付主体不同，这时用工单位就是"被派遣劳动者"的单一雇主。②

用工单位安排被派遣劳动者的工作任务，指示其劳动。劳务派遣与劳务承揽的本质区别是用工单位对被派遣劳动者的劳动行使指示权，包括安排具体的工作、指导监督其劳动。强调用工单位对被派遣劳动者的劳动指示权，明确其与劳务承揽的区别是劳务派遣法律应该解决的主要问题之一。在劳务承揽中，劳动者的雇主职能由承揽方行使，发包人不行使任何雇主职能；而劳务派遣中，用工单位对被派遣劳动者行使部分雇主职能。《日本劳动派遣法》第2条明确规定，劳动派遣的积极要件为，将自己雇佣之劳工派遣至他人处接受他人之指挥命令，为他人之目的而从事劳动；其消极要件为，不包含派遣单位与要派机构约定，由要派机构雇佣该派遣劳工。日本还通过立法或者授权中央主管机构制定相关规定，区别劳动派遣与类似用工形式，包括"劳动者供给"、"在籍出向" "职业介

---

① 参见邱祈豪著：《台湾劳动派遣法制化之研究》，台湾致良出版社有限公司2003年版，第273页。

② 美国平等就业机会委员会有关"平等就业机会法适用于包括劳务派遣和其他方式就业的暂时性工人"实施指南（the U. S. Equal Employment Opportunity Commission, Application of Equal Employment Opportunity Laws to Contingent Workers Placed by Temporary Employment Agencies and Other Staffing Firms），所举例4情形，派遣单位作为单一雇主，因为用人单位对被派遣劳动者没有实质上的控制权；例7中用人单位是被派遣劳动者的单一雇主。

绍”、“承揽”等。①《德国员工出让法》规定，派遣单位与被派遣劳动者之间存在无固定期雇佣关系，用工单位违法利用派遣劳工的行为须承担相应的刑事及民事责任（在用工单位与被派遣劳动者之间拟制劳动合同关系）。该法还对派遣单位实现严格监管，以避免伪派遣行为。即便如此，德国劳务派遣法制定后，以承揽方式规避该法的行为仍然比比皆是。②《法国劳动法典》规定，劳务派遣单位是指其“专一活动是将其依照约定资格招聘并为此给以报酬的受薪雇员交由用工者临时安排工作的一切自然人或者法人”。该法同时规定，用工单位只能在下列情形下使用派遣企业的临时雇员，即用工单位的永久雇员临时缺勤、企业活动临时增加或者其他具有临时性特点的工作。与此同时，也只有特定的派遣企业能够从事该派遣活动。③ 2002 年欧盟有关《劳务派遣指令》（草案）（*Directive of the European Parliament and the Council on Temporarywork*）采取扩大保护范围、给予所有临时劳动的工人平等待遇的方式避免企业的滥用行为，该指令第 1 条规定，指令的适用范围是派遣单位临时工人。④ 美国通过法院解决劳务派遣与劳务承揽的区别，如果对被派遣劳动者的控制权事实上由派遣单位单方行使，派遣单位不仅招聘、考核被派遣劳动者；而且直接委派管理人员到工作场所执行监督管理权，决定被派遣劳动者的工资、社会保险、解雇等事宜；用工单位对被派遣劳动者没有任何实质上的控制权。在这一情形下，派遣单位是被派遣劳动者的唯一雇主。

劳务派遣是典型用工的补充形式，被派遣劳动者必须是用工单位的临时工人。用工单位不直接雇佣工人，而是通过一个就业服务机构雇佣后委派到用工单位从事临时性工作，最初的目的主要是为了替代雇员的临时短缺和满足企业对特殊技能工人的需求。劳动者从一个用工单位到另一企业，不断变更工作地点，唯一相对稳定的是与派遣单位的关系。从这一角度出发，法律规定工人与派遣单位之间签订雇佣合同。所以，用工单位不直接雇佣工人的唯一理由应该如此，劳务派遣不能作为用工单位逃避雇主责任的方式。在法国、日本的劳务派遣法律中均有派遣期的限制，并规定超期使用被派遣劳动者将导致用工单位与被派遣劳动者之间直接存在雇佣关系；2002 年以前《德国员工出让法》中也有明确的要求，之后的法律在规定了被派遣劳动者与用工单位工人的同等待遇原则后取消了这一限制。根据我国《劳动合同法》第 66 条的规定，劳动合同用工是我国的企业基本用工形式。劳务派遣用工是补充形式，只能在临时性、辅助性或者替代性的工作岗位上实施。其中，临时性工作岗位是指存续时间不超过 6 个月的岗位；辅助性工作岗位是指为主营业务岗位提供服务的非主营业务岗位；替代性工作岗位是指用工单位的劳动者因脱产学习、休假等原因无法工作的一定期间内，可以由其他劳动者替代工作的岗位。为了进一步限定辅助性岗位招用劳务派遣人员的数量，人力资源社会保障部在《关于劳务派遣暂行规定》

---

① 参见邱祈豪著：《台湾劳动派遣法制化之研究》，台湾致良出版社有限公司 2003 年版，第 146~152 页。

② 参见邱祈豪著：《台湾劳动派遣法制化之研究》，台湾致良出版社有限公司 2003 年版，第 151 页。

③ 参见罗结珍译：《法国劳动法典》第 L124-1 条、第 L124-3 条，国际文化出版社 1996 年版。

④ 欧共体委员会于 2002 年 11 月提出指令草案修正稿，http：europa. eu. int/eur-lex/en/com/pdf2002/com2002-0701en01-pdf。

中明确规定，用工单位决定使用被派遣劳动者的辅助性岗位，应当经职工代表大会或者全体职工讨论，提出方案和意见，与工会或者职工代表平等协商确定，并在用工单位内公示。并且规定，用工单位应当严格控制使用的被派遣劳动者数量，使其不得超过其用工总量的10%。

三、劳务派遣与类似用工行为的区别

（一）劳务派遣与劳务承揽

我国《合同法》第251条规定，承揽合同是指承揽人按照定作人的要求完成工作，交付工作成果，定作人给付报酬的合同。承揽包括加工、定作、修理、复制、测试、检验等工作。在劳务派遣与承揽关系中，作为劳动者的个人，不论是被派遣劳动者，还是承揽人的雇员，劳务派遣单位或承揽人均对劳动者承担雇主责任。区别两类关系的目的是，判断用工者对劳动者是否承担责任和承担责任的内容。在劳务派遣关系中，派遣单位对劳动者承担的雇主责任，用工单位只在一定条件下，承担部分雇主责任或者补充责任；而在劳务承揽关系中，委托人对承揽人的雇员不承担雇主责任。另外，为了保障派遣单位承担雇主责任的能力，避免派遣劳动对正规用工模式的冲击，法律对派遣单位的市场准入资格和派遣用工的适用范围、期限等均设置一定的限制；而劳务承揽关系作为一种民事关系，法律对此实行意思自治的原则。所以，在法律上严格区分劳务派遣与劳务承揽关系，避免企业以劳务承揽的形式行劳务派遣之实，对于保护被派遣劳动者的利益具有重要的意义。

劳务派遣与劳务承揽的区别主要表现为：在派遣用工关系中，派遣单位和用工单位均对被派遣劳动者行使控制权；而在工作外包（从委托人角度看是“工作外包”，从承揽人角度是“工作承揽”）中，委托人对执行工作任务的承揽人的雇员没有控制权。具体而言，首先，对劳动者行使劳动指示权的主体不同。在劳务派遣关系中，劳动指挥由实际用工主体实施，它向劳动者发布劳动指示，安排工作时间、休息时间；在工作承揽关系中，劳动指挥权由承揽人行使。如果用工单位安排工作任务，“派遣单位”除了选派合格的工人外，还直接派管理人员到用工单位处指挥监督工人的劳动，这实际上是劳务承揽，由承揽人对工人单独承担雇主责任。其次，工作执行主体不同。承揽主体必须承担工作执行任务，即在自己的工作场所，使用承揽人的工具并由其承担工作中的必要费用，而且该工作属于承揽人的业务活动范围之内；否则，工人使用委托人的工具、执行的业务属于委托人的营业活动，则可能是劳务派遣。最后，业务来源不同。劳务派遣单位是以营利为目的，为其他用工主体提供合格劳动者，劳动者由使用人指挥劳动，劳动结束后工人返回派遣单位处；被派遣劳动者为某一用人单位劳动的时间一般具有临时性、短期性。所以，作为劳务派遣单位，其客户应是多重的；而承揽则不同，承揽主体的工作来源可能是单一的、稳定的大客户。

（二）劳务派遣与传统就业服务

在传统就业服务关系中，服务机构为求职者和用工者提供信息，促进二者之间达成用工协议，在劳动者与用工者之间建立就业关系后，服务机构即终止与求职者之间的合同关系；其作为求职者和用工者之间的中介，向委托人收取一定佣金，不对劳动者承担任何劳动风险和雇主责任，劳动风险由用工者全部承担。劳务派遣与传统就业服务的区别主要表现为：劳务派遣由三方主体组成，派遣单位在劳动者与用工单位之间建立用工关系的过程中，一直维持与劳动者的劳动关系；就业服务关系的主体只有两方，服务机构接受劳动者或者用工者的委托，在劳动者与用工者之间建立工作关系时，服务机构即终止服务。由于传统就业服务的范围扩张，劳务派遣作为私营就业服务机构提供的新型服务活动被国际劳工组织和许多国家的立法所确认。作为有关的劳务派遣法律，应该明确划分就业服务机构提供的服务是劳务派遣，还是传统就业服务。首先，法律应当要求派遣主体具备特定的设立条件和程序，并在营业执照中明确其从事劳务派遣的业务。其次，要求派遣主体将新招的劳动力或者自己的正规雇员外派到实际用工单位时，必须签订书面的劳动合同或者履行书面的告知义务，明确职工的劳务派遣身份。再次，根据实际判断服务机构提供的是就业服务或者是派遣劳动者的服务，派遣单位事实上承担了对被派遣劳动者的部分控制权，一般包括招募、考核，根据用工单位的工作记录决定其工资，并享有解雇雇员的权利；中介机构对雇员没有实质上的控制权，它可能仅仅依赖用工单位的委托对以上事项进行管理。因此，不能单纯从派遣单位和用工单位的协议约定来判断。最后，如果劳务派遣单位未履行雇主的责任（即缴纳社会保险费等），被派遣劳动者在用工单位从事派遣劳动期间的相关待遇应由用工单位承担雇主责任，这时推定该服务机构只是劳务中介主体，劳动者应该与实际的用工单位成立劳动关系，由实际用工单位承担雇主责任。因为在一般情况下，劳务中介机构的经济实力较差，无力履行劳动者的雇主责任，而且实际用人单位作为中介机构的客户，在与中介机构交易过程中处于优势地位，实际用工单位有义务在劳动合同中明确劳动者的身份；况且，劳动者为用工单位提供劳动，接受其指挥、监督。所以法律课以实际用工单位更重的义务，当中介主体没有承担劳动者雇主责任时，由实际用人单位承担劳动力的雇主责任。

四、劳务派遣对传统劳动保护制度的影响

（一）典型雇佣的特点及劳动保护制度

与工业化的集中劳动相适应，传统的（典型的或者正规的）雇佣关系的基本特点是：劳动者集中于雇主的劳动场所、每周5天每日8小时为某一特定雇主提供劳动，即单一雇主、全时劳动、无固定期雇佣的基本特点。建立在这一雇佣模式之上，传统劳动法为雇佣劳动者设置的保护方式为：（1）国家建立基本的劳动保护标准，为雇佣关系建立最低准则。雇员与雇主协商确定劳动关系的基本内容时，必须遵循该基本准则，劳动合同的内容相对于法定标准，只能更优于或者相当于该标准；即所谓劳动基准法。国家建立劳动检查制度，保证劳动基准法的实施。（2）法律赋予劳动者团结权。为了平衡雇主、雇员之间的协商力量，规定雇员可以通过工会组织与雇主进行集体谈判，签订集体协议或者组织罢工，确定劳动关系的主要内容；另外，强制雇主与工会或者工会联合会谈判；设置工作场所的职工参与制，规定雇员通过代表机构或者直接进入公司决策机构，反映职工的意志和要求。（3）建立解雇保护制度。依据劳动关系连续性的特点，法律规定雇主与雇员签订的劳动合同应以无固定期为常态；有固定期和以完成一定工作任务为期限的劳动合同只是例外，由法律明确其适用的情形，一般包括替代临时休假的雇员、完成临时增加的工作任务或者季节性的工作，并规定劳动合同的最长固定期限。无固定期合同的本来含义是双方

对未来信息掌握不充分，在合同关系的运行过程中，任何一方在经过适当预告后，均可行使合同解除权；鉴于劳动合同双方当事人实质地位的不平等，为了保护劳动者的就业安全和职业稳定，劳动法建立了解雇保护制度，规定雇主解除无固定期劳动合同的特别限制，包括“正当理由”、“法定预告”、“支付一定的经济补偿金”，并设定不得行使解雇权的情形。

（二）劳务派遣对传统劳动保护制度具有的重大影响

1. 承担保护义务的主体不明确

在典型雇佣状态下，法律只需解决雇员的判断标准，与雇员相对的一方即为雇主，承担法定保护责任。在派遣用工模式下，被派遣劳动者同时在派遣单位和用工单位安排下从事劳动，谁应对其承担雇主责任？是派遣单位、用工单位或者二者共同承担（按分承担或者连带承担）？在共同承担责任的情形，如何分配二者的责任范围？

2. 被派遣劳动者的职业稳定、职业发展难以实现

用工单位使用被派遣劳动者的时间短暂，被派遣劳动者的工作地点变动异常，传统的解雇保护制度无法落实，被派遣劳动者的职业活动内容不稳定，其职业培训、职业发展无法保障。

3. 被派遣劳动者团结权和集体谈判权难以实现

由于属于同一派遣单位的工人被分派到各用工单位工作，他们之间的利益联系较弱，团结协商的必要性不强；被派遣劳动者在用工单位与其正规雇员一同工作，参与其工会的要求强烈，但名义上，被派遣劳动者却不属于用工单位的雇员；而且，由于被派遣劳动者较低的使用成本，客观上对用工单位正规雇员具有一定的冲击，用工单位雇员工会对被派遣劳动者本身也存在一定的抵触。

4. 被派遣劳动者工作场所的劳动保障、特别是劳动安全卫生保障受到极大挑战

雇员的安全卫生保障包括安全卫生的工作环境和安全卫生事故的赔偿责任。被派遣劳动者在名义上属于派遣单位的雇员，由派遣单位为其缴纳工伤保险费，一旦发生工伤事故，其责任主体一般是派遣单位；被派遣劳动者的工作场所由用工单位提供，提供安全、卫生工作环境的义务主体应该是用工单位。“义务”和“责任”的脱节，不仅会导致用工单位对被派遣劳动者安全的漠视，而且会危及安全卫生制度的基础。

5. 派遣用工会动摇正规雇佣

相对于正规雇佣，派遣用工方式给用工单位带来诸多利益：给予其用工灵活性，使用工单位可以应对不断变化的市场；降低雇佣成本，包括免除招聘、考核成本，解雇成本；避免雇员工会活动及集体谈判方面的困难；通过派遣使用廉价的技术工人等。这些低廉而实用的被派遣劳动者，一方面会降低用工单位雇员正规雇员的积极性；另一方面也可能在任何条件下替代用工单位的正规雇员。

6. 派遣用工可能降低劳动力的整体素质

用工单位从成本和便利的角度出发，尽量使用被派遣劳动者，被派遣劳动者与用工单位联系的暂时性导致了企业缺乏训练工人技能的动因；从工人的角度看，因为缺乏与某一用工单位的固定关系和稳定的职业活动，他们无法对自己的职业发展进行长远规划和训练，也缺乏稳定的职业培训机会。

五、我国劳务派遣规范现状

2007年的《劳动合同法》专门规定了劳务派遣制度。《劳动合同法》颁布实施后，出现了劳务派遣单位数量大幅增加、劳务派遣用工规模迅速扩大的情况。根据全国总工会测算，全国被派遣劳动者人数在2011年达到约3700万人。劳务派遣用工存在的突出问题主要有：一是劳务派遣单位过多过滥，经营不规范；二是许多用工单位长期大量使用被派遣劳动者，有的用工单位甚至把劳务派遣作为用工主渠道；三是被派遣劳动者的合法权益得不到有效保障，同工不同酬、不同保障待遇的问题比较突出，参与企业民主管理和参加工会组织等权利得不到很好落实，一些被派遣劳动者长期没有归属感，心理落差较大。劳务派遣用工制度的滥用不仅损害了劳动者的合法权益，也对常规的用工方式和劳动合同制度造成较大冲击。① 针对这些问题，十一届全国人大常委会第三十次会议于2012年12月28日通过了（2013年7月1日施行）《劳动合同法》（修正案），专门就劳务派遣制度进行了修改。此次修法的目的主要就下列问题进行了规范：一是严格规范劳务派遣用工，不能把劳务派遣变成用工主渠道；二是保障被派遣劳动者实现同工同酬等权利；三是加强对劳务派遣单位的管理。为了进一步细化新修改的《劳动合同法》，人力资源与社会保障部颁布了《劳务派遣暂行规定》，该规定于2014年3月1日起实施。

第二节 派遣单位、用工单位和被派遣劳动者三方之间的法律关系

一、派遣单位与被派遣劳动者之间的劳动关系

（一）被派遣劳动者具有我国劳动法上“劳动者”的身份

被派遣劳动者与劳动法上的其他劳动者一样，提供有报酬的从属劳动，应当依法享有劳动法、社会保险法的相关保护，包括有关劳动报酬、工作时间、休息休假、安全卫生保护，以及社会保险等方面的保护。与典型雇佣状态不同的是，被派遣劳动者同时接受派遣单位和用工单位的管理和监督，他们由派遣单位招用、进行基本的职业技能培训，委派到用工单位处提供劳动；由用工单位安排工作、具体指挥、监督劳动。由于劳动者与用工单位的关系处于一种临时状态，我国法律规定，派遣单位作为劳动者劳动法上的雇主，承担法定的劳动保护义务和责任。派遣单位必须与被派遣劳动者建立全日制的劳动关系，给予劳动者相关的劳动保护，包括解雇保护。《劳动合同法实施条例》第31条规定：“劳务派遣单位或者被派遣劳动者依法解除、终止劳动合同的经济补偿，依照劳动合同法第46条、第47条的规定执行。”

（二）派遣单位是被派遣劳动者劳动法上的“用人单位”

根据《劳动合同法》第58条的规定，劳务派遣单位是本法所称用人单位，应当履行用人单位对劳动者的义务，包括劳动合同的订立、工资支付、社会保险费的缴纳等。劳务

---

① 参见全国人大财政经济委员会副主任委员乌日图在2012年6月26日在第十一届全国人民代表大会常务委员会第二十七次会议上“关于《中华人民共和国劳动合同法修正案（草案）》的说明”。

派遣是一种特殊的用工形式，被派遣劳动者作为从属劳动者，实际从属于派遣单位和用工单位两个主体：派遣单位对其行使一定的人事组织管理权，招聘、培训并委派到用工单位处提供劳动；用工单位为劳动者安排工作岗位，指示监督劳动者提供劳动。在这一用工模式中，基于派遣单位与劳动者关系的稳定性等特征，我国法律设定由派遣单位作为法律上的雇主，承担劳动保护和社会保险方面的义务和责任。

在劳务派遣用工中，派遣单位作为被派遣劳动者的雇主，其义务包括：（1）与劳动者签订劳动合同，合同的内容应当包含《劳动合同法》第17条中的法定条款。而且，其合同期限不得短于2年。《劳动合同法》中关于书面合同形式、劳动合同类型等要求是否适用于派遣单位与被派遣劳动者之间的合同？答案是肯定的。如果派遣单位未按照本法的规定订立书面合同，会发生支付双倍工资的后果；而本法第14条关于应当订立无固定期限劳动合同的规定，同样适用于这类劳动合同。（2）工资支付义务。根据《劳动合同法》第58条的规定，用人单位按月向劳动者支付劳动报酬，在派遣期间，按照用工单位所在地的标准支付；在劳动者没有工作期间，应当按照不低于本地区最低工资的标准支付（加班费、绩效奖金和与工作岗位相关的福利待遇费用，由用工单位支付）。（3）为劳动者参加社会保险、办理社会保险手续。在异地派遣的情形下，派遣单位应当在劳动者工作地为其办理社会保险手续。（4）提供解雇保护。

派遣单位是被派遣劳动者在劳动法上的用人单位，依法承担以上义务。在与劳动者的关系中，用人单位享有哪些权利？劳动者的工资报酬是由派遣单位与劳动者协商确定，还是由用工单位与劳动者协商确定？在法理上应当没有疑问。这是派遣单位作为雇主应当享有的基本权利，也是其依法承担劳动法上义务和责任的基础，否则，我们就不能解释为什么要求派遣单位承担劳动者没有工作期间（即未被派遣期间）的工资，也无法说明派遣单位未依派遣协议收到用工单位的派遣费用时是否应当承担支付工资和参加社会保险的义务。

但现行规范似乎规定，被派遣劳动者工资报酬的决定主体是用工单位和派遣单位，由二者通过派遣协商加以约定。被派遣劳动者的工资报酬是派遣协议的法定条款，双方约定之后应当告知劳动者，派遣单位应当在劳动合同中对此明确“载明”，不得克扣。① 而用工单位在与派遣单位协商确定被派遣劳动者的工资报酬时，依法应当遵循同工同酬的原则，对被派遣劳动者与本单位同岗位的劳动者实现相同的劳动报酬分配办法。② 这些规定与法理明显不符。从内部管理而言，劳动报酬作为用人单位的人事成本，自然应当由用人单位决定，被派遣劳动者不应当仅仅在名义上属于派遣单位的员工，而应当部分从属于派遣单位，也就是说，派遣单位应当对这部分劳动者享有一定的管理权，这也是派遣单位承担劳动法上义务和责任的前提和基础。从劳动关系来讲，派遣单位与劳动者之间存在劳动关系，作为劳动合同的主要条款工资报酬，自然应当由该合同的双方当事人派遣单位和劳动者协商确定。按照现行的规定，劳动者的报酬作为用工单位的内部人事管理问题由该主体确定，再通过用工单位与派遣单位的派遣协议由这两方主体协商，这不仅架空了派遣单

① 参见《劳动合同法》第59条、第60条第2款、第63条第2款。

② 《劳动合同法》第63条第1款。

位的人事管理权，而且否定了劳动者的工资报酬决定权。

现行法律的规定似乎反映了劳务派遣的现实。我国劳务派遣运行实务基本上如此：用工单位招聘、使用劳动者，但通过派遣协议将劳动者安排与某派遣单位签订劳动合同，将本由用工单位支付的工资、社会保险等费用转移给派遣单位，由派遣单位向劳动者本人支付和办理社会保险手续，另外，按照每人多少管理费用的方式向派遣单位支付管理费用。在这种不规范的劳务派遣中，派遣单位似乎是用工单位的人事代理人，接受用工单位的委托与劳动者签订劳动合同，向劳动者支付工资、办理社会保险；派遣单位成了变相的劳务中介机构，未能行使雇主的实质权能。在这种不规范的劳务派遣中，用工单位行使了传统雇主所有的权能，却通过降低被派遣劳动者的劳动条件将直接雇主的部分人事成本和劳动风险转移出去。这也是我国劳务派遣规模不断扩大的重要原因。全国总工会研究室于2011年进行的全国企业职工劳动经济权益实现状况及思想动态问卷调查结果显示，2011年全国企业劳务派遣工总量约为3700万人，占企业职工总数的13.1%，国有企业使用的劳务派遣工数量占职工总数的16.2%。目前，大量使用劳务派遣工在国有企业中已成为普遍现象，部分央企甚至有超过2/3的员工属于劳务派遣工。根据上海市总工会公布的信息，2010年，上海国有企业员工中劳务派遣工的比例高达47.2%，个别企业达到90%。①

劳务派遣被滥用，与我国现行法律没有界定劳务派遣的含义、没有合理分配派遣单位和用工单位在劳务派遣关系中对劳动者的管理权限等基本问题有关。明确派遣单位和用工单位双方在劳务派遣中各自对劳动者拥有的权能，界定劳务派遣与劳务中介、劳务承揽的区别是劳务派遣规范必须解决的问题。派遣单位作为劳动者的用人单位，自然享有决定劳动者工作报酬、选择用工单位等劳动人事权利。

为了保证派遣单位履行本法规定的相关义务，避免派遣单位无力承担责任的情形发生，提高派遣单位的准入门槛，加强对派遣单位的监督很有必要。根据《劳动合同法》第57条的规定，经营劳务派遣业务，其注册资本不得少于200万元；另外，还应当向劳动行政部门依法申请行政许可，经许可后才能办理相应的营业执照。

二、派遣单位与用工单位之间的劳动者有偿使用协议关系

派遣单位与用工单位之间签订劳务派遣协议，该协议约定派遣单位向用工单位委派符合一定标准和资格的劳动者，在一定期限内供用工单位使用，用工单位向派遣单位支付派遣费用。该费用包括派遣单位应当支付给被派遣劳动者的工资、社会保险费用，以及派遣单位的管理费用、合理利润。该协议的主要内容，我国《劳动合同法》第59条规定，应当约定派遣岗位和人员数量、派遣期限、劳动报酬和社会保险费的数额与支付方式以及违反协议的责任。派遣协议属于派遣单位与用工单位之间的特殊民事协议，不同于传统的买卖协议、租赁协议，是用工单位有偿使用派遣单位的劳动者的协议。

对于派遣协议的内容，法律对其调整原则不完全遵守民事合同的调整原则（即意思自治原则），劳动法对派遣协议的内容进行了一定程度的干预。我国《劳动合同法》对于

① 参见来有为：《我国劳务派遣行业发展中存在的问题及解决思路》，载《经济纵横》2013年第5期。

派遣期限的限制，规定用工单位应当根据工作岗位的实际需要与劳务派遣单位确定派遣期限，不得将连续用工期限分割订立数个短期劳务派遣协议；规定了用工单位使用派遣用工的岗位，一般在临时性、辅助性或者替代性的工作岗位上实施。

三、用工单位与被派遣劳动者之间的关系

被派遣劳动者与用工单位之间不存在合同关系，被派遣劳动者依据劳动合同和派遣协议的约定，直接接受用工单位的指挥、为用工单位提供劳动；相应的，用工单位依据这两个合同，直接对劳动者享有劳动请求权。

基于用工单位为劳动者提供劳动场所和安排劳动者工作的事实，法律特别规定用工单位应当履行一定的劳动保护义务，主要是有关工作场所的安全卫生保护义务，以及其他与工作场所相联系的相关劳动保护义务。我国《劳动合同法》第 62 条明确规定了用工单位对被派遣劳动者的义务，包括职业场所的安全卫生保护义务，加班工资、绩效工资支付义务，以及有关的职业培训义务。

有关被派遣劳动者的工资支付义务，由派遣单位承担。用工单位将包含劳动者工资在内的派遣费用按照派遣协议的约定支付给派遣单位之后，由派遣单位在内部分配，可能依据劳动合同的约定或者派遣单位的规章制度的规定确定劳动者的工资报酬额。

劳动者工作时间的安排应当由派遣协议确定，也可能通过这一协议授权用工单位单方决定；但用工单位不能自主享有该权利。劳动者作为派遣单位的员工，其工作时间、劳动报酬不应当由用工单位确定。

用工单位是否享有对被派遣劳动者的惩戒权？雇主对劳动者的惩戒权一般由企业的规章制度规定，用工单位对劳动者是否享有惩戒权，在很大程度上依赖于用工单位的规章制度是否适用于被派遣劳动者。劳动者作为派遣单位的劳动者，无疑应当遵守派遣单位的规章制度；但劳动者在用工单位处劳动，需要接受用工单位的指示监督。这种管理和指示，包括具体的指挥，也包括通过规章制度的形式对劳动者行为提供指示，所以，劳动者需要服从用工单位的指示，遵守其规章制度，依照规章制度，用工单位自然应当享有对劳动者的惩戒权。对于劳动者惩戒性退回派遣单位的权利或者惩戒性解雇权利，《劳动合同法》第 65 条第 2 款也有明确规定，即用工单位有权因为被派遣劳动者的违法违纪行为将其退回派遣单位，而派遣单位可以因此直接解雇劳动者。

在派遣期间内，用工单位可否因为劳动者的原因或者用工单位的客观原因将劳动者退回派遣单位？我国《劳动合同法》第 40、41 条规定，用人单位可以因为劳动者的健康、工作能力或者单位的客观原因经过预告解雇劳动者，在劳务派遣的情形下，用工单位可否因为这些原因将劳动者退回派遣单位？《劳动合同法》对此并未规定，人社部《劳务派遣暂行规定》12 条规定了用工单位可以退回劳动者的情形，第 13 条规定了不得退回的情形。依据该规定，用工单位因为自身的客观原因无须使用被派遣劳动者时，可以将劳动者退回派遣单位；但是，在劳动者存在工伤、法定医疗期、女工“三期”，以及工作时间在 15 年以上并距法定退休年龄不足 5 年等情形时，不得退回。从这些规定看，劳动行政部门不仅要求用工单位承担劳动者违法违纪和健康、能力不适应工作要求的风险，而且要求其承担劳动者的工伤、疾病、休假等保护责任。相对于典型用工状态，劳务派遣中用工单

位的劳动人事权受到更多限制，这也与劳务派遣本身适用于用工单位的临时性、辅助性和替代性岗位有关。

第三节 劳动保护责任在派遣单位和用工单位之间的分配

劳务派遣关系的基本特点是劳动者、派遣单位、用工单位三方组成一种新的雇佣关系，劳动者提供的劳动具有从属性，但传统雇主的职能被分割。① 雇主的劳动保护义务和责任如何在派遣单位、用工单位之间配置是劳务派遣法律面临的根本问题，也是决定不同劳务派遣法律规制模式的核心要素。对此，出现了"单一雇主"模式和"联合雇主"模式。前者以德国、法国、日本等大陆法系国家为代表，后者以美国法为代表。

一、"单一雇主"模式

鉴于劳动者在用工单位的工作具有临时性和变动性，而与派遣单位之间的关系具有相对的稳定性这一特点，法律拟制派遣单位作为被派遣劳动者法律上的雇主，承担主要的"雇主责任"，这是欧盟绝大多数成员国法律规制的一致特点。② 同时，法律明确列举用工单位的劳动保护义务，主要涉及工作场所的安全与卫生义务。如欧盟《有关补充改善定期劳动契约工或者派遣劳工之安全与卫生保护之指令》（*Directive Supplementing the Measures to Encourage Improvements in the Safety and Health at Work of Workers with a Fixed Duration Employment Relationship or a Temporary Employment Relationship*, Directive 91/383/EEC）第3条规定用工单位的相关义务包括：（1）告知义务。用工单位应确实履行告知被派遣劳动者职场风险的义务。告知的事项包括国家法令要求劳工所需具备的资格、职业能力或者需经医生的监视，工作职位中特殊增高的风险。（2）用工单位应提供安全、健康的工作条件。③《德国员工出让法》第11条第6款规定，被派遣劳动者在用工单位的许可下所从事的劳动，必须符合有关安全与卫生的公法规定；用工单位有义务执行有关安全与卫生法的规定，阻止职业损害事故的发生，保障有关雇员急救方面的措施到位。如果未能履行相关义务，用工单位将对因此而发生的事件承担责任。为了保证用工单位履行上述义务，德国法律还规定了用工单位的义务：（1）在每次派遣前，确定派遣单位的派遣资格和被派遣劳动者的能力。（2）履行相关告知义务。告知的内容包括派遣任务的具体内容以及对被派遣劳动者的职业能力要求；被派遣劳动者的工作地点、环境以及职业危害可能性；是否需要以及所采取的必要的个人安全设置；用工单位提供的医疗、急救措施；必要的医疗预

---

① 参见张荣芳：《劳动力派遣中的雇主责任承担比较》，载《月旦财经法杂志》第7期，台湾元照出版社2006年版。

② See European Foundation for the Improvement of Living and Working Conditions, Temporary Agency Work in the European Union, http://www.eurofound.eu.int/publications/files/EF0202EN.pdf, at 7, last visited on Oct. 5, 2006.

③ 参见杨通轩：《欧洲联盟劳动派遣法制之研究——兼论德国之劳动派遣法制》，载《中原财经法学》2003年第6期。

防措施；保障被派遣劳动者在新的工作地点知晓有关安全技术。①《日本劳动派遣法》第45条也规定了用工单位在安全与卫生保护方面的义务。②

为了保证派遣单位的雇主责任能力，法律以派遣单位作为法律规制的对象。相对于用工单位而言，派遣单位的责任能力明显较弱，它无相当的固定资产，不经营具体的实业，并且吸收和转移劳动风险的能力非常有限。所以，为了保证派遣单位承担雇主责任的能力，法律将派遣单位作为规制的出发点和主要对象，明确其市场准入标准，设置派遣行为规范。③

将派遣单位作为被派遣劳动者法律上的雇主，这一规定开启了滥用之门。用工单位可以将派遣单位作为其人事部门，在保留劳动用工权的情形下，将招聘、使用、工资支付和社会保险费负担以及解雇成本等劳动力使用成本转移给派遣单位，或者直接实施“逆向派遣”。④ 派遣单位的主要滥用行为是将被派遣劳动者非雇员化。为此，法律采取了一系列措施规范可能发生的滥用行为：（1）明确界定劳务派遣的含义；派遣单位、用工单位各自的劳动控制权范围；划分派遣单位、用工单位的劳动保护义务和责任；限定用工单位使用被派遣劳动者的工作岗位、使用期限，禁止专属派遣；规定用工单位违法使用被派遣劳动者将导致“雇佣关系拟制”的后果，保证劳务派遣的本来意义。⑤（2）加强监管，建立派遣单位营业许可制度和业务报告制度；规定派遣单位应当与被派遣劳动者签订书面劳动合同，并记载法定的必要事项；或者至少书面告知劳动者派遣劳动的性质以及相关的工作条件和环境。⑥ 如《法国劳动法典》规定，企业必须向有关主管部门提交申报书并取得相关经济担保后，才能从事派遣业务（第L124-10条）。派遣单位的业务报告内容，包括日常经营要素的变化，如营业场所的变更、分支机构的设立、企业关闭、经营者发生的变化等方面。⑦ 又如，《德国员工出让法》第8条规定，派遣单位必须每半年向审批机关作一次统计报表，包括被派遣劳动者的基本情况、派遣员工的次数、用工单位的数量、劳动合同的基本情况等。（3）强化派遣单位、用工单位之间的约束机制，规定用工单位承担一定的补充责任，包括被派遣劳动者在用工单位工作期间的工资支付、社会保险费的承担。⑧

---

① R. Blanpain, *Temporary Work and Labour Law of the European Community and Member States*, Publisher: Kluwer Law Int'l, February 1993, at 142.

② 参见丁薛祥主编：《人才派遣理论规范与实务》，法律出版社2006年版，第269页。

③ 参见张荣芳：《论劳动力派遣机构的法律规制》，载丁薛祥主编：《人才派遣理论规范与实务》，法律出版社2006年版，第99~106页。

④ 参见刘声：《全总透析“劝辞”三损招儿》，载中国青年报网站：www. zqb. cyol. com，2007年12月6日访问。

⑤ See Peter Schüren, *Employee Leasing in Germany: The Hiring out of an Employee as a Temporary Worker*, 23 Comp. Lab. , & Pol' y J. , 2001-2002 (67), at 75.

⑥ 参见《德国员工出让法》（即本书所称的《德国劳务派遣法》，作者注）第11条、《日本劳动派遣法》第30~38条。

⑦ 参见《德国员工出让法》第7条第1款，《日本劳动派遣法》第19条、23条，《法国劳动法典》第L124-10条。

⑧ 参见罗结珍译：《法国劳动法典》第L124-8条，中国国际文化出版社1996年版。

"单一雇主"模式一般还要求，派遣单位给予被派遣劳动者同等待遇。这里的"同等待遇"，主要是指被派遣劳动者与用工单位中相同岗位、相同资质的固定雇员（permanent employees）的待遇应当相同。为了避免劳动者的层级化，保证被派遣劳动者的平等待遇，立法者采取了一系列措施，如《法国劳动法典》规定被派遣劳动者的平等待遇包括劳动报酬（第L124-4-2条）；从事工作的条件，如劳动时间、夜班、周休息、节假日、安全与卫生、特别保护等（第L124-4-6条）；其他集体福利（第L124-4-7条）。《德国员工出让法》规定的平等待遇限于工作条件和工资待遇（第3条）。

二、"联合雇主责任"模式

美国没有专门规制劳务派遣关系的法律，法院依据实质控制标准确定被派遣劳动者的雇员身份和对其承担劳动保护义务的雇主。① 法院认定的结果是，被派遣劳动者一般属于派遣单位、用工单位的雇员；二者均有义务对被派遣劳动者承担劳动法、社会法上的义务。对于各自的义务范围，如果二者有明确的约定则依约定分配责任；否则，二者连带承担雇主责任。解决劳务派遣关系的法律规制问题，一般依据下列程序实现：首先，法院依据具体的雇佣关系认定标准，判断劳动者是否属于该法上的雇员。其次，如果结论是肯定的，则依据两个以上的主体实质上对劳动者行使控制权的内容，确定该劳动者属于哪一主体的雇员。如果对劳动者行使劳动控制权的主体是其中之一，就认定为非劳务派遣安排。如果行使劳动控制权的主体是两个实体，就属于真正的劳务派遣关系。再次，根据派遣单位、用工单位的联系程度，确认二者是作为单一主体还是联合主体对劳动者承担雇主责任。如果派遣单位和用工单位在形式上是两个独立的法人，但其资产、经营管理决策等要素的关联程度高，则确认二者作为单一主体对劳动者承担雇主责任；否则作为联合雇主。最后，确定联合雇主是否对劳动保护有明确的约定，有约定则依约定分担雇主责任；否则双方连带承担责任。②

三、我国现行法律有关"雇主责任"的分配

（一）派遣单位的主要义务

基于被派遣劳动者与派遣单位之间相对稳定的合同关系，我国法律规定，派遣单位作为劳动者劳动法上的用人单位，对劳动者承担主要的"雇主责任"，包括订立劳动合同、支付劳动报酬、办理社会保险。被派遣劳动者是派遣单位的劳动者，由派遣单位与之签订2年以上的固定期限劳动合同。劳动合同的内容，除了记载《劳动合同法》第17条规定的事项外，还应当载明被派遣劳动者的用工单位以及派遣期限、工作岗位等情况。被派遣劳动者的劳动报酬，分为两种不同的情形执行不同的标准，在从事派遣劳动期间，其报酬

---

① 参见张荣芳：《劳动力派遣中的雇主责任承担比较》，载《月旦财经法杂志》第7期，台湾元照出版社2006年版。

② See Lawrence J. Song and Jonathan M. Turner Epstein, Turner & Song, P. C. , *Employment Leasing Arrangements in the Context of Labor and Employment Laws*, The psychologist-Manager Journal, 2005, 8 (2), pp. 89-204.

不得低于用工单位同类岗位劳动者的待遇；在无工作期间，其报酬不得低于派遣单位所在地最低工资标准。被派遣劳动者与正规雇佣的劳动者一样，有权依法享受基本社会保险，派遣单位依法承担该项义务。被派遣劳动者的其他劳动权利，与正规就业劳动者基本相同，如工作时间、加班工资、安全与卫生保护等方面。

（二）用工单位的义务

尽管劳动者属于派遣单位的员工，但按照派遣协议和劳动合同的确定，劳动者在用工单位所在地，接受用工单位的指示监督、为用工单位提供劳动。与职业场所有关的职业安全卫生保护责任，以及与具体的劳动指示有关的休息、福利等权利由用工单位实现。依《劳动合同法》第62条的规定，用人单位的义务包括：（1）执行国家劳动标准，提供相应的劳动条件和劳动保护；（2）告知被派遣劳动者的工作要求和劳动报酬；（3）支付加班费、绩效工资，提供工作岗位相关的福利待遇；（4）对在岗被派遣劳动者进行工作岗位所必需的培训；（5）连续用工的，实现正常的工资调整机制。

对于被派遣劳动者在工作过程中致人损害的行为承担赔偿责任的主体，我国《侵权责任法》作了特殊的规定。该法第34条第2款规定："劳务派遣期间，被派遣的工作人员因执行工作任务造成他人损害的，由接受劳务派遣的用工单位承担侵权责任；劳务派遣单位有过错的，承担相应的补充责任。"在典型雇佣关系中，雇主对于其雇员在从事雇佣活动中致人损害的行为承担赔偿责任。但劳务派遣用工方式，雇佣劳动者的主体和实际控制劳动者、指挥监督其劳动的主体发生分离，被派遣劳动者在用工单位的实际指挥下提供劳动，因执行职务导致第三人损害的，相关后果应当由用工单位承担。如果派遣单位监督、管理不力，对损害后果有过错，应承担补充责任。

（三）几种特殊雇主责任的分配问题

1. 职业安全卫生保护责任

被派遣劳动者应当与典型雇佣状态下的劳动者一样，享有劳动法上的相关保护。但劳务派遣三方关系的状态使得部分劳动保护责任的实现具有一定的困难。被派遣劳动者的职业安全卫生保护问题就受到较大的挑战，劳动者属于派遣单位的员工，派遣单位自然有义务为其选择安全、卫生的工作环境，并对其职业伤害承担责任；但劳动者的工作地点在用工单位所在地，并且要接受用工单位的指挥监督，劳动的成果归于用工单位，为劳动者提供安全卫生的工作环境属于用工单位的义务，对于劳动者的职业伤害，不论从工作地点、劳动指示权，还是从工作成果的归属权等方面，用工单位均应当承担责任。

我国现行法律规定，派遣单位应当承担职业安全卫生方面的责任包括：对劳动者的安全教育培训；对用工单位进行适当的监督，督促其提供劳动保护和劳动安全卫生条件；为劳动者办理工伤保险，当劳动者发生工伤或者职业病之后，为其申请工伤认定，对劳动者承担工伤保险责任。①

用工单位承担主要的职业安全卫生责任，这些义务和责任如同企业对其直接雇佣的劳动者一样。依据《安全生产法》和《职业病防治法》的规定，用人单位承担的职业安全卫生责任，具体包括：提供安全卫生的劳动设置和场所，依法对劳动场所进行安全卫生管

① 《劳务派遣暂行规定》第8、10条。

理，对劳动者进行必要的安全卫生教育，为劳动者提供必要的安全卫生保护设备，告知劳动者相应的职业危害要素以及预防措施，职业场所进行必要的安全卫生监测，对劳动者进行必要的健康检查，等等。在被派遣劳动者发生职业伤害时，应当协助派遣单位进行工伤认定和职业病诊断鉴定，在派遣单位承担工伤保险责任的过程中，用工单位应当遵守《劳动合同法》第 42 条有关职业安全保护的规定。

2. 职业培训和职业教育责任

在典型雇佣状态下，用人单位不仅有对劳动者进行职业培训的义务，而且有履行该义务的积极性和主动性。《劳动合同法》第 22 条关于最低服务期制度的设置，为用人单位履行职业培训义务提供了保障。在劳务派遣中，劳动者对用工单位而言，只是临时性和辅助性的劳动者，用工单位没有对被派遣劳动者进行职业培训的经济动因；而且，用工单位也不可能通过最低服务期条款收回其培训费用。对于派遣单位而言，劳动者是本单位的员工，职业培训的义务应当由派遣单位承担，劳动者的职业技能的提升，不仅可以增加被派遣的机会，也可能提高被派遣的费用，这些都属于派遣单位进行职业培训的经济动因；而且，作为用人单位，派遣单位应当可以依法与被派遣劳动者约定最低服务期条款。所以，被派遣劳动者的职业培训义务主要应当由派遣单位承担。

（四）对派遣单位的规制

在法律义务的分配方面，我国规定被派遣劳动者与派遣单位之间存在劳动关系，派遣单位作为劳动法上的雇主，对被派遣劳动者承担劳动法意义上“用人单位”的义务。但与传统的雇主不同，派遣单位没有与员工人数相当的生产场所和生产设备，也无相关的生产技术，他们承担劳动保护义务和责任的能力受到较大的限制。修改前的《劳动合同法》规定，劳务派遣单位应当依照《公司法》的有关规定设立，注册资本不得少于 50 万元。过低的设立门槛使得劳务派遣单位的设立过于容易，导致劳务派遣业充斥着一些不规范的劳务派遣单位。为了保证派遣单位有能力对其雇佣的劳动者承担劳动法上的义务和责任，有效规范劳务派遣市场的秩序，此次《劳动合同法》修订专门就派遣单位设立和监督加以修改。

修订后的《劳动合同法》大大提高了劳务派遣单位的市场准入条件，并且设定了行政许可制度。与一般的公司相比，派遣单位除了具备与开展业务相适应的固定经营场所和设施，以及相关的管理制度之外，还必须拥有不少于 200 万元人民币的注册资本；除此之外，派遣单位的设立必须经过劳动行政部门的审批，获得行政许可方可进入市场。劳务派遣经营行政许可证的有效期为 3 年，3 年期限届满需要继续经营的，应当向行政机关申请延期。另外，我国还建立了对劳务派遣单位的日常监督制度，规定劳务派遣单位应当在每年的第一季度末向行政机关报告上一年度劳务派遣的经营情况，便于有关行政机关进行日常监督。①

（五）法律责任的设定

对于派遣单位和用工单位对劳动者的保护义务分配，法律基本遵循由派遣单位承担传统雇主的劳动保护义务，除了与工作场所和工作控制有关的义务由用工单位承担之外。在

① 《劳务派遣行政许可实施办法》第 22 条。

违法责任的设置上，修订后的《劳动合同法》有比较大的变更。修订前的《劳动合同法》第 92 条规定，劳务派遣单位违反本法的规定，给被派遣劳动者造成损害的，派遣单位与用工单位承担连带责任。这一规定似乎赋予被派遣劳动者较为周密的保护，因为一般认为，派遣单位的责任能力较弱，有可能无力承担对被派遣劳动者的损害赔偿责任，增加用工单位作为连带责任人，可以保证受害劳动者权利的实现。但这种两个独立义务主体的连带责任设置没有法律基础。此次《劳动合同法》修改，针对这一问题作了调整，派遣单位作为独立主体，对其违法行为承担独立的责任；用工单位给被派遣劳动者造成损害的，劳务派遣单位与用工单位承担连带赔偿责任。派遣单位对用工单位给劳动者造成损害承担连带责任的法律基础在于，派遣单位对其劳动者承担保护义务，应当为劳动者选择合适的用工单位，并且对用工单位进行适当的监督。

四、被派遣劳动者的同工同酬问题

劳务派遣在我国的滥用，在很大程度上是用工单位支付给派遣工的工资待遇明显低于其直接雇佣的劳动者。实现被派遣劳动者同工同酬被认为是解决劳务派遣问题的关键措施。修订后的《劳动合同法》在原有同工同酬原则的基础上，明确规定用工单位应当按照同工同酬原则，对被派遣劳动者与本单位同类岗位的劳动者实行相同的劳动报酬分配办法。同工同酬如何界定？劳动者同工同酬的权利向谁主张？

同工同酬的界定问题。关于“同工”，《劳动部关于〈中华人民共和国劳动法〉若干条文的说明》第 46 条解释为，从事相同工作，付出等量劳动且取得相同劳绩；根据《劳动合同法》第 63 条的规定，同工是指本单位相同的工作岗位，或者用工单位所在地相同或者相近岗位。“同酬”的比较对象，一是在用工单位内部同类岗位上部分使用派遣工的情形下，派遣工与本单位职工的“同酬”可以在本单位同类岗位上比较；二是在用工单位内同类岗位上全部使用派遣工的情形下，派遣工只能与本单位以外的社会群体比较。“同酬”的具体内容，在不同的情形下要求不同：在派遣工与本单位同岗位的单位职工比较的情形下，是指二者的劳动报酬分配规则和标准相同，不是要求劳动报酬额或者劳动报酬水平相同；在无法与用工单位相同岗位加以比较的情形下，派遣工只能与用工单位之外的雇主进行比较，要求参照用工单位所在地相同或者相近岗位劳动者的劳动报酬水平确定。“劳动报酬”的内涵和外延是否与“工资”相同？是否包括各种福利和劳动保护费用也有待明确。这里仅将劳动报酬理解为“工资”，不包括社会保险福利费用、劳动保护费用，以及其他未列入工资范围的其他劳动收入。

被派遣劳动者同工同酬权利向谁主张？派遣单位、用工单位是否劳动者权利的义务主体？被派遣劳动者的权利受到损害，由谁承担责任？从《劳动合同法》第 63 条的规定看，该义务主体应当是用工单位，法律要求用工单位按照同工同酬原则，对被派遣劳动者与本单位同类岗位的劳动者实行相同的劳动报酬分配办法，或者是参照用工单位所在地相同或者相近岗位劳动者的劳动报酬确定。由用工单位确定后，再通过派遣协议要求派遣单位按此标准向被派遣劳动者支付。这一规定，明显与派遣单位的法律地位和身份不吻合，也与劳务派遣的正常运行实际不符。在劳务派遣中，劳动者属于派遣单位的员工，由派遣单位依据劳动合同支付工资，如果劳动者认为其工资标准未达到法定的要求，应当向其所在的用人单位主张权利，而不是其提供劳动的用工单位。而且，正常的劳务派遣状态是：劳动者与派遣单位订立劳动合同，同意由派遣单位委派到有关用工单位提供劳动，在这一前提下，派遣单位再为劳动者确定用工单位，通过与用工单位订立派遣协议，确定被派遣劳动者在用工单位的工作岗位、派遣费用等事项，而不是相反。我国劳务派遣实务中经常出现的先由用工单位与劳动者协商确定有关劳动条件之后，再由用工单位选择一个派遣单位，要求劳动者与该单位订立劳动合同的运行模式，就是所谓的逆向派遣，是非正常的劳务派遣方式。

【思考题】

1. 简述劳务派遣三方关系的性质。
2. 简述劳务派遣单位和用工单位分配“雇主责任”的原则。
3. 被派遣劳动者的职业安全卫生保护责任如何承担？

第九章　非全日制用工法律规定

【本章学习重点提示】重点掌握非全日制用工的概念、特点，非全日制用工衍生的劳动法律问题以及非全日制劳动者的基本权利。

第一节　非全日制用工概述

一、非全日制用工的概念、特点

（一）非全日制用工的概念

非全日制用工（part-time work）亦称为部分工时工作、短时间劳动，是相对于全日制用工（full-time work）而言的，其中又以小时工为最主要的形式，是灵活就业或者说非典型就业的一种主要形态。关于非全日制用工的概念，有国际层面上的定义和国内法上的定义，但迄今为止，国际社会尚未制定出一个世界性公认的统一标准定义，而且存在各国制度上的定义与统计上的定义之别。但无论如何定义，都不能脱离非全日制用工“比较性的概念”① 的特点，即较全日制用工工作时间较短者，仅在比较的范围与标准不同而已。②

国际劳工组织第175号公约即《1994年非全日制工作公约》第1条第1款规定：非全日制劳工是指正常工作时间较类似的全日制劳工为少的受雇者。第2款规定：前款所称正常工作时间，是以每周或以一定雇佣期间的平均值计算。第3款又对“类似的全日制劳工”一词做了界定：与非全日制劳工相比，该全日制劳工：(1) 具有相同的雇佣关系；(2) 从事相同的或类似的工作或职业；(3) 受雇于相同的部门；或者在该部门没有类似全日制劳工时，在相同的企业就业，或在该企业没有类似全日制劳工的情况下，在相同的行业就业；(4) 受部分失业影响的全日制工人，即其正常工作时间因经济、技术或结构原因被集体和临时性削减的劳工，不视为非全日制劳工。

经济合作及发展组织（OECD）则认为在区分全日制与非全日制时，应坚持以下三个

---

① “比较性的概念”，包括从“工作时间上”的比较，与“比较对象”的比较。工作时间上比较，一般以一定期间（如周、月或者年）工作时间数为比较，如有以每周工作时间30小时为标准，加拿大、芬兰、新西兰是也；有以每周工作时间35小时为标准，日本、瑞士、美国、澳洲等国如此；也有以36小时为标准，匈牙利、土耳其等国乃如此做法；挪威则以37小时为标准。比较对象，一般是指与类似的全日制劳工相比。

② 参见吴宛芸：《部分工时工作者之劳动条件研究》，台湾“国立政治大学”劳工研究所2007年硕士论文，第45页。

原则：

（1）依据劳工本身或雇主对工作的认知与了解来认定，通常可以反映该份工作的类别或工作合约的法律性质。

（2）设立每周工作时数的最低门槛，低于此门槛者则定义为部分工时。

（3）同时采用以上两项原则来定义部分工时。①

《欧洲非全日制工作纲领性协议》② 第 3 条规定：非全日制工作劳工是指在以每周或至多 1 年为雇佣期间内，其平均工时较类似的全日制劳工为短者。“类似的全日制劳工”是指与非全日制劳工于同一部门内有同样的雇佣关系，在考虑年资、资格及技能等因素下，从事一样或者类似的工作或职业的全日制劳工。实际上欧盟的定义也是参考了国际劳工组织的规定。

依据欧盟的劳动力调查（Labor Force Survey），其成员国家（瑞典除外）大多虽以受访者本身对工作的认知来定义是否为部分工时，但在统计实务上，OECD 各成员国大多定有所谓的门槛来区分全日制工作与非全日制工作。例如澳洲以每周工作时数 35 小时为门槛，奥地利为 35 小时、加拿大为 30 小时、芬兰为 30 小时、匈牙利为 36 小时、冰岛为 35 小时、日本为 35 小时、荷兰为 35 小时、新西兰为 30 小时、挪威为 37 小时、土耳其为 36 小时及美国为 35 小时。但各国在认定非全日制时，有时仍有某些规定适用于特殊状况：如挪威的门槛虽为每周工时 37 小时，但工时介于 30~36 小时者，若劳工自行认定本身为全日制劳工，仍可界定之。门槛区分法虽较明确，但仍受到某些限制，例如调查当周恰巧遇到法定假日、受访者遇到生病或家庭状况而导致工时减少等，都会影响调查当周的工作时数。故在问卷设计上应特别表明此工作时间应为“经常性”，而非特别指问卷调查当周。③

法国为法定正常工时 4/5 以下者；爱尔兰与英国则为每周工时 30 小时以下者为非全日制用工。④

另外，欧盟其他国家，如西班牙在界定部分工时时，则是采取 OECD 所提出的第三种原则：结合自行认定与门槛的方式。西班牙在进行劳动力调查时，劳工虽自行认定本身为部分工时者，但每周工作时数超过 35 小时，仍会被归类为全职劳工。反之，若劳工自行认定本身为全职劳工，但每周工时却只有 30 小时以下，则会被归类为部分工时者。⑤

瑞典及意大利在定义非全日制时，则以工作合约中之规定为准。如果每周工时低于合

① 肖晴惠、林国荣：《OECD 国家部分工时工作发展及其劳动保障》，台湾“国立政治大学”劳工研究所“部分工时法制与实务学术研讨会”论文，2005 年 12 月。

② 由于《欧盟非全日制工作指令》仅有 4 条规定，且该指令之目的在于落实《欧洲非全日制工作纲领性协议》，此协议是以附录形式纳入《欧盟非全日制工作指令》中。

③ 肖晴惠、林国荣：《OECD 国家部分工时工作发展及其劳动保障》，台湾“国立政治大学”劳工研究所“部分工时法制与实务学术研讨会”论文，2005 年 12 月。

④ 成之约：《部分工作时间的发展及其对性别区隔与薪资差距影响之探讨》，台湾“行政院国家科学委员会”专题研究计划——成果报告，2005 年 10 月，第 14 页。

⑤ 肖晴惠、林国荣：《OECD 国家部分工时工作发展及其劳动保障》，台湾“国立政治大学”劳工研究所“部分工时法制与实务学术研讨会”论文，2005 年 12 月。

约规定，则被归类为部分工时。然而，在实务上，劳工不太可能根据合约来严格界定本身的工作状况，故在受访时常倾向于以本身的认知来回答本身是否为部分工时者。①

日本1993年制定实施了《非全日制劳动法》，将非全日制劳动者称为短时间劳动者。该法第2条规定：短时间劳动者系指1周的工作时间较同一个部门雇佣的一般劳动者1周工作时间为短者。但是，由于没有规定具体的可比较的对象，因此，在1999年对该法第2条的定义做了修订，补充可比较的对象———一般劳动者是指受雇于同一个部门，从事同种类职业（或工作）的全日制劳动者。②

德国1985年《促进就业法》对非全日制劳工的定义是：每周的正常工作时间较该雇佣单位可比较的全日制劳工正常工作时间为少者。若未约定每周工作时间，可将"1年的劳动时间平均至每周来计算"。但对何谓"可比较的全日制劳工"并未说明。德国2000年《非全日制劳动与定期契约法》则规定：每周正常工作时间较可比较的全日制劳工的每周工作时间为短者。若未确定正常工作时间，则最高可以1年的总工时平均至每周工作时间来计算。"可比较的全日制劳工"是指该雇佣单位中同一雇佣关系且从事同种类工作的全日制劳工。③ 若无可比较的全日制劳工，则可参考团体协约是否有相关规定，或参考产业的惯例。此外，依据《非全日制劳动与定期契约法》第2条第2款的规定，在社会法典中所称的微量工作者，如每周工作时间在15小时以下者，或平均薪资在630马克以下者，也包含在非全日制劳工定义中。④

美国至今没有专门针对非全日制用工的立法，其公平劳动基准法（Fair Labor Standards Act，FLSA）中也未对非全日制用工进行界定，因此，在研究非全日制用工时，一般采用劳动统计局（Bureau of Labor Statistics，BLS）之定义，即每周工作时间在35小时以下者。⑤

中国台湾地区1992年"雇佣部分时间工作劳工实施要点"中规定，部分时间工作劳工，是指其工作时间，较该事业单位内之全时劳工工作时间（通常为法定工作时间或企业所定工作时间）有相当程度缩短之劳工，其缩短之时数，由劳资双方协商订定。

综合以上不同定义可以得出，要界定非全日制劳工，问题关键在于与非全日制劳工比较的对象——全日制劳工的界定上，如果将全日制劳工每周工作时间加以界定，或者1年的平均工作时间界定，那么，非全日制劳工的界定则相对容易。

---

① 肖晴惠、林国荣：《OECD国家部分工时工作发展及其劳动保障》，台湾"国立政治大学"劳工研究所"部分工时法制与实务学术研讨会"论文，2005年12月。

② 陈伶俐：《部分工时劳动法制之研究》，台湾"国立政治大学"劳工研究所2004年硕士论文，第21页。

③ 陈伶俐：《部分工时劳动法制之研究》，台湾"国立政治大学"劳工研究所2004年硕士论文，第62页。

④ 微量工作者可以免缴疾病保险及年金保险的保险费。在终止契约的保护上，微量工作者，享有与全时工作者相同的保障。参见吴宛芸：《部分工时工作者之劳动条件研究》，台湾"国立政治大学"劳工研究所2007年硕士论文，第47页。

⑤ 参见陈伶俐：《部分工时劳动法制之研究》，台湾"国立政治大学"劳工研究所2004年硕士论文，第75页。

依据我国《劳动合同法》第68条的规定，非全日制用工是指以小时计酬为主，劳动者在同一用人单位一般平均每日工作时间不超过4小时，每周工作时间不超过24小时的用工形式。《关于非全日制用工若干问题的意见》规定，每日工作不超过5小时，累计每周工作时间不超过30小时。①

对于《劳动合同法》第68条的理解，特别是“日4小时”和“周24小时”之间，作为认定非全日制劳动者的标准，是“二选一”还是“二者必不可少”，在理解上容易产生歧义。王全兴教授认为第68条确立了全日制劳动关系和非全日制劳动关系的划分标准，即如果劳动者在同一个用人单位的日或周平均工作时间超过法定标准工时的一半以上，就应当属于全日制劳动关系。② 王教授采用“或”的表述，取的是“二选一”的认定标准。

依照我国《劳动法》和《国务院关于职工工作时间的规定》的规定，我国职工的标准工作时间为每天8小时、每周40小时，扣除每周两天的休息日和全年11天的法定节假日，我国职工目前每年的标准工作时间为250天，平均每月的工作天数为20.83天。依据我国现行法律，每天工作4小时以上，8小时以下的，或者每周工作24小时以上但低于40小时的，这类劳动者到底算全日制劳动者还是算非全日制劳动者，尚不明确。如果按照王全兴教授的理解，超过标准工时一半的，就应该认定为全日制劳动者。北京和浙江地方规定也是采取类似规定。但是，实践中劳动人事仲裁机构在认定非全日制还是全日制时，往往采取“每天不超过4小时，每周不超过24小时，每15天结算一次工资”的三重标准，即满足3个条件才是非全日制用工。

（二）非全日制用工的特点

与全日制用工形式相比，非全日制用工具有以下不同之处：

第一，全日制劳动者一般只能与一个用人单位建立劳动关系，用人单位招用职工时应查验终止、解除劳动合同证明，以及其他能证明该职工与任何用人单位不存在劳动关系的凭证，方可与其签订劳动合同③，如果用人单位招用尚未解除劳动合同的劳动者，对原用人单位造成经济损失的，该用人单位应当依法承担连带赔偿责任；④ 而非全日制用工的劳动者可以与一个或一个以上的用人单位建立劳动关系，前提是后订立的劳动合同不得影响先订立的劳动合同的履行。⑤

第二，全日制劳动者与用人单位初次签订劳动合同时可以依据合同期限的长短，约定不同的试用期，但非全日制用工的劳动者与用人单位签订劳动合同时，双方当事人不得约定试用期。⑥

第三，工时与工资。依据我国《劳动法》第36条的规定，全日制劳动者工作时间一般是每日不超过8小时，平均每周不超过44小时；《国务院关于职工工作时间的规定》

---

① 劳动和社会保障部《关于非全日制用工若干问题的意见》（劳社部发〔2003〕12号）。

② 王全兴著：《劳动法》（第三版），法律出版社2008年版，第200页。

③ 《劳动部关于实行劳动合同制度若干问题的通知》（1996年10月31日发布），第17项。

④ 参见《劳动法》第99条。

⑤ 参见《劳动合同法》第69条。

⑥ 参见《劳动合同法》第70条。

第 3 条规定了全日制劳动者的标准工作时间为每日工作 8 小时，每周工作 40 小时；① 对于非全日制用工的劳动者而言，其在同一用人单位平均每日工作时间不超过 4 小时，累计每周工作不超过 24 小时。非全日制劳工，可采取各种不同形式从事非全日制工作，但其共同点即工作时数均低于标准工作时数。例如：

（1）每周工作天数与全职劳工（全日制劳工）相同，但每天工作时数少于全职劳工。

（2）每天工作时数与全职劳工相同，但每周工作天数少于全职劳工。

（3）每周工作天数与全职劳工相同，但每天工作时数不定等，均为非全日制工作的形式。②

关于工资支付，《劳动法》第 48 条规定："国家实行最低工资保障制度。……用人单位支付劳动者的工资不得低于当地最低工资标准。"第 50 条规定："工资应当以货币形式按月支付给劳动者本人。不得克扣或者无故拖欠劳动者的工资。"依照《工资支付暂行规定》，劳动者的工资，必须在用人单位与劳动者约定的日期支付；工资至少每月支付一次，实行周、日、小时工资制的可按周、日、小时支付工资。由于非全日制用工是按小时计酬，其工资支付可以按小时、日、周为单位结算，但非全日制用工劳动报酬结算支付周期最长不得超过 15 日。用人单位应当按时足额支付非全日制用工劳动者的工资。用人单位支付非全日制用工劳动者的小时工资不得低于当地政府颁布的小时最低工资标准，如广东省 2013 年 5 月 1 日开始执行的非全日制用工小时最低工资标准规定，广州市非全日制用工小时最低工资标准为每小时 15 元。

第四，社会保险。全日制劳动者的社会保险一般由用人单位办理。《劳动合同法》并未单独规定非全日制用工的社会保险问题，这不能说不是一个遗憾。劳动和社会保障部《关于非全日制用工若干问题的意见》第 3 条规定："从事非全日制工作的劳动者应当参加基本养老保险，原则上参照个体工商户的参保办法执行。……从事非全日制工作的劳动者可以以个人身份参加基本医疗保险，并按照待遇水平与缴费水平相挂钩的原则，享受相应的基本医疗保险待遇。参加基本医疗保险的具体办法由各地劳动保障部门研究制定。……用人单位应当按照国家有关规定为建立劳动关系的非全日制劳动者缴纳工伤保险费。从事非全日制工作的劳动者发生工伤，依法享受工伤保险待遇；被鉴定为伤残 5-10 级的，经劳动者与用人单位协商一致，可以一次性结算伤残待遇及有关费用。"《社会保险法》在养老保险上基本上采纳了《关于非全日制用工若干问题的意见》的观点：无雇工的个体工商户、未在用人单位参加基本养老保险的非全日制从业人员以及其他灵活就业人员可以参加基本养老保险，由个人缴纳基本养老保险费。③ 在医疗保险的问题上也是采取个人缴费的办法：无雇工的个体工商户、未在用人单位参加职工基本医疗保险的非全日制从业人员以及其他灵活就业人员可以参加职工基本医疗保险，由个人按照国家规定缴纳

---

① 《国务院关于职工工作时间的规定》，1994 年 2 月 3 日国务院令第 146 号公布，1995 年 3 月 25 日修订。

② 肖晴惠、林国荣：《OECD 国家部分工时工作发展及其劳动保障》，台湾"国立政治大学"劳工研究所"部分工时法制与实务学术研讨会"论文，2005 年 12 月。

③ 《社会保险法》第 10 条第 2 款。

基本医疗保险费。① 在失业保险和生育保险问题上则没有涉及。唯一强制用人单位缴费的是工伤保险。

除了上述特殊性之外，非全日制用工还具有用工灵活、用工范围广泛、就业不稳定、收入不稳定的特点。所谓用工灵活，意味着随时招聘，随时解聘；可以订立书面合同，也可以订立口头合同；在每天工作时间不超过4小时的前提下，可长可短。所谓用工范围广泛，是指由于用工方式灵活，非全日制用工这种就业形式广泛存在于各行各业，实践中多用于餐饮业、娱乐业、建筑业、保洁等。就业不稳定，主要是相对于劳动者来说，因为面临随时解聘的威胁，随时面临失业，因而缺乏职业安定感。收入不稳定则是因为职业不稳定，收入没保障。

(三) 非全日制用工的分类

非全日制工作的形态或者类型，依据不同标准，有不同的划分。依据台湾学者的观点，依据从事非全日制工作的动机划分，可以分为自愿性与非自愿性的非全日制工作；依据从事非全日制工作者的性别、年龄划分，可以分为未成年人、女性、老年非全日制工作。比较具有法律意义的划分方法为：工作总时数、时段是否固定，劳动合同是否定有期限。② 依据工作时数与工作时段两个因素是否固定，可以分为固定型非全日制用工和变动型非全日制用工。固定型非全日制用工是指总工作时数与工作时段都固定的非全日制用工，如周一至周五上午8：00~12：00；或者周一至周五下午1：00~5：00，每周工作时数20小时。如果工作总时数、工作时段两项中任何一项或者两项都不固定，则属于变动型非全日制用工。③

依据工作时间决定权（主要是工作时间起讫与工作时间的配置，即何时需要工作）来分，非全日制工作分为工作位置分享制（Job Sharing）和传唤型工作（Call-on work）。前者劳动者自主性较强，共享同一职位的劳动者可以协调，自由决定何人须在何时工作。后者通常由劳雇双方订定一个工作时间总量，而未明确具体工作时间，雇主根据业务需要召唤劳动者给付劳务。由于何时工作决定权在雇主，使得劳工处于随时待命状态，无法自由安排个人时间，陷于不安定的雇佣状态。

依据劳动合同的期限划分，劳动合同分为有固定期限劳动合同和无固定期限的劳动合同。台湾学者认为定期劳动合同的种类包括季节工与临时工。当定期契约与部分工时结合时，就使得部分工时有不定期契约部分工时与定期契约部分工时之分。④ 从我国劳动立法的意图来看，鼓励稳定的劳动关系、鼓励签订无固定期限或者说长期的劳动合同。既然非全日制用工是灵活用工的一种形式，“非全日制用工双方当事人任何一方都可以随时通知对方终止用工”，因而非全日制用工是一种劳动关系极不稳定的用工形态，现实中恐怕少

---

① 《社会保险法》第23条第2款。

② 参见陈伶俐：《部分工时劳动法制之研究》，台湾“国立政治大学”劳工研究所2004年硕士论文，第25页。

③ 参见陈伶俐：《部分工时劳动法制之研究》，台湾“国立政治大学”劳工研究所2004年硕士论文，第27页。

④ 参见陈伶俐：《部分工时劳动法制之研究》，台湾“国立政治大学”劳工研究所2004年硕士论文，第30~31页。

有无固定期限的非全日制用工形态存在。

二、非全日制用工的历史及发展趋势

从正式文献记载看，有关非全日制劳动的最早文献记载是19世纪中叶的英国法律。① 1841年有关儿童劳动的法律制定了半日工作制度（half-time schedules，half-time work）。它们规定了未满13岁的童工每日工作时间不得超过6个小时。此后，1844年制定的《追加工厂法》重新规定了童工每天上午8点到下午6点之间必须上3个小时的课。当时，工厂里的业务报告把这些童工称为half-timers。有些学者指出，非全日制劳工是相对full-timers的概念来定义的，而half-timers就是非全日制劳工（part-timers）的主要表现形态。②

早期的非全日制劳工主要是童工，他们一边上学一边工作。然而，到了20世纪初就出现了以下几个变化：第一，非全日制劳动者从儿童向成人逐渐变化；第二，在工厂以外的工作场所，也同样开始实施半日工制度；第三，非全日制劳工的就业领域越来越多样化。比如，20世纪初在美国纽约等大城市里，小时工③已经在零售业、饭店、餐厅、干洗业等商业部门出现了；第四，开始出现"学生打工"的小时工就业形态。根据1915年对科罗拉多大学进行的调查结果，77%的男学生、53%的女学生做过小时工。④ 这一时期的小时工从性别来看，虽然在行业之间存在一些特定的倾向（如在服务业中女性比男性多等），但总体上几乎没有男女间的差别。

第一次、第二次世界大战期间，战争导致劳动力严重不足，使一大批已婚妇女走出家庭加入到劳动力市场，成为重要的劳动力来源。如在美国，包括军人在内的就业者总数，从1940年到1944年增加了1600万人，其中700万人是失业人员重新就业，其他900万人是高中生、大学生、未婚男女和已婚妇女、退休的老年人等新就业者。特别是，这新增加的900万人中，女性就业者有665万人，占全部的73.9%。该时期，妇女在全部就业人口中的比率从1940年的27.4%上升为1944年的37.2%。这两次大战时期对"小时工的历史"来说，是一个很重要的时期。这是因为，对于具有家务负担的已婚妇女来说，为了维持家庭生活和职业生活，她们不得不从事半日工等非全日制就业。因此，有学者把该时

① 也有学者认为非全日制产生于"二战"期间，如台湾学者成之约提出：部分工时制度产生于第二次大战期间，当时的专家学者提出部分工作时间的做法。参见成之约：《部分工作时间的发展及其对性别区隔与薪资差距影响之探讨》，台湾"行政院国家科学委员会"专题研究计划——成果报告，2005年10月，第13页。

② ［日］三富纪敬：《欧洲女性的生命周期和小时工》，Minerva书房，1992年，第12页；转引自［日］追田章子：《就业分享的途径——小时工劳动论》，载《社会学研究》2000年第4期，第101页。

③ 本部分参考了追田章子的《就业分享的途径——小时工劳动论》一文，在该文中作者主要是论述小时工问题，但作者将小时工翻译为part-time work，基于官方的翻译，习惯于将part-time work译为"非全日制工作"，本着尊重作者的原则，多处仍然保留了小时工的提法。

④ ［日］三富纪敬：《欧洲女性的生命周期和小时工》，Minerva书房，1992年，第42页；转引自［日］追田章子：《就业分享的途径——小时工劳动论》，载《社会学研究》2000年第4期，第101页。

期称为小时工的第一发展时期。①

以已婚妇女为主的非全日制就业形态持续到 20 世纪 70 年代，特别是战后一直到 20 世纪 60 年代，由于劳动力不足现象较为普遍，各国政府采取家庭妇女的劳动力化政策来解决劳动力供需之间不平衡的问题。但是进入 20 世纪 80 年代后，由于新的社会、经济的原因，非全日制就业的情况开始发生变化，主要表现在：第一，在一部分国家，妇女就业观念从非全日制向全日制逐渐变化，这就使妇女的职业生涯带有连续性的特点；第二，由于各国开始进入低速发展时期，失业问题日益严重，各国政府把非全日制就业视为扩大就业的主要途径。一般来说，扩大就业政策的内容划分为两个部分，一是把小时工看作“职业分享”的主要途径，通过采用小时工来扩大就业机会；二是用小时工替换正式工，这是避免解雇的主要方法。无论如何，小时工就业虽然还是以已婚妇女为主，但 20 世纪末特别是 2000 年以来也逐渐地扩大到男性之中。这种新倾向受到各国政府和研究者的关注。② 因此，有学者将该时期称为小时工的第二发展时期。③

以 OECD 为例，非全日制用工形态自 1970 年起，在大多数 OECD 国家就业市场中的重要性与日俱增。自 1973 年以来的 20 多年间，主要 OECD 国家非全日制用工实施率（部分工时雇佣人口占总就业人口之比例）呈发展趋势。1990—2003，荷兰、瑞士、英国、日本等国的发展最为突出。1990 年，整个 OECD 国家部分工时实施率为 11.1%，2003 年，实施率提高至 14.8%，增加 3.7%。当年度（2003 年）部分工时实施率超过二成的国家包括荷兰（34.5%）、澳洲（27.9%）、日本（26%）、瑞士（25.1%）、英国（23.3%）、新西兰（22.3%）以及挪威（21.0%）。而荷兰高度实施部分工时所创造之“工作奇迹”（job miracle），由于有效提升了劳动参与率，促进经济发展，广为各国所赞扬，甚至被称为“部分工时经济”（part-time economy）的成功典范。④

造成 OECD 国家非全日制用工提升的原因很多，其中以社会观念的改变致使女性纷纷进入劳动市场以及服务业的兴盛影响为最重要的两大因素。若就性别差异来考察 OECD 国家的部分工时实施率，可以发现女性明显高于男性：2003 年女性非全日制实施率以荷兰为首，几乎达到六成（59.6%），其依次为瑞士（45.8%）、澳洲（42.2%）、日本（42.2%）以及英国（40.1%），而超过 30% 的国家还包括比利时（33.4%）、德国（36.3%）、爱尔兰（34.7%）、新西兰（35.8%）以及挪威（33.4%）。2003 年整个 OECD 国家的女性非全日制实施率是 24.8%，较 1990 年 19.5% 增加近 5.3 个百分点；

---

① 迫田章子：《就业分享的途径——小时工劳动论》，载《社会学研究》2000 年第 4 期，第 101~102 页。

② ［日］三富纪敬：《欧洲女性的生命周期和小时工》，Minerva 书房，1992 年，第 9 页；转引自［日］迫田章子：《就业分享的途径——小时工劳动论》，载《社会学研究》2000 年第 4 期，第 102 页。

③ ［日］迫田章子：《就业分享的途径——小时工劳动论》，载《社会学研究》2000 年第 4 期，第 102 页。

④ 肖晴惠、林国荣：《OECD 国家部分工时工作发展及其劳动保障》，台湾“国立政治大学”劳工研究所“部分工时法制与实务学术研讨会”论文，2005 年 12 月。

2003 年该会员体男性非全日制时实施率仅为 7.2%，较 1990 年 5.0%增加约 2.2 个百分点。① 这说明社会价值观及传统女性角色的转变，使得女性成为非全日制用工形态的主力。当然这种变化，得益于 OECD 国家的社会背景及国家政策的配合，如社会福利制度的完善、整体工作时间的缩减、职业工会的支持及妇女社会经济地位的提升等。②

在我国，非全日制用工是 20 世纪 90 年代以来快速发展的一种用工形式，主要源于当时国有企业改制，国企减员增效使得大量的职工下岗失业；同时，农村城镇化过程中分流出大量的剩余劳动力，为非全日制用工提供了充足的劳动力资源。非全日制用工形式突破了传统的全日制用工模式，适应了用人单位灵活用工和劳动者自主择业以及灵活就业的需要，成为我国促进就业的重要途径。2002 年 9 月在中共中央和国务院召开的全国再就业工作会议上，中央领导强调要大力发展非全日制等灵活多样的就业形式，并于会后下发的《中共中央国务院关于进一步做好下岗失业人员再就业工作的通知》中，明确提出了“对下岗失业人员以非全日制、临时性和弹性工作等灵活形式就业的，要适应其特点，抓紧制定劳动关系形式、工资支付方式和社会保险等方面的配套办法，保障他们的合法权益。③ 在这种政策的推动下，2003 年原劳动和社会保障部出台了《关于非全日制用工若干问题的意见》，虽然其效力有限，但在规范非全日制用工上提供了基本的依据，在一定程度上弥补了立法的空白；《劳动合同法》专门就非全日制用工问题作出规定，提高了非全日制用工的立法层次，有力地推动了非全日制用工在中国的发展。

非全日制用工，作为一种就业模式，适应了用人单位灵活用工和劳动者自主择业以及灵活就业的需要，已经成为我国促进就业的重要途径。

三、非全日制用工形式的优势与不足

在 1997 年以前的 20 年里，在发达国家，非全日制就业一直处于发展的趋势，尤其是在失业率高的国家，促进非全日制就业，某种程度上是政府决策的结果。事实上，非全日制工作作为一种减少失业的策略，无论是对劳动者还是雇主，都是有益的。④ 对于劳动者来说，它能够提供一个更好的机会用来协调职业生涯与家庭责任、培训、休闲以及社交活动的关系；而且非全日制工作也使得劳动者更易于进入或者退出劳动市场。对雇主来说，他不仅可以有更多的弹性如通过增加生产能力的利用或者增加职位的空缺时间来回应市场的要求；而且还可能获得更多的生产收益。对于面临高失业率的决策人来说，非全日制就业的增长，可以减少寻找工作人员的数量，最起码可以减少求职者的登记数目。换句话说，非全日制就业，在不要求增加总工作时间数目的情形下能够降低具有政治敏感性的失

① 肖晴惠、林国荣：《OECD 国家部分工时工作发展及其劳动保障》，台湾“国立政治大学”劳工研究所“部分工时法制与实务学术研讨会”论文，2005 年 12 月。

② 肖晴惠、林国荣：《OECD 国家部分工时工作发展及其劳动保障》，台湾“国立政治大学”劳工研究所“部分工时法制与实务学术研讨会”论文，2005 年 12 月。

③ 金维刚等：《我国非全日制就业问题及有关建议》，载国务院发展研究中心：《调查研究报告》2003 年第 24 号，第 2 页。

④ *Perspectives*: *Part-time work*: *Solution or trap*? International Labor Review, Volume 136, Number 4, 1997/4.

业率。①

当然，非全日制工作也有其不足之处。非全日制工人与从事一样工作的全日制同事相比，常常处于不利地位。明显地，他们的小时工资低；他们不享有某种社会津贴；他们的职业保障有限。而且，除非从事非全日制工作是自愿的，否则，一旦失业，他们的处境将非常困难，生活无保障。② 台湾学者成之约认为，尽管全日制劳工与非全日制劳工在就业稳定性上并无太大差异，但是，很显然全日制劳工与非全日制劳工依然存在相当大的差异：（1）非全日制劳工的技术层级较全日制劳工低；（2）非全日制劳工的职业升迁前景较不乐观；（3）在资格条件相当的情形下，非全日制劳工的薪资水准较低；（4）非全日制劳工的福利待遇有限；（5）非全日制劳工较全日制劳工获得的职业教育与训练的机会少。③ 在台湾，根据其行政院的相关调查，从事非全日制工作的劳工以中高龄、青少年劳工和低教育程度的劳工比例较高，同时从事的职业、行业也以低技能工作比例较高，加上每月主要收入偏低，非全日制工作劳工不得不面对"所得"偏低的窘境，其中又以女性非全日制工作者为甚。④ 在中国大陆，从事非全日制工作的主要是女性、下岗失业工人和进城务工人员，他们从事的工作也为技术层次较低的岗位。尽管国家有最低工资保障制度，但是从事非全日制工作的工人的工资较全日制工人普遍偏低，社会保险与福利也没有保障，他们的职业发展前景暗淡。同时，由于他们很难融入用人单位，没有工会组织的保护，他们的权益更易受到侵害，因此，他们更加需要获得保护。

四、非全日制用工劳动合同

（一）非全日制用工劳动合同的形式

劳动合同是当事人建立劳动关系的基本形式。非全日制用工是一种灵活就业的用工形式，因此，对于该用工形式，在劳动合同的形式上法律要求有所不同。劳动和社会保障部2003年《关于非全日制用工若干问题的意见》第1条第1项规定："……用人单位与非全日制劳动者建立劳动关系，应当订立劳动合同。劳动合同一般以书面形式订立。"劳动合同期限在1个月以下的，经双方协商同意，可以订立口头劳动合同。但劳动者提出订立书面劳动合同的，应当以书面形式订立。2007年《劳动合同法》第69条则规定："非全日制用工双方当事人可以订立口头协议。"《劳动合同法》之所以这样规定，出发点在于适应非全日制用工灵活的方式，避免签订劳动合同的繁琐程序。但是，与《劳动合同法》规定相反，多数国家基于非全日制工作的下列属性均规定须订立书面合同：（1）非全日

① *Perspectives*: *Part-time work*: *Solution or trap*? International Labor Review, Volume 136, Number 4, 1997/4.

② *Perspectives*: *Part-time work*: *Solution or trap*? International Labor Review, Volume 136, Number 4, 1997/4.

③ 成之约：《部分工作时间的发展及其对性别区隔与薪资差距影响之探讨》，台湾"行政院国家科学委员会"专题研究计划——成果报告，2005年10月，第21页；吴宛芸：《部分工时工作者之劳动条件研究》，台湾"国立政治大学"劳工研究所2007年硕士论文，第47页。

④ 成之约：《部分工作时间的发展及其对性别区隔与薪资差距影响之探讨》，台湾"行政院国家科学委员会"专题研究计划——成果报告，2005年10月，第47页。

制工作类型众多且性质多变化；（2）很少有直接规范非全日制工作劳动条件基准的专门法律，多援用一般全日制劳工的相关规定，并且还必须详细查清其中是否有非全日制的特别规定，或者引用比例原则以推定法定标准，故非全日制工作的劳雇间权利义务容易含混不清；（3）非全日制工作的劳工以次级劳动力（低技能）居多，具有“易受伤害”的特性，须借由劳动契约清楚明白记载以利于监督与保障其权利。①

国际劳工组织第 182 号建议书第 5 条也要求采用书面形式告知非全日制劳动者就业条件。

希腊、比利时、法国、意大利、芬兰、德国、波兰、瑞典、英国、爱尔兰等国也做了书面形式的要求规定。我国劳动力市场是一个诚信度不高的市场，更加需要用书面的形式明确双方当事人的权利义务，一旦发生纠纷，可以起书面证据作用，便于纠纷的及时解决。

（二）非全日制用工劳动合同的内容

非全日制劳动合同的内容同样由双方协商确定，包括工作时间和期限、工作内容、工作地点、劳动报酬、劳动保护、劳动条件和职业危害防护等。但是，当事人双方不得约定试用期。《劳动合同法》第 17 条规定用人单位与全日制劳动者可以约定试用期，但第 70 条则明确规定非全日制用工不得约定试用期，这是为了维护非全日制劳动者的利益所作的限制性规定，也是由非全日制用工的短期性决定的。如果允许当事人约定试用期，将使这种用工关系更加不稳定。

在德国，全日制劳动关系大多以团体协约规定。相对地，由于非全日制劳动关系劳资双方的动机不同，因此常需个别地衡量双方的利益，而将之订明于劳动契约。根据德国劳动法律，在非全日制劳动契约中，不问是否负有社会保险义务的或微量的雇佣②，大抵上应规定下列事项：工作时间的长短、工作时间之状况与分配、报酬形式、逾时工作之范围、状况与报酬、休假请求权、未到班工作之给付（国定假日、生病），以及对于社会性支出部分的、全部的请求权（如每日上班之部分时间劳动者亦有交通津贴）或丧失请求权（如上午班的部分时间劳动者无午餐津贴）③。劳动合同越详细，就越能使双方的权利义务更加明确。我们国家应当加以借鉴。

（三）非全日制用工劳动合同的终止

国际劳工组织第 175 号公约第 7 条规定：应采取措施保证非全日制工人在下列领域得到与可比较的全日制工人同等的条件：……终止就业。

非全日制劳动合同的终止，规定在我国《劳动合同法》第 71 条：“非全日制用工双方当事人任何一方都可以随时通知对方终止用工。”法律这样规定的本意也是适应灵活用工方式的要求，体现非全日制用工的灵活性。通知可以采取口头形式，也可以通过书面形

---

① 陈正良著：《部分时间工作劳动基准法制之研究》，台湾劳资关系协进会印行，2003 年，第 254~255 页。

② 微量雇佣或微量工作是指较全日制工作者的工作时间的四分之一为少者。

③ 参见杨通轩：《德国部分时间劳动法制之探讨——兼论台湾部分工时之法制化》，台湾“国立政治大学”劳工研究所“部分工时法制与实务学术研讨会”论文，2005 年 12 月。

式。但是，劳动合同终止后，用人单位依然有为劳动者出具终止劳动合同证明的义务。

与全日制用工不同的是，非全日制用工劳动合同终止后，用人单位不向劳动者支付经济补偿。之所以如此规定，原因在于：非全日制用工对用人单位来说是一种灵活的用工形式，通过采取该种用工形式，可以在一定程度上减少用工的成本；要求用人单位在非全日制用工劳动关系终止后给予劳动者经济补偿，将过多地加重用人单位的用人成本，与用人单位选择非全日制用工以降低劳动力成本的初衷相违背。此外，经济补偿的本质之一在于对劳动者贡献积累的补偿；而劳动贡献的大小一般与工作年限（时间）的长短有关。非全日制用工具有灵活性，法律不宜硬性规定用人单位在非全日制用工劳动合同终止时给予劳动者经济补偿。否则，会因此而削减用人单位雇佣非全日制劳工的积极性。

五、非全日制用工劳动争议的处理

《劳动合同法》并未单独规定非全日制用工劳动争议的处理，这说明因非全日制用工发生的劳动争议适用一般劳动争议的处理方法，即一旦因非全日制用工发生劳动争议时，当事人双方既可以通过协商解决，也可以通过调解、仲裁解决，对仲裁裁决不服的，可以向人民法院起诉。

劳动和社会保障部《关于非全日制用工若干问题的意见》第4条规定："从事非全日制工作的劳动者与用人单位因履行劳动合同引发的劳动争议，按照国家劳动争议处理规定执行。劳动者直接向其他家庭或个人提供非全日制劳动的，当事人双方发生的争议不适用劳动争议处理规定。"劳动者直接向其他家庭或个人提供非全日制劳动的，符合雇佣关系特点的，如果当事人双方发生争议的，适用民事争议处理的规定。

《中华人民共和国劳动争议调解仲裁法》于2008年5月1日起实行，使劳动争议的解决有了更具权威性、更加具体的法律依据。由于非全日制用工发生的劳动争议，适用《劳动争议调解仲裁法》的规定。

第二节 非全日制劳动者保护的基本原则

非全日制劳动者享有哪些基本权益？劳动基准法上确认的劳动者的基本权利是否完全适用于非全日制劳动者？在保护非全日制劳动者时应遵循何种原则？这些问题是我们研究非全日制劳动者权益保护必须搞清楚的基本问题。

非全日制劳动者由于有着与全日制劳动者不同的特点，在保护时应当根据这些特点提供有针对性的保护。基于此，国际劳工组织第175号公约和第182号建议书，确立了保护非全日制劳动者的基本原则：平等保护原则、比例保护原则和不得歧视原则。

一、平等保护原则

人生而平等，这是人类社会发展至今早已达成的共识，不因出身、种族、性别、年龄、宗教信仰等而有所区别。因非全日制用工形成的社会关系是一种劳动关系，非全日制劳动者作为劳动者群体的成员，应该享受劳动法上赋予劳动者的基本权益。但是，由于非全日制劳动者的特殊性，在享受劳动者基本权益的时候，在一些具体权益上应该有所区别。也就是说，劳动基准法关于全日制劳动者权益保护的规定，并不能完全地或者说毫无差异地适用于非全日制劳动者。其理由是，作为劳动者核心权利性质的，如集体劳动权、人身安全保障权和平等对待权，非全日制劳动者应该与全日制劳动者一样平等地享有。因为这些权利不仅是作为劳动者，而且是作为人应该享有的最基本的权利，这些权利只不过是基本人权在劳动关系领域的不同立法表现而已。

正是基于上述认识，国际劳工组织《非全日制工作公约》及建议书在平等保护的原则下，根据权利的不同性质，对非全日制劳动者采取不同程度的保护。

国际劳工组织《非全日制工作公约》第 4 条明确规定："应采取措施保证非全日制工人在下列方面得到给予可比较全日制工人的同一（same）保护：（一）组织权利、集体谈判权利和担任工人代表的权利；（二）职业安全和卫生；（三）就业和职业歧视。"也就是说，在组织、集体谈判和担任工人代表权利（核心权利）、职业安全与卫生的权利（生命安全与健康权利）以及不受歧视的权利（平等权）方面，非全日制工人与全日制工人应该得到一样的保护。这种平等保护，是无论你从事什么工作，无论是全日制还是非全日制劳动者都应当一视同仁地享有的保护，因而也可以称为"绝对平等保护"原则。

二、比例保护原则

基于非全日制劳动者与全日制劳动者工时差异的显著特点，公约针对与工作时间相关的一些权利，确立了比例保护原则，也可称之为"相对平等保护原则"。

公约第 5 条是关于非全日制工人工资的基本规定：应采取符合国家法律和实践的措施，保证非全日制工人在工时、工作内容或计件基础上按比例计算获得基本工资，而不是仅由于其从事非全日制工作，获得低于按同样方法计算的可比较全日制工人的基本工资。公约第 6 条是关于社会保障的规定：应对以职业活动为基础的法定社会保障体制进行修改，以使非全日制工人享有与可比较全日制工人的同等条件；这些条件得按工时、缴费或收入比例，或通过与国家法律和实践一致的其他方法确定。这两条规定，确立了非全日制劳工劳动条件均等待遇原则下的比例原则。

公约第 7 条规定是关于其他劳动条件的规定："应采取措施保证非全日制工人在下列领域得到与可比较的全日制工人同等（equivalent）的条件：（一）生育保护；（二）终止就业；（三）带薪年假和带薪公共假日；以及病假，但应明确，涉及金钱的各项权利得按时或收入比例确定。"

生育权是女性的基本权利，保护的不仅是女性，也是对人类繁衍活动的保护，不论从事何种职业的女性应该一视同仁地享有。带薪年假和带薪公共假日以及病假，是休息权和健康权的内容，实质上也涉及劳动者的生命健康问题，所以，所有劳动者应该享有，但在具体休假时间的长短、方式以及休假期间的物质待遇上应该体现差异，毕竟非全日制劳动者的工作时间相对较短。至于终止就业，有可能涉及失业，因此对于终止就业的保护也应该延伸到非全日制劳动者。只是理论上解雇保护一般适用于无固定期限劳动者，对有固定期限劳动者一般不适用，因此可能对固定期限的非全日制劳动者不太适用。当然第 175 号公约只是准则性规定，在具体事项上如何落实，有赖于各国的具体立法，也取决于各国的集体谈判力量，特别是在劳动条件的达成上。

综合国际劳工组织非全日制公约及建议书的规定，可以发现，对于非全日制劳工的保护，确立了平等保护原则，即一方面不得以从事非全日制工作为由，对非全日制劳工的雇佣条件低于从事类似工作的全日制劳工；另一方面，在适当情形下，如涉及金钱的各项权利应采取比例原则。在保护程度上看，对非全日制劳动者的平等保护涉及两个层面，一是关乎基本权性质的，同一保护；对于涉及金钱性质利益的，采取平等保护原则下之比例平等待遇原则。

三、不得歧视原则

上述平等保护和比例平等保护原则是从正面加以规定的，不得歧视原则则是从反面所做的禁止性规定。

《欧盟非全日制工作指令》和德国是采取这种立法模式。

《欧盟非全日制工作指令》第4条规定的不得歧视原则包括：(1)非全日制劳动者的雇佣条件，不得仅因其从事非全日制工作，而受到相较于类似的全日制劳动者较差的待遇，除非该差别待遇具有客观上的理由；(2)如果合适的话，在此适用比例原则；(3)缔约国得考虑共同体的法令规章及个别国家的法律规定、团体协约规定以及习惯，而订定其适用本条规定之方式；(4)缔约国基于客观上的理由，得依据一定的隶属于企业体的实践、工作时间或薪资条件，而允许适用特殊的雇佣条件。关于非全日制劳动者适用特殊的雇佣条件的标准，必须依据第4条所称之不得歧视之原则，经常地予以审查。

在国内法上，不少国家也是如此。

德国1985年《就业促进法》第2条“禁止差别待遇”规定：雇主对于非全日制劳动者，不得因其非全日制工作，而做相对于全时劳动者之差别待遇，除非实质上之理由可以合理化此种差别待遇。

德国《非全日制及定期劳动契约法》第4条第1项规定，雇主对非全日制劳动者为较全日制劳工之不利对待，仅于具有实质上理由时，始得为之。对于非全日制劳动者的工资或具有金钱价值之可区分的给付，雇主至少应依照全时劳工之比例为之。同法第5条规定：雇主不得因劳工主张本法所规定之权利，而加以歧视待遇。同法第6条规定，雇主对劳工不问其是否为具有督导权的职员，应尽量依照本法之规定，促成其非全日制工作愿望的实现。①

所谓实质上的理由，系指不是因为工作时间，而是因为工作能力、资格、工作经验、社会状况、工作位置不同的要求等。

值得注意的是，在从事非全日制工作的劳动者中，由于绝大多数为女性，因此对于非全日制劳动者之不平等待遇，必然会引起性别歧视之问题，其中间接的歧视尤其严重。②

我国《工会法》第3条规定：“在中国境内的企业、事业单位、机关中以工资收入为

① 参见杨通轩：《德国部分时间劳动法制之探讨——兼论台湾部分工时之法制化》，台湾“国立政治大学”劳工研究所“部分工时法制与实务学术研讨会”论文，2005年12月。

② 杨通轩：《德国部分时间劳动法制之探讨——兼论台湾部分工时之法制化》，台湾“国立政治大学”劳工研究所“部分工时法制与实务学术研讨会论文，2005年12月。

主要生活来源的体力劳动者和脑力劳动者，不分民族、种族、性别、职业、宗教信仰、教育程度，都有依法参加和组织工会的权利。任何组织和个人不得阻挠和限制。”立法上并没有把非全日制劳动者加以区别对待。当然，问题的关键在于落实，非全日制劳动者的结社权和代表权在具体实施中很难实现，存在实际障碍。同样，我国《安全生产法》和《职业病防治法》在劳动者职业安全卫生权上对非全日制劳动者也没有做排除性规定。①

我国《劳动法》、《就业促进法》确立了禁止就业歧视的一般原则。《劳动合同法》对非全日制用工做了一些规定，但仅涉及概念、劳动合同、试用期、劳动报酬及用工关系的终止，并未涉及在非全日制用工中如何落实平等保护问题。平等保护作为非全日制劳动者保护的一项基本原则，关系到非全日制工作的发展问题，也关乎非全日制劳动者的生存与发展，是有关立法必须确立的基本原则问题。因此，需要在我国立法中进一步明确。

第三节 非全日制劳动者基本权利的具体内容

综合国际国内立法，我们可以归纳出非全日制劳动者基本权益的具体内容。②

一、劳动报酬权

劳动就业是劳动者维持其本人及其家庭成员基本生存的手段，劳动报酬是劳动者提供劳动获得的对价。因此，不论是全日制劳动者还是非全日制劳动者，只要提供了劳动，就有获得劳动报酬的权利。获得劳动报酬权是劳动者维持生存最基本的权利。

（一）工资问题

非全日制劳动者的工资如何计算？依照法理，应当同工同酬。但是，由于非全日制劳动者的工作时间毕竟短于全日制劳动者，因此，非全日制劳动者原则上得依其相对于提供同样或同质之全日制劳动者之时间或工作结果之比例，请求之。③ 在澳洲、比利时、保加利亚、捷克、法国、德国、匈牙利、日本、波兰、葡萄牙、西班牙、苏联、前南斯拉夫等国，其法律要求依照全日制工人的工资率，按比例发给非全日制工人工资。美国、英国、丹麦、瑞典、芬兰、挪威、新西兰、卢森堡、希腊、意大利、爱尔兰、加拿大、奥地利等

---

① 《中华人民共和国安全生产法》第6条规定：“生产经营单位的从业人员有依法获得安全生产保障的权利，并应当依法履行安全生产方面的义务。”《中华人民共和国职业病防治法》第4条规定：“劳动者依法享有职业卫生保护的权利。用人单位应当为劳动者创造符合国家职业卫生标准和卫生要求的工作环境和条件，并采取措施保障劳动者获得职业卫生保护。工会组织依法对职业病防治工作进行监督，维护劳动者的合法权益。用人单位制定或者修改有关职业病防治的规章制度，应当听取工会组织的意见。”

② 以下内容参考了喻术红：《劳动合同法专论》，武汉大学出版社2009年版，第197~211页。

③ 杨通轩：《德国部分时间劳动法制之探讨——兼论台湾部分工时之法制化》，台湾“国立政治大学”劳工研究所“部分工时法制与实务学术研讨会”论文，2005年12月。

国，则无法律规定依照比例给予非全日制工人工资及津贴。① 但是这些国家中有 6 个国家如丹麦、芬兰、希腊、意大利、挪威、瑞典等的团体协约均规定须按比例发给非全日制工人工资的保护性规定。也就是说，上述列举的国家中过半数以上国家的劳动法或团体协约均认同“应按比例发给非全日制工人工资”② 但是，对大部分的 OECD 国家来说，非全日制劳工的时薪（即小时工资）普遍比全日制劳工低。以 2003 年为例，非全日制劳工的时薪约为全日制劳工时薪的 55%~90%，整体就业者的平均值为 75.6%，其中男性非全日制劳工的时薪约为全日制劳工时薪的 71.3%；女性劳工薪资比重约占 86.4%，相对于男性，女性非全日制劳工的时薪与全日制劳工的时薪差距较小。就国别比较，整体就业者以美国薪资差距最多，非全日制劳工之时薪仅为全职劳工时薪的 54.3%，其次依序为加拿大（55.9%）、英国（58.0%）以及西班牙（67.8%）。薪资差距最小的国家为葡萄牙，非全日制劳工的时薪约为全职劳工时薪之 90.0%，差异较小者尚包括澳洲（89.4%）、意大利（87.4%）、瑞典（87.2%）以及希腊（86.6%）。而由于工作的内容与人力运用策略的考虑，葡萄牙（113.0%）、希腊（108.8%）以及意大利（103.0%）的女性非全日制劳工的时薪甚至高于全职劳工者③。总的来说，OECD 国家中非全日制劳工的时薪普遍比全职劳工低，且工作时间愈短，时薪愈低。职业类别中则以不动产及租赁业最低。④

中国关于非全日制劳动者工资，规定在《劳动合同法》第 72 条中：“非全日制用工小时计酬标准不得低于用人单位所在地人民政府规定的最低小时工资标准。非全日制用工劳动报酬结算支付周期最长不得超过 15 日。”

可见，我国法律并无按比例发放的规定，仅有不低于最低工资标准的规定，而加拿大、法国、日本、荷兰、葡萄牙、美国等国法律也确认了“非全日制工作适用最低工资之规定”。⑤ 目前由于统计资料之局限，尚未收集到中国非全日制工人与全日制工人在工资差额上的具体数据比例，但是在一些紧缺性的岗位上，如家政工，护工、月嫂等，小时工资往往比较高。以湖北为例，小时工资最低标准（2015 年规定武汉市中心城区）为 14 元/小时，但部分家政工的小时工资达到 15 元甚至 20 元每小时。

---

① 陈正良著：《部分时间工作劳动基准法制之研究》，台湾劳资关系协进会印行，2003 年，第 56~61 页。

② 陈正良著：《部分时间工作劳动基准法制之研究》，台湾劳资关系协进会印行，2003 年，第 56~57 页。

③ 为应对市场环境的变迁，企业会普遍采用“劳动市场弹性化”的因应策略与措施。也就是说，面对市场的不确定性，企业不愿投入过高的人力资源。此外，来自工会的压力，也使得雇主运用各种各样非传统的方法以回避工会强硬的态度。因此，管理阶层可能支付较全日制劳工时薪高的薪资，聘用部分工时劳工，以期在数量、财务和功能等方面增加人力运用的弹性。此外，成之约（2002）亦提出，政府政策的鼓励，例如劳保投保薪资等级以及社会安全提拔金（social security contributions）的优惠，也可能使企业愿意高薪聘用部分工时劳工。参见肖晴惠、林国荣：《OECD 国家部分工时工作发展及其劳动保障》，台湾“国立政治大学”劳工研究所“部分工时法制与实务学术研讨会”论文，2005 年 12 月。

④ 肖晴惠、林国荣：《OECD 国家部分工时工作发展及其劳动保障》，台湾“国立政治大学”劳工研究所“部分工时法制与实务学术研讨会”论文，2005 年 12 月。

⑤ 陈正良著：《部分时间工作劳动基准法制之研究》，台湾劳资关系协进会印行，2003 年，第 57 页。

值得注意的是，目前，我国在确定小时最低工作标准中最突出的问题是怎样处理小时最低工资标准中是否直接包含应缴纳的社会保险费。在已经出台小时最低工资标准的地区，对此问题的处理至少包含下述三种办法①：一是，将应缴纳的社会保险费直接纳入小时最低工资标准（或小时最低劳动报酬）中。大连市 2001 年 10 月规定：小时工的小时最低工资标准为 5 元。这一标准已经将由小时工个人承担的社会保险费考虑在内，即小时工最低工资中包含应缴纳的社会保险费。② 二是，将最低工资标准和个人应缴纳的社会保险费最低缴费额之和统称为"最低工资"，而不直接将社会保险费纳入最低工资标准之中，如江苏。江苏省规定最低工资是指省人民政府公布的企业最低工资标准和依法应由个人缴纳的社会保险（含养老、医疗、失业）最低缴费额，要求各类企业在执行最低工资时应包括上述两部分。③ 三是，不将社会保险缴费因素直接纳入最低工资标准中，但在制定最低工资标准时，间接地将个人承担的社会保险费与最低工资标准挂钩，规定最低工资标准是个人缴纳社会保险费之后的实得工资收入。如上海市 2001 年 8 月 6 日规定：小时工小时最低工资标准为 4 元，其中不包含个人应缴纳的社会保险费。但上海市规定小时工的劳动报酬包含工资和社会保险费。如果用人单位按小时最低工资标准向小时工支付工资，那么，小时工个人应缴纳的社会保险费由用人单位支付，目的在于确保小时工的实际获得的工资收入不低于最低工资标准。④

按照劳动和社会保障部《关于非全日制用工若干问题的意见》的规定，确定和调整小时最低工资标准应当综合参考以下因素：当地政府颁布的月最低工资标准；单位应缴纳的基本养老保险费和基本医疗保险费（当地政府颁布的月最低工资标准未包含个人交纳的社会保险费因素的，还应当考虑个人应缴纳的社会保险费）；非全日制劳动者在工作稳定性、劳动条件和劳动强度、福利等方面与全日制就业人员之间的差异。小时最低工资标准测算方法为：小时最低工资＝［（月最低工资标准÷20.92÷8）×（1+单位应当缴纳的基本养老保险费和基本医疗保险费比例之和）］×（1+浮动系数）。也就是说，按照《关于非全日制用工若干问题的意见》的规定，小时最低工资标准中应当包含单位应当缴纳的社会保险费用。因此，我们在考虑确定非全日制劳动者小时最低工资标准时可以参考这些做法。

（二）加班工资问题

加班时间是对劳动者正常的休息时间或法定节假日的挤占，如果劳动者得不到正常休息，不仅会影响劳动力的生产与再生产，而且会影响到劳动者的身体健康，还会影响到劳动者正常家庭生活。因此，法律对劳动者的工作时间施行限制，目的在于保护劳动者的正当休息权。加班工资则是对正常工作时间之外额外劳动的一种回报与补偿，法律一般都对加班及加班报酬都有规定，对全日制劳动者来说如何支付加班费应该不成为问题。但是，对非全日制劳动者而言，如何认定加班？加班费如何支付？在不同国家和地区存在差异。

---

① 李援主编：《〈中华人民共和国劳动合同法〉解读与适用》，人民出版社 2007 年版，第 205 页。
② 李援主编：《〈中华人民共和国劳动合同法〉解读与适用》，人民出版社 2007 年版，第 205 页。
③ 李援主编：《〈中华人民共和国劳动合同法〉解读与适用》，人民出版社 2007 年版，第 205 页。
④ 李援主编：《〈中华人民共和国劳动合同法〉解读与适用》，人民出版社 2007 年版，第 205 页。

依据德国和欧盟规定，虽然从事非全日制工作的劳动者一般并不希望加班工作，但一旦实际工作时间超过劳动合同中约定的工作时间，即加班成为事实的情况下，非全日制劳动者有请求用人单位支付加班费的权利。①

台湾地区学者认为，如果非全日制劳动契约已约定应加班与超时（或延时）工作，则劳动者当然有履行的义务。如在契约中未约定，则依据学者之通说，由劳动者缔结非全日制工作可推知，非全日制劳动者并不准备加班与逾时工作。至于加班费方面，通说认为，只有在非全日制劳动者超过法律所定或企业所定之工作时间时，始有加班费请求权。② 非全日制劳动者如于假日工作者，亦有假日加班津贴。③ 但也有学者认为，对于固定型非全日制用工，加班费计算的起点应自超过原约定工时起计算。④

我国《劳动法》规定了加班加点时劳动报酬的支付，但是它所针对的是传统的全日制用工形式下的超时工作问题。对于非全日制用工来说，则有一个如何适用的问题。对于延长工作时间的非全日制劳动者来说，如果属于固定型的非全日制用工，那么，只要超过约定的工作时间，就视为加班，应当享受加班工资待遇。如果属于变动型的非全日制用工，在加班费计算上，可以考虑以一定时间内（如每周、每月或每年）的平均工作时间为基准，当实际工时超过此一基准时，就应支付其加班费。⑤ 因为如果没有加班费的限制，用人单位就可以利用这一点滥用非全日制，达到规避全日制用工的目的。

至于休息日加班问题，由于休息日的制度安排，本意是针对传统的标准的全日制用工形态，在一周工作了5~6天后，应当享有1~2天的休息权利，这是保护劳动者身体健康和劳动力再生产恢复的需要。对于并非每天工作或者每周工作总时数低于一定标准的非全日制劳工而言，休息日的意义并不大。另外，非全日制用工形式在服务业中居多，而休息日正是服务业经营中的高峰时期或说黄金时段，因此，在固定型的非全日制工作中，劳雇双方事先即于契约中约定劳动者于休息日工作，此种情形多有所见。在此情形下，如其每周工作时数到达一定标准的，其休息日之安排可由劳雇双方协商。变动型非全日制工作之休息日问题，与固定型非全日制工作休息日问题一样，应有工作时数总门槛的设定，且若事先约定于休息日工作者，若工作总时数符合门槛规定，则应由劳资双方协商之。⑥ 这样才能符合灵活用工的特点。

---

① 刘松珍：《非全日制劳动法律制度探讨——从洋快餐店涉嫌违法用工的事件谈起》，载《中国法学会社会法学研究会2007年年会论文集》，第368页。

② 杨通轩：《德国部分时间劳动法制之探讨——兼论台湾部分工时之法制化》，台湾“国立政治大学”劳工研究所“部分工时法制与实务学术研讨会”论文，2005年12月。

③ 杨通轩：《德国部分时间劳动法制之探讨——兼论台湾部分工时之法制化》，台湾“国立政治大学”劳工研究所“部分工时法制与实务学术研讨会”论文，2005年12月。

④ 陈伶俐：《部分工时劳动法制之研究》，台湾“国立政治大学”劳工研究所2004年硕士论文，第32页。

⑤ 陈伶俐：《部分工时劳动法制之研究》，台湾“国立政治大学”劳工研究所2004年硕士论文，第32页。

⑥ 陈伶俐：《部分工时劳动法制之研究》，台湾“国立政治大学”劳工研究所2004年硕士论文，第33页。

关于法定节假日问题，非全日制工作涉及：第一，非全日制劳工是否有权在法定节假日休息？第二，倘若给假，应否给予非全日制劳动者法定节假日工资？第三，如若要求非全日制劳工于法定节假日工作，应否支付3倍工资问题？这些问题，对于一般劳动者或者说全日制劳动者来说，并不成为问题，因为《劳动法》及相关法律对此做了明确规定。但是，对于非全日制劳动者来说，则并无明确规定，这就带来了适用上的问题。

国际劳工组织第175号公约第7条明确规定："应采取措施保证非全日制工人在下列领域得到与可比全日制工人同等待遇：……（三）带薪年假和带薪公共假日以及（四）病假，但应明确涉及金钱的各项权利得按工时或收入比例确定。"

我们认为，法定节假日的意义不同于一般的休息日，每一个节日都具有其特定的含义。如清明是祭祖、表达对逝去亲人思念的日子，春节是万家团圆的日子，等等。它们对人们的意义重大，并不会因为是全日制工人还是非全日制工人而显得不同。因此，对于非全日制工作的劳动者来说，有权享受法定节假日的规定。如果安排其在法定节假日工作的，则有权享受法定节假日工资。

二、社会保险与福利权

社会保险是国家通过立法确立的以保险形式实行的，为因丧失劳动能力或劳动机会而不能或暂时中断劳动的公民提供一定的物质帮助或相应的补偿，以维持其基本生活的一种社会保障制度。① 社会保险是分散社会风险的一种有效手段。非全日制劳动者作为劳动者的特殊群体，在劳动过程中，不可避免会遭遇职业灾害或者社会风险，他们同全日制劳动者一样享受社会保险权，是符合社会保障制度设立目标——"安全阀"功效的。

国际劳工组织1952年通过的第102号公约，即《社会保障公约》中最重要的一条是，各国应当保证工作了30年以上的中低收入就业者，能够在退休后得到至少相当于他们收入40%的养老待遇。

国际劳工组织第175号公约，即《非全日制工作公约》第6条规定，应实施以职业活动为基础的强制性社会保障计划，以使非全日制工人享受与可比较的全日制工人同等的社会安全福利；这些社会安全福利得按工时、缴费或收入比例，或通过与国家法律和实践一致的其他方法确定。第7条规定，应采取措施保证非全日制工人在生育保护等方面得到与可比较全日制工人同等的条件。

为了更好落实第175号公约关于社会保障和福利的规定，非全日制工作第182号建议书在公约的基础上做了更加具体的实施建议规定。具体规定见第182号建议书第6、7、8、9、11、16条之规定。

欧盟曾明订法律（*European Council Directive* 97/81/*EC*, December 15, 1997）对非全日制劳工的劳动保障加以规范，包括薪资水准、福利制度、工作状态、解雇裁员等相关规定。欧洲国家对非全日制相关法律也规定非全日制劳工享有与全职劳工相同的福利与权利。但并不是所有国家都针对非全日制劳动者制定了完整的法律规章，例如日本、德国、爱尔兰、瑞典等国的劳工，其工作时间低于某种标准时，可能无法享有健康保险、老年退

① 姜颖主编：《劳动法学》，中国劳动社会保障出版社2007年版，第220页。

休金、失业补助等福利。①

欧洲以外的国家对非全日制劳工的保护则更少，即使发达强国如美国，其非全日制劳工的福利制度也不完善。如 Houseman（1997a）对非全日制实施状况所做的调查显示，75%的受访企业认为非全日制与全日制的“薪资”大致相同，但若问到“薪资及福利”时，则有 63% 的受访企业认为非全日制劳工所受到的待遇是较少的。② Houseman（1997b）在其后续的研究中发现，相对于全日制职员享有的福利制度，受访企业只对 50%左右的部分工时劳工提供其中的若干福利项目（如有薪假期、退休金、盈余分配、健康保险、因病长休等）。而 Lettau（1995）的研究亦显示，即使在同一家企业从事同样的工作，部分工时劳工较全日制劳工所享有的薪资与福利亦较低。美国劳工统计局（Bureau of Labor Statistics，2002）调查发现，工作时间与企业主所提供的健康保险亦呈正向的关系，即工作时数愈长，所得到的健康保险计划愈完善。另外，加拿大在 1995 年的调查中（Survey of Work Arrangement）亦发现，非全日制劳工所享有的福利制度率只有全职劳工的 40%左右。③

就养老与失业保险待遇而言，各国对非全日制劳动者提供的待遇有差异。在养老待遇方面，以澳大利亚、加拿大、丹麦、芬兰、希腊、挪威、新西兰、瑞典等国均规定全体居民到达一定年限后均享有养老金。如澳大利亚法律规定：全体居民男性年满 65 岁，女性年满 60 岁，即享有领取国民年金之权利。加拿大则规定全日制及非全日制劳工年满 65 岁均享有国民年金。④ 只不过有的国家在领取养老金时对非全日制劳动者强调依比例领取。例如，苏联规定非全日制劳工按比例基础领取年金；波兰规定，非全日制劳工依据工作年限，按比例基础领取年金；匈牙利规定，在与全日制劳工相同条件下，非全日制工作劳工按比例领取年金给付。⑤ 不少国家规定非全日制劳工领取养老金的条件是参加养老保险达一定年限或者薪资收入达一定标准或者工作时数的限定等。

在失业保险待遇方面，希腊、匈牙利、捷克、西班牙、澳大利亚、新西兰等国均规定在与全日制工作劳动者相同的条件下，非全日制工作劳动者按比例领取失业保险。⑥

我国《劳动合同法》并未单独规定非全日制劳动者的社会保障权利。劳动和社会保障部 2003 年颁布的《关于非全日制用工若干问题的意见》的“三、关于非全日制用工的

---

① 肖晴惠、林国荣：《OECD 国家部分工时工作发展及其劳动保障》，台湾“国立政治大学”劳工研究所“部分工时法制与实务学术研讨会”论文，2005 年 12 月。

② 肖晴惠、林国荣：《OECD 国家部分工时工作发展及其劳动保障》，台湾“国立政治大学”劳工研究所“部分工时法制与实务学术研讨会”论文，2005 年 12 月。

③ 肖晴惠、林国荣：《OECD 国家部分工时工作发展及其劳动保障》，台湾“国立政治大学”劳工研究所“部分工时法制与实务学术研讨会”论文，2005 年 12 月。

④ 陈正良著：《部分时间工作劳动基准法制之研究》，台湾劳资关系协进会印行，2003 年，第 104~108 页。

⑤ 陈正良著：《部分时间工作劳动基准法制之研究》，台湾劳资关系协进会印行，2003 年，第 104~108 页。

⑥ 陈正良著：《部分时间工作劳动基准法制之研究》，台湾劳资关系协进会印行，2003 年，第 109~116 页。

社会保险”中对非全日制劳动者的基本养老保险、基本医疗保险和工伤保险做了原则性规定，即从事非全日制工作的劳动者应当参加基本养老保险，原则上参照个体工商户的参保办法执行；从事非全日制工作的劳动者个人可以个人身份参加基本医疗保险，并按照待遇水平与缴费水平相挂钩的原则，享受相应的基本医疗保险待遇；用人单位应当按照国家有关规定为建立劳动关系的非全日制劳动者缴纳工伤保险费。

《社会保险法》第 10 条第 2 款、第 23 条第 2 款规定未在用人单位参加基本养老保险的非全日制从业人员以及其他灵活就业人员可以参加基本养老保险和职工基本医疗保险，费用由个人缴纳。但关于生育保险、失业保险及工伤保险，《社会保险法》并未单独就非全日制用工作出规定。由于非全日制劳动者可能与不止一个的用人单位建立了劳动关系，到底应由哪一个用人单位还是所有用人单位缴纳工伤保险呢？人力资源与社会保障部《实施〈中华人民共和国社会保险法〉若干规定》终于明确了该问题。其第 9 条规定：“职工（包括非全日制从业人员）在两个或者两个以上用人单位同时就业的，各用人单位应当分别为职工缴纳工伤保险费。职工发生工伤，由职工受到伤害时工作的单位依法承担工伤保险责任。”

三、非全日制劳动者的集体劳动权

集体劳动权，是处于弱势地位的劳动者个体通过劳动者集体争取更好的劳动条件的权利。

其中，组织、结社、集体谈判与集体争议权是劳动者的核心权利。

集体劳动权是工厂劳动发展的结果，是建立在工作场所相对固定、工作时间相对固定、工作人员相对集中的劳动过程当中，因而集体劳动权的主体以全日制劳动者为主。非全日制劳动者相较于全日制劳动者虽然工作时间相对较短，除固定型的非全日制用工之外，工作时间变动较大，人员流动性也较大，难以形成凝聚力，因而即便在同一个用人单位，他们与全日制劳动者也难以融合。但是这些因素都不能影响非全日制劳动者享有集体劳动权，相反，由于他们比全日制工人在整体上更加处于弱势地位，在用人单位更易被边缘化，因而他们更加需要集体组织起来，通过集体谈判，共同争取更好的劳动条件。正因如此，国际劳工组织第 175 号公约第 4 条明确规定，应采取措施保证非全日制工人在下列各方面得到给予可比较的全日制工人同样的保护：（1）组织权利、集体谈判权和担任工人代表的权利；……各国立法也确立了劳动者的集体劳动权。

然而，对于非全日制工作劳动者来说，这一权利的实现，在现实中存在严重的障碍。以参与工会组织为例，由于存在全日制与非全日制之分，从事全日制工作的劳动者对从事非全日制工作的劳动者天然地存在抵触情绪，认为非全日制工作的存在影响全日制工人劳动条件的改善，或者威胁到他们的职业安全，因而不愿意非全日制工人参与他们的工会组织；工会本身也不愿代表非全日制劳动者进行集体谈判协商。在国外，雇主更是经常利用非全日制工作劳动者来妨碍工会的筹建，甚至在谈判过程中特别雇佣他们（非全日制工人）来迫使劳方让步，以到达破坏工会运动之目的。在此情形下，非全日制工人无法寻求工会组织来保护他们的就业安全与工作条件等利益。①

在我国，虽然法律规定工人有参加工会组织的权利，工会有权维护职工的权益。但是，鉴于从事非全日制工作劳动者的分散性、流动性强的特点，很难将他们组织起来。这就为现行工会组织的组建、工作方式、工作策略等提出了新的要求。

四、非全日制劳动者的工作转换权

转换权对非全日制劳动者，尤其是非自愿性劳动者尤其重要。这种权利的配置，既可以提供非全日制劳动者（尤其是非自愿性非全日制劳工）转换全日制工作的机会，给予他们更好的发展空间；同时，也为全日制劳动者选择合适的生活方式，照顾家庭转换为非全日制工作提供了便利。工作转换权的确立也是促进就业的一种有效方式。

国际劳工组织第 175 号公约第 10 条和第 182 号建议书第 18 条对于非全日制工作和全日制工作相互间的转换做了基本规定。公约第 10 条规定，如果适宜的话，应采取措施在根据国家法律和实践的基础之上保障从全日制工作到非全日制工作，或者从非全日制工作到全日制工作的自愿转换。第 182 号建议书第 18 条更加具体地加以了细化：在可能的范围内，雇主应考虑在企业内部使得要求从全日制转换为非全日制工作或者从非全日制工作转化为全日制工作成为可能。雇主为了这种转化的可能性应当及时对劳动者提供转换岗位的信息。另外，对于劳动者行使工作转换请求权是否需要正当理由，建议书第 20 条也做了规定，如果国家或企业层面条件许可，劳动者可以在以下情况下转换成非全日制工作，如怀孕、需要照顾年幼小孩或者残疾或生病的家庭亲属，之后，回归到全日制岗位。

为了保障劳动者的转换是建立在自愿的基础之上，建议书第 19 条规定：雇主不得仅因为劳动者拒接从全日制转换为非全日制，或者从非全日制转换成全日制，而认为其构成劳动关系终止事由而对该劳动者加以解雇。当然依据国家法律，基于企业经营之理由则不在此限。

《欧盟非全日制工作指令》第 5 条第 2 款规定，如果劳动者拒绝从全日制劳动关系转换为非全日制劳动关系或者相反之情形，不得作为有效的终止劳动契约之事由；但雇主仍得基于法律、团体协约之规定，以及该国之习惯等原因，例如以企业上之必要性为由，而宣告终止劳动契约。第 3 款规定，如果可能的话，雇主应该：（1）对于全日制劳动者申请转换至已存在企业内部非全日制劳动关系，予以考虑；（2）对于非全日制劳动者申请转换成全日制劳动关系或增加其工作时间者，如果存在此一可能性，予以考虑；（3）为助成全日制劳动关系转换成非全日制劳动关系或者相反之情形易于实现，提供关于存在于企业体内之非全日制工作位置或全日制工作位置之信息。

依据德国《非全日制及定期劳动契约法》第 8、9 条的规定，劳动者对其工作时间的缩短或延长具有请求权，雇主对劳动者之请求，除非基于经营上的合理考虑，否则应予以同意。工作时间转换请求权包括非全日制转换成全日制、全日制转换成非全日制。该法第 11 条规定，雇主不得因劳工拒绝从全日制工作转换为非全日制工作或从非全日制工作转

① 焦兴铠：《对部分时间工作者之法律保障》，载《劳工法论丛（一）》，台湾元照出版公司 2000 年版，第 13~14 页。

换为全日制工作而予以解雇，违反者，其解雇无效。惟雇主基于其他原因所得为之解雇行为，不受影响。

我国《劳动法》、《劳动合同法》及《就业促进法》对此内容缺乏规定，形成法律空白。因此，有待立法完善之。

五、休息休假权

休息休假权是每一个劳动者的基本权利，是维持劳动者生存发展的必要保障，是作为人的生理的基本需要，并不因为人的身份而有所差异，也不会因为所从事工作的性质不同而有所区别。因此，非全日制劳动者与全日制劳动者一样，享有休息休假的权利。

但是，鉴于全日制劳动者与非全日制劳动者在工作时间上的差异（可能是每天，也可能是每周或者一段时间内），在休息休假权的范围与内容上应当有一定的差别，这是符合劳动者身体或生理恢复规律的。国际劳工组织第175号公约第7条规定，应采取措施保证非全日制工人在下列领域得到与可比较的全日制工人同等的条件：……（3）带薪年假和带薪公共假日；以及病假，但应明确，涉及金钱的各项权利得按时或收入比例确定……第182号建议书第13条在第175号公约基础上进一步说明：所有形式的休假（all forms of leave），特别是带薪教育假、育婴假或者照顾生病的小孩或者家庭成员的"家庭照顾假"，非全日制劳动者在同等条件下享有与全日制劳动者一样的权利。也就是说，在休假条件上，不能因为是全日制劳动者或非全日制劳动者而有所区别，但在具体休假时间的长短上可以依照工时数按比例计算。

关于带薪休假问题，我国出台了《职工带薪年休假条例》，其中规定了适用范围、具体休假的条件以及休假时间的长短等。但是对于非全日制劳动者来说，是否适用该条例？到底在哪个单位主张休假权？还是在每个工作单位都可以主张休假？由于法律没有涉及，因而存在不同的看法。①

我们认为，带薪年休假、法定节假日、休病假、探亲假等法律法规规定的休假也是非全日制劳动者的基本休息权的体现，不应当因为从事的是非全日制工作而受到排斥，只是在休假时间长短上可以依据一定比例计算。如果安排非全日制劳动者在法定节假日工作的，得支付法定节假日加班报酬。

六、职业培训权

职业培训的目的在于提高劳动者的职业技术、技能，提高劳动者的职业素养，满足用人单位的用工需要。发展职业教育，加大职业培训投入既是政府促进就业、提供就业服务的基本职责，也是用人单位的应尽义务。

---

① 有学者主张劳动者如果同时在两个以上单位从事非全日制工作，则该非全日制劳动者有权向每一个单位主张年休假。他认为兼职劳动者应当享有双倍或多倍的年休假期，即凡是与劳动者建立了劳动关系的用人单位都应当确保劳动者享受年休假，履行《职工带薪年休假条例》中所规定的义务。参见杨德敏：《论兼职劳动者的休假权——以〈职工带薪年休假条例〉为视角》，载《行政与法》2008年第5期。

但是，基于非全日制工作的灵活性和流动性强的特点，用人单位在非全日制用工人力资本的投入上不舍得花钱，从事非全日制工作的劳动者群体通常是一些低技能的群体，他们普遍感觉没有职业发展前景。

Kalleberg 教授指出，非全日制工人缺乏抱负，他们对工作和雇主的信赖比较弱；大多数从事非全日制工作的人工作的原因与大多数妇女工作的原因是一样的：他们只是为了维持自身生存和家庭生活的需要。从事非全日制工作的回报是非常复杂的：一方面，非全日制工人比全日制工人享有更多的灵活性和更多的闲暇时光；另一方面，非全日制工人在工资福利待遇上低于全日制工人，缺乏工作保障和职业发展机会。① 这种状况导致恶性循环：非全日制劳动者工作积极性和主人翁意识比较弱，用人单位不愿在职业发展上对非全日制劳动者提供多的机遇和投入，这又进一步导致非全日制劳动者对用人单位归属感的缺失和对职业发展前景的悲观。

德国《非全日制及定期劳动契约法》第 10 条规定，雇主应用心考虑非全日制劳动者参加在职训练和深造的机会，以促成其职业生涯的发展及移动性。惟在具有急迫的企业的经营因素或有其他部分时间劳动者有意争取在职训练和深造的机会时，不在此限。②

在比较非全日制劳工与全日制劳工所受职业训练之间的差异时，OECD 认为应严格界定年龄的范围，故在其资料中可看到这一部分的比较都是限制在 25~54 岁的劳动者，这是因为太年轻的非全日制劳动者，其工作的目的大多是为未来的教育或就业做准备。③

美国国家教育统计中心（National Center for Education Statistics）在 2005 年进行的“国际成人能力调查”（International Adult Literacy Survey，IALS）曾针对全日制劳工与非全日制劳工所受之职业训练做的调查，内容涉及“职业相关训练”（career or job-related training）与“雇主提供之训练（employer-provided training)，分别就性别、年龄、教育程度等个人特性，比较全日制劳工与非全日制劳工所受的职业训练之多寡。其中“职业相关训练”系指劳动者本职学能的自我提升训练，而“雇主提供之训练”偏重于雇主出资所提供之在职技能养成教育。④

从调查数据来看，无论是“职业相关训练”或是“雇主提供之训练”，非全日制劳工较全日制劳工接受的职业训练都较少，其中非全日制劳工仅有 30%接受过“职业相关训练”，23%的人接受过“雇主提供之训练”；全日制劳工曾接受过“职业相关训练”和“雇主提供之训练”的比重则为 37%与 36%。并发现两者“雇主提供之训练”（36%-23%=13%）较“职业相关训练”（37%-30%=7%）为大，这说明了非全日制劳工与全日制劳工接受职能训练的意愿差距不大，但非全日制劳工得自雇主出资的技能养成训练却不

---

① Ann Bookman, *Flexibility at What Price? The Costs of Part-time Job for Women Workers*, *Symposium on the Regulatory Future of Contingent Employment*, Wash. & Lee. L. Rev. Vol. 52, 1995, p. 781.

② 参见陈伶俐：《部分工时劳动法制之研究》，台湾“国立政治大学”劳工研究所 2004 年硕士学位论文，第 68 页。

③ OECD，1998. 转引自肖晴惠、林国荣：《OECD 国家部分工时工作发展及其劳动保障》，台湾“国立政治大学”劳工研究所“部分工时法制与实务学术研讨会”论文，2005 年 12 月。

④ 肖晴惠、林国荣：《OECD 国家部分工时工作发展及其劳动保障》，台湾“国立政治大学”劳工研究所“部分工时法制与实务学术研讨会”论文，2005 年 12 月。

如全日制劳工，表明雇主对非全日制劳工与全日制劳工所提供的工作技能训练在程度上是有差异的。若就年龄与教育水平来看，可发现在“职能相关训练”中，以年纪较轻、大学或以上程度的劳工，无论是非全日制劳工还是全日制劳工，所受职业训练较多。在“雇主提供之训练”方面，大学或以上程度所受的训练亦较多，但在年龄方面则不明显。①

另外，ERUOSTAT（1997）的调查结果亦支持类似的结论，非全日制劳工所能获取的职业训练机会远较全日制劳工少。以女性工作者而言，除了匈牙利与爱尔兰外，其余9个国家的女性非全日制劳工所受的职业训练较全日制劳工至少低25%以上。就男性而言，亦有3个国家（丹麦、芬兰、荷兰）有类似状况，丹麦及芬兰的非全日制劳工所受的职业训练甚至只及全日制劳工的1/3；但德国、匈牙利、爱尔兰的男性部分工时者较全日制劳工所受职业训练却较多，何以如此，原因尚不明确。②

我国《劳动法》、《就业促进法》皆规定了劳动者享有职业教育与培训的权利。但是，《劳动合同法》仅对非全日制用工的概念、合同的形式与订立、终止及工资做了一般性规定，并未涉及非全日制劳动者的具体权利。就实践情况而言，由于非全日制工作劳动者存在职业稳定性差的因素，用人单位一般不愿对非全日制工作职工在职业培训方面做过多的投入，加之非全日制工作大多涉及的是一些低技能方面的岗位，从事这类工作的劳动者也不注重技能的培训与提高。因此，非全日制劳动者享有的职业教育与培训的权利往往成为“空置”或者“摆设”，这对非全日制劳动者来说是非常不利的，影响到他们的职业晋升或职业前途。

七、终止契约保护

台湾地区及其他大陆法系国家多以不定期劳动契约为原则，以定期契约为例外。劳动契约消灭的原因视其为定期契约还是不定期契约而有所不同，前者于契约期限届满时当然消灭，后者则以契约终止为最主要原因。③ 因为企业经营需要，法律允许雇主在有充分理由之前提下终止（解雇）与特定劳工之契约关系。台湾“劳动基准法”以终止事由、预告期间与资遣费，构筑起终止保护规范，以期在劳雇双方彼此对立的利益之间寻求到一个平衡点。单方终止劳动契约所产生之冲击，并不因为是全时劳工还是非全日制劳工而有所差异，劳工对此保护之需求并不因为工作时间之长短而有所不同，因此，“劳动基准法”上关于终止保护之规定，包括终止事由、预告期间与资遣费，原则上应该同样适用于非全日制劳工。④

---

① 肖晴惠、林国荣：《OECD国家部分工时工作发展及其劳动保障》，台湾“国立政治大学”劳工研究所“部分工时法制与实务学术研讨会”论文，2005年12月。

② 肖晴惠、林国荣：《OECD国家部分工时工作发展及其劳动保障》，台湾“国立政治大学”劳工研究所“部分工时法制与实务学术研讨会”论文，2005年12月。

③ 王以璇：《台湾部分工时劳动法制之研究》，台湾“国立政治大学”法律研究所2008年硕士学位论文，第147页。

④ 王以璇：《台湾部分工时劳动法制之研究》，台湾“国立政治大学”法律研究所2008年硕士学位论文，第147页。

在德国，在终止劳动契约之期限及终止保护方面，非全日制劳动者与全日制劳动者并无差异。非全日制劳动者不论其工作时间的范围，亦得享有一般终止保护。人们不应以非全日制劳动者相较于全日制劳动者，较易于令其放弃收入或工作位置。①

我国《劳动法》、《劳动合同法》对于劳动合同的解除与终止做了非常详细的规定，其本意是维护劳动关系的稳定，保护劳动者和用人单位的利益。但《劳动合同法》对非全日制劳动合同的终止做了特别规定，即双方当事人任何一方可以随时通知对方终止用工。终止用工，用人单位不向劳动者支付经济补偿金。这种规定虽说适应了灵活用工的需要，但并没有使非全日制劳动者获得终止契约保护应有的待遇，使本不稳定的劳动关系变得更加不稳定。

除了上述所列举的基本权益外，非全日制劳动者还享有职业安全卫生保护权利和提请劳动争议处理的权利。只是因为这些权利与非全日制劳动者的并无差异，因而不再单独论述。

【思考题】

1. 什么是非全日制用工？它有哪些特点？
2. 非全日制用工的基本形态有哪些？
3. 非全日制用工的优势与不足分别是什么？

① 杨通轩：《德国部分时间劳动法制之探讨——兼论台湾部分工时之法制化》，台湾“国立政治大学”劳工研究所“部分工时法制与实务学术研讨会”论文，2005年12月。

第十章　劳动合同监督检查法律规定

【本章学习重点提示】劳动监督检查、劳动监察的概念、特点；劳动监督检查体系、劳动监察的具体内容。

第一节　劳动监督检查概述

一、劳动监督检查的概念、特点

劳动监督检查，是指国家劳动行政主管部门、政府其他有关主管部门、工会组织及其他社会组织和个人对劳动法的执行情况进行监督、管理或者检举控告的活动。它包括劳动行政主管部门的监督检查、政府有关部门的监督检查、工会组织的监督以及其他社会组织和个人的监督，它是保障劳动法律制度实施的重要措施。

劳动监督检查具有劳动监督检查主体的多元性、劳动监督检查对象的单一性、劳动监督检查内容的守法性等特点。

所谓劳动监督检查主体的多元性，是指作为一项“社会性监管”①，劳动监督检查的参与者，不仅有政府劳动行政部门、工会和其他社会组织，还有公民个人，其中，政府劳动行政主管部门的劳动监察是其核心内容。所谓劳动监督检查对象的单一性，是指劳动监督监察行为的指向目标针对谁。关于这一点，我国法律、法规经历了一个变动的过程。1993 年原劳动部《劳动监察规定》第 3 条指出，由劳动行政主管部门对用人单位和劳动者遵守劳动法律、法规、规章情况进行检查并对违法行为予以处罚。对单位和劳动者遵守劳动安全与卫生法律、法规、规章情况的检查，按照现行规定执行。这个规定把劳动者遵守劳动法的情况纳入了劳动监督检查的范围。但是《劳动法》和后来的法律、行政法规否定了这种观点，将劳动监督检查的对象集中在用人单位以及与就业相关的组织——就业服务机构上。《劳动法》第 85 条针对的是用人单位遵守劳动法律、法规的情况；《劳动监察条例》第 2 条除了针对用人单位之外，还将职业介绍机构、职业技能培训机构和职业技能考核鉴定机构也纳入到劳动保障监察的视野。《劳动合同法》关于监督检查的规定，主要是针对劳动合同制度实施的监督管理，但监督管理的对象也是针对用人单位劳动合同

---

① 对社会性监管，日本学者植草益从经济学角度将其理解为包括对工厂排污、产品和服务质量、工作场所安全等问题的监管，即是行政机关对伴随市场主体的经济活动而产生的社会问题的监管。参见范晶波：《转型期我国劳动监察的践行窘境及其出路》，载《江苏师范大学学报（哲学社会科学版）》2013 年第 39 卷第 6 期。

制度实施的情况。① 之所以将劳动者排除在劳动监督检查对象之外，有其合理的考量依据：第一，劳动监督检查的主要目的之一在于维护劳动者的合法权益；这也是符合劳动法“倾斜保护”理念的。第二，对劳动者遵守劳动法的情况，由用人单位依据劳动合同和用人单位的规章制度的方式来监督。第三，可以通过工会组织来监督，因为工会有组织、教育、帮助工会会员遵守劳动法的义务。

关于劳动监督检查内容的守法性，主要是指劳动监督检查的主要任务是针对用人单位及劳动服务机构遵守国家劳动法律、法规及规章的情况进行检查、监督，发现违法行为的要及时纠正处理。

劳动监督检查制度具有重要意义，其重要性正如前国际劳工局局长勃朗夏所说：“没有监察，劳动立法只是一种道德运用，而不是有约束力的社会纪律。”中国有句俗话，叫“徒法不足以自行”，再好的法律，如果不能得到有效的执行，也只能是纸上的权利。特别是现在中国正处于社会主义市场经济初级阶段，各种社会矛盾突出，劳动力市场诚信度不高，劳资冲突显著，劳资自治程度不高，用人单位违反劳动法现象普遍存在，劳资纠纷呈井喷式递增，更加需要国家通过劳动保障监察的方式，对劳动关系进行干预，保护处于弱势地位的劳动者，维护劳动关系的稳定，实现和谐共处的目标。

二、劳动监督检查体系

作为现代政府“社会性监管”的组成部分，劳动监督检查体系体现了“社会性”的特点。根据《劳动法》、《劳动合同法》及《劳动保障监察条例》的规定，我国劳动监督检查的体系由以下几个部分构成。

（一）政府劳动行政主管部门的监督检查

政府劳动行政主管部门的监督管理，也称为劳动监察，是指县级以上人民政府劳动行政部门依法对用人单位及劳动服务组织遵守劳动法律、法规的情况进行监督检查的活动。它是一个国家劳动监督检查体系中最基本、最有效的监督检查形式。其监督范围最广，涉及劳动法的遵守和执行；其威慑力最强，表现在一旦发现用人单位违反劳动法，劳动行政部门可以依法予以制止，并给予相应的制裁。

《劳动法》第85条规定：“县级以上各级人民政府劳动行政部门对用人单位遵守劳动法律、法规的情况进行监督，对违反劳动法律、法规的行为有权制止，并责令改正。”

劳动行政部门针对用人单位违反劳动法律制度的行为，采取的主要处理措施包括：给予警告、责令改正、罚款；提请人民政府责令整顿；责令向劳动者加付赔偿金；对用人单位无故不缴纳社会保险费的，由劳动行政部门责令期限缴纳；逾期不缴的，可以加收滞纳金等。

（二）政府其他有关部门的监督检查

在劳动关系运行的过程中，会涉及社会的方方面面，涉及各行各业，也涉及劳动者的不同权利，因此，对劳动者权益的周全保护，不仅需要劳动行政主管部门的参与，也需要其他相关部门的参与、配合。如劳动者在劳动生产过程中的健康、安全卫生问题，可能涉

① 参见《劳动合同法》第73~79条。

及环境保护部门的监督问题，涉及卫生防疫部门的参与问题，涉及特种设备的管理问题。如果没有相关部门的配合，单纯依赖劳动行政部门的监督管理，工作量过大，还需要克服专门的技术问题等。因此，《劳动法》第87条规定："县级以上各级人民政府有关部门在各自职责范围内，对用人单位遵守劳动法律、法规的情况进行监督。""县级以上各级人民政府有关部门"一般是指用人单位的主管部门、工商部门、卫生防疫部门、公安机关和税务机关等。

（三）工会组织的监督检查

工会是职工自愿结合的群众性组织，其使命是维护职工的合法权益。《劳动法》第88条规定："各级工会依法维护劳动者的合法权益，对用人单位遵守劳动法律、法规的情况进行监督。"《劳动合同法》第78条也规定："工会依法维护劳动者的合法权益，对用人单位履行劳动合同、集体合同的情况进行监督。用人单位违反劳动法律、法规和劳动合同、集体合同的，工会有权提出意见或者要求纠正；劳动者申请仲裁、提起诉讼的，工会依法给予支持和帮助。"《劳动保障监察条例》第7条也确立了工会监督的地位。

与前面两种监督检查不同的是，前面两种是一种行政监督，是国家公权力对劳动关系的介入，因而比较有影响力；工会的监督，属于一种社会组织的监督，工会不能行使制裁权，只能提出建议、意见和要求；用人单位拒不改正的时候，如果劳动者申请仲裁，或者诉讼，工会可以提供支持。

（四）其他社会组织及公民个人的监督检查

在劳动监督检查体系中，其他社会组织和公民个人对用人单位和劳动服务机构的监督是一种必要的补充，可以弥补政府有关部门监督不力、不及时的状况。《劳动法》第88条第2款规定："任何组织和个人对于违反劳动法律、法规的行为有权检举和控告。"《劳动合同法》第79条规定："任何组织或者个人对违反本法的行为都有权举报，县级以上人民政府劳动行政部门应当及时、核实、处理，并对举报有功人员给予奖励。《劳动保障监察条例》第9条则在《劳动法》、《劳动合同法》的基础上，规定了任何组织和个人对违反劳动保障法律、法规或者规章的行为，有权向劳动保障行政部门举报；劳动者认为用人单位侵犯其劳动保障合法权益的，有权向劳动保障行政部门投诉。

三、我国劳动监督检查制度的立法概况

新中国成立之后，面临百废待兴的局面，政府立即着手从事战后恢复重建工作，在注重经济建设的同时，重视经济发展建设中的安全保护和监督管理问题。1950年，国务院发布《关于各省人民政府劳动局与当地国营企业工作关系的决定》，规定劳动局有权监督、检查国营企业内劳动条件、劳动待遇等方面的执行情况；1956年5月发布了《关于发布"工厂安全卫生规程"、"建筑安装工程安全技术规程"和"工人职员伤亡事故报告规程"的决议》（简称"三大规程"）；1963年3月发布了《关于加强企业生产中安全工作的几项规定》；1963年5月批转了劳动部党组《关于加强各地锅炉和受压容器安全监察机构的报告》。1965年，劳动部又颁发了《蒸气锅炉安全监察规程》和《气瓶安全监察规程》等。这些规定对特种作业和特种设备安全问题进行了详细的规定，为加强安全管理监督提供了依据。

文化大革命时期，各方面工作处于停滞状态，劳动监督检查立法也不例外。

改革开放之后，随着经济建设的发展和改革步伐的不断深入，我国劳动监督检查制度建设又被提上日程。1982 年，国务院相继发布《矿山安全条例》、《矿山安全监察条例》、《锅炉压力容器安全监察暂行条例》等。劳动部也于 1989 年、1990 年发布了《气瓶安全监察规程》、《漏电保护器安全监察规定》等。1993 年 8 月，劳动部发布《劳动监察规定》。1994 年，《劳动法》颁布，其中，专设“监督检查”一章，对劳动监督检查组织、职责、程序和社会监督等做了原则性规定，提高了劳动监督检查立法的权威性。此后，在《劳动法》的基础上，劳动部相继制定了《劳动监察员管理办法》、《劳动监察员准则》、《劳动监察程序规定》和《处理举报劳动违法行为规定》等与《劳动法》相配套的制度。2004 年，在总结以往实践经验的基础上，国务院又发布了《劳动保障监察条例》，劳动和社会保障部制定了《关于实施〈劳动保障监察条例〉若干规定》（以下简称《若干规定》），二者更加全面、合理地规定了劳动保障监察的具体内容，使得劳动保障监察制度更加具有可操作性。2007 年《劳动合同法》颁布，其中也通过设专章“监督检查”形式，对劳动合同制度实施中的监督检查问题做了比较全面的规定。

以上这些法律、法规和规定共同构成了我国劳动监督检查制度法律体系的基本框架。

第二节 劳动监察

一、劳动监察的概念和特点

劳动监察，在《劳动保障监察条例》中称为劳动保障监察，国外称劳工检查，是指法定的专门机关代表国家对劳动法和社会保障法的遵守情况依法进行检查、纠举，并对违法行为给予处罚的一系列监督活动。① “劳动监察是一种确保工作场所劳动法规得到遵守的劳动行政公共职能。它的主要作用是通过预防、教育及强制措施，使雇主和雇员认识到遵守工作场所法律法规的必要性，并切实执行这些法律法规。”② 劳动监察是劳动行政执法的核心内容，是政府专门机构根据法律授权对劳动关系进行干预的重要手段。它对劳动法律法规的贯彻和实施、劳动者合法权益的保护、和谐劳动关系的构建具有重要意义。在劳动监督检查制度体系中，劳动监察与政府相关行政部门的监督、工会监督和群众监督不同，具有以下特点：

第一，劳动监察的法定性。其一，主体法定性。劳动监察是法定行政机关以国家名义对劳动保障法的遵守执行情况进行统一和全面的监督。在我国，国务院劳动保障行政部门主管全国的劳动保障监察工作；县级以上各级人民政府劳动保障行政部门主管本区域内的劳动保障监察工作。县级、设区的市级人民政府劳动保障行政部门可以委托符合监察执法条件的组织实施劳动保障监察。这就决定了监察权限只能由上述主体行使。其二，监察规制的法定性，《劳动法》、《劳动合同法》及《劳动保障监察条例》等对劳动监察事项、

① 王全兴著：《劳动法学》，高等教育出版社 2004 年版，第 444 页。

② 朱常有：《国际劳动监察的发展历程与可借鉴经验》，载《劳动保护》2012 年第 12 期。

监察手段、监察处理程序等作出了要求。

第二，劳动监察工作手段的行政性。劳动监察属于劳动行政工作的一部分，是一种行政执法和行政监督活动。因此，在履行劳动监察职责过程中，必须依法行政，按照法律规定的监察程序，在监察权限范围内从事劳动保障监察活动。

第三，劳动监察范围的广泛性和内容的全面性。劳动保障监察活动，是依照法律规定，对用人单位和职业服务机构遵守劳动法律、法规情况实行的一种专门监督。由于用人单位的广泛性，涉及劳动保障监察，不仅要对企业、个体工商户遵守劳动法律法规的活动进行监督，还要对机关团体、事业单位和其他社会组织执行劳动法律、法规的情况进行监督，同时对各种就业服务机构遵守劳动法律、法规的情况也要进行监督。劳动监察的内容，针对的是用人单位和就业服务机构遵守劳动法的情况，这就不仅涉及劳动者的劳动条件问题，还涉及劳动者的劳动待遇的方方面面；不仅涉及劳动合同订立过程中劳动者权益保护问题，也涉及劳动合同履行过程中劳动者的权益保护问题，更涉及劳动者劳动合同解除和终止后的权益保护。这就决定了劳动保障监察不同于其他行政机关对劳动法执行情况的监督，后者的监督只是涉及某一方面。

因此，劳动监察工作量大，专业性技术性要求高，对劳动保障监察员的素质要求高。

第四，劳动监察决定的强制性。与工会监督、其他社会组织和个人监督相比，劳动监察，由于是一种行政监督，有相应的保障措施做后盾，因而在监督的过程中更具有权威性和强制力，对用人单位作出的处理决定，是一种具体行政行为，用人单位必须遵照执行。用人单位对处理决定不服的，可以申请行政复议，或提起行政诉讼；用人单位既不申请行政复议，又不提起行政诉讼，对拒不执行劳动监察处理决定的，劳动行政部门可以提请人民法院强制执行。

劳动监察的这些特点，决定了它与其他劳动行政执法、行政监察、劳动仲裁和劳动监督检查的不同。①

二、我国劳动监察体制

20 世纪 90 年底初期以来，越来越多的国家加入了劳动监察制度的“职能一体化”进程，建立起了“一站式监察”，即采取一种全面的观点，努力去理解、预测和抓住各种不同的却又相互关联的劳动保护问题，而它的性质则可能是技术的、医学的、社会的、法律的或者经济的。具体而言，就是把劳动关系、职业安全和卫生、一般工作条件和打击非法雇佣等劳动监察职能结合起来，交由一个综合性组织负责。而在这一进程中，最紧迫的机构改革之一就是把职业健康、卫生监察、劳动安全、一般性工作条件监察统一起来进行。② 反观中国这些年来劳动监察体制改革历程，却出现了与“一站式监察”逆向行使

① 关于这一点的论述可以参考以下资料：王全兴著：《劳动法》（第三版），法律出版社 2008 年版，第 464~465 页；姜颖主编：《劳动法学》，中国劳动社会保障出版社 2007 年版，第 269~270 页；孙博：《劳动监察制度研究》，长春理工大学硕士学位论文 2012 年，第 3~5 页。

② 岳经纶、庄文嘉：《转型中的当代中国劳动监察体制——基于治理视角的一项整体性研究》，载《公共行政评论》2009 年第 5 期。

的轨迹。

1988 年劳动人事部一分为二，劳动部侧重管理城镇职工，人事部则负责国家机关和事业单位、社会团体等公共部门，相应地，监察职能也随之转移。

1988 年 5 月 1 日国务院批准劳动部体制改革“三定”方案，新组建的劳动部是国务院领导下的综合管理全国劳动工作的职能部门，综合管理职业安全、矿山安全、锅炉和压力容器安全监察工作。劳动部下设职业安全卫生监察局、锅炉压力容器安全监察局和矿山安全卫生监察局三大机构。

但是，在随后的机构改革中，原劳动部的许多传统监察职能被分解到其他部门。1998 年的机构改革中，职业卫生，如职业病防治，包括矿山卫生的监管职能移交到了卫生部；部分特种设备如压力容器、锅炉安全等方面的监察职能则移交给了国家质量技术监督局；安全生产综合管理、职业安全监察和矿山安全监督职能移交给了国家经济贸易委员会。国家经济贸易委员会下设安全生产管理局，综合管理全国安全生产工作。1999 年，国务院再设立国家煤矿安全监察管理局，主管煤炭安全生产。2001 年，重新调整国家安全生产监督管理局，与煤矿安全监察局一个机构，两块牌子，成为综合管理全国安全生产工作、履行国家安全生产监督管理和煤矿安全监察职能的行政机构，但是仍由国家经贸委负责管理。2003 年，经贸委被撤销，国家安全生产监督管理局独立出来成为国务院直属机构，同时国务院成立了国务院安全生产委员会，简称“安委会”，负责研究部署、指导、协调全国安全生产工作。2005 年，国家安全生产监督管理局升级为国家安全生产监督管理总局（正部级），并在总局下单设国家煤矿安全监察局，行使国家煤矿安全监察职能。

截至 2008 年 2 月，全国共有 7 个行政部门（包括建设部——负责建筑工地的安全监察、农业部——负责农业生产安全监察）共同承担劳动监察职能，而且这 7 个部门的劳动监察职能在一定程度上存在交叉重叠。① 这些部门的监察职能也在后来颁布的相应的法律法规中得以确认。② 这就彻底确立了我国劳动监察分散管理的格局。这种劳动监察管理体制被有的学者称为“碎片化的威权体制”③。其弊端是：监察力量分散，监察机构人手不足；彼此之间相互争夺地盘、争夺权限，各自为政，大大增加了制度成本，造成了劳动监察的低效率。这些年来层出不穷的各类安全生产事故、“黑砖窑事件”充分暴露了我国劳动监察的弊端。

三、劳动保障监察的范围

劳动监察的范围是劳动监察制度中的一个非常重要的问题，它决定劳动行政部门对哪些主体的哪些行为进行劳动监察，也决定了劳动者的哪些权利可以通过劳动监察的形式获

① 岳经纶、庄文嘉：《转型中的当代中国劳动监察体制——基于治理视角的一项整体性研究》，载《公共行政评论》2009 年第 5 期。

② 这些法律、法规分别是：《煤矿安全监察条例》、《职业病防治法》、《建筑法》、《农业法》、《特种设备安全监察条例》、《劳动保障监察条例》、《劳动合同法》等。

③ 岳经纶、庄文嘉：《转型中的当代中国劳动监察体制——基于治理视角的一项整体性研究》，载《公共行政评论》2009 年第 5 期。

得救济。因而，它对维护劳动者的权益具有重要意义。

关于劳动保障监察的对象，《劳动法》、《劳动合同法》确定为用人单位；《劳动保障监察条例》与前二者不同的是将监察主体扩大到了职业介绍机构、职业技能培训机构和职业技能考核鉴定机构等就业服务机构。同时，《劳动保障监察条例》在附则第34条中规定："国家机关、事业单位、社会团体执行劳动保障法律、法规或者规章的情况，由劳动保障行政部门根据其职责，依照本条例实施劳动保障监察。"

关于对用人单位行为进行监察的范畴，我国《劳动法》、《劳动合同法》、《劳动保障监察条例》和《关于贯彻执行〈劳动保障监察条例〉的若干规定》（以下简称《若干规定》）对此也做了规定。《劳动法》第85条规定："县级以上各级人民政府劳动行政部门依法对用人单位遵守劳动法律、法规的情况进行监督检查，对违反劳动法律、法规的行为有权制止，并责令改正。"这里确立了劳动监察的对象是用人单位，监察范围是用人单位遵守劳动法律、法规的情况。《劳动合同法》第74条规定了劳动监察集中在用人单位实施劳动合同制度的情况，主要包括：用人单位制定直接涉及劳动者切身利益的规章制度及其执行情况；用人单位与劳动者订立和解除劳动合同的情况；用人单位遵守国家关于劳动者工作时间和休息休假规定的情况；劳务派遣单位和用工单位遵守劳务派遣有关规定的情况；用人单位支付劳动合同约定的劳动报酬和执行最低工资标准的情况；用人单位参加各项社会保险和缴纳社会保险费的情况；法律、法规规定的其他劳动监察事项。《劳动保障监察条例》第1条、第2条、第6条以及第10~11条确立了劳动保障监察的对象和范围。《劳动保障监察条例》第11条规定："劳动保障行政部门对下列事项实施劳动保障监督：（一）用人单位制定内部劳动保障规章制度的情况；（二）用人单位与劳动者订立劳动合同的情况；（三）用人单位遵守禁止使用童工规定的情况；（四）用人单位遵守女职工和未成年工特殊劳动保护规定的情况；（五）用人单位遵守工作时间和休息休假规定的情况；（六）用人单位支付劳动者工资和执行最低工资标准的情况；（七）用人单位参加各项社会保险和缴纳社会保险费的情况；（八）职业介绍机构、职业技能培训机构和职业技能考核鉴定机构遵守国家有关职业介绍、职业技能培训和职业技能考核鉴定的规定的情况；（九）法律、法规规定的其他劳动保障监察事项。这里除了不涉及劳动者的劳动安全与卫生保护权益外（由卫生部门监察），其他权益几乎都有涉及。

关于劳动监察的范围，我国劳动法学界有三种观点：一是所有的劳动法律、法规和规章，即用人单位的一切用工行为都应成为劳动监察的对象，劳动监察应保障各种劳动法律法规的实施。二是劳动监察仅限于劳动基准法的执行情况。即规定劳动标准和劳动条件的最低标准的法律规范的实施与执行，内容包括最低工资法、工时法等。三是劳动监察仅限于强制性的法律规范的执行情况，即规定用人单位在用工过程中不得为和必须为的法律规范的执行情况。有学者指出，我国目前劳动监察范围过于宽泛，几乎等同于劳动行政的对象与范围；认为我国劳动监察的范围宜确立在已参加劳动关系的劳动者实现劳动基准所规定之利益相关的事项的实施。①

我们认为，劳动监察的范围过大，会受制于劳动监察队伍精力的限制，可能导致劳动

① 王全兴著：《劳动法》（第三版），法律出版社2008年版，第470~472页。

监察部门选择性执法，影响劳动监察部门的公信力。因此，劳动监察的范围应该限制在强制性法律规范的执行上。

四、劳动保障监察职责

根据《劳动保障监察条例》第 10 条的规定，劳动监察的职责，可以归纳为宣传与督促、检查与受理、纠正与查处三个方面：（1）宣传劳动保障法律、法规和规章，督促用人单位贯彻执行；（2）检查用人单位遵守劳动保障法律、法规和规章的情况；（3）受理对违反劳动保障法律、法规或者规章的行为的举报、投诉；（4）依法纠正和查处违反劳动保障法律、法规或者规章的行为。

上述职责中，宣传与督促职责的落实，是预防性工作。通过宣传劳动法律、法规和规章，使用人单位了解法律，了解自己的义务，切实遵守劳动法律法规，全面履行自己的义务；通过宣传，让劳动者了解法律规定，了解自己的权益，在此基础上积极主张维护自己的权益。之后的检查与受理、纠正与查处是落实性的工作、职责。要以预防为主，纠正与查处相结合，这样才能使劳动法律法规得到有力地贯彻和实施。

五、劳动保障监察的实施

《劳动法》、《劳动合同法》对劳动监察的实施做了零星规定，具体规定则是由《劳动保障监察条例》和《若干规定》及其他部门规章来细化的。

（一）管辖问题

管辖是法律体系中一个重要的制度，是程序法上其他制度实施的基础。劳动监察制度的实施，首先也要确定管辖权问题。对此，《劳动保障监察条例》做了规定，以属地管辖为主，以级别管辖和指定管辖等为补充。《劳动保障监督条例》第 13 条规定：“对用人单位的劳动保障监察，由用人单位用工所在地的县级或者设区的市级劳动保障行政部门管辖。上级劳动保障行政部门根据工作需要，可以调查处理下级劳动保障行政部门管辖的案件。劳动保障行政部门对劳动保障监察管辖发生争议的，报请共同的上一级劳动保障行政部门指定管辖。”

（二）劳动监察的方式与手段

劳动监察工作的开展，采取日常巡视检查、对书面报送材料的审查、专项监察和接受举报投诉等方式。

1. 日常巡视检查

劳动保障行政部门对用人单位及其劳动场所的日常巡视检查，应当制订年度计划和中长期规划，确定重点检查范围，并按照现场检查的规定进行。①

2. 书面材料审查

劳动保障行政部门对用人单位按照要求报送的有关遵守劳动保障法律情况的书面材料应进行审查，并对审查中发现的问题及时予以纠正和查处。②

---

① 《若干规定》第 6 条。

② 《若干规定》第 7 条。

3. 专项检查

专项检查是指劳动保障行政部门针对劳动保障法律实施中存在的重点问题可以集中组织专项检查活动，必要时，可以联合有关部门或组织共同进行。

4. 接受举报和投诉

劳动保障行政部门应当设立举报、投诉信箱，公开举报、投诉电话，依法查处举报和投诉反映的违反劳动保障法律的行为。①

关于举报。

劳动保障行政部门对举报人反映的违反劳动保障法律的行为应当依法予以查处，并为举报人保密；对举报属实，为查处重大违反劳动保障法律的行为提供主要线索和证据的举报人，给予奖励。②

关于投诉处理。

（1）劳动者对用人单位违反劳动保障法律、侵犯其合法权益的行为，有权向劳动保障行政部门投诉。对因同一事由引起的集体投诉，投诉人可推荐代表投诉。③

（2）投诉应当由投诉人向劳动保障行政部门递交投诉文书。书写投诉文书确有困难的，可以口头投诉，由劳动保障监察机构进行笔录，并由投诉人签字。④ 投诉文书应当载明下列事项⑤：

①投诉人的姓名、性别、年龄、职业、工作单位、住所和联系方式，被投诉用人单位的名称、住所、法定代表人或者主要负责人的姓名、职务；②劳动保障合法权益受到侵害的事实和投诉请求事项。

（3）有下列情形之一的投诉，劳动保障行政部门应当告知投诉人依照劳动争议处理或者诉讼程序办理⑥：①应当通过劳动争议处理程序解决的；②已经按照劳动争议处理程序申请调解、仲裁的；③已经提起劳动争议诉讼的。

5. 应急预案的处理

对因违反劳动保障法律、法规或者规章的行为引起的群体性事件，劳动保障行政部门应当根据应急预案，迅速会同有关部门处理。⑦ 预警系统建设，包括明确劳动监察的重点和对象，开展对企业的全面普查，建立企业信息档案库；健全群众举报信息网络，及时掌握劳动关系动向，并制定相应对策；建立处理劳动纠纷的应急领导机构，加强政府部门之间的协调和配合，加大监察力度等。⑧

6. 建立用人单位劳动保障守法诚信档案

---

① 《若干规定》第 9 条。

② 《若干规定》第 11 条。

③ 《若干规定》第 12 条。

④ 《若干规定》第 13 条。

⑤ 《若干规定》第 14 条。

⑥ 《若干规定》第 15 条。

⑦ 《劳动保障监察条例》第 14 条第 4 款。

⑧ 曾虹文主编：《劳动监察概论》，中国劳动社会保障出版社 2004 年版，第 73 页；转引自姜颖主编：《劳动法学》，中国劳动社会保障出版社 2007 年版，第 273 页。

《劳动保障监察条例》第22条规定："劳动保障行政部门应当建立用人单位劳动保障守法诚信档案。用人单位有重大违反劳动保障法律、法规或者规章的行为的，由有关的劳动保障行政部门向社会公布。"这实质上是对用人单位名誉上的一种处罚方式。因为有不诚信记录，可能会影响到该单位的招人计划和对外合作。

（三）劳动监察的调查与检查程序

劳动保障监察员进行调查、检查，不得少于2人，并应当佩戴劳动保障监察标志、出示劳动保障监察证件，并说明身份；就调查事项制作笔录，应由劳动保障监察员和被调查人（或其委托代理人）签名或盖章。被调查人拒不签名、盖章的，应注明拒签情况。

劳动保障监察员进行调查、检查时，承担下列义务①：依法履行职责，秉公执法；保守在履行职责过程中获知的商业秘密；为举报人保密。

劳动保障监察员办理的劳动保障监察事项与本人或者其近亲属有直接利害关系的，应当回避。② 为了保证监察工作的公正性，承办查处违法案件的劳动监察人员有下列情形之一的，应当自行申请回避：（1）本人是用人单位法定代表人或主要负责人的近亲属的；（2）本人或其近亲属与承办查处的案件事项有直接利害关系的；（3）因其他原因可能影响案件公正处理的。当事人认为承办人员应当回避的，有权向承办查处工作的劳动行政部门申请，要求其回避。当事人申请回避，应采用书面形式。承办人的回避由劳动监察机构负责人决定；劳动监察机构负责人的回避由劳动行政负责人决定。回避决定应在收到申请之日起3日内作出。作出回避决定前，承办人员不得停止对案件的调查处理。对回避申请的决定，应当告知申请人。

劳动保障行政部门实施劳动保障监察，有权采取下列调查、检查措施③：（1）进入用人单位的劳动场所进行检查；（2）就调查、检查事项询问有关人员；（3）要求用人单位提供与调查、检查事项相关的文件资料，并作出解释和说明，必要时可以发出调查询问书；（4）采取记录、录音、录像、照相或者复制等方式收集有关情况和资料；（5）委托会计师事务所对用人单位工资支付、缴纳社会保险费的情况进行审计；（6）法律、法规规定可以由劳动保障行政部门采取的其他调查、检查措施。

劳动保障行政部门对事实清楚、证据确凿、可以当场处理的违反劳动保障法律、法规或者规章的行为有权当场予以纠正。

劳动保障行政部门调查、检查时，有下列情形之一的可以采取证据登记保存措施④：

（1）当事人可能对证据采取伪造、变造、毁灭行为的；（2）当事人采取措施不当可能导致证据灭失的；（3）不采取证据登记保存措施以后难以取得的；（4）其他可能导致证据灭失的情形的。

采取证据登记保存措施应当按照下列程序进行⑤：（1）劳动保障监察机构根据本规

---

① 《若干规定》第22条。

② 《劳动保障监察条例》第16条。

③ 《劳动保障监察条例》第15条。

④《若干规定》第27条。

⑤ 《若干规定》第28条。

定第27条的规定，提出证据登记保存申请，报劳动保障行政部门负责人批准。（2）劳动保障监察员将证据登记保存通知书及证据登记清单交付当事人，由当事人签收。当事人拒不签名或者盖章的，由劳动保障监察员注明情况。（3）采取证据登记保存措施后，劳动保障行政部门应当在7日内及时作出处理决定，期限届满后应当解除证据登记保存措施。

在证据登记保存期内，当事人或者有关人员不得销毁或者转移证据；劳动保障监察机构及劳动保障监察员可以随时调取证据。

劳动保障行政部门在实施劳动保障监察中涉及异地调查取证的，可以委托当地劳动保障行政部门协助调查。受委托方的协助调查应在双方商定的时间内完成。①

劳动保障行政部门对违反劳动保障法律的行为的调查，应当自立案之日起60个工作日内完成；情况复杂的，经劳动保障行政部门负责人批准，可以延长30个工作日。②

（四）劳动监察案件的处理

对用人单位存在的违反劳动保障法律的行为事实确凿并有法定处罚（处理）依据的，可以当场作出限期整改指令或依法当场作出行政处罚决定。

当场作出限期整改指令或行政处罚决定的，劳动保障监察员应当填写预定格式、编有号码的限期整改指令书或行政处罚决定书，当场交付当事人。③

当场处以警告或罚款处罚的，应当按照下列程序进行：（1）口头告知当事人违法行为的基本事实、拟作出的行政处罚、依据及其依法享有的权利；（2）听取当事人的陈述和申辩；（3）填写预定格式的处罚决定书；（4）当场处罚决定书应当由劳动保障监察员签名或者盖章；（5）将处罚决定书当场交付当事人，由当事人签收。

劳动保障监察员应当在2日内将当场限期整改指令和行政处罚决定书存档联交所属劳动保障行政部门存档。④

对不能当场作出处理的违法案件，劳动保障监察员经调查取证，应当提出初步处理建议，并填写案件处理报批表。

案件处理报批表应写明被处理单位名称、案由、违反劳动保障法律行为事实、被处理单位的陈述、处理依据、建议处理意见。⑤

对违反劳动保障法律的行为作出行政处罚或者行政处理决定前，应当告知用人单位，听取其陈述和申辩；法律、法规规定应当依法听证的，应当告知用人单位有权依法要求举行听证；用人单位要求听证的，劳动保障行政部门应当组织听证。⑥

劳动保障行政部门对违反劳动保障法律、法规或者规章的行为，根据调查、检查的结果，作出以下处理：（1）对依法应当受到行政处罚的，依法作出行政处罚决定；（2）对应当改正未改正的，依法责令改正或者作出相应的行政处理决定；（3）对情节轻微且已

---

① 《若干规定》第29条。
② 《若干规定》第30条。
③ 《若干规定》第31条。
④ 《若干规定》第32条。
⑤ 《若干规定》第33条。
⑥ 《若干规定》第34条

改正的，撤销立案。

经调查、检查，劳动保障行政部门认定违法事实不能成立的，应当撤销立案。

发现违法案件不属于劳动保障监察事项的，应当及时移送有关部门处理；涉嫌犯罪的，应当依法移送司法机关。①

劳动保障行政部门对违反劳动保障法律、法规或者规章的行为作出行政处罚或者行政处理决定前，应当听取用人单位的陈述、申辩；作出行政处罚或者行政处理决定，应当告知用人单位依法享有申请行政复议或者提起行政诉讼的权利。②

关于处理（处罚）决定书的要求。

劳动保障监察行政处罚（处理）决定书应载明下列事项：（1）被处罚（处理）单位名称、法定代表人、单位地址；（2）劳动保障行政部门认定的违法事实和主要证据；（3）劳动保障行政处罚（处理）的种类和依据；（4）处罚（处理）决定的履行方式和期限；（5）不服行政处罚（处理）决定，申请行政复议或者提起行政诉讼的途径和期限；（6）作出处罚（处理）决定的行政机关名称和作出处罚（处理）决定的日期。

劳动保障行政处罚（处理）决定书应当加盖劳动保障行政部门印章。③

劳动保障行政部门立案调查完成，应在15个工作日内作出行政处罚（行政处理或者责令改正）或者撤销立案决定；特殊情况，经劳动保障行政部门负责人批准可以延长。

关于送达问题。

劳动保障监察限期整改指令书、劳动保障行政处理决定书、劳动保障行政处罚决定书应当在宣告后当场交付当事人；当事人不在场的，劳动保障行政部门应当在7日内依照《中华人民共和国民事诉讼法》的有关规定，将劳动保障监察限期整改指令书、劳动保障行政处理决定书、劳动保障行政处罚决定书送达当事人。

作出行政处罚、行政处理决定的劳动保障行政部门发现决定不适当的，应当予以纠正并及时告知当事人。

劳动保障监察案件结案后应建立档案。档案资料应当至少保存3年。

关于执行问题。

劳动保障行政处理或处罚决定依法作出后，当事人应当在决定规定的期限内予以履行。

当事人对劳动保障行政处理或行政处罚决定不服申请行政复议或者提起行政诉讼的，行政处理或行政处罚决定不停止执行。法律另有规定的除外。

当事人确有经济困难，需要延期或者分期缴纳罚款的，经当事人申请和劳动保障行政部门批准，可以暂缓或者分期缴纳。

当事人对劳动保障行政部门作出的行政处罚决定、责令支付劳动者工资报酬、赔偿金或者征缴社会保险费等行政处理决定逾期不履行的，劳动保障行政部门可以申请人民法院强制执行，或者依法强制执行。

---

① 《劳动监察条例》第18条。

② 《劳动监察条例》第19条。

③ 《若干规定》第36条。

除依法当场收缴的罚款外，作出罚款决定的劳动保障行政部门及其劳动保障监察员不得自行收缴罚款。当事人应当自收到行政处罚决定书之日起15日内，到指定银行缴纳罚款。

关于统计上报与备案问题。

地方各级劳动保障行政部门应当按照劳动保障部有关规定对承办的案件进行统计并填表上报。

地方各级劳动保障行政部门制作的行政处罚决定书，应当在10个工作日内报送上一级劳动保障行政部门备案。①

（五）关于追诉时效

《劳动保障监察条例》第20条规定："违反劳动保障法律、法规或者规章的行为在2年内未被劳动保障行政部门发现，也未被举报、投诉的，劳动保障行政部门不再查处。前款规定的期限，自违反劳动保障法律、法规或者规章的行为发生之日起计算；违反劳动保障法律、法规或者规章的行为有连续或者继续状态的，自行为终了之日起计算。"

（六）关于劳动监察与劳动争议处理的衔接问题

关于劳动争议的处理，我国《劳动争议调解仲裁法》确立了劳动争议的范围、争议解决的途径等内容。如果发生了法律规定的六类劳动争议，当事人可以通过协商、调解或者仲裁途径解决；对仲裁裁决不服的，可以依法向人民法院提起诉讼。

关于劳动监察与劳动争议处理的衔接，主要是与劳动争议仲裁的衔接问题，涉及主要问题体现在监察事项与劳动争议事项重叠时如何处理的问题。

《劳动保障监察条例》第21条规定："用人单位违反劳动保障法律、法规或者规章，对劳动者造成损害的，依法承担赔偿责任。劳动者与用人单位就赔偿发生争议的，依照国家有关劳动争议处理的规定处理。对应当通过劳动争议处理程序解决的事项或者已经按照劳动争议处理程序申请调解、仲裁或者已经提起诉讼的事项，劳动保障行政部门应当告知投诉人依照劳动争议处理或者诉讼的程序办理。"那么，如何理解"对应当通过劳动争议处理程序解决的事项……劳动保障行政部门应当告知投诉人依照劳动争议处理或者诉讼程序办理"，就成为解决二者重叠的关键。《劳动争议调解仲裁法》第2条规定劳动争议仲裁的受案范围如下：

（1）因确认劳动关系发生的争议；

（2）因订立、履行、变更、解除和终止劳动合同发生的争议；

（3）因除名、辞退和辞职、离职发生的争议；

（4）因工作时间、休息休假、社会保险、福利、培训以及劳动保护发生的争议；

（5）因劳动报酬、工伤医疗费、经济补偿或者赔偿金等发生的争议；

（6）法律、法规规定的其他劳动争议。

在以上六类劳动争议中，有可能成为劳动保障监察范围的事项是第4项、第5项。

在实践中，两者受案范围的重合主要出现在两类案件中：（1）社会保险案件，主要表现为用人单位和职工不参加社会保险、已在社会保险经办机构登记但不按规定缴费、缴

① 《若干规定》第37~46条。

费工资基数不实等。(2) 劳动报酬案件，主要表现为用人单位克扣或无故拖欠劳动者工资，不支付加班费、经济补偿金等。对这两类受案范围有交叉的争议，当事人既可以向劳动争议仲裁机构申请仲裁，也可以向劳动保障监察机构举报。即劳动者获得了通过劳动争议仲裁获得民事救济或者通过劳动保障监察获得行政救济的选择权。

这种重合管辖的设计有其积极意义。为劳动基准法的执行提供两套执法程序，显示其重视保护劳动者的法定权利；将选择权交给劳动者，由劳动者选择符合个人情况的救济方式，其初衷也是希望公法救济和私法救济在维护劳动者权益时能够完全发挥各自的优势。但是，目前我国这种重合设计并未能产生令人满意的执法效果。劳动保障监察和劳动争议仲裁在实践中的碰撞证明，由于立法的不完善而导致的两者制度设置上的缺陷使得两者受案范围的重合引发了较多的问题。①

第一，发生劳动监察和仲裁推诿、扯皮现象。由于对受案范围交叉的案件，缺乏统一的原则划分，劳动监察和仲裁部门根据各自的认识和理解处理交叉问题，易产生分歧，导致推诿、扯皮现象。第二，对如何引导当事人选择劳动监察或劳动仲裁缺乏制度化的措施和沟通机制。目前劳动监察和劳动仲裁在接待当事人的时候是各自分别接待、立案的方式。当事人反映的事项在受案范围上经常有交叉，要么劳动监察不宜受理，要么劳动仲裁不宜受理。在这种情况下，是否引导及如何引导当事人选择仲裁或监察，还缺乏制度化的措施和沟通机制。提请劳动仲裁的期限为 1 年，劳动监察的受理时限为 2 年。在劳动仲裁超过时限不予受理的情况下，如果未引导当事人向劳动监察投诉，而当事人对劳动监察的受理时限又不了解，那么，当事人的合法权益很可能被放弃。三是对严重违法案件，劳动仲裁的处理力度不够。如用人单位恶意拖欠职工工资的案件，不仅严重侵害了劳动者的合法权益，甚至可能引发职工的过激行为，给社会稳定带来危害。这类案件劳动监察和仲裁都可以受理，但经过劳动仲裁，则只能追究违法者的经济责任，不能对其进行行政处罚。由此导致同一类案件，由于劳动者选择了不同的救济途径，经劳动仲裁或劳动监察的处理，导致不同的结果，可能会对社会公平正义带来负面影响。②

六、我国劳动保障监察制度存在的问题

劳动监察制度自在我国建立以来，对于规范监察行为，监督用人单位遵守劳动法律法规，保护劳动者合法权益起到了积极作用，但是，依然存在不少问题。这些问题除了《劳动保障监察条例》本身存在立法层次过低、缺乏必要的行政强制手段，对监察处理决定的实施缺乏有效的保障措施，对法律责任总体规定过轻，罚款幅度过大外，还在劳动保障监察执法等方面存在：劳动保障监察机构建设不健全，人员配备不足、经费保障不够、地方政府干预劳动监察现象依然严重等问题。同时还存在劳动和社会保障法律不完善导致的问题：劳动关系界定不清、异地劳务派遣的管辖不明确、社会保险费缴纳的规定存在矛盾等都给劳动监察制度的实施造成了障碍。③ 劳动法学界认为劳动监察存在的问题集中反

① 易婷婷：《论劳动保障监察与劳动争议仲裁的关系》，湖南大学 2007 年硕士学位论文。

② 易婷婷：《论劳动保障监察与劳动争议仲裁的关系》，湖南大学 2007 年硕士学位论文。

③ 李建等：《〈劳动保障监察条例〉立法后评估报告》，载《中国劳动》2007 年第 5 期。

映在下列方面：监察机构组织的碎片化；监察范围与劳动争议仲裁的重合；劳动监察执法弱化：执行期限规定问题、强制执行问题等。①

第三节 《劳动合同法》关于监督检查的具体规定

一、劳动合同监督检查的主体

《劳动合同法》第73~79条对劳动合同制度实施进行监督检查的主体做了明确规定。其中，国务院劳动行政主管部门负责全国劳动合同制度实施的监督管理。县级以上地方人民政府劳动行政主管部门负责本行政区内劳动合同制度实施的监督管理。县级以上人民政府的劳动行政主管部门是专门的劳动监督监察机构。

县级以上人民政府的有关部门，如建设、卫生、安全生产等主管部门以及工商、公安等机关在各自职责范围内，对用人单位执行劳动合同制度的情况进行监督管理。

工会是劳动者合法权益的代表及维护者，有权对用人单位执行劳动合同的情况进行监督。《劳动合同法》除规定工会在劳动规制制度制定和实施中的作用外，还规定了工会在三方协商机制中的作用，以及工会应当帮助、指导劳动者与用人单位依法订立和履行劳动合同，并与用人单位建立集体协商机制，维护劳动者合法权益。工会作为监督者，还表现在用人单位单方解除劳动合同，应当事先将理由通知工会。用人单位违反法律、行政法规或者劳动合同约定的，工会有权要求用人单位纠正。用人单位应当研究工会意见，并将处理结果书面通知工会。用人单位违反集体合同，侵犯职工利益的，工会可以依法要求用人单位承担责任。劳动者申请仲裁、提前诉讼，工会依法给予支持和帮助。

任何组织和个人对违反劳动合同法的行为有权进行检举、控告。县级以上人民政府劳动行政部门应当及时核实、处理，并对举报有功人员保密，给予奖励。

二、劳动合同监督检查的具体内容

《劳动合同法》对劳动合同制度实施监督检查的具体内容作出了规定。其中劳动行政主部门监督检查的主要内容如下：

（1）用人单位制定直接涉及劳动者切身利益的规章制度及其执行情况；

（2）用人单位与劳动者订立和解除劳动合同的情况；

（3）劳务派遣单位和用工单位遵守劳务派遣有关规定的情况；

（4）用人单位遵守国家关于劳动者工作时间和休息休假规定的情况；

（5）用人单位支付劳动合同约定的劳动报酬和执行最低工资标准的情况；

（6）用人单位参加各项社会保险和缴纳社会保险费的情况；

---

① 推荐阅读文章：岳经纶、庄文嘉：《转型中的当代中国劳动监察体制——基于治理视角的一项整体性研究》，载《公共行政评论》2009年第5期；翟玉娟：《中国劳动监察的困境与挑战——以劳动行政部门屡屡败诉为例》，载《行政与法》2008年第8期；秦国荣：《劳资均衡与劳权保障：劳动监察制度的内在功能及其实现》，载《河南政法管理干部学院学报》2010年第6期。

(7) 法律、法规规定的其他劳动监察事项。

县级以上各级人民政府的有关部门不是专门的劳动监察机构，其监督检查内容是在其职责范围内可能涉及的对劳动合同制度的实施情况进行监督，涉及劳动生产安全、卫生、劳动保护等内容。

工会组织主要是对用人单位遵守劳动合同法，履行劳动合同、集体合同的情况进行监督。

劳动者合法权益受到侵害的，有权要求有关部门依法处理，或者依法申请仲裁、提起诉讼。

其他社会组织和个人，基于社会公正、正义的要求，对违反劳动合同法律的行为都有权进行检举、揭发。

【思考题】

1. 简述我国劳动监督检查制度的体现。
2. 劳动监察有哪些特点？
3. 比较劳动监察的范围与劳动仲裁的范围。

第十一章　违反劳动合同法的责任[①]

【本章学习重点提示】劳动合同法的责任特点；用人单位的民事责任类型以及承担责任的条件。

第一节　《劳动合同法》的法律责任概述

一、《劳动合同法》法律责任的内涵

《劳动合同法》的法律责任，是指劳动合同法中所规定的主体，违反了《劳动法》和《劳动合同法》的有关规定，构成了承担责任的要件时，依法应当承担的法律后果。我国《劳动合同法》规范的主体，除了劳动关系的主体劳动者和用人单位之外，还包括劳务派遣中的用工单位和个人承包经营中的发包人。《劳动合同法》中虽然设定了工会组织的权利和义务，但其法律责任的主体并未包括工会组织。劳动行政部门和其他有关主管部门及其工作人员，作为《劳动合同法》的实施主体，其违法执行法律虽然应当承担一定的法律后果，但这种责任属于行政责任，实际上不属于《劳动合同法》应当规范的范围，但该法第 94 条中专门做了规定。《劳动合同法》第 7 章总计 16 条专门设定了本法的法律责任，其中共有 12 条规定的是用人单位或者不合格的用人单位的法律责任。其他责任主体包括：1 条涉及的责任主体是用人单位和劳动者（第 87 条关于无效合同的责任），1 条涉及的责任主体是劳动者（第 90 条关于劳动者违反本法规定解除劳动合同和违反劳动合同中关于保密义务、竞业限制义务的责任），1 条是个人承包经营者和发包人的连带责任（第 94 条），1 条是劳动行政部门和有关主管部门及其工作人员的管理责任（第 94 条）。《劳动合同法》设定的责任性质主要是民事赔偿责任，包括损害赔偿和惩罚性赔偿，还包括行政责任和刑事责任。在民事责任的设定上，《劳动合同法》规定的法律责任，主要是侵权责任，不是违约责任，用人单位承担责任的条件之一是违反法律的强制性规定。《劳动合同法》和《劳动合同法实施条例》使用大量强制性用语（共计 187 处），其中规范用人单位的有 142 处。用人单位违反这些规定，绝大部分情形下均配置了相关的法律责任。[②] 对于违约责任，《劳动合同法》做了极大的限缩，在用人单位的责任体系中，只规定了用人单位未按照合同约定支付报酬的责任（第 85 条第 1 项）；对劳动者而言，其违约责任的情形仅限于违反合同中约定的保密义务和竞业限制义务条款的责任。对劳动合同

---

① 本章的第二节、第三节、第四节的内容基本上沿用本书第一版吴雪玲编写的该部分内容。

② 参见董保华著：《劳动合同立法的争鸣与思考》，上海人民出版社 2011 年版，第 783、787 页。

双方当事人而言，劳动合同的重要条件之一“劳动合同期限”的约束力在法律中未加确定，对于固定期限的劳动合同，当事人可以通过预告解除，用人单位解除该类合同的约束在于法律规定的解除事由和程序，劳动者只需按照本法第 37 条规定的程序解除合同，解约人均无须承担违约的责任。对于劳动合同的其他条款，如劳动岗位、工作报酬、工作时间等，在合同履行过程中需要变更的，双方协商不成，用人单位一方可以预告解除合同。①《劳动合同法》第 29 条确定的劳动合同必须履行的原则，在这里并未得到落实。

二、《劳动合同法》法律责任设置的特点

（一）主要的责任主体是用人单位

在《劳动合同法》中设置了大量的强制性规定，而且绝大部分是针对用人单位设定的。用人单位违反该相关规定，也基本上配置了法律责任，且基本上是行政制裁的规定。少数未配置法律责任的情况主要包括：《劳动合同法》第 4 条规定，用人单位在决定直接涉及劳动者切身利益的规章制度或者重大事项时，应当经职工代表大会或者全体职工讨论，提出方案和意见，与工会或者职工代表平等协商确定。用人单位应当将直接涉及劳动者切身利益的规章制度和重大事项决定公示，或者告知劳动者。第 43 条规定，用人单位单方解除劳动合同时，应当事先将理由通知工会；用人单位应当研究工会的意见。第 7 条规定，用人单位应当建立职工名册。第 21 条规定，用人单位在试用期解除劳动合同的，应当向劳动者说明理由。第 29 条规定，用人单位与劳动者应当按照劳动合同的约定，全面履行各自的义务。第 35 条规定，变更劳动合同，应当采用书面形式。用人单位违反未配置法律责任的主要涉及程序性规定，包括两种情况：一是与工会有关；二是由于劳动合同具有人身性、继续性，有些程序的欠缺已经在实践中通过实际履行得以纠正，没有必要再设置法律责任。②

（二）《劳动合同法》设定的责任类型主要为侵权责任

与《合同法》关于法律责任的设置不同，《劳动合同法》关于责任主体的民事责任性质，主要规定的不是违约责任，而是侵权责任：这与《劳动合同法》的违法行为性质一致。基于劳动合同的双方当事人地位的实质差异，现代劳动法对劳动合同双方当事人协议进行大量的干预，包括通过劳动基准确定双方协议的最低标准；通过确定集体谈判的合法性，确立双方当事人协商的行业标准、地区标准，以及企业标准。违反劳动合同的规定，可能涉及违反法律基准和集体合同确定，而且这些规定往往涉及基本的劳动条件和重要的劳动条件。在当事人违反这些规定时，其法律责任往往涉及侵权责任和违约责任的竞合，我国《劳动合同法》强调违法行为的法定性，要求责任人，特别是用人单位首先承担侵权责任，而不是遵循责任竞合的规则。

当然，劳动合同的部分条款可能未涉及法律标准和集体合同的规定，违反这些条款，只是单纯的违约问题。对于违约责任的设置，《劳动合同法》未给予足够的关注。首先，

① 《劳动合同法》第 35 条规定，用人单位与劳动者协商一致，可以变更劳动合同约定的内容；第 40 条第 3 项规定，双方未就变更合同的条款达成协议的，用人单位可以解除劳动合同。

② 参见董保华著：《劳动合同立法的争鸣与思考》，上海人民出版社 2011 年版，第 787~788 页。

《劳动合同法》对于违反劳动合同的约定应当承担责任的情形只在第85条中规定用人单位未按照劳动合同约定支付劳动报酬的情形下应承担责任，以及第90条规定劳动者承担违约责任的情形。其次，对于违约金的约定，《劳动合同法》进行了明确的限缩。《劳动法》没有限制双方当事人在劳动合同中约定违约金的情形和标准①，《劳动合同法》则明确规定，用人单位能够为劳动者违约行为设置违约金的情形只有两种：一是第22条规定，双方约定了最低服务期时，劳动者违反该约定可以约定违约金，该违约金的标准不得超过服务期尚未履行部分所应分摊的培训费用；二是第24条规定在劳动合同约定竞业限制条款时，劳动者违反了该约定，这里未限制违约金的标准。

（三）《劳动合同法》设定的责任形式主要为赔偿责任

在民事责任的形式中，赔偿责任由于其补充性和通用性，适用范围最广，在《劳动合同法》设定的民事责任中，占有举足轻重的地位。该赔偿责任的主体，主要是用人单位。劳动者只有在符合第90条规定的情形下，即违反本法的规定，或者违反劳动合同中约定的保密义务或者竞业限制，给用人单位造成损失的，应当承担赔偿责任；第86条关于无效合同责任主体，规定是有过错的一方当事人。用人单位承担赔偿责任的条件，部分情形下要求违法行为给劳动者造成损害，部分情形下只要实施了违反《劳动合同法》的行为，即需要向劳动者支付赔偿金。这些情形包括第85条的规定和第87条的规定。②

《劳动合同法》更多地体现出公法的特征，反映国家对劳动合同的干预和规范。作为规范当事人合同订立、履行、变更、解除等合同行为的《劳动合同法》，相关法律责任的设置应当以违约责任为主。但《劳动合同法》不仅在权利义务规范中强调强制性义务，特别是用人单位的强制性义务为主，而且在责任的设置上排除当事人之间的任意约定，明确设定承担责任的条件和责任的范围，要求责任人必须依法承担责任。这使得《劳动合同法》的劳动基准属性大大增强。

第二节　用人单位的法律责任

一、用人单位的法律责任概述

用人单位的法律责任是指用人单位违反劳动合同法律规定或者劳动合同约定应承担的法律责任。其特征主要表现在：

（一）用人单位违反劳动合同承担的民事责任既有违约责任又有侵权责任

基于用人单位的强势地位，以及他们享有的管理和指挥劳动者的权利，使用人单位比较容易侵犯劳动者的人身权和其他合法权益，因此《劳动合同法》规定了用人单位较多

---

① 《劳动合同法》第25条。

② 《劳动合同法》第85条规定，用人单位在未足额支付劳动者工资、未依法向劳动者支付解除或者终止劳动合同的经济补偿金的情形下，除了要承担支付义务外，对于违反行政命令的行为，劳动行政部门应责令用人单位向劳动者加付赔偿金。第87条规定，用人单位违法解除或者终止劳动合同的，应当向劳动者支付2倍的经济补偿金。

的侵权责任。同时，作为劳动合同的一方当事人，用人单位违约时还应承担违约责任。与劳动者违反劳动合同的法律责任相比，用人单位违反劳动合同的法律责任既有违约责任，也有侵权责任。

（二）用人单位承担的法律责任具有惩罚性

依照《劳动合同法》的规定，用人单位侵犯劳动者合法权益的，不仅要承担民事责任，还可能承担行政责任或者刑事责任。而且，用人单位违反《劳动合同法》的规定，侵犯劳动者的财产权的，所承担的民事责任具有惩罚性，即不能仅仅是赔偿劳动者所造成的损失，而是赔偿的数额要超过造成的损失，体现了用人单位的损害赔偿责任不仅要弥补劳动者所造成的损失，还要以此来惩罚和教育用人单位，预防用人单位的侵权行为。

（三）用人单位违反劳动合同的实行无过错责任原则

违约责任的归责原则是指劳动合同的当事人不履行或者不适当履行劳动合同义务时，应依何种根据使其承担法律责任。归责原则是劳动合同法律责任制度的核心内容，它决定了劳动合同法律责任的构成要件、举证责任、免责事由、损害赔偿的范围和承担责任的方式等。因此，归责原则设计的合理与否关系到劳动者和用人单位的切身利益。

在《中华人民共和国合同法》中确定的是无过错责任和过错（推定）责任的归责原则。所谓无过错责任原则是指不论违约方主观上有无过错，只要其不履行合同给对方当事人造成了损害，就应当承担违约责任。《合同法》第 107 条规定："当事人一方不履行合同义务或者履行合同义务不符合约定的，应当承担继续履行、采取补救措施或者赔偿损失等违约责任。"根据这一规定，违约责任采取的是无过错责任原则。

在劳动关系中，用人单位在经济实力上强于劳动者，并且劳动者在行政上隶属于用人单位。因此，用人单位与劳动者在地位上是不平等的，用人单位往往处于强势地位。在实践中，用人单位的违约行为比较严重，主观蓄意性强，容易判断行为人的主观过错。但在多数情况下，用人单位总是想方设法掩盖自己的过错，推卸法律责任，这对过错的认定带来了许多困难。而且，同用人单位相比，从举证能力上来看，劳动者处于被监管、被领导的地位，发生违约情况后很难凭借自身的力量来举证证明用人单位有过错。因此，根据《劳动合同法》第 80~92 条（第 86、90 条除外）的规定，追究用人单位违反劳动合同的法律责任，应实行无过错责任原则。这种安排易于分清责任，使劳动合同纠纷能够及时合理地得到解决，且有利于矫正劳动者与用人单位地位不平等的状况，保护劳动者的利益。

二、用人单位违反《劳动合同法》的民事责任

依照《劳动合同法》的规定，用人单位承担的民事责任包括继续履行和损害赔偿责任。

（一）继续履行

继续履行是指当事人一方不履行合同或者履行不符合合同约定时，另一方当事人有权请求人民法院或者劳动争议仲裁机构强制违约方按合同约定履行义务，而不得以支付违约金或者损害赔偿金的方式代替履行。继续履行是合同实际履行原则在违约责任中的体现。只要受害方有继续履行的要求和必要，且有继续履行的可能，违约方就得继续履行。因此，《民法通则》第 111 条规定："当事人一方不履行合同义务或者履行合同义务不符合

约定条件的，另一方有权要求履行或者采取补救措施，并有权要求赔偿损失。”《合同法》第107条规定：“当事人一方不履行合同义务或者履行合同义务不符合约定的，应当承担继续履行、采取补救措施或者赔偿损失等违约责任。”

劳动关系的属性决定继续履行对劳动者具有重要意义。对劳动者来讲，劳动不仅是劳动者获取劳动报酬，维持本人及其抚养的家人生活的物质保证，而且，劳动过程本身是劳动者习得技能、提升劳动能力以及实现本人社会价值的需要。工作的中断不仅意味着维系劳动者本人及其家庭生活的物质保障丧失，而且劳动者的技能甚至人格提升均会受到影响，特别是在我国现行的劳动力市场条件下，劳动者获得适当的工作机会困难重重。《劳动合同法》的一个重要目标是维护劳动关系的稳定性。所以，在用人单位违法解除或者终止劳动合同的情形下，对劳动者最有效的救济措施是用人单位继续雇佣劳动者。

很多国家的劳动立法也规定了劳动合同继续履行原则。如依据英国衡平法的规定，法院可以颁发“履行令”强制违约的雇主继续履行合同至合同期限届满。① 在用人单位违约解除劳动合同时，劳动者要求用人单位继续履行而用人单位也有能力继续履行的情况下，法律应强制性要求用人单位继续履行。因此，我国《劳动合同法》第48条规定：“用人单位违反本法规定解除或者终止劳动合同，劳动者要求继续履行劳动合同的，用人单位应当继续履行；劳动者不要求继续履行劳动合同或者劳动合同已经不能继续履行的，用人单位应当依照本法第87条规定支付赔偿金。”

依照《劳动合同法》的规定，用人单位解除劳动合同，应当向劳动者支付经济补偿金；违约解除劳动合同给劳动者造成损失的，应当赔偿损失，并支付双倍经济补偿金。但损害赔偿金和经济补偿金有时并不能完全弥补劳动者所遭受的损失。由于目前劳动力过剩，就业机会少，特别是对一些年老体弱的劳动者或技术水平低的劳动者来说，劳动合同的解除，使他们重新就业的机会大大减少，因此在用人单位违反劳动合同的情况下，对用人单位适用继续履行是十分必要的。在用人单位违约时应赋予劳动者要求继续履行或者要求用人单位支付赔偿金并解除终止劳动关系的选择权。尽管我国原先在《劳动法》中没有规定用人单位继续履行的责任承担形式，但在《工会法》、《工会法解释》②、《集体合同规定》等中规定，因参加工会活动或履行集体谈判、履行工会法规定的职责而被用人单位违法解除劳动合同的职工既可以要求继续履行劳动合同，也可以要求赔偿损失。

（二）损害赔偿

损害赔偿是违约方因不履行合同义务或履行不符合合同约定或法律规定而给另一方当

① 参见王益英主编：《外国劳动法和社会保障法》，中国人民大学出版社2001年版，第38页。

② 参见最高人民法院关于在民事审判工作中适用《中华人民共和国工会法》若干问题解释［2003］11号第6条中规定：“根据工会法第52条规定，人民法院审理涉及职工和工会工作人员因参加工会活动或者履行工会法规定的职责而被解除劳动合同的劳动争议案件，可以根据当事人的请求裁判用人单位恢复其工作，并补发被解除劳动合同期间应得的报酬；或者根据当事人的请求裁判用人单位给予本人年收入2倍的赔偿，并参照《违反和解除劳动合同的经济补偿办法》第8条规定给予解除劳动合同时的经济补偿金。”

事人造成损失，依法或依合同约定所应承担赔偿对方当事人损失的法律责任。① 作为承担合同违约责任的一种形式，在劳动合同中也不例外。对于用人单位的损害赔偿责任，一般来说，分为两种：一是补偿性的损害赔偿责任；二是惩罚性的损害赔偿责任。

1. 补偿性赔偿责任

补偿性损害赔偿是指通过违约方的赔偿使另一方当事人所遭受的损害得到完全恢复。在一般情况下，补偿性损害赔偿要求赔偿额与实际损害相符合。因此，我国《合同法》第112条规定："当事人一方不履行合同义务或者履行合同义务不符合约定的，在履行义务或者采取补救措施后，对方还有其他损失的，应当赔偿损失。"第113条规定："当事人一方不履行合同义务或者履行合同义务不符合约定，给对方造成损失的，损失赔偿额应当相当于因违约所造成的损失，包括合同履行后可以获得的利益，但不得超过违反合同一方订立合同时预见到或者应当预见到的因违反合同可能造成的损失。"

《劳动合同法》中用人单位承担补偿性赔偿责任的主要情形包括：

（1）劳动规章制度违法。制定劳动规章制度既是用人单位的一项权利，也是用人单位的一项义务。《劳动法》和《劳动合同法》及其有关法律法规对用人单位制定规章制度在实体和程序两个方面作出了明确的规定。用人单位制定规章制度必须要遵守有关法律、法规的规定，否则就是违法而无效的。如果违法的规章制度对劳动者造成损害的，用人单位应当承担赔偿责任。因此，《劳动合同法》第80条规定："用人单位直接涉及劳动者切身利益的规章制度违反法律、法规规定的……给劳动者造成损害的，应当承担赔偿责任。"

（2）未载明必备条款和未将劳动合同文本交付劳动者的。劳动合同及其必备条款在明确劳动者与用人单位双方的权利义务和减少劳动争议以及劳动争议的依法及时处理方面具有十分重要的意义。实践中，一些用人单位在与劳动者签署劳动合同时故意混淆劳动合同条款，以此限制劳动者的权利。发生劳动纠纷时，劳动者拿不出有利的证据来证明用人单位约定的各项权利义务，甚至难以证明劳动者本人与该用人单位存在劳动关系。因此，《劳动合同法》第81条规定："用人单位提供的劳动合同文本未载明本法规定的劳动合同必备条款或者用人单位未将劳动合同文本交付劳动者的，由劳动行政部门责令改正；给劳动者造成损害的，应当承担赔偿责任。"

（3）违反试用期规定的。在试用期内，用人单位可以劳动者不符合录用条件为由而解除劳动合同，且试用期内劳动者的工资通常相对较低。因此，用人单位经常滥用试用期的规定，侵害劳动者的合法权益。由于劳动义务已经履行，无法恢复到原有的状态。因此，《劳动合同法》第83条规定："用人单位违反本法规定与劳动者约定试用期的，由劳动行政部门责令改正；违法约定的试用期已经履行的，由用人单位以劳动者试用期满月工资为标准，按已经履行的超过法定试用期的期间向劳动者支付赔偿金。"

（4）违法要求劳动者提供担保的。实践中，一些用人单位往往要求劳动者，特别是非本地户口的劳动者提供财物担保才能予以录用，这严重地侵犯了劳动者的合法权益，也

① 参见邓峰、刘奇新：《浅论劳动合同违约责任》，载《邵阳学院学报》（社会科学版）2005年第6期。

违反了对外来务工人员在就业方面的反歧视性规定。为了惩治这一违法行为，保护劳动者的合法权益，《劳动合同法》第84条规定："用人单位违反本法规定，以担保或者其他名义向劳动者收取财物的，由劳动行政部门责令限期退还劳动者本人……给劳动者造成损害的，应当承担赔偿责任。"

（5）非法扣押劳动者档案的。《劳动合同法》第84条规定："劳动者依法解除或者终止劳动合同，用人单位扣押劳动者档案或者其他物品的，依照前款规定处罚。"前款规定为："用人单位违反本法规定，以担保或者其他名义向劳动者收取财物的，由劳动行政部门责令限期退还劳动者本人，并以每人500元以上2000元以下的标准处以罚款；给劳动者造成损害的，应当承担赔偿责任。"

（6）订立的劳动合同无效的。劳动合同一旦缔结，无论最终是有效还是无效，劳动者已被纳入用人单位的组织内，接受用人单位的管理和指挥，从事用人单位要求的工作。即使在劳动合同无效的情况下，劳动者还是付出了劳动，理应得到相应的劳动报酬。而且用人单位行使指挥、惩戒等权力不需要以劳动合同为依据，劳动合同的无效不能阻碍劳动者与用人单位间的从属性，从而产生的责任与危险都应由用人单位承担。

因用人单位有过错导致劳动合同无效的，给劳动者造成损失的，用人单位应承担赔偿责任，属于缔约过失责任。缔约过失责任是劳动合同当事人在劳动合同订立过程中因过错违反先合同义务，并造成对方当事人损害，依法应承担相应的民事责任。先合同义务，是指当事人为缔约而相互接触磋商之时，基于诚实信用原则而产生的各种协力、告知、保护、照顾、保密等义务。《合同法》第42条规定："当事人在订立合同过程中有下列情形之一，给对方造成损失的，应当承担损害赔偿责任：（一）假借订立合同，恶意进行磋商；（二）故意隐瞒与订立合同有关的重要事实或者提供虚假情况；（三）有其他违背诚实信用原则的行为。"因此，因用人单位的过错导致劳动合同无效的，给劳动者造成损失的，用人单位应承担赔偿责任。劳动部于1995年5月制定了《违反〈劳动法〉有关劳动合同规定的赔偿办法》，该办法规定由于用人单位的原因订立无效的劳动合同，或订立部分无效劳动合同，对劳动者造成损害的，应按下列规定赔偿劳动者损失：①造成劳动者工资收入损失的，按劳动者本人应得工资收入支付给劳动者，并加付应得工资收入25%的赔偿费用；②造成劳动者劳动保护待遇损失的，应按国家规定补足劳动者的保护津贴和用品；③造成劳动者工伤、医疗保险待遇损失的，除按国家规定为劳动者提供工伤、医疗待遇外，还应支付劳动者相当于医疗费用25%的赔偿费用；④造成女职工和未成年工身体健康损害的，除按国家规定提供治疗期间的医疗待遇外，还应支付相当于其医疗费用25%的赔偿费用；⑤劳动合同约定的其他赔偿费用。

（7）强迫劳动和强令劳动者作业的。在劳动过程中，由于用人单位对劳动者具有管理权和指挥权，能够比较容易地限制劳动者的人身自由，侵犯其人身自由权、生命权以及健康权等。因此，《劳动合同法》第88条规定："用人单位有下列情形之一的……给劳动者造成损害的，应当承担赔偿责任：（一）以暴力、威胁或者非法限制人身自由的手段强迫劳动的；（二）违章指挥或者强令冒险作业危及劳动者人身安全的；（三）侮辱、体罚、殴打、非法搜查或者拘禁劳动者的；（四）劳动条件恶劣、环境污染严重，给劳动者身心健康造成严重损害的。"该条规定的是用人单位的侵权责任。因此，这里的损害赔偿应是实际损失的赔偿，既包括对劳动者的物质损害赔偿，也包括精神损害赔偿。“精神损害就是指对民事主体精神活动的损害，侵权行为侵害自然人、法人的民事权利，造成的自然人生理、心理上的精神活动和自然人、法人维护其精神利益的精神活动的破坏，最终导致精神痛苦和精神利益丧失或减损。精神损害的最终表现形式，就是精神痛苦和精神利益的丧失或减损。”① 根据 2001 年 3 月最高人民法院颁布的《关于确定民事侵权精神损害赔偿责任若干问题的解释》（以下简称《精神赔偿解释》）中规定的精神损害赔偿范围有：自然人因下列人格权遭受非法侵害向人民法院起诉请求赔偿精神损害的，法院应依法予以受理：（1）生命权、健康权、身体权；（2）姓名权、肖像权、名誉权、荣誉权；（3）人格尊严权、人身自由权。违反社会公共利益、社会公德侵害他人隐私或其他人格利益，受害人以侵权为由向人民法院起诉请求赔偿精神损害的，人民法院应依法予以受理。

（8）违法拒绝提供解除劳动关系证明的。劳动合同解除、终止后劳动者与用人单位根椐法律规定或者原劳动合同的约定负有的作为或不作为义务，以维护给付效果，或协助对方处理合同终了善后事务，这属于用人单位的后合同义务。“后合同义务是指合同权利义务终止后，当事人依照法律规定，根据诚实信用原则和交易原则应当履行的以维护给付效果及协助相对人处理善后事务的义务。”② 我国《合同法》第 92 条规定：“合同的权利义务终止后，当事人应当遵循诚实信用原则，根据交易习惯履行通知、协助、保密等义务。”在实践中，用人单位出于各种目的，在劳动者离职后，对劳动者予以刁难，不履行此种义务。这往往侵害了劳动者在有关失业保险待遇方面和再就业方面的合法权益。例如，根据国家有关规定，下岗失业人员再就业或者自主创业时，可享受一定的税收、财政等优惠政策，而下岗失业人员要享受这些优惠政策首先就需要通过出具解除或者终止劳动合同的书面证明，证实自己符合享受优惠政策的条件。因此，如用人单位不按规定出具解除或者终止劳动合同的书面证明可能会给劳动者享受失业保险待遇和享受自主创业、再就业的优惠政策造成阻碍，损害劳动者的合法权益。因此，《劳动合同法》第 89 条规定：“用人单位违反本法规定未向劳动者出具解除或者终止劳动合同的书面证明，给劳动者造成损害的，应当承担赔偿责任。”

（9）用人单位派遣行为违法的。劳动派遣中的劳动关系存在劳务派遣单位与劳动者之间。实践中，当被派遣劳动者的合法权益受到侵害时，劳务派遣单位和用工单位相互推诿，或者用工单位不承担用工责任，而劳务派遣单位没有能力承担赔偿责任。为了最大限度地保障被派遣劳动者受损的权益，《劳动合同法》第 92 条规定：“劳务派遣单位、用工单位违反本法有关劳务派遣规定的，由劳动行政部门责令限期改正；逾期不改正的，以每人 5000 元到 10000 元的标准处以罚款……用工单位给被派遣劳动者造成损害的，劳务派遣单位与用工单位承担连带赔偿责任。”

2. 惩罚性赔偿责任

惩罚性赔偿，又称为惩戒性赔偿，它指的是对受害方的实际损失与以补偿性赔偿之外

① 参见韩艳春：《论精神损害赔偿》，载法律图书馆：http：//www.law-lib.com/lw/lw_ view.asp?no=7024&page=2，2007 年 12 月 19 日访问。

② 参见钟奇江著：《合同法责任问题研究》，经济管理出版社 2006 年版，第 197 页。

的赔偿，通常是因为侵权方的一些特殊的不当行为所致。惩罚性赔偿适用于用人单位严重违约或者违反法定义务的情况，例如，用人单位故意不签订书面劳动合同、故意不与劳动者订立无固定期限劳动合同等违法行为，规定了惩罚性的赔偿制度，用于惩罚用人单位的违法行为。《劳动合同法》对用人单位的惩罚性赔偿规定，一方面通过提高用人单位的违法成本，在一定程度上遏制用人单位违法行为，督促用人单位尽快依法履行劳动合同义务；另一方面也体现了对劳动者权益的有力保障。

《劳动合同法》中用人单位的惩罚性赔偿责任主要适用于下列情形：

（1）不与劳动者签订书面劳动合同的。在劳动合同的签订上，用人单位处于主动地位，我国《劳动合同法》将同劳动者订立书面的劳动合同确定为用人单位的一项法定义务。实践中，绝大多数的用人单位能够遵守有关《劳动合同法》的规定，与劳动者签订书面的劳动合同，但也有一些用人单位为了规避其应承担的法律义务，不与劳动者签订劳动合同，或者不与劳动者签订书面劳动合同。一旦发生劳动争议，劳动者往往无法证明自己与用人单位劳动关系的存在以及约定的具体权利义务。因此，《劳动合同法》第 82 条规定："用人单位自用工之日起超过 1 个月不满 1 年未与劳动者订立书面劳动合同的，应当向劳动者每月支付 2 倍的工资。" 2008 年 5 月 8 日公布的《劳动合同法实施条例》第 7 条规定："用人单位自用工之日起满 1 年未与劳动者订立书面劳动合同的，自用工之日起满 1 个月的次日至满 1 年的前一日应当依照劳动合同法第 82 条的规定向劳动者每月支付 2 倍的工资，并视为自用工之日起满 1 年的当日已经与劳动者订立无固定期限劳动合同，应当立即与劳动者补订书面劳动合同。"

（2）不与劳动者订立无固定期限劳动合同的。无固定期限劳动合同是指用人单位与劳动者约定无确定终止时间的劳动合同。一般来讲，对于无固定期限的劳动合同，用人单位没有法定理由不得解除和终止。因此，无固定期限的劳动合同有利于劳动关系的稳定。用人单位不与符合订立无固定期限劳动合同条件的劳动者签订无固定期限的劳动合同，侵犯了劳动者的合法权益。因此，《劳动合同法》第 82 条规定："用人单位违反本法规定不与劳动者订立无固定期限劳动合同的，自应当订立无固定期限劳动合同之日起向劳动者每月支付 2 倍的工资。"

（3）不按规定支付劳动报酬、加班费或者经济补偿金的。依照劳动合同的约定或者依照《劳动合同法》规定支付劳动者劳动报酬是用人单位的法定义务；如果没有依法或者依据合同的约定履行这一法定义务，就要依法承担相应的法律责任。《劳动合同法》第 85 条规定："用人单位有下列情形之一的，由劳动行政部门责令限期支付劳动报酬、加班费或者经济补偿；劳动报酬低于当地最低工资标准的，应当支付其差额部分；逾期不支付的，责令用人单位按应付金额 50%以上 100%以下的标准向劳动者加付赔偿金：（一）未按照劳动合同的约定或者国家规定及时足额支付劳动者劳动报酬的；（二）低于当地最低工资标准支付劳动者工资的；（三）安排加班不支付加班费的；（四）解除或者终止劳动合同，未依照本法规定向劳动者支付经济补偿的。"

（4）违法解除或者终止劳动合同经济补偿金的支付。用人单位依法规定解除或者终止劳动合同的，应向劳动者支付经济补偿金。当用人单位违法解除或者终止劳动合同的，就应当加重其法律责任，督促其自觉履行法定义务。因此，《劳动合同法》第 87 条规定：

"用人单位违反本法规定解除或者终止劳动合同的，应当依照本法第 47 条规定的经济补偿标准的 2 倍向劳动者支付赔偿金。"

三、行政责任的形式

行政责任是行政法律关系的主体因违反行政法律义务，而由专门国家机关依法追究或者主动承担的否定性法律后果。《劳动合同法》规定的用人单位承担的行政责任形式主要有：

（一）责令改正

责令改正是劳动行政部门命令违反劳动保障法律法规的用人单位立即或者在一定期限内纠正其违法行为；是对违法者消除违法状态，恢复合法状态的要求的体现；是劳动行政部门在执法过程中采取的一种补救性的行政管理措施，属于行政命令。在我国现行的法律、法规中，在行政处罚手段上一般都有这样的规定，如责令改正违法行为，或者责令限期消除违法行为的后果等。考虑到对任何一种违法行为，均应当予以改正，责令改正不应当是一种处罚，而是实施每一种行政处罚的一个前置过程，即实施每一种行政处罚之前，都应当首先责令当事人改正违法行为，消除违法行为后果，然后才是实施行政处罚。这是因为，实施行政处罚的目的决不是为罚而罚，而是为了纠正违法行为，保障法律法规的贯彻实施，维护公共利益和正常的社会秩序，保护公民、法人或者其他组织的合法权益，教育公民和法人自觉守法。行政处罚作为一种执法手段，也要服从这一目的。因此，不管对于违法行为是否给予行政处罚，也无论给予何种行政处罚，只要违法行为应当改正而未改正，执法部门就必须首先责令违法行为人纠正违法行为，不能"只罚不管"或者"以罚代管"。《行政处罚法》第 23 条规定："行政机关实施行政处罚时，应当责令当事人改正或者限期改正违法行为。"责令改正包括口头责令改正和书面责令改正。劳动和社会保障部办公厅转发《最高人民法院办公厅关于对〈关于请解决劳动监察决定强制执行问题的函〉的答复》中规定，在劳动和社会保障行政执法中，发现用人单位有违法行为，对违法行为轻微并能及时改正的，应口头责令改正，对立即改正确有困难的，应下达"劳动监察限期改正指令书"，责令其限期整改。

《劳动合同法》规定的具体情形包括：

1. 规章制度违法的

用人单位直接涉及劳动者切身利益的规章制度违反法律、法规规定的，由劳动行政部门责令改正。

2. 未载明必备条款和未将劳动合同文本交付劳动者的

用人单位提供的劳动合同文本未载明本法规定的劳动合同必备条款或者用人单位未将劳动合同文本交付劳动者的，由劳动行政部门责令改正。

3. 试用期违法的

用人单位违反《劳动合同法》规定与劳动者约定试用期的，由劳动行政部门责令改正。

4. 违法扣押劳动者证件的

用人单位违反本法规定，扣押劳动者居民身份证等证件的，由劳动行政部门责令限期退还劳动者本人，并依照有关法律规定给予处罚。

5. 违法要求劳动者提供担保的

用人单位违反本法规定，以担保或者其他名义向劳动者收取财物的，由劳动行政部门责令限期退还劳动者本人，并以每人500元以上2000元以下的标准罚款。

6. 非法扣押劳动者档案的

劳动者依法解除或者终止劳动合同，用人单位扣押劳动者档案或者其他物品的，由劳动行政部门责令限期退还劳动者本人，并以每人500元以上2000元以下的标准处以罚款。

7. 违法不出具解除或者终止劳动合同的书面证明的

用人单位违反本法规定未向劳动者出具解除或者终止劳动合同的书面证明，由劳动行政部门责令改正。

8. 劳务派遣单位违法的

劳务派遣单位违反本法规定的，由劳动行政部门和其他有关主管部门责令改正。

（二）罚款

罚款是对违反法律、法规，不履行法定义务的当事人的一种经济上的处罚，是指行政机关强制违法者承担一定的金钱给付义务的处罚方式。罚款这种处罚种类由于既不影响被处罚人的人身自由及其合法的活动，又能起到对违法行为的惩戒作用，因此成为行政处罚中应用最广泛的一种。当用人单位违反法律规定，侵害了劳动者的合法权益时，劳动行政主管部门及其他有关部门就要依法给予行政处罚，包括罚款。《劳动合同法》规定的罚款情形包括：

1. 非法扣押劳动者证件的

居民身份证是每一个公民的重要身份证件，有利于确定公民的身份，保障公民的合法权益，便利公民进行社会活动。针对一些用人单位在招用人员时，违法扣押劳动者身份证等证件的违法行为，《劳动合同法》到84条规定："用人单位违反本法规定，扣押劳动者居民身份证等证件的，由劳动行政部门责令限期退还劳动者本人，并依照有关法律规定给予处罚。"这里的"有关法律"主要是指《居民身份证法》。对非法扣押他人居民身份证的违法行为，《居民身份证法》第16条明确规定了法律责任："有下列行为之一的，由公安机关给予警告，并处200元以下罚款，有违法所得的，没收违法所得：（一）使用虚假证明材料骗领居民身份证的；（二）出租、出借、转让居民身份证的；（三）非法扣押他人居民身份证的。"根据这一规定，用人单位违法扣押劳动者身份证的，除由劳动行政部门责令限期退还劳动者本人外，还可由公安机关给予该用人单位给予警告、200元以下的罚款和没收违法所得的行政处罚。

2. 违法要求劳动者提供担保的

用人单位违反《劳动合同法》规定，以担保或者其他名义向劳动者收取财物的，由劳动行政部门责令限期退还劳动者本人，并以每人500元以上2000元以下的标准处以罚款。

3. 非法扣押劳动者档案的

劳动者依法解除或者终止劳动合同，用人单位扣押劳动者档案或者其他物品的，依照《劳动合同法》第84条第2款的规定处罚。

4. 劳务派遣单位违法的

劳务派遣单位违反《劳动合同法》第92条规定的，情节严重的，由劳动行政部门和其他有关主管部门给予每人1000元以上5000元以下的标准处以罚款。

5. 强迫劳动和强令劳动者违章作业的

《劳动合同法》第88条规定："用人单位有下列情形之一的，依法给予行政处罚；构成犯罪的，依法追究刑事责任；给劳动者造成损害的，应当承担赔偿责任：（一）以暴力、威胁或者非法限制人身自由的手段强迫劳动的；（二）违章指挥或者强令冒险作业危及劳动者人身安全的；（三）侮辱、体罚、殴打、非法搜查或者拘禁劳动者的；（四）劳动条件恶劣、环境污染严重，给劳动者身心健康造成严重损害的。"根据本条及其有关法律、法规的规定，用人单位可能违反《治安管理处罚法》第40条第2项、第3项的规定而被依法给予相应的行政处罚，即"以暴力、威胁或者其他手段强迫他人劳动的"、"非法限制他人人身自由、非法侵入他人住宅或者非法搜查他人身体的"处10日以上15日以下拘留，并处500元以上1000元以下罚款；情节较轻的，处5日以上10日以下拘留，并处200元以上500元以下罚款。第42条规定："有下列行为之一的，处5日以下拘留或者500元以下罚款；情节较重的，处5日以上10日以下拘留，可以并处500元以下罚款：（一）写恐吓信或者以其他方法威胁他人人身安全的；（二）公然侮辱他人或者捏造事实诽谤他人的；（三）捏造事实诬告陷害他人，企图使他人受到刑事追究或者受到治安管理处罚的；（四）对证人及其近亲属进行威胁、侮辱、殴打或者打击报复的；（五）多次发送淫秽、侮辱、恐吓或者其他信息，干扰他人正常生活的；（六）偷窥、偷拍、窃听、散布他人隐私的。"第43条规定："殴打他人的，或者故意伤害他人身体的，处5日以上10日以下拘留，并处200元以上500元以下罚款；情节较轻的，处5日以下拘留或者500元以下罚款。有下列情形之一的，处10日以上15日以下拘留，并处500元以上1000元以下罚款：（一）结伙殴打、伤害他人的；（二）殴打、伤害残疾人、孕妇、不满14周岁的人或者60周岁以上的人的；（三）多次殴打、伤害他人或者一次殴打、伤害多人的。"

（三）吊销营业执照

吊销营业执照被认为是一种资格罚。资格罚又称能力罚，是指行政主体限制、暂定或剥夺作出违法行为的行政相对人某种行为能力或资格的处罚措施。根据《行政处罚法》第8条第4项、第5项的规定，能力罚主要包括责令停产停业、吊销许可证或者执照两种。吊销营业执照是指剥夺行政相对人的经营资格或者行为能力，行政相对人因此失去合法经营的资格，丧失相应的行为能力。我国以营业执照为企业成立要件之一，即营业执照的取得是企业成立的必不可少的条件，故营业执照与企业的存续密切相关。企业的成立不仅应当依法向登记机关申请设立登记，还要获得相应的营业执照，否则，就不能视为合法成立，不具有作为一个企业从事正常生产经营的行为能力。因此，吊销营业执照也就成为对企业实施监督管理最常用、最严厉和最有效的手段。《劳动合同法》第92条规定，劳务派遣单位违反本法规定的，情节严重的，由工商行政管理部门吊销营业执照。

（四）警告

警告在学理上称为申诫罚，有告诫的意思，就是当公民、法人或者其他组织有违反行政管理秩序的行为时，行政机关可以责令其立即改正违法行为，告诫其应当遵守法律、法规的有关规定，不能违法。对用人单位制定的直接涉及劳动者切身利益的规章制度违反法律、法规规定的，劳动行政部门除了责令用人单位改正违法行为外，还可以给予用人单位警告的行政处罚，使用人单位能够对自己的违法行为有所警醒，避免下次再出现违法行为。因此，《劳动合同法》第80条规定："用人单位直接涉及劳动者切身利益的规章制度违反法律、法规规定的，由劳动行政部门责令改正，给予警告；给劳动者造成损害的，应当承担赔偿责任。"

四、刑事责任的形式

刑事责任是指行为人因违反劳动法律、法规的行为情节严重，已构成犯罪，依照《劳动法》、《劳动合同法》和《刑法》的有关规定而应承担的法律责任。刑事责任具有强制性和严厉性的特征。刑事责任通常与刑罚联系在一起，而刑罚是国家最严厉的制裁方法，它不仅可以剥夺犯罪人的财产权和政治权，还可以限制、剥夺犯罪人的人身自由，甚至生命。我国《劳动合同法》第88条规定："用人单位有下列情形之一，依法给予行政处罚；构成犯罪的，依法追究刑事责任；给劳动者造成损害的，应当承担赔偿责任：（一）以暴力、威胁或者非法限制人身自由的手段强迫劳动的；（二）违章指挥或者强令冒险作业危及劳动者人身安全的；（三）侮辱、体罚、殴打、非法搜查或者拘禁劳动者的；（四）劳动条件恶劣、环境污染严重，给劳动者身心健康造成严重损害的。"根据本条的规定和《刑法》的规定，用人单位可能因违反刑法的下列条款而构成犯罪，被依法追究相应的刑事责任：《刑法》第134条规定："在生产、作业中违反有关安全管理的规定，因而发生重大伤亡事故或者造成其他严重后果的，处3年以下有期徒刑或者拘役；情节特别恶劣的，处3年以上7年以下有期徒刑。强令他人违章冒险作业，因而发生重大伤亡事故或者造成其他严重后果的，处5年以下有期徒刑或者拘役；情节特别恶劣的，处5年以上有期徒刑。"第135条规定："安全生产设施或者安全生产条件不符合国家规定，因而发生重大伤亡事故或者造成其他严重后果的，对直接负责的主管人员和其他直接责任人员，处3年以下有期徒刑或者拘役；情节特别恶劣的，处3年以上7年以下有期徒刑。"第232条规定："故意杀人的，处死刑、无期徒刑或者10年以上有期徒刑；情节较轻的，处3年以上10年以下有期徒刑。"第233条规定："过失致人死亡的，处3年以上7年以下有期徒刑；情节较轻的，处3年以下有期徒刑。本法另有规定的，依照规定。"第234条规定："故意伤害他人身体的，处3年以下有期徒刑、拘役或者管制。犯前款罪，致人重伤的，处3年以上10年以下有期徒刑；致人死亡或者以特别残忍手段致人重伤造成严重残疾的，处10年以上有期徒刑、无期徒刑或者死刑。本法另有规定的，依照规定。"第235条规定："过失伤害他人致人重伤的，处3年以下有期徒刑或者拘役。本法另有规定的，依照规定。"第238条规定："非法拘禁他人或者以其他方法非法剥夺他人人身自由的，处3年以下有期徒刑、拘役、管制或者剥夺政治权利。具有殴打、侮辱情节的，从重处罚。犯前款罪，致人重伤的，处3年以上10年以下有期徒刑；致人死亡的，处10年以上有期徒刑。使用暴力致人伤残、死亡的，依照本法第232条、第234条的规定定罪处罚。"第244条规定："违反劳动管理法规，雇用未满16周岁的未成年人从事超强度体力劳动的，或者从事高空、井下作业的，或者在爆炸性、易燃性、放射性、毒害性等危险环境下从事劳动，情节严重的，对直接责任人员，处3年以下有期徒刑或者拘役，并处罚金；情节特别严重的，处3年以上7年以下有期徒刑，并处罚金。有前款行为，造成事故，又构成其他犯罪的，依照数罪并罚的规定处罚。”第245条规定：“非法搜查他人身体、住宅，或者非法侵入他人住宅的，处3年以下有期徒刑或者拘役。”第246条规定：“以暴力或者其他方法公然侮辱他人或者捏造事实诽谤他人，情节严重的，处3年以下有期徒刑、拘役、管制或者剥夺政治权利。前款罪，告诉的才处理，但是严重危害社会秩序和国家利益的除外。”

第三节　劳动者的法律责任

一、劳动者的法律责任及其特征

劳动者法律责任是指劳动者违反劳动合同法律规定或者劳动合同约定应向用人单位承担的法律责任。其特征主要表现如下：

1. 劳动者承担的法律责任是违约责任

根据《劳动合同法》的规定，劳动者所要承担的法律责任有违约金和损害赔偿责任，且只在特定的情况下承担责任，属于违约责任。

2. 劳动者承担的法律责任是补偿责任

根据我国《劳动合同法》的规定，劳动者所要承担的违约责任包括违约金责任和损害赔偿责任。

违约金责任只有劳动者在违反服务期和竞业限制义务时才承担。劳动者违反服务期约定的，应当按照约定向用人单位支付违约金。违约金的数额不得超过用人单位提供的培训费用。用人单位要求劳动者支付的违约金不得超过服务期尚未履行部分所应分摊的培训费用。劳动者违反竞业限制约定的，应当按照约定向用人单位支付违约金。尽管《劳动合同法》没有对违反竞业限制约定的违约金数额予以限制，但由于劳动关系的从属性和附和性导致的劳动者和用人单位双方地位上的不平等性以及劳动者承担责任能力上的有限性，此种违约金责任也应是补偿性的责任，也就是说，劳动者承担违约金责任的目的是为了补偿用人单位因劳动者违反竞业限制义务给用人单位造成的损失。这可以有效地限制违约金的数额，消除违约金的惩罚色彩，并与劳动者给用人单位造成的损失相联系，使得劳动者对违约责任的承担更为合理。

我国《劳动合同法》规定了劳动者对损害赔偿责任的承担限于四种情况：劳动者违反本法规定解除劳动合同、违反劳动合同中约定的保密义务、竞业限制和因劳动者的过错造成劳动合同无效的。尽管没有对赔偿的数额和应予赔偿的项目作出规定，但依照原劳动部《违反〈劳动法〉有关劳动合同规定的赔偿办法》的规定，劳动者违反规定或劳动合同的约定解除劳动合同，对用人单位造成损失的，劳动者应赔偿用人单位下列损失：（1）用人单位招收录用其所支付的费用；（2）用人单位为其支付的培训费用，双方另有约定的按约定办理；（3）对生产、经营和工作造成的直接经济损失；（4）劳动合同约定的其他赔偿费用。劳动者违反劳动合同中约定的保密事项，对用人单位造成经济损失的，依照

《反不正当竞争法》第 20 条的规定支付用人单位赔偿费用。《反不正当竞争法》第 20 条规定："经营者违反本法规定，给被侵害的经营者造成损害的，应当承担损害赔偿责任，被侵害的经营者的损失难以计算的，赔偿额为侵权人在侵权期间因侵权所获得的利润；并应当承担被侵害的经营者因调查该经营者侵害其合法权益的不正当竞争行为所支付的合理费用。"可见，劳动者承担损害赔偿责任的主要目的是为了弥补劳动者的违约行为给用人单位造成的损失，属于补偿责任。这主要是因为，劳动者违约往往会给用人单位造成较大的经济损失，要求全额赔偿也远远超过了劳动者的经济承受能力，更不要说惩罚性赔偿了；且劳动者以工资收入来维持其生存，为保护基本的生存权利，劳动者所承担的损害赔偿责任应限于合理的补偿。因此，劳动者违约给用人单位造成的损失，应当考虑用人单位的实际损失、劳动者违约情节的轻重以及劳动者的经济承受能力等因素，酌情给用人单位适当的赔偿。

3. 劳动者法律责任的承担实行过错推定责任原则

在《中华人民共和国合同法》中确定的是无过错责任和过错（推定）责任的归责原则。根据《合同法》第 107 条的规定，违约责任采取的是无过错责任原则。而过错责任原则是以过错作为归责的最终构成要件，并且也以过错作为确定行为人责任范围的重要依据。首先，以过错作为归责的构成要件，有过错才有责任，无过错则无责任。即使违法行为和损害后果之间存在着因果关系，如果加害人无过错就不必承担责任，如不可抗力、紧急避险等。其次，依过错来确定行为人应当承担的责任。当加害人和受害人都有过错的情况下，应当依据双方的过错来进行损害的分担；在数人共同违法的情况下，不同加害人之间的责任也必须以其过错为依据。过错推定是指受害人所受之损害与加害人之行为有所关联，而在加害人不能提出反证以证明其清白没有过错的情况下，即推定加害人存在过错，并应承担责任的制度。过错推定原则要求，由被告举出证据证明其是否是存在过错，举证责任实际上转移至被告方面，即举证责任倒置。《合同法》第 189 条规定："因赠与人故意或者重大过失致使赠与的财产毁损、灭失的，赠与人应当承担损害赔偿责任。"还有《合同法》第 303、374 条等规定的情形。根据《合同法》分则的这些规定来看，采取的是过错原则或者过错推定原则。

在追究劳动者的法律责任原则的确定上，应综合考虑多种因素。首先，从劳动者与用人单位的地位来看，劳动者处于弱势地位，而用人单位处于强势地位。其次，从劳动合同的履行过程来看，劳动者隶属于用人单位，行为上要遵守用人单位的规章制度，且在用人单位的管理和指挥下从事劳动。对于劳动过错以外的原因造成的后果就不应承担责任。再次，从劳动过程中风险的承担上来看，用人单位作为生产资料的所有者和劳动力的使用者，既有权支配劳动者的劳动又有权取得劳动所创造的利润，当然也就应当承担劳动过程中发生的各种风险；而劳动者只是劳动力的提供者，由用人单位组织参与劳动过程，所取得的是劳动报酬，一般不能分享劳动所创造的利润。这样，使用劳动力的风险责任和劳动过程中发生的风险责任就应由用人单位来承担。最后，从目前我国劳动力就业形势上来看，我国是世界上人口最多的国家，将在相当长的时期内都存在劳动力供过于求的局面。近年来，我国失业率上升速度加快、城镇劳动力就业与农村劳动力转移问题并存，就业形势日趋严峻。并且在劳动关系中，用人单位与劳动者在地位上是不平等的。在不平等的条件下，采用同样的归责原则会导致实质的不平等。因此，在劳动合同违约责任追究上应对劳动者采取过错推定责任原则，而不能采取无责任原则。一旦劳动者违约，推定劳动者有过错，须承担违约责任。但如果劳动者能证明自己无过错，其责任即可豁免。即劳动者承担违约责任的前提必须是主观上有过错，无过错不承担违约责任。

二、劳动者的违约金责任

对于劳动者违反劳动合同的行为，应当追究其法律责任。按照合同法的理论，当事人承担的违约责任类型包括继续履行、损害赔偿、违约金和采取补救措施等。继续履行作为一种承担违约责任的方式，对合同当事人双方都是平等适用的。从法理上分析，如果违约的劳动者能够继续履行，用人单位就可以要求劳动者继续履行。但在劳动合同中，对于劳动者违约，特别是劳动者不愿在原用人单位劳动行使单方解除权提前终止劳动合同的，用人单位一般不得要求劳动者继续履行。这是因为劳动力与劳动者的人身不可分离，使劳动合同具有很强的人身从属性，如果强制劳动者继续履行劳动给付义务，势必会限制劳动者的人身自由。因此，我国《劳动合同法》规定，用人单位非法强迫劳动者劳动的，劳动者可以立即解除劳动合同。同时，根据1957年的《废除强迫劳动公约》（第105号公约）的精神，任何人和任何组织不得以任何形式强迫他人劳动。在劳动者违约解除劳动合同的情况下，用人单位要求劳动者继续履行合同，也就违反了不得强迫劳动的国际原则。此外，劳动者以一种不舒畅，甚至压抑的心态工作，难以充分发挥其劳动的主动性、积极性和创造性，不利于合同双方当事人利益的最大化。因此，继续履行这一违约责任承担方式，在劳动合同中只能适用于用人单位，而不能适用于劳动者。我国的《劳动法》、《劳动合同法》以及其他有关法律法规也都没有明确规定继续履行为劳动者承担违反劳动合同的法律责任形式，只规定了违约金责任和损害赔偿责任。

违约金是合同法规定的违约救济的重要方式之一。违约金，亦称违约罚款，是指合同当事人双方约定，在一方不履行合同时应向另一方支付一定数额的货币。这种民事责任形式只有在合同当事人有约定或法律有直接规定时才能适用，当事人一方不能自行规定所谓的违约金。一般认为，违约金具有补偿性和赔偿性双重功能，违约金也就分为赔偿性违约金和惩罚性违约金。赔偿性违约金是为了弥补一方违约后给另一方所遭受的损失；而惩罚性违约金是对违约方的违约行为进行惩罚，以确保合同的履行。

我国《合同法》第107条规定："当事人一方不履行合同义务或者履行合同义务不符合约定时，应当承担继续履行、采取补救措施或者赔偿损失等违约责任。"第112条规定："当事人一方不履行合同义务或者履行合同义务不符合约定的，在履行义务或者采取补救措施后，对方还有其他损失的，应当赔偿损失。"第114条规定："当事人可以约定一方违约时应当根据违约情况向对方支付一定数额的违约金，也可以约定因违约产生的损害赔偿额的计算方法。约定的违约金低于造成的损失的，当事人可以请求人民法院或者仲裁机构予以增加；约定的违约金过分高于造成的损失的，当事人可以请求人民法院或者仲裁机构予以适当减少。"这些规定体现了我国民事违约责任的补偿性，主要是弥补合同另一方当事人因对方违约所遭受的损失，这一损失不仅包括实际利益的损失，而且包括可得利益的损失，通过违约方承担损失赔偿责任，使得另一方当事人的利益恢复到订立合同之前的状态。

在劳动合同中，违约金是否作为劳动合同违约责任的承担方式，各国法律的规定不尽相同。有的国家按照合同法的原理认可了违约金条款，而有的国家则在法律上禁止劳动合同约定违约金的数额。例如，《日本劳动标准法》第16条规定："禁止雇主签订预先规定不履行劳动合同时的违约金或损害赔偿金的合同。"《韩国劳工基准法》第24条规定："雇主不得签订对不履行劳动合同的情况进行任何惩罚或者损失补偿合同。"即不得规定劳动者在不履行合同时支付违约金或损害赔偿金。其理由为：受劳动合同双方当事人不平等地位的影响，劳动合同实际上演化成基于压制关系而由优势一方（用人单位）对意思自治垄断的附和合同。如果允许在劳动合同中约定违约金条款，一方面使得用人单位可以利用自己的优势地位，通过确定高额的违约金条款，限制人才的流动，这侵犯了劳动者的平等就业权和自由择业权；另一方面劳动者基于自己的劣势地位，迫于生存压力，往往不得不签定不利于自己的合同，这违反了合同最本质的合意原则。

我国《劳动合同法》第25条规定："除本法第22条和第23条规定的情形外，用人单位不得与劳动者约定由劳动者承担违约金。"可见，《劳动合同法》对违约金的适用范围作出了严格的限制，仅限于下列情形：

1. 劳动者违反服务期约定的

《劳动合同法》第22条第2款规定："劳动者违反服务期约定的，应当按照约定向用人单位支付违约金。违约金的数额不得超过用人单位提供的培训费用。用人单位要求劳动者支付的违约金不得超过服务期尚未履行部分所应分摊的培训费用。"

我国《劳动合同法》之所以允许就服务期约定违约金，主要是因为用人单位事先有额外付出和受培训的劳动者获得了额外的利益。约定服务期所应具备的前提条件是，用人单位为劳动者提供了专项培训费用，对其进行了专业技术培训。用人单位为劳动者提供专业技术培训而支付的培训费用属于用人单位事先的付出、投资。从用人单位的角度来讲，出资对劳动者进行培训实际上是用人单位的人力资本投资，因而，用人单位对这种人力资本投资应当享有收益权，其中主要是较长期限的劳动力使用权。但是，这种人力资本投资所关联的劳动力所有权仍然归于劳动者；并且，即使在用人单位出资培训的情况下，劳动者特殊技能的提高不仅得益于用人单位的人力资本投资，而且还在于劳动者本人的勤奋努力，因而，劳动者对由此而提高的劳动技能也应当享有受益权。即劳动者通过这种培训获得了技术、技能上的提高，也就获得了额外的利益。基于用人单位对这种人力资本投资应当享有受益权和劳动者所获得的额外利益，当然也就应当履行一定的义务，保证用人单位投资受益权的实现。另外，从合同的角度来讲，服务期协议应当属于双务有偿合同，用人单位义务履行在先，劳动者义务履行在后。当用人单位全面地履行了义务后，劳动者违反服务期约定，没有依照合同履行相应的义务时，就应当承担违约责任。

但由于劳动关系具有特殊性，不适宜强制履行。因此，劳动者违反服务期约定而提前解除劳动合同，只能承担财产责任，而不能强制劳动者继续为用人单位服务；并且，在劳动关系中，劳动者处于弱势地位，其经济能力有限。因此，用人单位因出资培训而与劳动者签订服务期条款以及对劳动者在服务期内辞职约定的违约金，就不应当是为了惩罚劳动者或担保合同的履行，而应当是补偿因劳动者辞职给用人单位造成的损失。因此，我国

《劳动合同法》第22条规定，用人单位与劳动者在服务期协议中约定的违约金的数额不得超过用人单位提供的培训费用。劳动者违约时，所支付的违约金不得超过服务期尚未履行部分所应分摊的培训费用。劳动者违反服务期约定的违约金应属于赔偿性违约金，并且实际赔偿的范围仅限于培训费用。《劳动合同法实施条例》第16条规定："劳动合同法第22条第2款规定的培训费用，包括用人单位为了对劳动者进行专业技术培训而支付的有凭证的培训费用、培训期间的差旅费用以及因培训产生的用于该劳动者的其他直接费用。"因此，用人单位的出资培训费用一般包括因培训而发生的各种学杂费、培训费、参观考察费、观摩费、往返交通费、置装费和在外期间生活补贴等费用。

但如果违约金的数额不足以补偿用人单位的损失，用人单位就缺乏对劳动者进行培训的动力，不利于劳动者素质的提高。因为劳动者违反服务期约定所承担责任的大小决定了劳动者会不会随意地解除劳动合同。劳动者提前解除服务期合同，不仅使用人单位的可预期利益落空，而且劳动者即使依法赔偿了用人单位的培训费，仍然能获得额外的利益。并且，经过用人单位专项培训的劳动者同用人单位相比，处于弱势；但同普通劳动者相比，其在市场上比较稀缺，同用人单位讨价还价的能力较强，而这种较强的讨价还价能力来自于用人单位的专项培训。因此，对于劳动者解除服务期合同，应当承担较重的违约金责任，以使劳动者不敢随意解除劳动合同。违约金的具体数额应当综合考虑劳动者的工资收入、用人单位的先行付出和违约行为对用人单位造成的损失以及服务期期限的长短等，遵循公平合理的原则来确定。当劳动者提前解除服务期合同，除了赔偿培训费外，还应赔偿其他的实际损失，但不包括预期可得利益的损失。这一方面可以维护用人单位的正当权益，比较充分地补偿了因劳动者违约给用人单位造成的损失；另一方面，由于劳动者违约的责任较重，也就不敢随意或者恶意违约。例如，在脱产学习期间，用人单位仍向劳动者支付工资的，由于劳动者没有向用人单位提供劳动，也就无权领取劳动报酬。那么，在脱产学习期间用人单位支付给劳动者的工资，也就应当作为培训费用，计入违约金的数额。还有对于招聘替代人员的费用也属于用人单位的实际损失，应由违约的劳动者予以赔偿。

此外，对于因劳动者的不当行为致使用人单位行使合同解除权而解除服务期合同的和因为用人单位违法致使劳动者解除服务期合同的情形，《劳动合同法》没有作出规定。但《劳动合同法实施条例》第26条规定："用人单位与劳动者约定了服务期，劳动者依照劳动合同法第38条的规定解除劳动合同的，不属于违反服务期的约定，用人单位不得要求劳动者支付违约金。有下列情形之一，用人单位与劳动者解除约定了服务期的劳动合同的，劳动者应当按照约定向用人单位支付违约金：（一）劳动者严重违反用人单位的规章制度的；（二）劳动者严重失职，营私舞弊，给用人单位造成重大损害的；（三）劳动者同时与其他用人单位建立劳动关系，对完成本单位的工作任务造成严重影响，或者经用人单位提出，拒不改正的；（四）劳动者以欺诈、胁迫的手段或者乘人之危，使用人单位在违背真实意思的情况下订立或者变更劳动合同；（五）劳动者被依法追究刑事责任的。"

2. 劳动者违反竞业限制约定的

竞业限制协议是用人单位保护商业秘密和竞争利益的一种手段，是用人单位与掌握商业秘密的劳动者通过劳动合同中的专门条款或者单独订立合同的形式，约定劳动者在离职后的一定期限和一定的地域范围内，不得从事同原用人单位有竞争关系的业务。包括不得在生产同类产品或经营同类业务且有竞争关系或其他利害关系的其他业务单位任职，不得自行建立与本单位业务范围相同的企业，不得自己生产、经营与本单位有竞争关系的同类产品或业务。可见，竞业限制协议的核心是限制劳动者在劳动关系解除和终止后利用所知悉的商业秘密与原用人单位进行产品和业务的竞争，可以有效保护用人单位的商业秘密，有利于维护市场的公平竞争秩序和鼓励用人单位创新的积极性，有助于形成诚实守信的社会风气。因此，我国《劳动合同法》第 23 条规定："用人单位与劳动者可以在劳动合同中约定保守用人单位的商业秘密和与知识产权相关的保密事项。对负有保密义务的劳动者，用人单位可以在劳动合同或者保密协议中与劳动者约定竞业限制条款，并约定在解除或者终止劳动合同后，在竞业限制期限内按月给予劳动者经济补偿。劳动者违反竞业限制约定的，应当按照约定向用人单位支付违约金。"

劳动者违反竞业限制约定的，应当向用人单位支付违约金。但违约金的确定标准和原则，我国法律没有相关规定。由于违约金是在竞业限制协议中约定的，其数额可能相差甚远。用人单位与劳动者的主体地位是不平等的，劳动者往往处于弱势地位，会因为种种原因认同数额不合理的违约金。因此，法律有必要对违约金的数额予以限制。违约金应结合竞业限制的期限、地域范围和用人单位支付的经济补偿金的数额来判断其是否合理。同时，由于劳动者承担责任的能力有限，法律应当对违约金进行一定的限制，防止劳动者承担不合理的违约金责任。

三、劳动者的损害赔偿责任

劳动者的损害赔偿责任是劳动者违反了合同的约定，给用人单位造成损失时，应承担的法律责任。劳动者对其违约给用人单位造成的损害，不能要求劳动者赔偿全部实际损失，而是应当考虑用人单位的实际损失、劳动者违约情节的轻重、经济承受能力等因素，酌情要求给用人单位适当的赔偿。在责令有过错的劳动者赔偿经济损失的同时，还要注重对其进行思想教育，使其真正认识到自己行为的有害性。这不仅有利于提高劳动者守法的自觉性，而且能增强劳动者赔偿经济损失的主动性。

我国《劳动合同法》对劳动者承担赔偿责任的情形作出了规定。其中，第 90 条规定："劳动者违反本法规定解除劳动合同，或者违反劳动合同中约定的保密义务或者竞业限制，给用人单位造成损失的，应当承担赔偿责任。"第 86 条规定："劳动合同依照本法第 26 条规定被确认无效，给对方造成损害的，有过错的一方应当承担赔偿责任。"具体可划分为：

1. 劳动者违反《劳动合同法》的规定解除劳动合同，给用人单位造成损失的，应当承担赔偿责任

用人单位基于劳动合同来确定本单位的劳动者数量、工作安排、计划进度等，劳动者违反劳动合同法律规定随意解除劳动合同，会影响正常的生产经营，可能给用人单位造成一定的经济损失。因此，应当对劳动者提出解除劳动合同的时间方式给予一定的限制，使用人单位有足够的时间，招聘到新的劳动者，减少用人单位的损失。当劳动者依照《劳动合同法》的规定解除劳动合同时，基于法律特别保护处于弱者地位的劳动者的合法权益，用人单位不能要求劳动者承担任何法律责任，包括损害赔偿责任；但当劳动者违反

《劳动合同法》规定解除劳动合同，给用人单位造成损失，应当对用人单位承担赔偿责任。

2. 劳动者违反劳动合同约定的保密义务，对用人单位造成损失的，应依法承担赔偿责任

在劳动关系中，劳动者负有保密义务。该义务既是劳动者依据劳动合同承担的附随义务，也是法律规定劳动者应当承担的义务。因此，当劳动者违反劳动合同约定的保密义务，对用人单位造成损失的，应依法承担赔偿责任。

3. 劳动者违反竞业限制，给用人单位造成损失的，应当承担赔偿责任

我国《劳动合同法》规定，劳动者违反竞业限制约定的，应当按照约定向用人单位支付违约金；劳动者违反劳动合同中约定的保密义务或者竞业限制，给用人单位造成损失的，应当承担赔偿责任。可见，劳动者承担的是违约金责任和损害赔偿责任。《反不正当竞争法》第20条规定："经营者违反本法规定，给被侵害的经营者造成损害的，应当承担损害赔偿责任，被侵害的经营者的损失难以计算的，赔偿额为侵权期间因侵权所获得的利润；并应当承担被侵害的经营者因调查该经营者侵害其合法权益的不正当竞争行为所支付的合理费用。"

这里，《劳动合同法》同时规定了违约金责任和损害赔偿责任。这两种责任到底该怎么承担？由于我国《劳动法》和《劳动合同法》未对劳动合同中的违约金的性质作出规定，在目前的劳动争议仲裁和司法审判中，对劳动者同时追究赔偿责任和违约金责任的案例比比皆是。众所周知，劳动者是以劳动报酬来维持自己及家人生存的，这决定了劳动者承担经济责任的经济能力具有很大的限制性。如果对违反合同约定的劳动者，在要求其承担赔偿责任的同时，还要求其承担违约金责任，就使得劳动合同的违约金具有了惩罚性质，这不仅扩大了经济能力有限的劳动者的财产责任，同时也阻碍了劳动法追求的通过劳动力的合理流动，使劳动力与生产资料优化配置目标的实现。况且，依照《合同法》第114条的规定①，民事合同的违约责任一般是补偿性的责任。因此，在损害赔偿责任和违约金责任之中，用人单位只能选择一种要求劳动者承担，而不能要求劳动者既承担违约金责任又要求劳动者承担损害赔偿责任，即劳动者的违约责任应当是补偿性的。

4. 劳动合同被确认无效，给对方造成损害的，有过错的一方应当承担赔偿责任

无效劳动合同是由劳动者和用人单位一方或者双方的过错造成的。因此，对于无效的劳动合同，在确认其无效的同时，如给另一方造成损害的，有过错的一方应当承担赔偿责任。对于因劳动者的过错而导致劳动合同无效，且给用人单位造成损失的，劳动者应当按照《民法通则》的规定，承担赔偿责任，赔偿因其过错而对用人单位的生产、经营和工作造成的直接经济损失。

---

① 《中华人民共和国合同法》第114条规定："当事人可以约定一方违约时应当根据违约情况向对方支付一定数额的违约金，也可以约定因违约产生的损害赔偿额的计算方法。约定的违约金低于造成的损失的，当事人可以请求人民法院或者仲裁机构予以增加；约定的违约金过分高于造成的损失的，当事人可以请求人民法院或者仲裁机构予以适当减少。"

第四节 其他责任主体的法律责任

一、违法招用未解除劳动关系劳动者的用人单位的法律责任

现实生活中，企业间恶性竞争的现象层出不穷，恶意挖人成为一些企业提升竞争力的一种捷径。这不仅会造成企业人力资本的流失，影响企业在市场上的竞争力，而且会造成恶劣的社会影响。现行的有关劳动的法律法规没有对劳动者的兼职作出规定，一个劳动者就可能存在多重劳动关系，劳动者的此种行为就可能会侵犯原用人单位的合法权益，给其造成巨大的经济损失，但劳动者本人由于经济能力有限，往往没有赔偿能力。而雇佣这种与其他用人单位尚未解除劳动合同的劳动者的用人单位是劳动者违法行为实际利益的获得者，应当对此承担赔偿责任。因此，《劳动合同法》第 91 条规定："用人单位招用与其他用人单位尚未解除或者终止劳动合同的劳动者，给其他用人单位造成损失的，应当承担连带赔偿责任。"

二、不具备合法经营资格的用人单位的法律责任

无营业执照经营的单位不属于《劳动合同法》规定的用人单位，其与劳动者订立的劳动合同因主体违反法律规定应属于无效劳动合同。但由于劳动者已经付出劳动的，就应获得相应的劳动报酬。当无营业执照经营单位被工商行政管理部门依法处理，特别是无营业执照经营单位被依法取缔后，劳动者的劳动报酬就会无人支付。因此，《劳动合同法》第 93 条明确规定："对不具备合法经营资格的用人单位的违法犯罪行为，依法追究法律责任；劳动者已经付出劳动的，该单位或者其出资人应当依照本法有关规定向劳动者支付劳动报酬、经济补偿、赔偿金；给劳动者造成损害的，应当承担赔偿责任。"

三、个人承包经营者的法律责任

个人承包经营是指企业与个人承包经营者通过订立承包经营合同，将企业的全部或者部分经营管理权在一定期限内交给个人承包者，由个人承包者对企业进行经营管理。劳动者是由个人承包经营者招用的，当个人承包经营者违反法律规定对劳动者造成损害的，就应对劳动者承担赔偿责任。但在实践中，个人承包经营者侵害劳动者权益给劳动者造成损失的，却没有足够的能力对此进行赔偿，或者其逃避承担赔偿责任，劳动者得不到赔偿。为有效保护劳动者的合法权益，《劳动合同法》第 94 条规定："个人承包经营违反本法规定招用劳动者，给劳动者造成损害的，发包的组织与个人承包经营者承担连带赔偿责任。"

四、劳动行政部门和其他有关主管部门及其工作人员的法律责任

劳动行政部门负责劳动合同实施的监督管理工作，保障劳动合同制度的贯彻实施。长期以来，劳动行政部门监管不到位，尤其是在一些偏远地区，如小作坊、小煤矿等，劳动用工基本上处于失察和失控状态，使得一些用人单位得以非法用工，劳动者的人身权利和

其他权利受到严重的侵害。《劳动合同法》专门规定了劳动行政部门的监督检查义务，第95条明确规定了行政机关及其工作人员玩忽职守、不履行法定职责或者违法行使职权所应当承担的法律责任。《劳动合同法》第95条规定：“劳动行政部门和其他有关主管部门及其工作人员玩忽职守、不履行法定职责，或者违法行使职权，给劳动者或者用人单位造成损害的，应当承担赔偿责任；对直接负责的主管人员和其他直接责任人员，依法给予行政处分；构成犯罪的，依法追究刑事责任。”

1. 行政赔偿

劳动行政部门和其他有关主管部门及其工作人员的上述行违法行为，侵犯用人单位或者劳动者合法权益造成损害的应承担赔偿责任。这里的赔偿责任是由国家承担的一种赔偿责任，应依据《国家赔偿法》的规定予以赔偿。对相对人合法权益造成的损害仅指物质损害与直接损害，而不包括精神损害与间接损害。

2. 行政处分

劳动行政部门和其他有关主管部门及其工作人员的上述行违法行为尚未构成犯罪的，除侵犯用人单位或者劳动者合法权益造成损害的应承担赔偿责任外，对直接负责的主管人员及其他直接责任人员应依法给予行政处分。依照《行政机关公务员处分条例》的规定，行政机关工作人员的处分种类有：警告；记过；记大过；降级；撤职；开除。

3. 刑事责任

劳动行政部门和其他有关主管部门及其工作人员的上述行违法行为严重违法，触犯刑法的，应追究其刑事责任。《刑法》第397条是对国家机关工作人员滥用职权罪、玩忽职守罪及其处罚的规定。根据该条的规定，劳动行政部门和其他有关主管部门及其工作人员不履行法定职责或者违法行使职权，“致使公共财产、国家和人民利益遭受重大损失的，处3年以下有期徒刑或者拘役；情节特别严重的，处3年以上7年以下有期徒刑。本法另有规定的，依照规定。国家机关工作人员徇私舞弊，犯前款罪的，处5年以下有期徒刑或者拘役；情节特别严重的，处5年以上10年以下有期徒刑。本法另有规定的，依照规定”。

【思考题】

1. 简述我国劳动合同法责任制度设置的特点。
2. 简述用人单位承担继续履行责任的条件。

附录

中华人民共和国劳动法

（1994年7月5日第八届全国人民代表大会常务委员会第八次会议通过
1994年7月5日中华人民共和国主席令第28号公布）

目　　录

第一章　总　　则

第一条　为了保护劳动者的合法权益，调整劳动关系，建立和维护适应社会主义市场经济的劳动制度，促进经济发展和社会进步，根据宪法，制定本法。

第二条　在中华人民共和国境内的企业、个体经济组织（以下统称用人单位）和与之形成劳动关系的劳动者，适用本法。

国家机关、事业组织、社会团体和与之建立劳动合同关系的劳动者，依照本法执行。

第三条　劳动者享有平等就业和选择职业的权利、取得劳动报酬的权利、休息休假的权利、获得劳动安全卫生保护的权利、接受职业技能培训的权利、享受社会保险和福利的权利、提请劳动争议处理的权利以及法律规定的其他劳动权利。

劳动者应当完成劳动任务，提高职业技能，执行劳动安全卫生规程，遵守劳动纪律和职业道德。

第四条 用人单位应当依法建立和完善规章制度，保障劳动者享有劳动权利和履行劳动义务。

第五条 国家采取各种措施，促进劳动就业，发展职业教育，制定劳动标准，调节社会收入，完善社会保险，协调劳动关系，逐步提高劳动者的生活水平。

第六条 国家提倡劳动者参加社会义务劳动，开展劳动竞赛和合理化建议活动，鼓励和保护劳动者进行科学研究、技术革新和发明创造，表彰和奖励劳动模范和先进工作者。

第七条 劳动者有权依法参加和组织工会。

工会代表和维护劳动者的合法权益，依法独立自主地开展活动。

第八条 劳动者依照法律规定，通过职工大会、职工代表大会或者其他形式，参与民主管理或者就保护劳动者合法权益与用人单位进行平等协商。

第九条 国务院劳动行政部门主管全国劳动工作。

县级以上地方人民政府劳动行政部门主管本行政区域内的劳动工作。

第二章　促 进 就 业

第十条 国家通过促进经济和社会发展，创造就业条件，扩大就业机会。

国家鼓励企业、事业组织、社会团体在法律、行政法规规定的范围内兴办产业或者拓展经营，增加就业。

国家支持劳动者自愿组织起来就业和从事个体经营实现就业。

第十一条 地方各级人民政府应当采取措施，发展多种类型的职业介绍机构，提供就业服务。

第十二条 劳动者就业，不因民族、种族、性别、宗教信仰不同而受歧视。

第十三条 妇女享有与男子平等的就业权利。在录用职工时，除国家规定的不适合妇女的工种或者岗位外，不得以性别为由拒绝录用妇女或者提高对妇女的录用标准。

第十四条 残疾人、少数民族人员、退出现役的军人的就业，法律、法规有特别规定的，从其规定。

第十五条 禁止用人单位招用未满十六周岁的未成年人。

文艺、体育和特种工艺单位招用未满十六周岁的未成年人，必须依照国家有关规定，履行审批手续，并保障其接受义务教育的权利。

第三章　劳动合同和集体合同

第十六条 劳动合同是劳动者与用人单位确立劳动关系、明确双方权利和义务的协议。

建立劳动关系应当订立劳动合同。

第十七条 订立和变更劳动合同，应当遵循平等自愿、协商一致的原则，不得违反法律、行政法规的规定。

劳动合同依法订立即具有法律约束力，当事人必须履行劳动合同规定的义务。

第十八条 下列劳动合同无效：

（一）违反法律、行政法规的劳动合同；

（二）采取欺诈、威胁等手段订立的劳动合同。

无效的劳动合同，从订立的时候起，就没有法律约束力。确认劳动合同部分无效的，如果不影响其余部分的效力，其余部分仍然有效。

劳动合同的无效，由劳动争议仲裁委员会或者人民法院确认。

第十九条 劳动合同应当以书面形式订立，并具备以下条款：

（一）劳动合同期限；

（二）工作内容；

（三）劳动保护和劳动条件；

（四）劳动报酬；

（五）劳动纪律；

（六）劳动合同终止的条件；

（七）违反劳动合同的责任。

劳动合同除前款规定的必备条款外，当事人可以协商约定其他内容。

第二十条 劳动合同的期限分为有固定期限、无固定期限和以完成一定的工作为期限。

劳动者在同一用人单位连续工作满十年以上，当事人双方同意续延劳动合同的，如果劳动者提出订立无固定期限的劳动合同，应当订立无固定期限的劳动合同。

第二十一条 劳动合同可以约定试用期。试用期最长不得超过六个月。

第二十二条 劳动合同当事人可以在劳动合同中约定保守用人单位商业秘密的有关事项。

第二十三条 劳动合同期满或者当事人约定的劳动合同终止条件出现，劳动合同即行终止。

第二十四条 经劳动合同当事人协商一致，劳动合同可以解除。

第二十五条 劳动者有下列情形之一的，用人单位可以解除劳动合同：

（一）在试用期间被证明不符合录用条件的；

（二）严重违反劳动纪律或者用人单位规章制度的；

（三）严重失职，营私舞弊，对用人单位利益造成重大损害的；

（四）被依法追究刑事责任的。

第二十六条 有下列情形之一的，用人单位可以解除劳动合同，但是应当提前三十日以书面形式通知劳动者本人：

（一）劳动者患病或者非因工负伤，医疗期满后，不能从事原工作也不能从事由用人单位另行安排的工作的；

（二）劳动者不能胜任工作，经过培训或者调整工作岗位，仍不能胜任工作的；

（三）劳动合同订立时所依据的客观情况发生重大变化，致使原劳动合同无法履行，经当事人协商不能就变更劳动合同达成协议的。

第二十七条 用人单位濒临破产进行法定整顿期间或者生产经营状况发生严重困难，确需裁减人员的，应当提前三十日向工会或者全体职工说明情况，听取工会或者职工的意见，经向劳动行政部门报告后，可以裁减人员。

用人单位依据本条规定裁减人员，在六个月内录用人员的，应当优先录用被裁减的人员。

第二十八条 用人单位依据本法第二十四条、第二十六条、第二十七条的规定解除劳动合同的，应当依照国家有关规定给予经济补偿。

第二十九条 劳动者有下列情形之一的，用人单位不得依据本法第二十六条、第二十七条的规定解除劳动合同：

（一）患职业病或者因工负伤并被确认丧失或者部分丧失劳动能力的；

（二）患病或者负伤，在规定的医疗期内的；

（三）女职工在孕期、产期、哺乳期内的；

（四）法律、行政法规规定的其他情形。

第三十条 用人单位解除劳动合同，工会认为不适当的，有权提出意见。如果用人单位违反法律、法规或者劳动合同，工会有权要求重新处理；劳动者申请仲裁或者提起诉讼的，工会应当依法给予支持和帮助。

第三十一条 劳动者解除劳动合同，应当提前三十日以书面形式通知用人单位。

第三十二条 有下列情形之一的，劳动者可以随时通知用人单位解除劳动合同：

（一）在试用期内的；

（二）用人单位以暴力、威胁或者非法限制人身自由的手段强迫劳动的；

（三）用人单位未按照劳动合同约定支付劳动报酬或者提供劳动条件的。

第三十三条 企业职工一方与企业可以就劳动报酬、工作时间、休息休假、劳动安全卫生、保险福利等事项，签订集体合同。集体合同草案应当提交职工代表大会或者全体职工讨论通过。

集体合同由工会代表职工与企业签订；没有建立工会的企业，由职工推举的代表与企业签订。

第三十四条 集体合同签订后应当报送劳动行政部门；劳动行政部门自收到集体合同文本之日起十五日内未提出异议的，集体合同即行生效。

第三十五条 依法签订的集体合同对企业和企业全体职工具有约束力。职工个人与企业订立的劳动合同中劳动条件和劳动报酬等标准不得低于集体合同的规定。

第四章　工作时间和休息休假

第三十六条 国家实行劳动者每日工作时间不超过八小时、平均每周工作时间不超过四十四小时的工时制度。

第三十七条 对实行计件工作的劳动者，用人单位应当根据本法第三十六条规定的工时制度合理确定其劳动定额和计件报酬标准。

第三十八条 用人单位应当保证劳动者每周至少休息一日。

第三十九条 企业因生产特点不能实行本法第三十六条、第三十八条规定的，经劳动行政部门批准，可以实行其他工作和休息办法。

第四十条 用人单位在下列节日期间应当依法安排劳动者休假：

（一）元旦；

（二）春节；

（三）国际劳动节；

（四）国庆节；

（五）法律、法规规定的其他休假节日。

第四十一条 用人单位由于生产经营需要，经与工会和劳动者协商后可以延长工作时间，一般每日不得超过一小时；因特殊原因需要延长工作时间的，在保障劳动者身体健康的条件下延长工作时间每日不得超过三小时，但是每月不得超过三十六小时。

第四十二条 有下列情形之一的，延长工作时间不受本法第四十一条规定的限制：

（一）发生自然灾害、事故或者因其他原因，威胁劳动者生命健康和财产安全，需要紧急处理的；

（二）生产设备、交通运输线路、公共设施发生故障，影响生产和公众利益，必须及时抢修的；

（三）法律、行政法规规定的其他情形。

第四十三条 用人单位不得违反本法规定延长劳动者的工作时间。

第四十四条 有下列情形之一的，用人单位应当按照下列标准支付高于劳动者正常工作时间工资的工资报酬：

（一）安排劳动者延长工作时间的，支付不低于工资的百分之一百五十的工资报酬；

（二）休息日安排劳动者工作又不能安排补休的，支付不低于工资的百分之二百的工资报酬；

（三）法定休假日安排劳动者工作的，支付不低于工资的百分之三百的工资报酬。

第四十五条 国家实行带薪年休假制度。

劳动者连续工作一年以上的，享受带薪年休假。具体办法由国务院规定。

第五章 工　资

第四十六条 工资分配应当遵循按劳分配原则，实行同工同酬。

工资水平在经济发展的基础上逐步提高。国家对工资总量实行宏观调控。

第四十七条 用人单位根据本单位的生产经营特点和经济效益，依法自主确定本单位的工资分配方式和工资水平。

第四十八条 国家实行最低工资保障制度。最低工资的具体标准由省、自治区、直辖市人民政府规定，报国务院备案。

用人单位支付劳动者的工资不得低于当地最低工资标准。

第四十九条 确定和调整最低工资标准应当综合参考下列因素：

（一）劳动者本人及平均赡养人口的最低生活费用；

（二）社会平均工资水平；

（三）劳动生产率；

（四）就业状况；

（五）地区之间经济发展水平的差异。

第五十条 工资应当以货币形式按月支付给劳动者本人。不得克扣或者无故拖欠劳动者的工资。

第五十一条 劳动者在法定休假日和婚丧假期间以及依法参加社会活动期间，用人单位应当依法支付工资。

第六章 劳动安全卫生

第五十二条 用人单位必须建立、健全劳动安全卫生制度，严格执行国家劳动安全卫生规程和标准，对劳动者进行劳动安全卫生教育，防止劳动过程中的事故，减少职业危害。

第五十三条 劳动安全卫生设施必须符合国家规定的标准。

新建、改建、扩建工程的劳动安全卫生设施必须与主体工程同时设计、同时施工、同时投入生产和使用。

第五十四条 用人单位必须为劳动者提供符合国家规定的劳动安全卫生条件和必要的劳动防护用品，对从事有职业危害作业的劳动者应当定期进行健康检查。

第五十五条 从事特种作业的劳动者必须经过专门培训并取得特种作业资格。

第五十六条 劳动者在劳动过程中必须严格遵守安全操作规程。

劳动者对用人单位管理人员违章指挥、强令冒险作业，有权拒绝执行；对危害生命安全和身体健康的行为，有权提出批评、检举和控告。

第五十七条 国家建立伤亡事故和职业病统计报告和处理制度。县级以上各级人民政府劳动行政部门、有关部门和用人单位应当依法对劳动者在劳动过程中发生的伤亡事故和劳动者的职业病状况，进行统计、报告和处理。

第七章 女职工和未成年工特殊保护

第五十八条 国家对女职工和未成年工实行特殊劳动保护。

未成年工是指年满十六周岁未满十八周岁的劳动者。

第五十九条 禁止安排女职工从事矿山井下、国家规定的第四级体力劳动强度的劳动和其他禁忌从事的劳动。

第六十条 不得安排女职工在经期从事高处、低温、冷水作业和国家规定的第三级体力劳动强度的劳动。

第六十一条 不得安排女职工在怀孕期间从事国家规定的第三级体力劳动强度的劳动和孕期禁忌从事的劳动。对怀孕七个月以上的女职工，不得安排其延长工作时间和夜班劳动。

第六十二条 女职工生育享受不少于九十天的产假。

第六十三条 不得安排女职工在哺乳未满一周岁的婴儿期间从事国家规定的第三级体力劳动强度的劳动和哺乳期禁忌从事的其他劳动，不得安排其延长工作时间和夜班劳动。

第六十四条 不得安排未成年工从事矿山井下、有毒有害、国家规定的第四级体力劳动强度的劳动和其他禁忌从事的劳动。

第六十五条 用人单位应当对未成年工定期进行健康检查。

第八章 职业培训

第六十六条 国家通过各种途径，采取各种措施，发展职业培训事业，开发劳动者的职业技能，提高劳动者素质，增强劳动者的就业能力和工作能力。

第六十七条 各级人民政府应当把发展职业培训纳入社会经济发展的规划，鼓励和支持有条件的企业、事业组织、社会团体和个人进行各种形式的职业培训。

第六十八条 用人单位应当建立职业培训制度，按照国家规定提取和使用职业培训经费，根据本单位实际，有计划地对劳动者进行职业培训。

从事技术工种的劳动者，上岗前必须经过培训。

第六十九条 国家确定职业分类，对规定的职业制定职业技能标准，实行职业资格证书制度，由经过政府批准的考核鉴定机构负责对劳动者实施职业技能考核鉴定。

第九章 社会保险和福利

第七十条 国家发展社会保险事业，建立社会保险制度，设立社会保险基金，使劳动者在年老、患病、工伤、失业、生育等情况下获得帮助和补偿。

第七十一条 社会保险水平应当与社会经济发展水平和社会承受能力相适应。

第七十二条 社会保险基金按照保险类型确定资金来源，逐步实行社会统筹。用人单位和劳动者必须依法参加社会保险，缴纳社会保险费。

第七十三条 劳动者在下列情形下，依法享受社会保险待遇：

（一）退休；

（二）患病、负伤；

（三）因工伤残或者患职业病；

（四）失业；

（五）生育。

劳动者死亡后，其遗属依法享受遗属津贴。

劳动者享受社会保险待遇的条件和标准由法律、法规规定。

劳动者享受的社会保险金必须按时足额支付。

第七十四条 社会保险基金经办机构依照法律规定收支、管理和运营社会保险基金，并负有使社会保险基金保值增值的责任。

社会保险基金监督机构依照法律规定，对社会保险基金的收支、管理和运营实施监督。

社会保险基金经办机构和社会保险基金监督机构的设立和职能由法律规定。

任何组织和个人不得挪用社会保险基金。

第七十五条 国家鼓励用人单位根据本单位实际情况为劳动者建立补充保险。

国家提倡劳动者个人进行储蓄性保险。

第七十六条 国家发展社会福利事业，兴建公共福利设施，为劳动者休息、休养和疗养提供条件。

用人单位应当创造条件，改善集体福利，提高劳动者的福利待遇。

第十章 劳动争议

第七十七条 用人单位与劳动者发生劳动争议，当事人可以依法申请调解、仲裁、提起诉讼，也可以协商解决。

调解原则适用于仲裁和诉讼程序。

第七十八条 解决劳动争议，应当根据合法、公正、及时处理的原则，依法维护劳动争议当事人的合法权益。

第七十九条 劳动争议发生后，当事人可以向本单位劳动争议调解委员会申请调解；调解不成，当事人一方要求仲裁的，可以向劳动争议仲裁委员会申请仲裁。当事人一方也可以直接向劳动争议仲裁委员会申请仲裁。对仲裁裁决不服的，可以向人民法院提起诉讼。

第八十条 在用人单位内，可以设立劳动争议调解委员会。劳动争议调解委员会由职工代表、用人单位代表和工会代表组成。劳动争议调解委员会主任由工会代表担任。

劳动争议经调解达成协议的，当事人应当履行。

第八十一条 劳动争议仲裁委员会由劳动行政部门代表、同级工会代表、用人单位方面的代表组成。劳动争议仲裁委员会主任由劳动行政部门代表担任。

第八十二条 提出仲裁要求的一方应当自劳动争议发生之日起六十日内向劳动争议仲裁委员会提出书面申请。仲裁裁决一般应在收到仲裁申请的六十日内作出。对仲裁裁决无异议的，当事人必须履行。

第八十三条 劳动争议当事人对仲裁裁决不服的，可以自收到仲裁裁决书之日起十五日内向人民法院提起诉讼。一方当事人在法定期限内不起诉又不履行仲裁裁决的，另一方当事人可以申请人民法院强制执行。

第八十四条 因签订集体合同发生争议，当事人协商解决不成的，当地人民政府劳动行政部门可以组织有关各方协调处理。

因履行集体合同发生争议，当事人协商解决不成的，可以向劳动争议仲裁委员会申请仲裁；对仲裁裁决不服的，可以自收到仲裁裁决书之日起十五日内向人民法院提起诉讼。

第十一章 监督检查

第八十五条 县级以上各级人民政府劳动行政部门依法对用人单位遵守劳动法律、法规的情况进行监督检查，对违反劳动法律、法规的行为有权制止，并责令改正。

第八十六条 县级以上各级人民政府劳动行政部门监督检查人员执行公务，有权进入用人单位了解执行劳动法律、法规的情况，查阅必要的资料，并对劳动场所进行检查。

县级以上各级人民政府劳动行政部门监督检查人员执行公务，必须出示证件，秉公执法并遵守有关规定。

第八十七条 县级以上各级人民政府有关部门，在各自职责范围内，对用人单位遵守劳动法律、法规的情况进行监督。

第八十八条 各级工会依法维护劳动者的合法权益，对用人单位遵守劳动法律、法规的情况进行监督。

任何组织和个人对于违反劳动法律、法规的行为有权检举和控告。

第十二章　法律责任

第八十九条　用人单位制定的劳动规章制度违反法律、法规规定的，由劳动行政部门给予警告，责令改正；对劳动者造成损害的，应当承担赔偿责任。

第九十条　用人单位违反本法规定，延长劳动者工作时间的，由劳动行政部门给予警告，责令改正，并可以处以罚款。

第九十一条　用人单位有下列侵害劳动者合法权益情形之一的，由劳动行政部门责令支付劳动者的工资报酬、经济补偿，并可以责令支付赔偿金：

（一）克扣或者无故拖欠劳动者工资的；

（二）拒不支付劳动者延长工作时间工资报酬的；

（三）低于当地最低工资标准支付劳动者工资的；

（四）解除劳动合同后，未依照本法规定给予劳动者经济补偿的。

第九十二条　用人单位的劳动安全设施和劳动卫生条件不符合国家规定或者未向劳动者提供必要的劳动防护用品和劳动保护设施的，由劳动行政部门或者有关部门责令改正，可以处以罚款；情节严重的，提请县级以上人民政府决定责令停产整顿；对事故隐患不采取措施，致使发生重大事故，造成劳动者生命和财产损失的，对责任人员比照刑法第一百八十七条的规定追究刑事责任。

第九十三条　用人单位强令劳动者违章冒险作业，发生重大伤亡事故，造成严重后果的，对责任人员依法追究刑事责任。

第九十四条　用人单位非法招用未满十六周岁的未成年人的，由劳动行政部门责令改正，处以罚款；情节严重的，由工商行政管理部门吊销营业执照。

第九十五条　用人单位违反本法对女职工和未成年工的保护规定，侵害其合法权益的，由劳动行政部门责令改正，处以罚款；对女职工或者未成年工造成损害的，应当承担赔偿责任。

第九十六条　用人单位有下列行为之一，由公安机关对责任人员处以十五日以下拘留、罚款或者警告；构成犯罪的，对责任人员依法追究刑事责任：

（一）以暴力、威胁或者非法限制人身自由的手段强迫劳动的；

（二）侮辱、体罚、殴打、非法搜查和拘禁劳动者的。

第九十七条　由于用人单位的原因订立的无效合同，对劳动者造成损害的，应当承担赔偿责任。

第九十八条　用人单位违反本法规定的条件解除劳动合同或者故意拖延不订立劳动合同的，由劳动行政部门责令改正；对劳动者造成损害的，应当承担赔偿责任。

第九十九条　用人单位招用尚未解除劳动合同的劳动者，对原用人单位造成经济损失的，该用人单位应当依法承担连带赔偿责任。

第一百条　用人单位无故不缴纳社会保险费的，由劳动行政部门责令其限期缴纳；逾期不缴的，可以加收滞纳金。

第一百零一条　用人单位无理阻挠劳动行政部门、有关部门及其工作人员行使监督检查权，打击报复举报人员的，由劳动行政部门或者有关部门处以罚款；构成犯罪的，对责任人员依法追究刑事责任。

第一百零二条 劳动者违反本法规定的条件解除劳动合同或者违反劳动合同中约定的保密事项，对用人单位造成经济损失的，应当依法承担赔偿责任。

第一百零三条 劳动行政部门或者有关部门的工作人员滥用职权、玩忽职守、徇私舞弊，构成犯罪的，依法追究刑事责任；不构成犯罪的，给予行政处分。

第一百零四条 国家工作人员和社会保险基金经办机构的工作人员挪用社会保险基金构成犯罪的，依法追究刑事责任。

第一百零五条 违反本法规定侵害劳动者合法权益，其他法律、行政法规已规定处罚的，依照该法律、行政法规的规定处罚。

第十三章　附　　则

第一百零六条 省、自治区、直辖市人民政府根据本法和本地区的实际情况，规定劳动合同制度的实施步骤，报国务院备案。

第一百零七条 本法自1995年1月1日起施行。

中华人民共和国劳动合同法

（2007年6月29日第十届全国人民代表大会常务委员会第二十八次会议通过）

目　录

第一章　总　　则

第一条　为了完善劳动合同制度，明确劳动合同双方当事人的权利和义务，保护劳动者的合法权益，构建和发展和谐稳定的劳动关系，制定本法。

第二条　中华人民共和国境内的企业、个体经济组织、民办非企业单位等组织（以下称用人单位）与劳动者建立劳动关系，订立、履行、变更、解除或者终止劳动合同，适用本法。

国家机关、事业单位、社会团体和与其建立劳动关系的劳动者，订立、履行、变更、解除或者终止劳动合同，依照本法执行。

第三条　订立劳动合同，应当遵循合法、公平、平等自愿、协商一致、诚实信用的原则。

依法订立的劳动合同具有约束力，用人单位与劳动者应当履行劳动合同约定的义务。

第四条　用人单位应当依法建立和完善劳动规章制度，保障劳动者享有劳动权利、履行劳动义务。

用人单位在制定、修改或者决定有关劳动报酬、工作时间、休息休假、劳动安全卫生、保险福利、职工培训、劳动纪律以及劳动定额管理等直接涉及劳动者切身利益的规章制度或者重大事项时，应当经职工代表大会或者全体职工讨论，提出方案和意见，与工会或者职工代表平等协商确定。

在规章制度和重大事项决定实施过程中，工会或者职工认为不适当的，有权向用人单位提出，通过协商予以修改完善。

用人单位应当将直接涉及劳动者切身利益的规章制度和重大事项决定公示，或者告知劳动者。

第五条 县级以上人民政府劳动行政部门会同工会和企业方面代表，建立健全协调劳动关系三方机制，共同研究解决有关劳动关系的重大问题。

第六条 工会应当帮助、指导劳动者与用人单位依法订立和履行劳动合同，并与用人单位建立集体协商机制，维护劳动者的合法权益。

第二章 劳动合同的订立

第七条 用人单位自用工之日起即与劳动者建立劳动关系。用人单位应当建立职工名册备查。

第八条 用人单位招用劳动者时，应当如实告知劳动者工作内容、工作条件、工作地点、职业危害、安全生产状况、劳动报酬，以及劳动者要求了解的其他情况；用人单位有权了解劳动者与劳动合同直接相关的基本情况，劳动者应当如实说明。

第九条 用人单位招用劳动者，不得扣押劳动者的居民身份证和其他证件，不得要求劳动者提供担保或者以其他名义向劳动者收取财物。

第十条 建立劳动关系，应当订立书面劳动合同。

已建立劳动关系，未同时订立书面劳动合同的，应当自用工之日起一个月内订立书面劳动合同。

用人单位与劳动者在用工前订立劳动合同的，劳动关系自用工之日起建立。

第十一条 用人单位未在用工的同时订立书面劳动合同，与劳动者约定的劳动报酬不明确的，新招用的劳动者的劳动报酬按照集体合同规定的标准执行；没有集体合同或者集体合同未规定的，实行同工同酬。

第十二条 劳动合同分为固定期限劳动合同、无固定期限劳动合同和以完成一定工作任务为期限的劳动合同。

第十三条 固定期限劳动合同，是指用人单位与劳动者约定合同终止时间的劳动合同。

用人单位与劳动者协商一致，可以订立固定期限劳动合同。

第十四条 无固定期限劳动合同，是指用人单位与劳动者约定无确定终止时间的劳动合同。

用人单位与劳动者协商一致，可以订立无固定期限劳动合同。有下列情形之一，劳动者提出或者同意续订、订立劳动合同的，除劳动者提出订立固定期限劳动合同外，应当订立无固定期限劳动合同：

（一）劳动者在该用人单位连续工作满十年的；

（二）用人单位初次实行劳动合同制度或者国有企业改制重新订立劳动合同时，劳动者在该用人单位连续工作满十年且距法定退休年龄不足十年的；

（三）连续订立二次固定期限劳动合同，且劳动者没有本法第三十九条和第四十条第一项、第二项规定的情形，续订劳动合同的。

用人单位自用工之日起满一年不与劳动者订立书面劳动合同的，视为用人单位与劳动者已订立无固定期限劳动合同。

第十五条 以完成一定工作任务为期限的劳动合同，是指用人单位与劳动者约定以某项工作的完成为合同期限的劳动合同。

用人单位与劳动者协商一致，可以订立以完成一定工作任务为期限的劳动合同。

第十六条 劳动合同由用人单位与劳动者协商一致，并经用人单位与劳动者在劳动合同文本上签字或者盖章生效。

劳动合同文本由用人单位和劳动者各执一份。

第十七条 劳动合同应当具备以下条款：

（一）用人单位的名称、住所和法定代表人或者主要负责人；

（二）劳动者的姓名、住址和居民身份证或者其他有效身份证件号码；

（三）劳动合同期限；

（四）工作内容和工作地点；

（五）工作时间和休息休假；

（六）劳动报酬；

（七）社会保险；

（八）劳动保护、劳动条件和职业危害防护；

（九）法律、法规规定应当纳入劳动合同的其他事项。

劳动合同除前款规定的必备条款外，用人单位与劳动者可以约定试用期、培训、保守秘密、补充保险和福利待遇等其他事项。

第十八条 劳动合同对劳动报酬和劳动条件等标准约定不明确，引发争议的，用人单位与劳动者可以重新协商；协商不成的，适用集体合同规定；没有集体合同或者集体合同未规定劳动报酬的，实行同工同酬；没有集体合同或者集体合同未规定劳动条件等标准的，适用国家有关规定。

第十九条 劳动合同期限三个月以上不满一年的，试用期不得超过一个月；劳动合同期限一年以上不满三年的，试用期不得超过二个月；三年以上固定期限和无固定期限的劳动合同，试用期不得超过六个月。

同一用人单位与同一劳动者只能约定一次试用期。

以完成一定工作任务为期限的劳动合同或者劳动合同期限不满三个月的，不得约定试用期。

试用期包含在劳动合同期限内。劳动合同仅约定试用期的，试用期不成立，该期限为劳动合同期限。

第二十条 劳动者在试用期的工资不得低于本单位相同岗位最低档工资或者劳动合同约定工资的百分之八十，并不得低于用人单位所在地的最低工资标准。

第二十一条 在试用期中，除劳动者有本法第三十九条和第四十条第一项、第二项规定的情形外，用人单位不得解除劳动合同。用人单位在试用期解除劳动合同的，应当向劳动者说明理由。

第二十二条 用人单位为劳动者提供专项培训费用，对其进行专业技术培训的，可以与该劳动者订立协议，约定服务期。

劳动者违反服务期约定的，应当按照约定向用人单位支付违约金。违约金的数额不得超过用人单位提供的培训费用。用人单位要求劳动者支付的违约金不得超过服务期尚未履行部分所应分摊的培训费用。

用人单位与劳动者约定服务期的，不影响按照正常的工资调整机制提高劳动者在服务期期间的劳动报酬。

第二十三条 用人单位与劳动者可以在劳动合同中约定保守用人单位的商业秘密和与知识产权相关的保密事项。

对负有保密义务的劳动者，用人单位可以在劳动合同或者保密协议中与劳动者约定竞业限制条款，并约定在解除或者终止劳动合同后，在竞业限制期限内按月给予劳动者经济补偿。劳动者违反竞业限制约定的，应当按照约定向用人单位支付违约金。

第二十四条 竞业限制的人员限于用人单位的高级管理人员、高级技术人员和其他负有保密义务的人员。竞业限制的范围、地域、期限由用人单位与劳动者约定，竞业限制的约定不得违反法律、法规的规定。

在解除或者终止劳动合同后，前款规定的人员到与本单位生产或者经营同类产品、从事同类业务的有竞争关系的其他用人单位，或者自己开业生产或者经营同类产品、从事同类业务的竞业限制期限，不得超过二年。

第二十五条 除本法第二十二条和第二十三条规定的情形外，用人单位不得与劳动者约定由劳动者承担违约金。

第二十六条 下列劳动合同无效或者部分无效：

（一）以欺诈、胁迫的手段或者乘人之危，使对方在违背真实意思的情况下订立或者变更劳动合同的；

（二）用人单位免除自己的法定责任、排除劳动者权利的；

（三）违反法律、行政法规强制性规定的。

对劳动合同的无效或者部分无效有争议的，由劳动争议仲裁机构或者人民法院确认。

第二十七条 劳动合同部分无效，不影响其他部分效力的，其他部分仍然有效。

第二十八条 劳动合同被确认无效，劳动者已付出劳动的，用人单位应当向劳动者支付劳动报酬。劳动报酬的数额，参照本单位相同或者相近岗位劳动者的劳动报酬确定。

第三章 劳动合同的履行和变更

第二十九条 用人单位与劳动者应当按照劳动合同的约定，全面履行各自的义务。

第三十条 用人单位应当按照劳动合同约定和国家规定，向劳动者及时足额支付劳动报酬。

用人单位拖欠或者未足额支付劳动报酬的，劳动者可以依法向当地人民法院申请支付令，人民法院应当依法发出支付令。

第三十一条 用人单位应当严格执行劳动定额标准，不得强迫或者变相强迫劳动者加班。用人单位安排加班的，应当按照国家有关规定向劳动者支付加班费。

第三十二条 劳动者拒绝用人单位管理人员违章指挥、强令冒险作业的，不视为违反劳动合同。

劳动者对危害生命安全和身体健康的劳动条件，有权对用人单位提出批评、检举和控告。

第三十三条 用人单位变更名称、法定代表人、主要负责人或者投资人等事项，不影响劳动合同的履行。

第三十四条 用人单位发生合并或者分立等情况，原劳动合同继续有效，劳动合同由承继其权利和义务的用人单位继续履行。

第三十五条 用人单位与劳动者协商一致，可以变更劳动合同约定的内容。变更劳动合同，应当采用书面形式。

变更后的劳动合同文本由用人单位和劳动者各执一份。

第四章　劳动合同的解除和终止

第三十六条 用人单位与劳动者协商一致，可以解除劳动合同。

第三十七条 劳动者提前三十日以书面形式通知用人单位，可以解除劳动合同。劳动者在试用期内提前三日通知用人单位，可以解除劳动合同。

第三十八条 用人单位有下列情形之一的，劳动者可以解除劳动合同：

（一）未按照劳动合同约定提供劳动保护或者劳动条件的；

（二）未及时足额支付劳动报酬的；

（三）未依法为劳动者缴纳社会保险费的；

（四）用人单位的规章制度违反法律、法规的规定，损害劳动者权益的；

（五）因本法第二十六条第一款规定的情形致使劳动合同无效的；

（六）法律、行政法规规定劳动者可以解除劳动合同的其他情形。

用人单位以暴力、威胁或者非法限制人身自由的手段强迫劳动者劳动的，或者用人单位违章指挥、强令冒险作业危及劳动者人身安全的，劳动者可以立即解除劳动合同，不需事先告知用人单位。

第三十九条 劳动者有下列情形之一的，用人单位可以解除劳动合同：

（一）在试用期间被证明不符合录用条件的；

（二）严重违反用人单位的规章制度的；

（三）严重失职，营私舞弊，给用人单位造成重大损害的；

（四）劳动者同时与其他用人单位建立劳动关系，对完成本单位的工作任务造成严重影响，或者经用人单位提出，拒不改正的；

（五）因本法第二十六条第一款第一项规定的情形致使劳动合同无效的；

（六）被依法追究刑事责任的。

第四十条 有下列情形之一的，用人单位提前三十日以书面形式通知劳动者本人或者额外支付劳动者一个月工资后，可以解除劳动合同：

（一）劳动者患病或者非因工负伤，在规定的医疗期满后不能从事原工作，也不能从事由用人单位另行安排的工作的；

（二）劳动者不能胜任工作，经过培训或者调整工作岗位，仍不能胜任工作的；

（三）劳动合同订立时所依据的客观情况发生重大变化，致使劳动合同无法履行，经用人单位与劳动者协商，未能就变更劳动合同内容达成协议的。

第四十一条 有下列情形之一，需要裁减人员二十人以上或者裁减不足二十人但占企业职工总数百分之十以上的，用人单位提前三十日向工会或者全体职工说明情况，听取工会或者职工的意见后，裁减人员方案经向劳动行政部门报告，可以裁减人员：

（一）依照企业破产法规定进行重整的；

（二）生产经营发生严重困难的；

（三）企业转产、重大技术革新或者经营方式调整，经变更劳动合同后，仍需裁减人员的；

（四）其他因劳动合同订立时所依据的客观经济情况发生重大变化，致使劳动合同无法履行的。

裁减人员时，应当优先留用下列人员：

（一）与本单位订立较长期限的固定期限劳动合同的；

（二）与本单位订立无固定期限劳动合同的；

（三）家庭无其他就业人员，有需要扶养的老人或者未成年人的。

用人单位依照本条第一款规定裁减人员，在六个月内重新招用人员的，应当通知被裁减的人员，并在同等条件下优先招用被裁减的人员。

第四十二条 劳动者有下列情形之一的，用人单位不得依照本法第四十条、第四十一条的规定解除劳动合同：

（一）从事接触职业病危害作业的劳动者未进行离岗前职业健康检查，或者疑似职业病病人在诊断或者医学观察期间的；

（二）在本单位患职业病或者因工负伤并被确认丧失或者部分丧失劳动能力的；

（三）患病或者非因工负伤，在规定的医疗期内的；

（四）女职工在孕期、产期、哺乳期的；

（五）在本单位连续工作满十五年，且距法定退休年龄不足五年的；

（六）法律、行政法规规定的其他情形。

第四十三条 用人单位单方解除劳动合同，应当事先将理由通知工会。用人单位违反法律、行政法规规定或者劳动合同约定的，工会有权要求用人单位纠正。用人单位应当研究工会的意见，并将处理结果书面通知工会。

第四十四条 有下列情形之一的，劳动合同终止：

（一）劳动合同期满的；

（二）劳动者开始依法享受基本养老保险待遇的；

（三）劳动者死亡，或者被人民法院宣告死亡或者宣告失踪的；

（四）用人单位被依法宣告破产的；

（五）用人单位被吊销营业执照、责令关闭、撤销或者用人单位决定提前解散的；

（六）法律、行政法规规定的其他情形。

第四十五条 劳动合同期满，有本法第四十二条规定情形之一的，劳动合同应当续延至相应的情形消失时终止。但是，本法第四十二条第二项规定丧失或者部分丧失劳动能力劳动者的劳动合同的终止，按照国家有关工伤保险的规定执行。

第四十六条 有下列情形之一的，用人单位应当向劳动者支付经济补偿：

（一）劳动者依照本法第三十八条规定解除劳动合同的；

（二）用人单位依照本法第三十六条规定向劳动者提出解除劳动合同并与劳动者协商一致解除劳动合同的；

（三）用人单位依照本法第四十条规定解除劳动合同的；

（四）用人单位依照本法第四十一条第一款规定解除劳动合同的；

（五）除用人单位维持或者提高劳动合同约定条件续订劳动合同，劳动者不同意续订的情形外，依照本法第四十四条第一项规定终止固定期限劳动合同的；

（六）依照本法第四十四条第四项、第五项规定终止劳动合同的；

（七）法律、行政法规规定的其他情形。

第四十七条 经济补偿按劳动者在本单位工作的年限，每满一年支付一个月工资的标准向劳动者支付。六个月以上不满一年的，按一年计算；不满六个月的，向劳动者支付半个月工资的经济补偿。

劳动者月工资高于用人单位所在直辖市、设区的市级人民政府公布的本地区上年度职工月平均工资三倍的，向其支付经济补偿的标准按职工月平均工资三倍的数额支付，向其支付经济补偿的年限最高不超过十二年。

本条所称月工资是指劳动者在劳动合同解除或者终止前十二个月的平均工资。

第四十八条 用人单位违反本法规定解除或者终止劳动合同，劳动者要求继续履行劳动合同的，用人单位应当继续履行；劳动者不要求继续履行劳动合同或者劳动合同已经不能继续履行的，用人单位应当依照本法第八十七条规定支付赔偿金。

第四十九条 国家采取措施，建立健全劳动者社会保险关系跨地区转移接续制度。

第五十条 用人单位应当在解除或者终止劳动合同时出具解除或者终止劳动合同的证明，并在十五日内为劳动者办理档案和社会保险关系转移手续。

劳动者应当按照双方约定，办理工作交接。用人单位依照本法有关规定应当向劳动者支付经济补偿的，在办理工作交接时支付。

用人单位对已经解除或者终止的劳动合同的文本，至少保存二年备查。

第五章 特别规定

第一节 集体合同

第五十一条 企业职工一方与用人单位通过平等协商，可以就劳动报酬、工作时间、休息休假、劳动安全卫生、保险福利等事项订立集体合同。集体合同草案应当提交职工代表大会或者全体职工讨论通过。

集体合同由工会代表企业职工一方与用人单位订立；尚未建立工会的用人单位，由上级工会指导劳动者推举的代表与用人单位订立。

第五十二条 企业职工一方与用人单位可以订立劳动安全卫生、女职工权益保护、工资调整机制等专项集体合同。

第五十三条 在县级以下区域内，建筑业、采矿业、餐饮服务业等行业可以由工会与企业方面代表订立行业性集体合同，或者订立区域性集体合同。

第五十四条 集体合同订立后，应当报送劳动行政部门；劳动行政部门自收到集体合同文本之日起十五日内未提出异议的，集体合同即行生效。

依法订立的集体合同对用人单位和劳动者具有约束力。行业性、区域性集体合同对当地本行业、本区域的用人单位和劳动者具有约束力。

第五十五条 集体合同中劳动报酬和劳动条件等标准不得低于当地人民政府规定的最低标准；用人单位与劳动者订立的劳动合同中劳动报酬和劳动条件等标准不得低于集体合同规定的标准。

第五十六条 用人单位违反集体合同，侵犯职工劳动权益的，工会可以依法要求用人单位承担责任；因履行集体合同发生争议，经协商解决不成的，工会可以依法申请仲裁、提起诉讼。

第二节 劳务派遣

第五十七条 劳务派遣单位应当依照公司法的有关规定设立，注册资本不得少于五十万元。

第五十八条 劳务派遣单位是本法所称用人单位，应当履行用人单位对劳动者的义务。劳务派遣单位与被派遣劳动者订立的劳动合同，除应当载明本法第十七条规定的事项外，还应当载明被派遣劳动者的用工单位以及派遣期限、工作岗位等情况。

劳务派遣单位应当与被派遣劳动者订立二年以上的固定期限劳动合同，按月支付劳动报酬；被派遣劳动者在无工作期间，劳务派遣单位应当按照所在地人民政府规定的最低工资标准，向其按月支付报酬。

第五十九条 劳务派遣单位派遣劳动者应当与接受以劳务派遣形式用工的单位（以下称用工单位）订立劳务派遣协议。劳务派遣协议应当约定派遣岗位和人员数量、派遣期限、劳动报酬和社会保险费的数额与支付方式以及违反协议的责任。

用工单位应当根据工作岗位的实际需要与劳务派遣单位确定派遣期限，不得将连续用工期限分割订立数个短期劳务派遣协议。

第六十条 劳务派遣单位应当将劳务派遣协议的内容告知被派遣劳动者。

劳务派遣单位不得克扣用工单位按照劳务派遣协议支付给被派遣劳动者的劳动报酬。

劳务派遣单位和用工单位不得向被派遣劳动者收取费用。

第六十一条 劳务派遣单位跨地区派遣劳动者的，被派遣劳动者享有的劳动报酬和劳动条件，按照用工单位所在地的标准执行。

第六十二条 用工单位应当履行下列义务：

（一）执行国家劳动标准，提供相应的劳动条件和劳动保护；

（二）告知被派遣劳动者的工作要求和劳动报酬；

（三）支付加班费、绩效奖金，提供与工作岗位相关的福利待遇；

（四）对在岗被派遣劳动者进行工作岗位所必需的培训；

（五）连续用工的，实行正常的工资调整机制。

用工单位不得将被派遣劳动者再派遣到其他用人单位。

第六十三条 被派遣劳动者享有与用工单位的劳动者同工同酬的权利。用工单位无同类岗位劳动者的，参照用工单位所在地相同或者相近岗位劳动者的劳动报酬确定。

第六十四条 被派遣劳动者有权在劳务派遣单位或者用工单位依法参加或者组织工会，维护自身的合法权益。

第六十五条 被派遣劳动者可以依照本法第三十六条、第三十八条的规定与劳务派遣单位解除劳动合同。

被派遣劳动者有本法第三十九条和第四十条第一项、第二项规定情形的，用工单位可以将劳动者退回劳务派遣单位，劳务派遣单位依照本法有关规定，可以与劳动者解除劳动合同。

第六十六条 劳务派遣一般在临时性、辅助性或者替代性的工作岗位上实施。

第六十七条 用人单位不得设立劳务派遣单位向本单位或者所属单位派遣劳动者。

第三节 非全日制用工

第六十八条 非全日制用工，是指以小时计酬为主，劳动者在同一用人单位一般平均每日工作时间不超过四小时，每周工作时间累计不超过二十四小时的用工形式。

第六十九条 非全日制用工双方当事人可以订立口头协议。

从事非全日制用工的劳动者可以与一个或者一个以上用人单位订立劳动合同；但是，后订立的劳动合同不得影响先订立的劳动合同的履行。

第七十条 非全日制用工双方当事人不得约定试用期。

第七十一条 非全日制用工双方当事人任何一方都可以随时通知对方终止用工。终止用工，用人单位不向劳动者支付经济补偿。

第七十二条 非全日制用工小时计酬标准不得低于用人单位所在地人民政府规定的最低小时工资标准。

非全日制用工劳动报酬结算支付周期最长不得超过十五日。

第六章 监督检查

第七十三条 国务院劳动行政部门负责全国劳动合同制度实施的监督管理。

县级以上地方人民政府劳动行政部门负责本行政区域内劳动合同制度实施的监督管理。

县级以上各级人民政府劳动行政部门在劳动合同制度实施的监督管理工作中，应当听取工会、企业方面代表以及有关行业主管部门的意见。

第七十四条 县级以上地方人民政府劳动行政部门依法对下列实施劳动合同制度的情况进行监督检查：

（一）用人单位制定直接涉及劳动者切身利益的规章制度及其执行的情况；

（二）用人单位与劳动者订立和解除劳动合同的情况；

（三）劳务派遣单位和用工单位遵守劳务派遣有关规定的情况；

（四）用人单位遵守国家关于劳动者工作时间和休息休假规定的情况；

（五）用人单位支付劳动合同约定的劳动报酬和执行最低工资标准的情况；

（六）用人单位参加各项社会保险和缴纳社会保险费的情况；

（七）法律、法规规定的其他劳动监察事项。

第七十五条 县级以上地方人民政府劳动行政部门实施监督检查时，有权查阅与劳动合同、集体合同有关的材料，有权对劳动场所进行实地检查，用人单位和劳动者都应当如实提供有关情况和材料。

劳动行政部门的工作人员进行监督检查，应当出示证件，依法行使职权，文明执法。

第七十六条 县级以上人民政府建设、卫生、安全生产监督管理等有关主管部门在各自职责范围内，对用人单位执行劳动合同制度的情况进行监督管理。

第七十七条 劳动者合法权益受到侵害的，有权要求有关部门依法处理，或者依法申请仲裁、提起诉讼。

第七十八条 工会依法维护劳动者的合法权益，对用人单位履行劳动合同、集体合同的情况进行监督。用人单位违反劳动法律、法规和劳动合同、集体合同的，工会有权提出意见或者要求纠正；劳动者申请仲裁、提起诉讼的，工会依法给予支持和帮助。

第七十九条 任何组织或者个人对违反本法的行为都有权举报，县级以上人民政府劳动行政部门应当及时核实、处理，并对举报有功人员给予奖励。

第七章 法律责任

第八十条 用人单位直接涉及劳动者切身利益的规章制度违反法律、法规规定的，由劳动行政部门责令改正，给予警告；给劳动者造成损害的，应当承担赔偿责任。

第八十一条 用人单位提供的劳动合同文本未载明本法规定的劳动合同必备条款或者用人单位未将劳动合同文本交付劳动者的，由劳动行政部门责令改正；给劳动者造成损害的，应当承担赔偿责任。

第八十二条 用人单位自用工之日起超过一个月不满一年未与劳动者订立书面劳动合同的，应当向劳动者每月支付二倍的工资。

用人单位违反本法规定不与劳动者订立无固定期限劳动合同的，自应当订立无固定期限劳动合同之日起向劳动者每月支付二倍的工资。

第八十三条 用人单位违反本法规定与劳动者约定试用期的，由劳动行政部门责令改正；违法约定的试用期已经履行的，由用人单位以劳动者试用期满月工资为标准，按已经履行的超过法定试用期的期间向劳动者支付赔偿金。

第八十四条 用人单位违反本法规定，扣押劳动者居民身份证等证件的，由劳动行政部门责令限期退还劳动者本人，并依照有关法律规定给予处罚。

用人单位违反本法规定，以担保或者其他名义向劳动者收取财物的，由劳动行政部门责令限期退还劳动者本人，并以每人五百元以上二千元以下的标准处以罚款；给劳动者造成损害的，应当承担赔偿责任。

劳动者依法解除或者终止劳动合同，用人单位扣押劳动者档案或者其他物品的，依照前款规定处罚。

第八十五条 用人单位有下列情形之一的，由劳动行政部门责令限期支付劳动报酬、加班费或者经济补偿；劳动报酬低于当地最低工资标准的，应当支付其差额部分；逾期不支付的，责令用人单位按应付金额百分之五十以上百分之一百以下的标准向劳动者加付赔偿金：

（一）未按照劳动合同的约定或者国家规定及时足额支付劳动者劳动报酬的；

（二）低于当地最低工资标准支付劳动者工资的；

（三）安排加班不支付加班费的；

（四）解除或者终止劳动合同，未依照本法规定向劳动者支付经济补偿的。

第八十六条 劳动合同依照本法第二十六条规定被确认无效，给对方造成损害的，有过错的一方应当承担赔偿责任。

第八十七条 用人单位违反本法规定解除或者终止劳动合同的，应当依照本法第四十七条规定的经济补偿标准的二倍向劳动者支付赔偿金。

第八十八条 用人单位有下列情形之一的，依法给予行政处罚；构成犯罪的，依法追究刑事责任；给劳动者造成损害的，应当承担赔偿责任：

（一）以暴力、威胁或者非法限制人身自由的手段强迫劳动的；

（二）违章指挥或者强令冒险作业危及劳动者人身安全的；

（三）侮辱、体罚、殴打、非法搜查或者拘禁劳动者的；

（四）劳动条件恶劣、环境污染严重，给劳动者身心健康造成严重损害的。

第八十九条 用人单位违反本法规定未向劳动者出具解除或者终止劳动合同的书面证明，由劳动行政部门责令改正；给劳动者造成损害的，应当承担赔偿责任。

第九十条 劳动者违反本法规定解除劳动合同，或者违反劳动合同中约定的保密义务或者竞业限制，给用人单位造成损失的，应当承担赔偿责任。

第九十一条 用人单位招用与其他用人单位尚未解除或者终止劳动合同的劳动者，给其他用人单位造成损失的，应当承担连带赔偿责任。

第九十二条 劳务派遣单位违反本法规定的，由劳动行政部门和其他有关主管部门责令改正；情节严重的，以每人一千元以上五千元以下的标准处以罚款，并由工商行政管理部门吊销营业执照；给被派遣劳动者造成损害的，劳务派遣单位与用工单位承担连带赔偿责任。

第九十三条 对不具备合法经营资格的用人单位的违法犯罪行为，依法追究法律责任；劳动者已经付出劳动的，该单位或者其出资人应当依照本法有关规定向劳动者支付劳动报酬、经济补偿、赔偿金；给劳动者造成损害的，应当承担赔偿责任。

第九十四条 个人承包经营违反本法规定招用劳动者，给劳动者造成损害的，发包的组织与个人承包经营者承担连带赔偿责任。

第九十五条 劳动行政部门和其他有关主管部门及其工作人员玩忽职守、不履行法定职责，或者违法行使职权，给劳动者或者用人单位造成损害的，应当承担赔偿责任；对直接负责的主管人员和其他直接责任人员，依法给予行政处分；构成犯罪的，依法追究刑事责任。

第八章 附 则

第九十六条 事业单位与实行聘用制的工作人员订立、履行、变更、解除或者终止劳动合同，法律、行政法规或者国务院另有规定的，依照其规定；未作规定的，依照本法有关规定执行。

第九十七条 本法施行前已依法订立且在本法施行之日存续的劳动合同，继续履行；本法第十四条第二款第三项规定连续订立固定期限劳动合同的次数，自本法施行后续订固定期限劳动合同时开始计算。

本法施行前已建立劳动关系，尚未订立书面劳动合同的，应当自本法施行之日起一个月内订立。

本法施行之日存续的劳动合同在本法施行后解除或者终止，依照本法第四十六条规定应当支付经济补偿的，经济补偿年限自本法施行之日起计算；本法施行前按照当时有关规定，用人单位应当向劳动者支付经济补偿的，按照当时有关规定执行。

第九十八条 本法自2008年1月1日起施行。

中华人民共和国劳动争议调解仲裁法

（2007 年 12 月 29 日第十届全国人民代表大会常务委员会
第三十一次会议通过）

目　　录

第一章　总　　则

第一条　为了公正及时解决劳动争议，保护当事人合法权益，促进劳动关系和谐稳定，制定本法。

第二条　中华人民共和国境内的用人单位与劳动者发生的下列劳动争议，适用本法：

（一）因确认劳动关系发生的争议；

（二）因订立、履行、变更、解除和终止劳动合同发生的争议；

（三）因除名、辞退和辞职、离职发生的争议；

（四）因工作时间、休息休假、社会保险、福利、培训以及劳动保护发生的争议；

（五）因劳动报酬、工伤医疗费、经济补偿或者赔偿金等发生的争议；

（六）法律、法规规定的其他劳动争议。

第三条　解决劳动争议，应当根据事实，遵循合法、公正、及时、着重调解的原则，依法保护当事人的合法权益。

第四条　发生劳动争议，劳动者可以与用人单位协商，也可以请工会或者第三方共同与用人单位协商，达成和解协议。

第五条　发生劳动争议，当事人不愿协商、协商不成或者达成和解协议后不履行的，可以向调解组织申请调解；不愿调解、调解不成或者达成调解协议后不履行的，可以向劳动争议仲裁委员会申请仲裁；对仲裁裁决不服的，除本法另有规定的外，可以向人民法院提起诉讼。

第六条 发生劳动争议，当事人对自己提出的主张，有责任提供证据。与争议事项有关的证据属于用人单位掌握管理的，用人单位应当提供；用人单位不提供的，应当承担不利后果。

第七条 发生劳动争议的劳动者一方在十人以上，并有共同请求的，可以推举代表参加调解、仲裁或者诉讼活动。

第八条 县级以上人民政府劳动行政部门会同工会和企业方面代表建立协调劳动关系三方机制，共同研究解决劳动争议的重大问题。

第九条 用人单位违反国家规定，拖欠或者未足额支付劳动报酬，或者拖欠工伤医疗费、经济补偿或者赔偿金的，劳动者可以向劳动行政部门投诉，劳动行政部门应当依法处理。

第二章 调 解

第十条 发生劳动争议，当事人可以到下列调解组织申请调解：

（一）企业劳动争议调解委员会；

（二）依法设立的基层人民调解组织；

（三）在乡镇、街道设立的具有劳动争议调解职能的组织。

企业劳动争议调解委员会由职工代表和企业代表组成。职工代表由工会成员担任或者由全体职工推举产生，企业代表由企业负责人指定。企业劳动争议调解委员会主任由工会成员或者双方推举的人员担任。

第十一条 劳动争议调解组织的调解员应当由公道正派、联系群众、热心调解工作，并具有一定法律知识、政策水平和文化水平的成年公民担任。

第十二条 当事人申请劳动争议调解可以书面申请，也可以口头申请。口头申请的，调解组织应当当场记录申请人基本情况、申请调解的争议事项、理由和时间。

第十三条 调解劳动争议，应当充分听取双方当事人对事实和理由的陈述，耐心疏导，帮助其达成协议。

第十四条 经调解达成协议的，应当制作调解协议书。

调解协议书由双方当事人签名或者盖章，经调解员签名并加盖调解组织印章后生效，对双方当事人具有约束力，当事人应当履行。

自劳动争议调解组织收到调解申请之日起十五日内未达成调解协议的，当事人可以依法申请仲裁。

第十五条 达成调解协议后，一方当事人在协议约定期限内不履行调解协议的，另一方当事人可以依法申请仲裁。

第十六条 因支付拖欠劳动报酬、工伤医疗费、经济补偿或者赔偿金事项达成调解协议，用人单位在协议约定期限内不履行的，劳动者可以持调解协议书依法向人民法院申请支付令。人民法院应当依法发出支付令。

第三章 仲 裁

第一节 一 般 规 定

第十七条 劳动争议仲裁委员会按照统筹规划、合理布局和适应实际需要的原则设立。省、自治区人民政府可以决定在市、县设立；直辖市人民政府可以决定在区、县设立。直辖市、设区的市也可以设立一个或者若干个劳动争议仲裁委员会。劳动争议仲裁委员会不按行政区划层层设立。

第十八条 国务院劳动行政部门依照本法有关规定制定仲裁规则。省、自治区、直辖市人民政府劳动行政部门对本行政区域的劳动争议仲裁工作进行指导。

第十九条 劳动争议仲裁委员会由劳动行政部门代表、工会代表和企业方面代表组成。劳动争议仲裁委员会组成人员应当是单数。

劳动争议仲裁委员会依法履行下列职责：

（一）聘任、解聘专职或者兼职仲裁员；

（二）受理劳动争议案件；

（三）讨论重大或者疑难的劳动争议案件；

（四）对仲裁活动进行监督。

劳动争议仲裁委员会下设办事机构，负责办理劳动争议仲裁委员会的日常工作。

第二十条 劳动争议仲裁委员会应当设仲裁员名册。

仲裁员应当公道正派并符合下列条件之一：

（一）曾任审判员的；

（二）从事法律研究、教学工作并具有中级以上职称的；

（三）具有法律知识、从事人力资源管理或者工会等专业工作满五年的；

（四）律师执业满三年的。

第二十一条 劳动争议仲裁委员会负责管辖本区域内发生的劳动争议。

劳动争议由劳动合同履行地或者用人单位所在地的劳动争议仲裁委员会管辖。双方当事人分别向劳动合同履行地和用人单位所在地的劳动争议仲裁委员会申请仲裁的，由劳动合同履行地的劳动争议仲裁委员会管辖。

第二十二条 发生劳动争议的劳动者和用人单位为劳动争议仲裁案件的双方当事人。

劳务派遣单位或者用工单位与劳动者发生劳动争议的，劳务派遣单位和用工单位为共同当事人。

第二十三条 与劳动争议案件的处理结果有利害关系的第三人，可以申请参加仲裁活动或者由劳动争议仲裁委员会通知其参加仲裁活动。

第二十四条 当事人可以委托代理人参加仲裁活动。委托他人参加仲裁活动，应当向劳动争议仲裁委员会提交有委托人签名或者盖章的委托书，委托书应当载明委托事项和权限。

第二十五条 丧失或者部分丧失民事行为能力的劳动者，由其法定代理人代为参加仲裁活动；无法定代理人的，由劳动争议仲裁委员会为其指定代理人。劳动者死亡的，由其近亲属或者代理人参加仲裁活动。

第二十六条 劳动争议仲裁公开进行，但当事人协议不公开进行或者涉及国家秘密、商业秘密和个人隐私的除外。

第二节 申请和受理

第二十七条 劳动争议申请仲裁的时效期间为一年。仲裁时效期间从当事人知道或者应当知道其权利被侵害之日起计算。

前款规定的仲裁时效，因当事人一方向对方当事人主张权利，或者向有关部门请求权利救济，或者对方当事人同意履行义务而中断。从中断时起，仲裁时效期间重新计算。

因不可抗力或者有其他正当理由，当事人不能在本条第一款规定的仲裁时效期间申请仲裁的，仲裁时效中止。从中止时效的原因消除之日起，仲裁时效期间继续计算。

劳动关系存续期间因拖欠劳动报酬发生争议的，劳动者申请仲裁不受本条第一款规定的仲裁时效期间的限制；但是，劳动关系终止的，应当自劳动关系终止之日起一年内提出。

第二十八条 申请人申请仲裁应当提交书面仲裁申请，并按照被申请人人数提交副本。

仲裁申请书应当载明下列事项：

（一）劳动者的姓名、性别、年龄、职业、工作单位和住所，用人单位的名称、住所和法定代表人或者主要负责人的姓名、职务；

（二）仲裁请求和所根据的事实、理由；

（三）证据和证据来源、证人姓名和住所。

书写仲裁申请确有困难的，可以口头申请，由劳动争议仲裁委员会记入笔录，并告知对方当事人。

第二十九条 劳动争议仲裁委员会收到仲裁申请之日起五日内，认为符合受理条件的，应当受理，并通知申请人；认为不符合受理条件的，应当书面通知申请人不予受理，并说明理由。对劳动争议仲裁委员会不予受理或者逾期未作出决定的，申请人可以就该劳动争议事项向人民法院提起诉讼。

第三十条 劳动争议仲裁委员会受理仲裁申请后，应当在五日内将仲裁申请书副本送达被申请人。

被申请人收到仲裁申请书副本后，应当在十日内向劳动争议仲裁委员会提交答辩书。劳动争议仲裁委员会收到答辩书后，应当在五日内将答辩书副本送达申请人。被申请人未提交答辩书的，不影响仲裁程序的进行。

第三节 开庭和裁决

第三十一条 劳动争议仲裁委员会裁决劳动争议案件实行仲裁庭制。仲裁庭由三名仲裁员组成，设首席仲裁员。简单劳动争议案件可以由一名仲裁员独任仲裁。

第三十二条 劳动争议仲裁委员会应当在受理仲裁申请之日起五日内将仲裁庭的组成情况书面通知当事人。

第三十三条 仲裁员有下列情形之一，应当回避，当事人也有权以口头或者书面方式提出回避申请：

（一）是本案当事人或者当事人、代理人的近亲属的；

（二）与本案有利害关系的；

（三）与本案当事人、代理人有其他关系，可能影响公正裁决的；

（四）私自会见当事人、代理人，或者接受当事人、代理人的请客送礼的。

劳动争议仲裁委员会对回避申请应当及时作出决定，并以口头或者书面方式通知当事人。

第三十四条 仲裁员有本法第三十三条第四项规定情形，或者有索贿受贿、徇私舞弊、枉法裁决行为的，应当依法承担法律责任。劳动争议仲裁委员会应当将其解聘。

第三十五条 仲裁庭应当在开庭五日前，将开庭日期、地点书面通知双方当事人。当事人有正当理由的，可以在开庭三日前请求延期开庭。是否延期，由劳动争议仲裁委员会决定。

第三十六条 申请人收到书面通知，无正当理由拒不到庭或者未经仲裁庭同意中途退庭的，可以视为撤回仲裁申请。

被申请人收到书面通知，无正当理由拒不到庭或者未经仲裁庭同意中途退庭的，可以缺席裁决。

第三十七条 仲裁庭对专门性问题认为需要鉴定的，可以交由当事人约定的鉴定机构鉴定；当事人没有约定或者无法达成约定的，由仲裁庭指定的鉴定机构鉴定。

根据当事人的请求或者仲裁庭的要求，鉴定机构应当派鉴定人参加开庭。当事人经仲裁庭许可，可以向鉴定人提问。

第三十八条 当事人在仲裁过程中有权进行质证和辩论。质证和辩论终结时，首席仲裁员或者独任仲裁员应当征询当事人的最后意见。

第三十九条 当事人提供的证据经查证属实的，仲裁庭应当将其作为认定事实的根据。

劳动者无法提供由用人单位掌握管理的与仲裁请求有关的证据，仲裁庭可以要求用人单位在指定期限内提供。用人单位在指定期限内不提供的，应当承担不利后果。

第四十条 仲裁庭应当将开庭情况记入笔录。当事人和其他仲裁参加人认为对自己陈述的记录有遗漏或者差错的，有权申请补正。如果不予补正，应当记录该申请。

笔录由仲裁员、记录人员、当事人和其他仲裁参加人签名或者盖章。

第四十一条 当事人申请劳动争议仲裁后，可以自行和解。达成和解协议的，可以撤回仲裁申请。

第四十二条 仲裁庭在作出裁决前，应当先行调解。

调解达成协议的，仲裁庭应当制作调解书。

调解书应当写明仲裁请求和当事人协议的结果。调解书由仲裁员签名，加盖劳动争议仲裁委员会印章，送达双方当事人。调解书经双方当事人签收后，发生法律效力。

调解不成或者调解书送达前，一方当事人反悔的，仲裁庭应当及时作出裁决。

第四十三条 仲裁庭裁决劳动争议案件，应当自劳动争议仲裁委员会受理仲裁申请之日起四十五日内结束。案情复杂需要延期的，经劳动争议仲裁委员会主任批准，可以延期并书面通知当事人，但是延长期限不得超过十五日。逾期未作出仲裁裁决的，当事人可以就该劳动争议事项向人民法院提起诉讼。

仲裁庭裁决劳动争议案件时，其中一部分事实已经清楚，可以就该部分先行裁决。

第四十四条 仲裁庭对追索劳动报酬、工伤医疗费、经济补偿或者赔偿金的案件，根据当事人的申请，可以裁决先予执行，移送人民法院执行。

仲裁庭裁决先予执行的，应当符合下列条件：

（一）当事人之间权利义务关系明确；

（二）不先予执行将严重影响申请人的生活。

劳动者申请先予执行的，可以不提供担保。

第四十五条 裁决应当按照多数仲裁员的意见作出，少数仲裁员的不同意见应当记入笔录。仲裁庭不能形成多数意见时，裁决应当按照首席仲裁员的意见作出。

第四十六条 裁决书应当载明仲裁请求、争议事实、裁决理由、裁决结果和裁决日期。裁决书由仲裁员签名，加盖劳动争议仲裁委员会印章。对裁决持不同意见的仲裁员，可以签名，也可以不签名。

第四十七条 下列劳动争议，除本法另有规定的外，仲裁裁决为终局裁决，裁决书自作出之日起发生法律效力：

（一）追索劳动报酬、工伤医疗费、经济补偿或者赔偿金，不超过当地月最低工资标准十二个月金额的争议；

（二）因执行国家的劳动标准在工作时间、休息休假、社会保险等方面发生的争议。

第四十八条 劳动者对本法第四十七条规定的仲裁裁决不服的，可以自收到仲裁裁决书之日起十五日内向人民法院提起诉讼。

第四十九条 用人单位有证据证明本法第四十七条规定的仲裁裁决有下列情形之一，可以自收到仲裁裁决书之日起三十日内向劳动争议仲裁委员会所在地的中级人民法院申请撤销裁决：

（一）适用法律、法规确有错误的；

（二）劳动争议仲裁委员会无管辖权的；

（三）违反法定程序的；

（四）裁决所根据的证据是伪造的；

（五）对方当事人隐瞒了足以影响公正裁决的证据的；

（六）仲裁员在仲裁该案时有索贿受贿、徇私舞弊、枉法裁决行为的。

人民法院经组成合议庭审查核实裁决有前款规定情形之一的，应当裁定撤销。

仲裁裁决被人民法院裁定撤销的，当事人可以自收到裁定书之日起十五日内就该劳动争议事项向人民法院提起诉讼。

第五十条 当事人对本法第四十七条规定以外的其他劳动争议案件的仲裁裁决不服的，可以自收到仲裁裁决书之日起十五日内向人民法院提起诉讼；期满不起诉的，裁决书发生法律效力。

第五十一条 当事人对发生法律效力的调解书、裁决书，应当依照规定的期限履行。一方当事人逾期不履行的，另一方当事人可以依照民事诉讼法的有关规定向人民法院申请执行。受理申请的人民法院应当依法执行。

第四章 附 则

第五十二条 事业单位实行聘用制的工作人员与本单位发生劳动争议的，依照本法执行；法律、行政法规或者国务院另有规定的，依照其规定。

第五十三条 劳动争议仲裁不收费。劳动争议仲裁委员会的经费由财政予以保障。

第五十四条 本法自2008年5月1日起施行。

中华人民共和国劳动合同法实施条例

第一章 总　　则

第一条 为了贯彻实施《中华人民共和国劳动合同法》(以下简称劳动合同法)，制定本条例。

第二条 各级人民政府和县级以上人民政府劳动行政等有关部门以及工会等组织，应当采取措施，推动劳动合同法的贯彻实施，促进劳动关系的和谐。

第三条 依法成立的会计师事务所、律师事务所等合伙组织和基金会，属于劳动合同法规定的用人单位。

第二章 劳动合同的订立

第四条 劳动合同法规定的用人单位设立的分支机构，依法取得营业执照或者登记证书的，可以作为用人单位与劳动者订立劳动合同；未依法取得营业执照或者登记证书的，受用人单位委托可以与劳动者订立劳动合同。

第五条 自用工之日起一个月内，经用人单位书面通知后，劳动者不与用人单位订立书面劳动合同的，用人单位应当书面通知劳动者终止劳动关系，无需向劳动者支付经济补偿，但是应当依法向劳动者支付其实际工作时间的劳动报酬。

第六条 用人单位自用工之日起超过一个月不满一年未与劳动者订立书面劳动合同的，应当依照劳动合同法第八十二条的规定向劳动者每月支付两倍的工资，并与劳动者补订书面劳动合同；劳动者不与用人单位订立书面劳动合同的，用人单位应当书面通知劳动者终止劳动关系，并依照劳动合同法第四十七条的规定支付经济补偿。

前款规定的用人单位向劳动者每月支付两倍工资的起算时间为用工之日起满一个月的次日，截止时间为补订书面劳动合同的前一日。

第七条 用人单位自用工之日起满一年未与劳动者订立书面劳动合同的，自用工之日起满一个月的次日至满一年的前一日应当依照劳动合同法第八十二条的规定向劳动者每月支付两倍的工资，并视为自用工之日起满一年的当日已经与劳动者订立无固定期限劳动合同，应当立即与劳动者补订书面劳动合同。

第八条 劳动合同法第七条规定的职工名册，应当包括劳动者姓名、性别、公民身份号码、户籍地址及现住址、联系方式、用工形式、用工起始时间、劳动合同期限等内容。

第九条 劳动合同法第十四条第二款规定的连续工作满 10 年的起始时间，应当自用人单位用工之日起计算，包括劳动合同法施行前的工作年限。

第十条 劳动者非因本人原因从原用人单位被安排到新用人单位工作的，劳动者在原用人单位的工作年限合并计算为新用人单位的工作年限。原用人单位已经向劳动者支付经济补偿的，新用人单位在依法解除、终止劳动合同计算支付经济补偿的工作年限时，不再计算劳动者在原用人单位的工作年限。

第十一条 除劳动者与用人单位协商一致的情形外，劳动者依照劳动合同法第十四条第二款的规定，提出订立无固定期限劳动合同的，用人单位应当与其订立无固定期限劳动合同。对劳动合同的内容，双方应当按照合法、公平、平等自愿、协商一致、诚实信用的原则协商确定；对协商不一致的内容，依照劳动合同法第十八条的规定执行。

第十二条 地方各级人民政府及县级以上地方人民政府有关部门为安置就业困难人员提供的给予岗位补贴和社会保险补贴的公益性岗位，其劳动合同不适用劳动合同法有关无固定期限劳动合同的规定以及支付经济补偿的规定。

第十三条 用人单位与劳动者不得在劳动合同法第四十四条规定的劳动合同终止情形之外约定其他的劳动合同终止条件。

第十四条 劳动合同履行地与用人单位注册地不一致的，有关劳动者的最低工资标准、劳动保护、劳动条件、职业危害防护和本地区上年度职工月平均工资标准等事项，按照劳动合同履行地的有关规定执行；用人单位注册地的有关标准高于劳动合同履行地的有关标准，且用人单位与劳动者约定按照用人单位注册地的有关规定执行的，从其约定。

第十五条 劳动者在试用期的工资不得低于本单位相同岗位最低档工资的80%或者不得低于劳动合同约定工资的80%，并不得低于用人单位所在地的最低工资标准。

第十六条 劳动合同法第二十二条第二款规定的培训费用，包括用人单位为了对劳动者进行专业技术培训而支付的有凭证的培训费用、培训期间的差旅费用以及因培训产生的用于该劳动者的其他直接费用。

第十七条 劳动合同期满，但是用人单位与劳动者依照劳动合同法第二十二条的规定约定的服务期尚未到期的，劳动合同应当续延至服务期满；双方另有约定的，从其约定。

第三章 劳动合同的解除和终止

第十八条 有下列情形之一的，依照劳动合同法规定的条件、程序，劳动者可以与用人单位解除固定期限劳动合同、无固定期限劳动合同或者以完成一定工作任务为期限的劳动合同：

（一）劳动者与用人单位协商一致的；

（二）劳动者提前30日以书面形式通知用人单位的；

（三）劳动者在试用期内提前3日通知用人单位的；

（四）用人单位未按照劳动合同约定提供劳动保护或者劳动条件的；

（五）用人单位未及时足额支付劳动报酬的；

（六）用人单位未依法为劳动者缴纳社会保险费的；

（七）用人单位的规章制度违反法律、法规的规定，损害劳动者权益的；

（八）用人单位以欺诈、胁迫的手段或者乘人之危，使劳动者在违背真实意思的情况下订立或者变更劳动合同的；

（九）用人单位在劳动合同中免除自己的法定责任、排除劳动者权利的；

（十）用人单位违反法律、行政法规强制性规定的；

（十一）用人单位以暴力、威胁或者非法限制人身自由的手段强迫劳动者劳动的；

（十二）用人单位违章指挥、强令冒险作业危及劳动者人身安全的；

（十三）法律、行政法规规定劳动者可以解除劳动合同的其他情形。

第十九条 有下列情形之一的，依照劳动合同法规定的条件、程序，用人单位可以与劳动者解除固定期限劳动合同、无固定期限劳动合同或者以完成一定工作任务为期限的劳动合同：

（一）用人单位与劳动者协商一致的；

（二）劳动者在试用期间被证明不符合录用条件的；

（三）劳动者严重违反用人单位的规章制度的；

（四）劳动者严重失职，营私舞弊，给用人单位造成重大损害的；

（五）劳动者同时与其他用人单位建立劳动关系，对完成本单位的工作任务造成严重影响，或者经用人单位提出，拒不改正的；

（六）劳动者以欺诈、胁迫的手段或者乘人之危，使用人单位在违背真实意思的情况下订立或者变更劳动合同的；

（七）劳动者被依法追究刑事责任的；

（八）劳动者患病或者非因工负伤，在规定的医疗期满后不能从事原工作，也不能从事由用人单位另行安排的工作的；

（九）劳动者不能胜任工作，经过培训或者调整工作岗位，仍不能胜任工作的；

（十）劳动合同订立时所依据的客观情况发生重大变化，致使劳动合同无法履行，经用人单位与劳动者协商，未能就变更劳动合同内容达成协议的；

（十一）用人单位依照企业破产法规定进行重整的；

（十二）用人单位生产经营发生严重困难的；

（十三）企业转产、重大技术革新或者经营方式调整，经变更劳动合同后，仍需裁减人员的；

（十四）其他因劳动合同订立时所依据的客观经济情况发生重大变化，致使劳动合同无法履行的。

第二十条 用人单位依照劳动合同法第四十条的规定，选择额外支付劳动者一个月工资解除劳动合同的，其额外支付的工资应当按照该劳动者上一个月的工资标准确定。

第二十一条 劳动者达到法定退休年龄的，劳动合同终止。

第二十二条 以完成一定工作任务为期限的劳动合同因任务完成而终止的，用人单位应当依照劳动合同法第四十七条的规定向劳动者支付经济补偿。

第二十三条 用人单位依法终止工伤职工的劳动合同的，除依照劳动合同法第四十七条的规定支付经济补偿外，还应当依照国家有关工伤保险的规定支付一次性工伤医疗补助金和伤残就业补助金。

第二十四条 用人单位出具的解除、终止劳动合同的证明，应当写明劳动合同期限、解除或者终止劳动合同的日期、工作岗位、在本单位的工作年限。

第二十五条 用人单位违反劳动合同法的规定解除或者终止劳动合同，依照劳动合同法第八十七条的规定支付了赔偿金的，不再支付经济补偿。赔偿金的计算年限自用工之日起计算。

第二十六条 用人单位与劳动者约定了服务期，劳动者依照劳动合同法第三十八条的规定解除劳动合同的，不属于违反服务期的约定，用人单位不得要求劳动者支付违约金。

有下列情形之一，用人单位与劳动者解除约定服务期的劳动合同的，劳动者应当按照劳动合同的约定向用人单位支付违约金：

（一）劳动者严重违反用人单位的规章制度的；

（二）劳动者严重失职，营私舞弊，给用人单位造成重大损害的；

（三）劳动者同时与其他用人单位建立劳动关系，对完成本单位的工作任务造成严重影响，或者经用人单位提出，拒不改正的；

（四）劳动者以欺诈、胁迫的手段或者乘人之危，使用人单位在违背真实意思的情况下订立或者变更劳动合同的；

（五）劳动者被依法追究刑事责任的。

第二十七条 劳动合同法第四十七条规定的经济补偿的月工资按照劳动者应得工资计算，包括计时工资或者计件工资以及奖金、津贴和补贴等货币性收入。劳动者在劳动合同解除或者终止前12个月的平均工资低于当地最低工资标准的，按照当地最低工资标准计算。劳动者工作不满12个月的，按照实际工作的月数计算平均工资。

第四章 劳务派遣特别规定

第二十八条 用人单位或者其所属单位出资或者合伙设立的劳务派遣单位，向本单位或者所属单位派遣劳动者的，属于劳动合同法第六十七条规定的不得设立的劳务派遣单位。

第二十九条 用工单位应当履行劳动合同法第六十二条规定的义务，维护被派遣劳动者的合法权益。

第三十条 劳务派遣单位不得以非全日制用工形式招用被派遣劳动者。

第三十一条 劳务派遣单位或者被派遣劳动者依法解除、终止劳动合同的经济补偿，依照劳动合同法第四十六条、第四十七条的规定执行。

第三十二条 劳务派遣单位违法解除或者终止被派遣劳动者的劳动合同的，依照劳动合同法第四十八条的规定执行。

第五章 法律责任

第三十三条 用人单位违反劳动合同法有关建立职工名册规定的，由劳动行政部门责令限期改正；逾期不改正的，由劳动行政部门处2000元以上2万元以下的罚款。

第三十四条 用人单位依照劳动合同法的规定应当向劳动者每月支付两倍的工资或者应当向劳动者支付赔偿金而未支付的，劳动行政部门应当责令用人单位支付。

第三十五条 用工单位违反劳动合同法和本条例有关劳务派遣规定的，由劳动行政部门和其他有关主管部门责令改正；情节严重的，以每位被派遣劳动者1000元以上5000元以下的标准处以罚款；给被派遣劳动者造成损害的，劳务派遣单位和用工单位承担连带赔偿责任。

第六章 附 则

第三十六条 对违反劳动合同法和本条例的行为的投诉、举报，县级以上地方人民政府劳动行政部门依照《劳动保障监察条例》的规定处理。

第三十七条 劳动者与用人单位因订立、履行、变更、解除或者终止劳动合同发生争议的，依照《中华人民共和国劳动争议调解仲裁法》的规定处理。

第三十八条 本条例自公布之日起施行。